Karl-Markus Gauß

Mit mir, ohne mich

Ein Journal

Paul Zsolnay Verlag

1 2 3 4 5 06 05 04 03 02

ISBN 3-552-05181-3

Satz: Eva Kaltenbrunner-Dorfinger, Wien
Druck und Bindung: Franz Spiegel Buch, Ulm
Printed in Germany

Für Maresi

Um zu lachen, muß man ein Gesicht haben.

MAJAKOWSKI

Matthew Arnold, glaube ich, mußte sich einmal
den Vorwurf anhören, er wäre so dogmatisch wie Carlyle.
Er antwortete: Das mag sein; doch Sie übersehen
einen offenkundigen Unterschied. Ich bin dogmatisch
und im Recht; Carlyle ist dogmatisch und im Unrecht.

CHESTERTON

August

Es ist ein kühler, regnerischer Samstag, durch Salzburg taumeln die Tausenden Touristen, die aus den umliegenden Gemeinden in die Stadt geschickt wurden, und bis heraus in die Riedenburg ist das Rauschen ihrer erschöpften Bewegungen zu hören. Der Nachmittag in meinem Zimmer unter dem Dach ist dunkel, und ehe die Dämonen aus den Ritzen der Holzvertäfelung kriechen, beginne ich diese Aufzeichnungen.

Die Grinser. In Montana im amerikanischen Mittelwesten brennt seit Wochen der Wald. Präsident Clinton eilt herbei und bekommt, strotzend vor Lebensfreude, eine Meile vor der Feuerwand vom Kommandanten der Feuerwehrbrigaden symbolisch eine Spritze ausgehändigt. Ich muß an letztes Jahr denken, als der Tauerntunnel brannte. Wir waren auf Urlaub in Kärnten und von einem Ausflug mit abschließendem Essen erst kurz nach Mitternacht in unser Urlaubshaus zurückgekehrt. Als ich den Fernseher einschaltete und langsam das Bild auf der schwarzen Scheibe erschien, war ein grinsender Mann zu sehen. Er stand mit einer Gruppe bestens gelaunter Soldaten des Bundesheeres zusammen, und die Unterhaltung zwischen ihnen schien aufs angenehmste zu verlaufen. Erst mit den nächsten Bildern und dem dazu gesprochenen Kommentar erfuhr ich, was geschehen war. Seit Vormittag brannte es im Tunnel, eine nicht bekannte Zahl von Menschen war verbrannt, erstickt, und der Landeshauptmann von Kärnten war zum südlichen Ausgang geeilt, wo schon ein Trupp des Bundesheeres darauf wartete, von ihm unterhalten zu werden. Nicht daß es ihn freute, daß Menschen gestorben waren! Aber die mediale Präsentation hatte sich von ihrem Anlaß emanzipiert, sie macht alles zur Reklame, und bei der Reklame sind gutgebaute und gutgelaunte Models gefragt.

So grinsen sie vor Feuersbrünsten, und es ist die Aufgabe von Feuersbrünsten, daß die Grinser nicht vergrämt, gelangweilt, depressiv zu Hause sitzen müssen, sondern gutgelaunt in der Öffentlichkeit und für die Öffentlichkeit, die mit Feuersbrünsten unterhalten werden will, grinsen können. Sie sind die Grinser des Unheils: ohne sie keine Katastrophe und sie nicht ohne Katastrophen. Erst ihre Anwesenheit macht aus einem simplen Unglücksfall eine Katastrophe. Sie selber aber brauchen Unglücksfälle, die sie durch ihre Anwesenheit zu Katastrophen machen können, weil sie grinsen müssen. Sie müssen grinsen, weil es sie anders denn als Grinser nicht gibt.

Ihr Gegenstück: die Schluchzer. Im Unterschied zu den Grinsern, die sich aus der Klasse der Politiker, Unterhalter, Sportler rekrutieren und ihren Marktwert nach der Zahl ihrer grinsenden Auftritte in den Medien bemessen, werden die Schluchzer in der Regel aus der Masse der Leidenden, aus den Gruppen der Opfer, die gerade etwas Entsetzliches erlitten haben, gegriffen. Sie werden vor die Kamera gestellt und genötigt zu schildern, was ihnen gerade widerfahren ist (daß die Tochter in einem eingestürzten Haus zu Tode gequetscht wurde), und man nimmt ihnen, was sie sagen, nur ab, wenn sie vom Schmerz übermannt werden und, von einem Weinkrampf geschüttelt, nicht weitersprechen können. Zu den Bildern des Elends gehört die schluchzende Mutter, der seine Haare raufende Mann, ein ins Leere der Kamera weinendes Kind.

Zahlreich wie die Weinenden, die vor die Kameras gezwungen werden, sind die freiwilligen Schluchzer in den Talk-Shows, die vazierenden Heuler der medialen Psycho-Branche. Sie weinen im Studio, nachmittags oder spätnachts, wenn die Freundin, die sie verdroschen haben, sie vor laufender Kamera bittet, das nicht so oft zu tun. Diese Schluchzer, die über all den Lebenslügen, die sie ausbreiten, so gerührt sind, daß sie das Wasser nicht halten können, geben mir die Sehnsucht nach einer alten Maxime der Rohrstockpädagogik ein: Weinen verboten!

Üblicherweise ist das Tagebuch eine Form der Unreife, begonnen in den Verzweiflungen der Jugend, abgebrochen, sobald die quälenden Autoritäten gestorben oder in die Lächerlichkeit abgetreten sind. Zuweilen verdankt sich das Tagebuch aber der Überreife: Sándor Márai, mit 45 ein berühmter Autor, durch den Sturz des ungarischen Bürgertums, das sich dem Faschismus ergeben hatte und dafür während der kommunistischen Jahre folgsam stillehielt, um seine Welt gebracht, schreibt für den Rest seiner Jahre eigentlich nur mehr an seinen Tagebüchern fort. Mit 45 hat er ein Werk von 45 Bänden vorliegen, die aus den Buchhandlungen und Bibliotheken verschwunden sind und nur in manchem bürgerlichen Haus melancholisch gehütet werden, Zeugen eines Ungarn, das nicht mehr existiert und auf dem der Fluch des unwiederbringlich Verlorenen lastet. Nun geht er ins Exil, von Genf nach Paris, nach Rom und Salerno, nach New York und San Diego, und er tritt diesen Weg im klaren Wissen um die Aussichtslosigkeit an, die für den Rest seines Lebens, immerhin noch einmal vierzig Jahre, seine Heimstatt bleiben wird. Er verliert alles, seine Leser, seine Freunde, die sprachliche Umgebung, er wird ins Leere sprechen, und er tut dies ohne Illusionen, er weiß, daß er ins Leere spricht, und er weiß, daß es für einen Schriftsteller eine romantische Verführung, aber keine seiner Literatur förderliche Erfahrung ist, ohne Publikum zu schreiben und Zwiesprache nicht mit lebendigen Lesern, sondern den Schemen der Vergangenheit oder einer kommenden Generation zu halten. Und doch, nirgendwo ist er besser als in seinen Tagebüchern, nirgendwo so luzide, so unerbittlich. Sogar vor den Lockungen der Misanthropie weiß er, der Enttäuschte, sich zu hüten. Diese, die alltägliche Gereiztheit, die ordinäre Verachtung, die sich gelegentlich philosophisch zur Einsicht in die Vergeblichkeit des Humanismus adelt, ist ihm zu billig zu haben; ein Mann von Stil, versagt er sich die vulgäre Anwandlung, seine persönliche Düsternis für das Maß der Welt zu nehmen und seine eigene Verzweiflung über alles zu stülpen, was es auf Erden gibt.

Der schwarze Kitsch (eines Emil M. Cioran oder Thomas Bernhard), das selbstzufriedene Einverständnis mit der Barbarei, die zynische Zustimmung, daß alles sich so schlecht wie nur möglich entwickle, sind seine Sache nicht. Márai ist kein Propagandist der Düsternis, sondern ihr genauer Landvermesser. Über vier Jahrzehnte führt er sein Tagebuch als Gefecht gegen die Zeit, aus der er gefallen ist und der er doch als Beobachter verfallen bleibt, und gegen den Tod, in dessen Schatten er früh, aber dann noch sehr lange und oft glücklich lebt. »Dennoch war das Ganze, per Saldo, wunderbar«, schreibt er, als seine Frau nach 62 Jahren Ehe und langem Siechtum stirbt, sein Adoptivsohn, ein Waisenkind, das im Ansturm der Roten Armee alleine durch das zerschossene Budapest zog, von Márai bei der Hand genommen und in die eigene Familie aufgenommen wurde, unverwartet und vor der Zeit zu Tode kommt, seine Bücher völlig vergessen sind und er selbst, mit 85 Jahren, von Schwindelgefühlen geplagt, durch eine amerikanische Stadt taumelt, in der er niemanden mehr kennt und in der ihn niemand mehr kennt. Dennoch, es war wunderbar. Andere aber, mit Orden behängt, von Ehrungen erdrückt, willfährig jeder Schmeichelei ergeben, müssen mit tropfender Lippe bilanzieren: Dennoch, das Ganze war entsetzlich.

Aus seiner Zeit heraussterben. Lou Eisler-Fischer war über neunzig, als sie starb. In den zwanzig Jahren, die ich sie kannte, war sie immer mehr eingeschrumpft, bis zwischen den hochhackigen Schuhen, auf denen sie noch als Greisin stöckelte, und der kurios sich hochtürmenden Frisur, die sie jeden Tag legte, nur mehr ein winziger Körper steckte. Einer ihrer vielen Verehrer, ein alter Schauspieler, hat mir einmal gestanden, daß er, der Theaterpraktiker, ihr schon seit fünfzig Jahren nicht zu sagen wage, daß hohe Schuhe und in die Höhe gesteckte Haare auf der Bühne die Kleinheit eines kleinen Menschen betonen und ihn nicht mit dem Anschein von Größe ausstatten. Aber Lou, temperamentvoll, herrisch, wagte nie jemand die Wahrheit zu sagen; sie war wie geschaffen dafür, verehrt zu werden, und sie wurde es reichlich. Viermal war sie verheiratet, das erste Mal hat sie ein reicher Industrieller von der Schule weg geehelicht. Mit ihrem dritten Ehemann, dem Komponisten Hanns Eisler, ging sie ins Exil, aus dem sie ihn auch heil zurückbrachte. Von ihm trennte sie sich, sobald sie eine »bessere Frau für ihn gefunden hatte«. Kaum daß sie ihn mit ihrer Freundin Steffi verkuppelt hatte, heiratete sie den österreichischen Schriftsteller Ernst Fischer, der damals noch Politiker war und ein unglücklicher Marxist blieb.

Wenn sie über ihr Leben erzählte, liebte sie es, ein wenig Parade zu halten mit all den Zelebritäten, die sie kennengelernt hatte. Immerhin hat sie in Kalifornien regelmäßig mit der Familie Mann soupiert, sich von Paul Henreid, dem Victor Laszlo aus »Casablanca«, den sie als sympathisch, gutmütig, aber eben auch ziemlich langweilig beschrieb (eine Eigenschaft, die dem Barbesitzer Rick im Film sehr zupaß kam), den Rasen mähen lassen und mit Gott und der Welt konferiert. Aber, sagte sie, nur zwei wirkliche Genies waren unter all den Bedeutenden, die sie kannte: Arnold Schönberg und Charlie Chaplin. Wenn ich sie in ihrer mit Devotionalien und Büchern vollgeräumten Wohnung in der Wiener Krottenbachstraße besuchte und sie mir wieder die Adresse von irgend jemandem, den ich unbedingt kennenlernen sollte, geben wollte, blätterte sie in einem dicken schwarzen Buch und sagte: »Mein Telefonbuch ist ein Friedhof.« Márai schreibt als 84jähriger in sein Tagebuch: »Die Toten. Sie finden kaum noch Platz in meiner Erinnerung, so viele sind es. Eine Überbevölkerung gibt es nicht nur in der Welt der Lebenden. Auch im Jenseits herrscht großes Gedränge.«

Als Lou starb, hat sie ihr letzter Lebensgefährte unter einem grauenhaften Ave Maria aus der Konserve zu Grabe tragen lassen – sie, die Frau eines der großen Komponisten – und einen polnischen Priester, der verlegen einbekannte, von der teuren Verblichenen nichts zu wissen, aufgeboten – Schmalz, der aus der Kassette trieft, und Trost der heiligen katholischen Kirche bei ihr, die jüdischer Herkunft und unreligiös war und den Kommunisten Fischer als den Mann ihres Lebens bezeichnete: finale Rache des Zukurzgekommenen unter ihren Liebhabern und Ehemännern!

Auf ihren Wunsch hin hatten Ludwig Hartinger und ich ein paar Jahre vor ihrem Tod die Ernst Fischer betreffenden Mappen, Bücher, Hefte, Aktenordner dem Österreichischen Literaturarchiv in Wien ausgehändigt. Als wir jetzt, ihrem Wunsch zu entsprechen, noch einmal ihre Wohnung betreten wollten, um ihren eigenen Nachlaß zu sichten, hatte der Sohn des greisen Lebensgefährten, ein amerikanischer Politologie-Professor, die ganze Wohnung schon ausgeräumt und alles, auch das Niet- und Nagelfeste, verscherbelt oder fortgeschafft. In Österreich, hatte er mir nach dem Begräbnis von Lou in ihrem liebsten Grinzinger Gastgarten beim Wein gesagt, in Österreich könne man ja nie sicher sei, wie sich die Dinge politisch entwickelten. Er hätte recht gehabt, wenn es nicht er gewesen wäre, der es sagte. Ein Imperialist bis in die Knochen, der die durchaus verbrecherische Lateinamerika-Politik Ronald Reagans mitkonzipiert hatte, mit vollständig reinem Gewissen, stets ein paar antifaschistische Floskeln im Mund, die sein Tun zur demokratischen Tat veredeln.

Heute vor einem Jahr war Sonnenfinsternis. Wir waren damals mit englischen Freunden auf den Daxlueg hinaufgefahren, in den schönen Garten des Ausflugsrestaurants, von dem man über Salzburg blicken kann, und hatten so dem Himmel gerade an einem solchen Tag ein Stückchen näher zu sein gehofft. So viel war in den Wochen davor von dem kosmischen Ereignis die Rede gewesen, daß man sich rechtens nicht mehr viel von ihm erwarten durfte. Aber es kam anders. Binnen wenigen Minuten waren die Wiesen und Wälder ringsum in ein nie gesehenes Licht getaucht, und nach den ersten Rufen des Erstaunens legte sich tiefes Schweigen über die Schar der Ausflügler. Als sich der Mond vollständig vor die Sonne schob und nur deren glühender

Rand wie ein Strahlenkranz im tiefen Dunkel des Himmels leuchtete, hätten wir fast so etwas wie Erhabenheit empfunden.

Fast. Denn als es dunkel und still wurde, schaltete der junge, sympathische Wirt das Radio an, und brüllend schob sich die Live-Übertragung der Sonnenfinsternis zwischen uns und diese, die zu erleben wir hierher gekommen waren. Zwei glockenhelle Jungmänninnenstimmen bekräftigten einander über den Lautsprecher, daß die Natur echt super und gerade damit beschäftigt sei, ein sensationelles Spektakel zu bieten; sich selbst überkreischend versuchten die beiden erfolgreich, der Stille, die unter uns Beobachtern der Sonnenfinsternis entstanden war, den Garaus zu machen. Die Natur wurde vertrieben, doch kehrte sie als Schauspiel zurück, das im Veranstaltungskalender angekündigt und bei geringer Nachfrage auch wieder vom Programm genommen werden kann. Der Wirt verstand gar nicht, was der alte englische Mathematikprofessor und ich von ihm wollten. Er hielt uns, die wir ihn baten, den Apparat abzustellen, für freudlose Existenzen, die ihm und seinen Gästen den Spaß verderben wollten, der aus dem Lautsprecher kam.

Erhabene Natürlichkeit. In einer Show tritt unter vielen Streitenden auch ein friedfertiges Ehepaar auf, dessen Glück in der gemeinsamen Leidenschaft für die Schauspielerin Doris Day gründet. Auf die Frage, was ihnen an dieser Schauspielerin so gefalle, daß sie ihrem Kult seit Jahren die ganze Freizeit widmen, antworten sie: »Ihre Natürlichkeit. Obwohl sie so berühmt ist, ist sie ganz natürlich geblieben.«

Die nächste Sonnenfinsternis wird bei uns erst in einigen hundert Jahren eintreffen. Dann sind wir längst alle tot, meine alten englischen Freunde, Doris Day und ihre Verehrer, selbst die Kinder meiner Kinder, wenn sie welche haben werden, und sogar deren Kinder ... Also in die andere Richtung gedacht: die Sonnenfinsternis vor einem Jahr. Er hat sie noch gesehen und mir auf die ihm eigene Sprechweise seine Begeisterung geschildert; die Begeisterung eines Malers, dessen Metier das Licht ist, eines kranken Mannes, der von seiner Krankheit so wenig Aufhebens machte, daß er von seinem langen Sterben zu verheimlichen wußte, daß es schon eines war, die Begeisterung eines Menschen, der die Gabe der Aufmerksamkeit besaß und mich bis zuletzt immer anstupfte, um mich auf schöne, nein, auf besondere Dinge und Konstellationen aufmerksam zu machen: auf ein zufälliges Spiel von Licht und Schatten, das bemerkt werden mußte, weil es nicht existierte, wenn es von niemandem bemerkt wurde; auf einen zerzausten Hund, der hinkend die Salzach aufwärts am Kai vorbeilief; auf den merkwürdigen Winkel, in dem drei Passanten zueinander standen …

Herbert Breiter war ein Maler, der die Dinge geduldig auf sich wirken ließ. Über viele Jahre suchte er dieselben Orte auf, bis er sie »verstand«, wie er sagte, bis sie sich ihm, der sie malend zu fassen und in einem besonderen Moment zu bannen suchte, offenbart hatten. Wiewohl er selbst Gesellschaft mochte und froh war, nicht nur mit Künstlern, sondern mit den unterschiedlichsten Leuten befreundet zu sein, war er ein Maler der Stille. Kann man Stille malen? Oft ist es später Mittag auf seinen griechischen Gemälden, der Tisch mit dem halbgefüllten Krug Wein steht verlassen, oder es ist Abend und am Horizont zieht gerade ein Schiff aus dem linken oberen Bildrand. Kann man Stille malen? Wenn es still ist, kann ich noch deutlich seine Stimme hören, die mir etwas erzählt, ein wenig kehlig in der Intonation, mit einem Unterton, der an seine ferne schlesische Kindheit gemahnt, und oft verschmitzt; sogar im Gewirr vieler Stimmen kann ich die seine noch heraushören. Muß üben, daß es so bleibt.

Deutsches Theater im Jahr der Fußballeuropameisterschaft. Natürlich ist der Regisseur Frank Castorf nicht der einzige Holzhacker auf dem Theater. Er ist aber einer der gründlichsten von ihnen, er geht also nicht mit böser Phantasie, anarchischer Freude oder ziellosem Haß, sondern mit Methode und

Ausdauer zu Werke. Das hängt damit zusammen, daß er unter den deutschen Regisseuren wahrscheinlich der deutscheste ist. Höchste Zeit also, daß er sich einmal in Salzburg bewundern läßt, und zwar, indem er das amerikanische Theaterstück »Endstation Sehnsucht« auf Bundesliganiveau hebt, die fünfziger Jahre von New York zu den neunziger Jahren von Ostberlin erklärt und aus dem verklemmten, in seiner Verklemmung grandios verzweifelten Tennessee Williams einen lächerlichen Esel macht, der vor keinem Kneipengröler bestehen kann. Ich weiß nicht, was der Vater von Castorf war, aber die Söhne brachialer Übervāter halten es häufig mit klugen Lehrmeinungen wie: die Geschichte ist sinnlos, die Menschheit ein Irrtum, die Moral eine Spießerbude ... Hatten die Väter die Welt mit der Losung, sie möge am deutschen Wesen genesen, in Brand gesteckt, setzen ihre abgebrühten Söhne eher darauf, daß die Welt sich am deutschen Unwesen endlich als Jauchegrube erkennen solle. Die eigene Misere ist ihnen der Ort, auf den die Menschheitsgeschichte zielgerichtet zugelaufen ist, und daher fühlen sie sich berufen, verächtlich zu machen, was immer es in der Weltgeschichte an Hoffnungen, Ideen, Aufbegehren gegeben hat. Ist ja nichts draus jeworden, wa? So nähren sie aus den schlechten Nachrichten von Weltgeschichte und Weltpresse ihre Zufriedenheit über das Elend, in dem sie gut versorgt stecken. Die Welt ist schlecht, weil Papi ein Nazi und der sogenannte Sozialismus in der DDR ein Alptraum von Schrebergärtnern war.

Es geht gar nicht um das »Regietheater«: daß Castorf nicht sogenannte Werktreue im Sinn hat, ist ganz recht, möge jeder, der das für einen Einfall hält, seinen Mephisto auf dem Motorrad hereinfahren lassen. Nur spielt Castorf Theater wie die Deutschen bei der Europameisterschaft von heuer Fußball spielten: plump, phantasielos, jeder Zug vorhersehbar, jede Finte ein alter Hut. Da sie selber wissen, wie schlecht sie spielen, haben sie ihr Spiel ganz aufs Zerstören ausgerichtet, darauf, daß der Gegner, der es besser kann, nicht ins Spiel, nicht zu seinem Spiel kommt, nur ist der Gegner auf der Bühne nicht die portugiesische Mannschaft, die sich dagegen wehren und der deutschen vier demütigende Tore ins Netz lupfen kann, sondern der Text, über den sich Castorf mit dem Vorsatz macht, ihn Mores zu lehren, der Autor, den er dabei um sein Recht bringt, und das Publikum, das sich nicht so leicht verziehen kann, blöd wie es auf seine Bänke, in die Schranken des bürgerlichen Anstands und ins Dunkel des Theaters verwiesen ist.

Daß ein Regisseur irgendeinen Text nach eigenem Gutdünken nicht eben sinnig deutet, wäre nicht erwähnenswert. Aber daß er den Originaltext des Buches auf einer Leiste über der Bühne in Leuchtschrift mitlaufen läßt, seine Figuren gelegentlich an die Rampe schickt, damit sie dort höhnisch auf den Text deuten und selber ganz etwas anderes sprechen, ja, daß er diesen Text schließlich nicht nur durch seine Inszenierung, sondern auch durch ein digitales Programm zerstört, indem er den in Leuchtschrift fortlaufenden Text per Computerprogrammierung in einen Haufen sinnloser Buchstaben verwandelt, das ist immerhin wegen des Selbstbewußtseins, mit der sich die Aggression hier brüstet, eine erwähnenswerte Sache.

Bei Tennessee Williams hatte eine jede Figur ihre Entwicklung (ob uns diese heute schlüssig vorkommt oder nicht): Am Anfang halten sie sich zurück, dann sieht man, hört man, wie sie mit sich ringen und mit den Mit-und Gegenspielern zu kämpfen beginnen, schließlich, heillos zerfallen mit sich und den anderen, exzedieren sie in Hysterie. Bei Castorf ist mit der ersten Szene bereits alles gelaufen: Lauter Hysteriker, die schon außer Rand und Band sind, wenn der Vorhang aufgeht, kreischen und heulen überflüssigerweise noch fast drei Stunden weiter. Es könnte genauso zwanzig Minuten oder, wenn es den Spielführer danach gelüstete, sieben Stunden dauern, täte nichts zur Sache, denn es handelt sich ohnehin nicht um Entwicklung der Figuren und ihrer Konflikte, sondern nur um Repetition von Meinungen und Gags.

Natürlich passieren einem Regisseur, der sich für aufgeklärt hält, weil er die Illusionen der Welt mit dem Besen der Enttäuschung auskehrt, ein paar verräterische Fehler in seinem Konzept. Kowalski, ein gewalttätiger, aber in seinem Unglück auch rührender, ein gemeiner, aber in seiner proletarischen Sinnlichkeit auch anziehender Mann, ist bei Tennessee Williams ein polnischer Immigrant. Castorf macht aus ihm einen Polen im Berlin der neunziger Jahre. Nun ist ein polnischer Immigrant im New York der fünfziger Jahre, in dieser Stadt der vielen Völker, ganz etwas anderes als ein Pole im Berlin von heute. Bei Tennessee Williams steht Pole einfach als Bezeichnung für einen, der aus der Fremde gekommen ist und sich noch nicht ganz eingefügt hat in das Regelsystem der amerikanischen Gesellschaft, und diese Position am Rande macht ihn verwundbar, aber auch attraktiv, aus ihr bezieht er seine Stärke wie seine Komplexe. Mit dem, wofür heute in der Abrißgesellschaft und AufbauGesmbH Deutschland ein polnischer Arbeiter steht, hat das nichts zu tun. Bei Castorf wird aus einem Einwanderer und widersprüchlichen Charakter ein einfacher Fall: ein elender Polacke, der es sich im goldenen Westen ein bißchen verbessern wollte und der zum Gaudium des Publikums nicht nur seine deutsche Braut ordentlich vermöbelt, sondern sich danach auch weinerlich darauf beruft, einst für die Solidarność gelitten zu haben. Alles dumm gemacht, alles gelogen, wollte der Michel witzig sein, kam aber wieder nur ein nationalistisches Ressentiment heraus. Wahrscheinlich hat Castorf in der Schule die SED-Phrasen vom Internationalismus aufsagen müssen, deswegen hält er es heute noch für eminent kritisch, sich in aller Öffentlichkeit chauvinistisch auszurülpsen.

Nach der Vorstellung traf ich vor dem Theater den polnischen Zeichner Zygmunt Januszewski, einen Meister des feinen Strichs, der über so viel knüppeldickem Theater weniger verärgert als regelrecht unglücklich wirkte. Auch ihm war klar, woran ihn die Aufführung erinnerte, an einen Nazifilm, nur daß diesmal der Pole der SSler war und die Deutschen die Untermenschen gaben. In der guten Gesellschaft (von Salzburg) hat die Inszenierung hingegen viel Beifall gefunden, das ist einleuchtend.

Erstens stellen sich Kommerzialräte und ihre Gattinnen Ostberliner Proleten genau so vor, wie sie Castorf vor sie hinstellt – deswegen muß man ja darauf achten, daß diese Proleten und Polacken nicht aufkommen –, und zweitens zwingt ihre eigene Unsicherheit sie dazu, das gut zu finden, was sich ihnen strikt à la mode präsentiert.

Die provinzlerische Angst des Provinzlers, den Anschluß an die große Welt zu verpassen, nötigt die um Weltoffenheit bemühten Bürger unfehlbar dazu, Dinge zu bewundern, von denen man gehört hat, daß sie irgendwo in der großen Welt großen Erfolg hatten. Ob es dem Rowdy gefällt, wenn die Bourgeoisie seine pflichteifrigen Manifestationen des Rowdytums goutiert? Ich glaube ja. Castorf gefällt das. Ein Snob in Lederjacke, der Kowalski von heute, der den Aufstieg schon geschafft hat. Geht gerne in den Salon und unterhält dort aus Reminiszenz an früher und wegen der guten Erfolgsaussichten von heute die Damen, indem er sie ordentlich anflegelt. Alles, was er tut, festigt seine schlechte Meinung von der Welt. Und er hat recht. Solange solche Typen das Sagen haben, verdient sie es, von solchen Typen verachtet zu werden.

Ein Vorbote der Frankfurter Buchmesse, die im Oktober ihren Schwerpunkt auf die polnische Literatur setzen wird: Czeslaw Milosz' »Hündchen am Wegesrand«. Bücher von so berühmten Autoren öffne ich mit der bangen Erwartung, einen Autor vorzufinden, der seinen Ruhm nicht seiner literarischen Leistung, sondern politischen, gewerblichen oder sonstigen Umständen verdankt. Dieses Büchlein mit Aufzeichnungen aber ist sympathisch, Milosz macht nicht viel Eitelkeit um seine feinen Beobachtungen, Betrachtungen, Erinnerungen her, und manchen seiner für den Tag geschriebenen Notizen möchte man viele österreichische Leser wünschen. »Wenn man sich vollständig von seiner Prägung durch Provinz und Kleinbürgerlichkeit losgesagt hat, dann ist man sein Leben lang dazu verurteilt, fremde Modelle zu imitieren.«

Ich wurde gefragt, ob ich für oder gegen den Pop sei. Fast wäre ich in die Falle getappt und hätte gesagt: mittlerweile eher dagegen. Doch leben wir ja in der Ära des Pop, der alle Lebensbereiche durchformt, und man kann zwar gegen seine Epoche sein, aber keineswegs jenseits von ihr existieren. Der Pop ist längst keine bestimmte Musikrichtung mehr, keine besondere Art, Bilder zu malen, sich zu kleiden, zu bewegen, sondern der Himmel, der sich über uns allen wölbt, ein Himmel der Leere, in dem tausenderlei künstliche Sterne funkeln, die wir verhöhnen können oder nicht, sie funkeln trotzdem. Die Frage, ob man für oder gegen den Pop sei, ist also sinnlos, ja unverständlich, als wäre ein Europäer des 16. Jahrhunderts gefragt worden, ob er für oder gegen das Christentum sei. Der christliche Glaube war der Rahmen, in dem jeder Mensch des 16. Jahrhunderts lebte, der Freie und der Unterdrückte, der Kluge und der Dumme, der Gläubige wie der Zweifler, und gleich ob er sich in die überkommenen Lehren fügte oder gegen sie verstieß, er konnte doch nie aus dem ihm gestellten Rahmen springen.

(Wie unhistorisch Friedrich Engels dachte, als er tatsächlich schrieb, die aufständischen Bauern wären im deutschen Bauernkrieg von 1520 an ihrem Christentum gescheitert, weil dieses sie vor der radikalen Lösung, dem Umsturz, zurückzaudern und immer wieder den Ausgleich mit einer Obrigkeit suchen ließ, die sie zwar im Einzelfall für grausam, insgesamt aber für gottgewollt gehalten hätten. Diese nachgetragene Kritik an den Bauern, die nicht taten, was Engels sich drei Jahrhunderte später als historisch vernünftige Handlung vorstellte, ist hanebüchen. Denn die Bauern wurden durch ihre Frömmigkeit eben nicht nur dazu verurteilt, vor der Errichtung einer klassenlosen Bauernrepublik zurückzuschrecken, sondern überhaupt erst zu ihrer Revolte, zu dieser ungeheuerlichen Erhebung wider alle Mächte, denen sie seit Menschengedenken untertan waren, befähigt. Unrecht allein reicht nie aus, daß Menschen sich gegen die Ordnung, die über sie verhängt ist, erheben. Sie brauchen einen Wert, der sie dieses Unrecht als Unrecht erkennen läßt, ein Bild, in dem sie sich entdecken können und das, was ihnen angetan wird, als Leid, als überflüssiges, nicht von Gott oder einem unwandelbaren Schicksal verhängtes Leid empfinden lernen. Das Christentum war also nicht nur die lähmende Kraft, die sie niederhielt, sondern zugleich das Sprungbrett, das sie benötigten, um überhaupt aus ihrer Duldung heraus in den Aufstand zu springen.)

Welche Werte oder Wahnvorstellungen, religiösen oder sozialen Bilder aber sind uns heute zur Hand, daß Unrecht als Unrecht erkennbar wird und Auflehnung denkbar bleibt?

Der Pop hat die Einheit von Stil, Haltung, Wert, Form aufgelöst, und wie er hunderterlei Stile schafft, läßt er auch kein Unrecht mehr zu, allenfalls Ungerechtigkeiten.

Der Pop, der sich selbst als Freiheit propagiert, bietet alles nur im Plural, das ist sein demokratischer und sein totalitärer Zug in einem. Wie er kein Unrecht, nur Ungerechtigkeiten kennt, vermittelt er auch nicht Freiheit, sondern nur Freiheiten. In seiner großen Libertinage herrscht eine strenge Despotie.

Die rohe Formlosigkeit. Vor mehr als dreißig Jahren war ich bei den ersten, die in Salzburg ohne Krawatte in die Schülervorstellungen des Landestheaters gingen, von den Lehrern gescholten, von den Theaterabonnenten mit zischender Feindseligkeit empfangen, bei den ersten, die mit schulterlangen Haaren im Café Bazar Platz nahmen und sich stolz der rüpelhaften Behandlung seitens der Kaffeehausobrigkeit aussetzten, die den bestellten Espresso mit verächtlicher Gebärde auf das Tischchen knallte. Heute bin ich in derselben Stadt von dünnbeinigen Greisen umgeben, die tagsüber in kurzen Hosen und Ruderleibchen durchs Kaffeehaus tappen, und jungen Leuten, die abends im Kino so viel Bier trinken, daß sie die Vorstellung zweimal lärmend verlassen müssen, um sich zu erleichtern.

Es war meine Generation, die dem Alltag die Zügel abgenommen hat. Jetzt ärgern wir uns, daß das wilde Tier, aus dem Geschirr gespannt, sein Revier so ungeschlacht in Besitz nimmt. Zum wiederholten Male bricht die Zivilisation zusammen, nur bin es peinlicherweise diesmal ich, der das beklagt. (Die Zivilisation hat aber Übung darin, ihren Untergang zu überstehen, seit Cicero verfallen die Sitten fortwährend und lassen es sich dabei gutgehen.)

Natürlich will keiner ernsthaft in die steifleinene Ära der guten Manieren und des anständigen Betragens, die so gut mit Unterdrückung (letzten Endes sogar mit Völkermord) konvenierten, zurück. Überhaupt ist es schwer, die Freizügigkeiten des Pop zu kritisieren, ohne ihn entweder zu verfehlen oder ihm in hypertonischer Kritik selbst zu verfallen. Botho Strauß' Versuch, den 68ern die Leviten zu lesen, ist Pose, Pose eines Autors, der die Stilbeliebigkeit des Pop dazu nutzt, sich in die elitäre Haltung eines Menschen vor dem Massenzeitalter zu setzen; Ortega y Gasset, ohne Mief aus feuchtmodrigem Anzug, aber mit abgeschmacktem Parfüm, dem Parfüm der Weltferne und Einsamkeit, das längst selbst ein Markenartikel ist, der in der Branche gut dotiert wird. Strauß (und Ortega y Gasset) ist aber nur dank der Massen und ihres schlechten Geschmacks denkbar. Als es noch keine Massen gab (nur Pöbel, der nicht zählte und, so groß seine Zahl auch war, unsichtbar blieb), konnte man seinen Genuß auch noch nicht daraus gewinnen, es nicht mit der tumben Masse zu halten.

Ein Kommentar über die moderne Kunst und die Wiener Museen in der Wochenzeitung *Falter*. Installationen, Medienkunst, Großprojekte haben es dem Kunstkritiker Dusini angetan, das »Museum der modernen Kunst«, das von dem Ungarn Lorand Hégyi geleitet wird, findet hingegen seine ganze Verachtung. Warum? Ich kenne Hégyi nicht, ich habe keine einzige seiner Ausstellungen gesehen. Die Weise, wie er kritisiert wird, nimmt aber ungemein für ihn ein, weiß der Kritiker seinen Ausstellungen doch vorzuwerfen, daß sie »einem verstaubten Regionalismus huldigen«. Einer der Künstler, die in Hégyis letzter Ausstellung über die »Kunst des amerikanischen Mittelwestens« vertreten sind, habe im Interview über diese ihm unangenehme Zuordnung gesagt, er sei zwar in Ohio geboren, lebe aber jetzt in New York, was den Kritiker zu der bemerkenswerten Folgerung veranlaßt: »Wer will schon peripher sein? Nur einer: Auf der Suche nach der Romantik der Randzonen wird Hégyi ... immer mehr zum Teil eines unfreiwilligen Gesamtkunstwerks – zu einer Inszenierung der Rückständigkeit, einer Bastion des provinziellen Regionalismus, eines gegenwartsblinden Mitteleuropa.«

Großer Aufwand von Bannbegriffen: rückständig, regionalistisch, Mitteleuropa, gegenwartsblind und, natürlich, provinziell. In den letzten Jahren habe ich kaum einen Hohlkopf kennengelernt, in dessen zerebralem Leerraum nicht das Verdikt »provinziell« als finales Argument gegen alles surrte, was der Mode nicht entspricht. Hört man genauer hinein in das Rauschen aus dem Leerraum, dann hört man, daß dort ein Fernschreiber der Kulturindustrie dem Kunstkritiker die Artikel diktiert und daß er statt zu einem ästhetischen Urteil, das man von ihm erwarten zu dürfen glaubte, nur zur bewußtlosen Repetition eingestanzter Begriffe aus der Marketingabteilung fähig ist. Was für epochale Hinterwäldler, die im Zeitalter des Internet von der Peripherie und der Metropole schwafeln; die verächtlich eine Peripherie tadeln, welcher ihre engstirnigen Urbanisten nicht zugehören wollen, und eine Metropole rühmen, in der im Jahr 2000 noch der Fortschritt des 19. Jahrhunderts grundbücherlich eingetragen ist. Als wären sie in einem Gymnasium für mittlere Kolonialbeamte ausgebildet worden, erklären sie ganze Weltregionen für rückständig, die uns nichts zu sagen und zur Weltkultur nichts beizutragen haben – und die daher der strengen Aufklärung seitens der fortgeschrittenen Metropolenkultur teilhaftig werden sollen.

Wie wild sie auch tun, diese Biedermänner, wenn ich sie höre oder lese, sehe ich immer den röhrenden Hirsch im Wohnzimmer ihrer Großeltern an der Wand, so frei, so wild, so aufgeklärt wie ihre Großeltern sind sie selbst, da können sie sich geben, wie sie wollen. Ob sie sich als Medienkünstler verkleiden, als Aktionisten entkleiden, als Installateure aufblasen oder als deren postmoderne Ideologen auslassen, sie gleichen immer ihren Großeltern, mit denen sie nichts zu tun zu haben meinen. Im Vordergrund rappt es heftig, aus dem Hintergrund röhrt der Hirsch. Hirsche in der Fifth Avenue, die rappen und glauben, man werde sie deswegen für Original New Yorker Asphalt-Raubkatzen halten.

Warhol hingegen hat es am Ende seines Lebens gewußt. Der wahrhaft rebellische Akt als Künstler wäre es gewesen, Andy Warhol geworden und Andrejko Warhola geblieben zu sein. Andrejko Warhola aus diesem elenden Mihové beim elenden Medzilaborce in der Slowakei, das er mit seiner Familie im Alter von fünf Jahren verlassen hat, dem er zeitlebens zu entrinnen suchte, mit dem identifiziert zu werden ihm panische Angst bereitete und das anpaßlerisch so vollständig verleugnet zu haben sein Elend war. Wer will schon peripher sein? Warhol, der wesentlich zur Verhirschung der provinziellen Geister, die metropolitane Gespenster werden wollten, beigetragen hat, Warhol immerhin hat es am Ende gewußt und eine erhebliche Sammlung seiner Arbeiten seiner verleugneten Heimatgemeinde gestiftet. Was wäre der für ein Künstler, der nicht peripher sein wollte?

In Paris wird die Hinterlassenschaft der Maria Callas versteigert. 2000 Exponate sollen, da sich in Griechenland, wo sie geboren wurde, und in Frankreich, wo sie gestorben ist, keine staatliche oder kommunale Stelle fand, die ein Museum unterstützt hätte, ihre privaten Abnehmer finden. Unter den Hammer kommt alles, Käufer werden ihre Bilder und Schmuckstücke, ihre Seidenhandschuhe und Teetassen erstehen, und unter dem Titel »Leibwäsche« kommt auch eine ansehnliche Anzahl von dieser zur Versteigerung. Die Stimme der Callas, auf Hunderten Tonträgern konserviert, hatte etwas Überirdisches, die nekrophile Verehrung, die sich der Sängerin bemächtigt, muß sie in ihrer irdischen Existenz fassen. Dem einen genügt die Tasse, die ihre Lippen berührt haben, der andere will sich in dem von ihr benutzten Badetuch trocknen, der dritte sanft über ihre Strümpfe streichen. Ich denke an Ötzi, den Mann aus dem Gebirge, der es in 4500 Jahren nicht geschafft hat, spurlos zu verschwinden.

Ihre Stimme war göttlich. Onassis hatte sie geheiratet, gekauft, um ihr diese Göttlichkeit zu nehmen, um zu zeigen, daß er sie in seiner stumpfen Fleischlichkeit besitzen, zerstören konnte. Ihre überirdische, doch ganz konkrete Stimme, sein ungeheurer, in seiner Ungeheuerlichkeit doch ganz abstrakter Reichtum – in diesem Kampf, den zwei Gottheiten um Leben und Tod führten, konnte nur der Gott des Kapitals siegen. Warum aber wollte er siegen, warum wollte er diese Stimme brechen? Weil er ein häßlicher, klobiger, stumpfnasiger, fischglotzender Mann war, der die Dinge in Besitz nimmt, indem er ihnen den Stempel seiner Häßlichkeit aufdrückt?

Jackie Kennedy, als sie den wesentlich älteren Onassis heiratete, war klüger und selbstbewußter als die Callas. Sie schloß einen Ehekontrakt, in dem sie sich nur als Ikone verkaufte und sich im übrigen leibliche Unversehrtheit sicherte. Damit der alte Mann sie öffentlich seinem Besitzstand einverleiben durfte, hatte sie sich das Recht garantieren lassen, vor seinem leiblichen Zugriff, ja seiner körperlichen Anwesenheit geschützt zu sein. Nur eine karg bemessene Anzahl von Tagen pro Jahr war sie für eine exorbitante Apanage überhaupt dazu verpflichtet, bei ihm zu verbringen.

Warum sie, die ohnehin reich war, sich immerhin als Markenartikel verkaufte (wenn auch nicht als Körper), und warum er, der ohnedies so viel besaß, zu diesen demütigenden Bedingungen auch sie noch besitzen wollte, das zählt zu den Unerforschlichkeiten, die in der Pathologie des Geldes wesen.

In der Barentssee ist ein russisches U-Boot gesunken, und Präsident Putin weigert sich beharrlich, als Katastrophengrinser vor die Kameras zu treten. Hat der Kerl überhaupt kein Gefühl? Seit Tagen fragen die Zeitungen bang: Werden die 118 Seeleute ihrem kalten, dunklen Gefängnis am Grunde des Meeres noch entrinnen können – und wird Putin, wenn er sich vor die Kameras stellt, Ergriffenheit in seine fischkalte Miene zwingen? Die Massaker in Tschetschenien hat man ihm noch nachgesehen, aber den Affront gegen die Fernsehgesellschaft wird er nicht unbeschadet überstehen. Sein Ruf ist ruiniert, nicht wegen der Tausenden Toten in Tschetschenien, sondern weil er es versäumt hat, sich vor der wogenden Kulisse des Meeres von Murmansk abbilden zu lassen. Der mediokre Leutnant vom Geheimdienst ist entweder dumm, undankbar oder größenwahnsinnig. Er ist der erste russische Präsident, der seine Macht im Wechselspiel mit den Medien erlangt hat; sie haben ihn als den starken Mann aufgebaut, den für Rußland längst nicht nur die Russen ersehnten, sondern auch die vielen im Westen, denen der ganze Pallawatsch mit diesen Völkerschaften, die jeden Tag mehr werden, schon ordentlich auf die Nerven ging. Und jetzt tut er, als wäre er Breschnew, den das Pol-Büro in geheimer Sitzung kürte.

Wer seinen Aufstieg so bewerkstelligt hat wie Putin, der darf Unfälle nicht einfach Unfälle sein lassen, sondern muß sie durch seine Anwesenheit zu Katastrophen adeln. Stattdessen, nach immerhin drei Tagen, kündigt er an, nicht nach Murmansk zu reisen, weil er die Rettungsmannschaften dort nicht bei der Arbeit stören wolle. Gebt ihm ein Video von Clinton zum Studieren, damit er lernt, wie man gutgelaunt von Schmerz übermannt wird.

Die 118 russischen Seeleute sind alle tot. Die die Explosion an Bord überlebten, müssen in den Tagen darauf langsam in der Kälte, der Finsternis, dem Gefängnis, der Verlassenheit da unten gestorben sein. Putin ist doch noch gekommen, viel zu spät, gerade daß er an der Trauerfeier der Marine teilnehmen konnte. Die war schlichtweg dilettantisch im Vergleich zur multifunktionellen Show, mit der ein paar Tage zuvor in Hannover einerseits für die schlecht besuchte Expo geworben, andrerseits mit einer Art Fernsehfeldmesse der Opfer, die der Absturz der Concorde in Paris gefordert hatte, gedacht wurde; unter reger Beteiligung von Priestern aller Konfessionen, Politikern aller Parteien und Huren jedweden Geschlechts, versteht sich.

Tagelang bangte die Welt um die Matrosen am Grunde des Meeres. Die Eingeschlossenen, die den engen Raum nicht verlassen können, in einer winzigen Schachtel geborgen und gefangen, von kaltem Wasser umschlossen: gerade weil es von ihnen keine Bilder gab, die gezeigt werden konnten, sind sie uns in den beklemmenden Bildern, die wir in der Phantasie, in Gedanken und Tagträumen von ihnen haben, so nahe.

Ihre entsetzliche Situation kann nicht mit Bildern vom Originalschauplatz illustriert werden, sondern ist uns einzig in Form archetypischer Bilder nachvollziehbar, das ist die Voraussetzung dafür, daß wir wirklich Mitgefühl und Angst empfinden. Sie sind eingesperrt, rettungslos verloren, zu langsamem Sterben verurteilt, das ist ein Schicksal, das wir auch als das unsere erahnen, darum schlägt durch die Lüge, durch das inszenierte Gefühl ein echtes Schaudern, ein wahrer Schmerz.

Die letzten Welten. Immer müssen es die weitesten und heißesten Wüsten, die höchsten Berge, die kältesten Eise sein, welche die Erzähler, die heute den allerschönsten Erfolg erzielen, in ihren Romanen preisen. Der letzte, der allerletzte Ort auf Erden, den sie literarisch und mitunter auch in entbehrungsreichen Expeditionen leibhaftig suchen, ist natürlich ein Zielpunkt der

Mediokrität. (Ach, schwer ist es, die Langeweile der bürgerlichen Existenz zu ertragen! Früher, immerhin, gab es periodisch ein Stahlgewitter, in das man begeistert reiten konnte.) Berichten sie einmal nicht vom Allerhöchsten oder Allertiefsten, dann legen sie das Extrem in ihre Figuren, die entweder das absolute Gehör haben, so absolut, daß es absoluter gar nicht mehr geht, oder eine vollständige Unempfindlichkeit gegen Schmerzen, Kälte, Hitze, Liebe, oder die Begabung, so gut zu riechen, daß sie taub durch die Nacht sehen. Dieses extremistische Getue ist Folge der gestalterischen Unfähigkeit, die das Extreme als Attribut, das Ultimative als Voraussetzung braucht, um die nur schwach flackernde Vorstellungskraft überhaupt in Gang zu halten. Bungee-Springer müssen in den Abgrund springen, um sich ihrer wieder gewahr zu werden, und die ästhetischen Bungee-Springer würden, wenn sie nicht das Extrem als ihre Heimstatt hätten, partout nicht wissen, was sie erzählen sollen. So aber fabrizieren sie Heimatliteratur für eine Gesellschaft, deren Heimat das Event ist, überspannte Heimatliteratur für überspannte Späßlinge.

Hochgebirge und Hochkultur. Bei einem Heimatabend, den die Salzburger Festspiele in der Felsenreitschule veranstalteten, hielt der Südtiroler Bergsteiger Reinhold Messner letzte Woche einen hochinteressanten Lichtbildervortrag übers Kraxeln im Hochgebirge. Der Mann ist erstens auf seine etwas krachende Art sehr sympathisch und zweitens ein Könner, nicht nur was das Klettern, sondern auch was die in ein paar tausend Volkshochschulabenden ausgebildete Kunst des Vortrags betrifft. An den Salzburger Festspielen muß ich rühmen, daß sie den Bereich der Hochkultur um den des Hochgebirges erweitert haben.

Der Abend war nicht ohne delikate Ironie, fand der Volkshochschulvortrag doch vor der imposanten Kulisse der Felsenreitschule statt. Gegen Ende kraxelte von der Felswand des Mönchsberges, die die hintere Begrenzung dieses Theaters bildet, ächzend ein älterer Mann herunter, der im Keuchen seiner

Anstrengung und in der Kurzatmigkeit seiner Angst den Text, der ihm aufgetragen war und vom Dichter Ransmayr stammte, nur völlig unverständlich zu nuscheln vermochte. Es war der berühmte Schauspieler Martin Schwab, der auf seine alten Tage von Reinhold Messner in die Schule des Anseilens eingewiesen wurde und sich doch besser in der alten Kunst des Abseilens betätigt und unauffällig ins Wirtshaus oder ein weiches Bett davongestohlen hätte.

Carl Dallago. Nach diesem Hüttenabend, zu dem das Festspielpublikum im Smoking und nicht im kratzenden Walkjanker gekommen war, wie es überhaupt einen literarischen Alpinismus gibt, der auf Seidensocken einherschreitet, konnte ich nicht einschlafen, ohne ein wenig in Carl Dallagos Schriften gelesen zu haben. Der stammte tatsächlich aus einer letzten Welt und hauste zeitlebens in abgelegenen Südtiroler Dörfern, ohne daß er daraus ein ästhetisches Programm oder eine aparte Stilübung für das städtische Publikum gemacht hätte. Er war ein echter Prophet vom Berge, der über das Gebirge, die Landschaft, die er als »Heimat der Heimatlosen« feierte, und das Scheitern, das zwangslose Scheitern als absichtslos erreichtes Ziel der Existenz seine vertrackten Essays schrieb. Ein fernes Tiroler Echo auf Karl Kraus, hat er seine Zivilisationskritik als Sprach- und Pressekritik geübt. Was er über den Untergang der »Titanic«, der im Feuilleton zu einem gewaltigen Auftrieb an Sentimentalität und Lüge führte, schrieb, ist wie für die Matrosen des russischen U-Boots und ihre Ausbeutung als Spekulationsobjekt der Medien geschrieben. Beachtlich, wie gleichmütig Dallago seine Zeitgenossenschaft mit dem Schicksal lebenslanger Randständigkeit bezahlte, die er nicht anstrebte, auf die er auch nicht eitel achtete, die er vielmehr als unausweichlich akzeptierte.

Christ, der er war, der die Kirche für das »machtvollste Hindernis« hielt, »zum wahren Christentum zu gelangen«, war ihm immerhin sechzehn Jahre, von 1910 bis 1926, das Glück beschieden, im Innsbrucker *Brenner* eine Zeitschrift zu haben, die es als ihre vornehmste Aufgabe betrachtete, regelmäßig seine schwer verständlichen, ihre schneidende Aktualität geradezu verbergenden Essays zu publizieren. Dann hatten es Ludwig von Ficker, der Herausgeber, und die anderen katholischen Mitarbeiter der Zeitschrift satt, von Dallago dauernd mit seinem zen-buddhistisch gewendeten Christentum geärgert zu werden. Dem Umgang mit den Berühmten asketisch abgewandt, manchem Großen wie Karl Kraus aber aus der Distanz ganz nahe, übersetzte er in seinem Dorf weiterhin Laotse, und den 29. Spruch des »Taoteking« hat er wohl als Anleitung für das eigene Leben genommen:

»Darum auch der Vollendete:
Er meidet Tatenlust,
er meidet Tatenprunk,
er meidet Tatenlohn.«

Als er 1926 Mussolini und den diesem ergebenen d'Annunzio als machthungrige Großmäuler bezeichnet, bedrohen ihn die Schlägerbanden des Faschismus, er muß aus Italien fliehen und läßt sich in einem Dorf bei Innsbruck nieder. Dem christlichen Ständestaat war dieser christliche Denker ein Ärgernis, im Nationalsozialismus hat er, der sich einzig zur »Rasse der Menschheit« bekannte, keine Zeile veröffentlicht. Als er 1948 starb, war er schon vergessen. Auf die Idee, seine Ansichten über das Hochgebirge von einem kraxelnden Schauspieler verkünden zu lassen, wäre er nie gekommen, ein hoffnungsloser Fall von Desinteresse an derlei Unternehmungen und überhaupt an Unternehmungen, die die Steilhänge der Karriere hoch hinauf und tief in die Senkgruben des Erfolgs hinunter führen.

Seltsame Entwicklung in der Unterhaltungsindustrie: Schauspielerinnen, die keine zehn Bücher gelesen haben, schreiben selber welche und erhalten dafür von Verlegern, die das Grab, das sie sich damit schaufeln, redlich verdienen, Vorschüsse, wie sie kein ernsthafter Schriftsteller je gesehen hat. Schriftsteller dagegen lassen sich bevorzugt mit durchgelaufenen Wanderschuhen abbilden, darin ähneln sie den Politikern, die sich auch nie bei ihrer Arbeit, sondern beim Tennisspielen mit Schlagersängern fotografieren lassen, aber das ist wahrscheinlich schon ihre Arbeit. Sogenannte Prominenten-Schneider und Szene-Wirte wiederum tauchen in Fernsehserien in kleinen, dafür umso sinnloseren Rollen auf und haben dabei nichts zu tun, als möglichst schlecht zu spielen und von jedermann als der Sowieso erkannt zu werden. Für Schifahrer, die kaum einen Satz grammatikalisch korrekt zu Ende bringen, werden eigene Sendungen im Fernsehen erfunden, in denen sie launig die glücklichsten Glücksfälle (runtergefallen, aber nichts gebrochen!) und die unglücklichsten Pechsträhnen (Bananenschalen!) der letzten Woche zu kommentieren haben. Minister und Landeshauptleute werfen sich dafür, am Seile hängend, von Brücken oder schleifen ihre ministrablen Körper so zurecht, daß sie bei Marathons mitlaufen können. Jeder tue, wozu er weder geschaffen noch ausgebildet oder berufen ist.

Die nächste Regierung, die auf Österreich zukommt, wird ohnehin durch eine parteiübergreifende Koalition der Marathonläufer gebildet werden und aus Leuten bestehen, die laufen müssen, rüpelhaft und rücksichtslos immer weiter laufen, weil sie den Moment des Stehenbleibens fürchten, wenn es unausweichlich ist, sich umzudrehen und schlagartig die Sinnlosigkeit dieser Existenz, die aus nichts als Flucht besteht, vor den entzündeten, aus dem hohlwangigen Gesicht glotzenden Augen zu haben.

Überall in der Unterhaltungsbranche wird seit einigen Jahren auf das Ungekonnte, das Dilettantische gesetzt, das für das Authentische gehalten und folglich mit dem Wahren verwechselt wird. Die einen freut das, weil sie so geringe Ansprüche ans Leben und an die Unterhaltung haben, die anderen, weil es arschgeil ist zu sehen, wie sich Leute öffentlich erniedrigen, indem sie noch den niedrigsten Ansprüchen nicht gerecht zu werden vermögen. Die einen freuen sich aus Blödheit, die anderen aus Zynismus. Der Übergang vom einen zum anderen ist fließend, obwohl er mehr vom anderen zum einen als umgekehrt fließt. Denn wer blöd ist, wird nicht so leicht auch noch zynisch, aber ein Zynismus, wie er von den Gestaltern, Moderatoren, Verantwortlichen der Sendungen habituell gepflegt wird, kippt irgendwann immer in die Blödheit zurück. Anfangs lachen die Moderatoren der Jugend- und Unterhaltungssender noch zynisch über den Mist, den sie selber fabrizieren, irgendwann aber ist es immer der Mist, ihr eigener Mist, der sie verschlingt.

Lohnt die Feindschaft? Lohnt es, Feindschaft auf sich zu ziehen und in Feindschaft standzuhalten?

War es nicht zuviel Aufwand, damals, vor zwei Jahren, auf dem verächtlichen Urteil über den österreichischen Radiosender, der sich als der witzigste Sender Europas bewirbt, zu beharren? Und dafür in einen langwierigen Prozeß verstrickt und notorisch mit diesem identifiziert zu werden? Und hatten, umgekehrt, die Burschen und Mädchen von Ö3 nicht Grund, sich von meinem allzu saloppen Verdikt, sie würden sich aus den größten Deppen jedes Maturajahrgangs rekrutieren, gekränkt zu fühlen? Sind sie wirklich eine Macht, eine Sturmschar des Frohsinns, gegen die zu kämpfen lohnt, oder nicht doch ein kindischer Haufen, über den die Achseln zu zucken die angemessene Reaktion wäre?

Tatsächlich bilden sie keine intellektuelle Nachhut, die man getrost ignorieren kann, sondern eine zu allem entschlossene Vorhut. Was sie als leicht überdrehte Witzbolde im Radio propagieren, wird auch dank ihnen zur dementen Alltagskultur von Millionen. Und die Drillmeister der guten Laune lassen sich diese durch nichts nehmen, auch wenn sie dafür immer härtere Saiten aufziehen müssen. Verdummende Unterhaltung aber, sobald sie zum obligatorischen Volksnahrungsmittel geworden ist, der man in keinem Supermarkt, keinem öffentlichen Gebäude mehr entrinnen kann, stärkt immer eine Politik, die es mit den Dummen hält, weil die, über Jahre gedrillt, nicht anders können, als jedweder Propaganda, wenn sie nur unterhaltsam ist, zu verfallen. (Es ist nebensächlich, aber nicht zufällig, daß Jörg Haider, der den Zusammenhang von Pop und Politik als erster Politiker in Österreich repräsentierte, in diesem Sommer eine Kassette mit Rap aufgenommen hat; notabene im Duett mit einem Wettblödler von Ö3, dem alles eine fesche Gaudi ist und der zum Zwecke angestellt wurde, seine Klientel davon zu überzeugen, daß, gleich was passiert, eh alles nur eine fesche Gaudi ist.)

Auch die feschesten Moderatoren und die Ewigjungen der Unterhaltungsbranche werden irgendwann von Fescheren und Jüngeren überholt, und dann altern sie rasant, von einem Monat zum anderen, und bekommen es als Vetteln des Entertainments jäh mit der Moral: Ich hab´es nicht gewollt! ist ihre Rede jetzt. Auch Harald Schmidt, den viele für einen Intellektuellen halten, der sein Niveau vorsätzlich und aus kritischer Absicht unterschreitet, zeigt sich entsetzt, daß ihm eine Meute hinterhergekommen ist, die es gröber hält als er.

Kürzlich saß er in seiner Show mit einem blasierten Jüngling und repetierte die einstudierten Pointen vor der Kamera und einem folgsam lachenden Studiopublikum. Bei seinem Gast handelte es sich um ein Vollmitglied des sogenannten Popliterarischen Quintetts, einen gewissen Benjamin von Stuckrad-Barre, der wirklich so heißt und sich auch anstrengt, dem gerecht zu werden. Sein Anzug ist sicher von Prada gewesen, oder waren es die Schuhe, jedenfalls legt er mit seiner ganzen Gruppe von leicht neurasthenischen Internatszöglingen größtes Augenmerk auf Markenware, schließlich möchte er selbst eine werden, und seine Bücher werden auch schon von einem angesehenen deutschen Verlag mit gewaltigem Werbeaufwand veröffentlicht. Es ist der schiere Opportunismus, der diesen Verlag zur Publikation solch aberwitzig schlechter Bücher nötigt, die durch und durch opportunistische Hoffnung von Kiepenheuer & Witsch und anderen Großverlagen, mit diesen Autoren auch in den Zeiten des hereinbrechenden Analphabetismus noch Erfolg zu haben. Aus Angst, eines Tages keine Käufer für Literatur mehr zu haben, schaffen sie die Literatur vorsorglich gleich selber ab, sodaß ihnen jedenfalls nix mehr passieren kann. Sie haben es dann natürlich nicht gewollt.

Harald Schmidt jedenfalls unterhielt sich mit dem Stuckrad, und Schmidt, der Intellektuelle, hielt dabei minutenlang das Buch von Stuckrad, dem Analphabeten, in die Kameras und wiederholte mehrfach, wie der Titel des Buches laute und wo man es erwerben könne (ätsch: Buchhandlung!). Die kritische Talk-Show erwies sich dadurch als eine kritische, daß sie die Schleichwerbung so unverhohlen betrieb, daß von Schleich gar nichts mehr übrig blieb, sondern sie sich ganz unverfroren zu ihrem eigentlichen Zweck bekannte, und der war: möglichst viele Leute, die keine Bücher lesen, dazu zu bringen, dieses Buch zu kaufen, das im emphatischen Sinne des Wortes kein Buch mehr ist.

Aufrecht. Im Fernsehen sehe ich einen Film über ein afrikanisches Dorf. Die Frauen bewegen sich mit rätselhafter Eleganz. Aufrecht, kerzengerade, gleichmäßig wie Schiffe weit draußen am Horizont, gleiten sie an den Bäumen und Schilfhütten vorbei, als würden sie keine Schritte tun, sondern auf ruhigem Gewässer segeln ... Wenn sie groß genug sind, schwere Lasten zu tragen, werden den Mädchen bei der täglichen Arbeit Körbe auf das Haupt gesetzt, die sie von hier nach dort bringen und in denen sie alle Dinge des Lebens, die das Dorf benötigt, transportieren. Man kennt in diesem Dorf keine Taschen, auch keine noch so einfachen Leiterwagen. Da keiner je etwas mit seinen Händen geschleppt oder gezogen hat, ist im Dorf der gebückte Gang unbekannt. Was zu tragen ist, tragen die Frauen auf dem Kopf, und das Gewicht der Körbe ist oft erheblich, aber ausbalanciert müssen gerade die leichteren werden. So schweben sie, ihre Habe auf dem Kopf, mit einer Eleganz, die nicht dem Reichtum, sondern dem Alltag zu verdanken ist, je schwerer sie tragen, desto ruhiger gleiten sie, stolze Schiffe in der Savanne.

September

GRADO. UNERWARTET PACKTE uns vier die Sehnsucht, auch heuer das Meer zu sehen. Ehe die Ferien zu Ende gingen, fuhren wir nach Grado, einen Ort, den man von Salzburg aus in knapp vier Stunden erreicht und der auf so kuriose Weise von Österreichern bevölkert wird, daß der Übergang von der einen in die andere Welt, der Anlaß jeder Reise, fast keiner mehr ist. Alles ist hier auf vorsorgliche Weise organisiert, um dem auf bequemen Vollzug seiner Ferien achtenden Touristen nicht zu viel Überlegung, Suche, Neugier abzuverlangen. Was immer er braucht, von der Farmacia bis zum Zeitungsstand, es ist nahe beieinander und übersichtlich arrangiert, man kommt in Grado an und findet sich nach dem ersten Rundgang zurecht. Es ist ein Rätsel, wie eine Stadt eine so leicht zu fassende Struktur von Straßen und Plätzen, von Verkaufslokalen und sogenannten Sehenswürdigkeiten, von Restaurants für jeden Anspruch und stillen Winkeln entwickeln konnte. Wenn man eine kleine Stadt am Reißbrett so planen wollte, daß sie Überschaubarkeit und Charme verbindet, also das Praktische und Berechenbare mit dem Angenehmen und Unwägbaren, es wäre wohl Grado daraus geworden, aber wann immer man es am Reißbrett versucht hat, ist nichts daraus geworden. Grado ist nett, bequem, trivial, in seiner Geschäftigkeit ist nichts Lautes, freilich auch nichts Überwältigendes, und die vom Gebirge steil ins Meer fallenden Orte drüben in Istrien, Piran etwa, das in Luftlinie kaum 25 Kilometer entfernt sein wird, sind unvergleichlich schöner, aber Grado, das ist eben unser Meer. Die Cafés reihen sich aneinander, die Bediensteten darin sind frei von dem Mißmut, aus dem in den österreichischen Fremdenverkehrsgemeinden das schlechtbezahlte, über die Grenze der körperlichen Belastbarkeit ausgenutzte Personal schon nach den ersten Wochen der Saison nicht mehr herausfinden kann, und auch von der frostigen, die Aggressivität in mechanisch exekutierten Gebärden der Ergebenheit verbergenden Routine, mit der es anderswo die Besitzer touristischer Einrichtungen halten, ist hier nichts zu bemerken. Man gewinnt den Eindruck, die Gradeser würden den Urlaubern wirkliche Sympathie entgegenbringen, und die Gäste lohnten es ihnen, indem sie sich alles Rohe und Vorlaute versagten. Und natürlich ist es geradezu sensationell, wie langweilig Grado ist.

Langeweile, dieser peinigende Zustand, in den wir umso sicherer stürzen, je heftiger wir ihn zu fliehen versuchen. Sich der Langeweile zu stellen, sie gelegentlich bewußt zu ertragen, das ist anstrengend, quälend, aber niemals so langweilig wie es die Angebote der Kulturindustrie sind, ihr organisiert zu entrinnen. Thomas von Aquin hatte die Langeweile (acedia) als »delictum grave« bezeichnet und die »Trägheit des Herzens«, die die Mönche in ihrer Klosterzelle nach stundenlangem Gebet um die Mittagsstunde heimsucht, zu den Hauptsünden gerechnet. Als schweres Delikt, als Versündigung wider die bunte Welt der Freiheiten, die uns zu Kauf und Konsum angeboten sind, wird die Langeweile auch heute verstanden; daß einem zuweilen langweilig ist, gilt fast schon als schuldhaftes Versagen, zumindest als Zeichen der Trägheit, die vielen Möglichkeiten zur Zerstreuung nicht zu nutzen. Dabei ist es gerade die Zerstreuung, die uns mit der panisch gefürchteten Langeweile überschwemmt, und die nie erlahmende mediale Unterhaltsamkeit, die uns diesen Verdruß der Übersättigung beschert. Die Einsicht, daß sich umso weniger ereignet, je mehr geschieht, läßt uns vor uns selber schaudern und ahnen, daß wir aus uns keinen Ausweg finden werden.

Spricht man von Langeweile, müßte man unterscheiden, ob wir andere oder uns selber langweilen. (Die deutsche Sprache erlaubt es, das Wort in seiner zweifachen Bedeutung zu verwenden, als transitives »jemanden langweilen« und reflexives »sich langweilen«. Das Englische hingegen kennt nur die transitive Form: to bore und to weary benennen beide diese schreckliche Tätigkeit, jemanden anzuöden und mittels konsequenter Geistlosigkeit zu quälen. Für den existentiellen Zustand des Sich-Langweilens haben die geselligen Engländer hingegen kein Wort und, glaubt man der Sprachtheorie, folglich auch kein Empfinden. Armes Volk, dir entgeht was! Dabei hielt ich gerade dich, mit Teatime and Hofzeremoniell, für sehr begabt in dieser Hinsicht.) Das erste ist eine grobe Unhöflichkeit, die von Menschen begangen wird, die sich für die Unterhaltung, an der sie selbst teilhaben, nicht verantwortlich fühlen, oder die meinen, ihre hormonellen Gemütswallungen wären so interessant, daß sie uns mit ihnen behelligen dürfen. Das zweite ist eine den Menschen aus dem Tierreich hebende, also die Gattung charakterisierende Begabung, denn der Hund, wenn nichts geschieht, was seine Aufmerksamkeit bannt, legt sich gleich wieder hin und schläft, Langeweile kennt er nicht. Ein bekannter Abenteurer hingegen, gejagt von der Langeweile, die ihn immer schon erwartet, wohin er auch gehetzt kommt, hat kürzlich gesagt: »Lieber krepier´ ich auf dieser Tour als zu Hause aus Langeweile.« Er erlebt die Langeweile als körperliche Pein und sucht ihr, die doch eher eine Übersättigung mit geistiger Leere, ein seelisches Sodbrennen ist, durch körperliche Selbstzüchtigung zu entrinnen. Der arme Teufel wird rennen müssen, bis er in die Grube fällt; kaum hält er inne, wird ihn die Trägheit des Herzens wieder anfassen und traurig machen.

Das einzige Schnelle und Kreischende sind in der langsamen, stillen und langweiligen Altstadt von Grado die österreichischen Inline-Skater. Die meisten von ihnen sind, da es verständlicherweise wenige Jugendliche hierher zieht, schon über vierzig, und sie flitzen durch die Fußgängerzone wie saturierte Besucher von einem anderen Stern. Allerdings fürchtet man die Aliens hier nicht, die, kampftauglich ausgerüstet mit Visierhelm, Ellbogen- und Knieschützern und oft noch über eine Hörkapsel im Ohr mit ihrer intergalaktischen Kommandozentrale verbunden, shoppen fahren. Wer heute nur ein bißchen laufen will, hat sich zuerst eine Ausrüstung zu kaufen, wie sie früher für das Training eines Olympioniken ausgereicht hätte.

Als in der nachmals so genannten Hippiezeit, in die meine Jugendjahre fielen, mit dem alltäglichen Drill und Gehorsam, mit Leibesertüchtigung im Sinne von Riegenordnung im Turnsaal Schluß war, hätte niemand vorausgesehen, daß Sport je wieder solche Bedeutung erlangen könnte; nein, nicht wiedererlangen, denn eine solche Bedeutung wie heute hatte der Sport nie, auch nicht zu jenen kargen Zeiten, als er eine der wenigen Vergnügungen war, die sich jeder leisten konnte. Bevor sich die Industrie seiner bemächtigte, war Sport die vorzüglich gruppenweise Erprobung bestimmter körperlicher Fertigkeiten, die zu messen, vergleichen und verbessern dem Sportler Freude, Bestätigung bot und auch als Erleben von Gemeinschaft etwas wert war. Die aberwitzige Vielfalt an Moden, was die Sportarten und die Adjustierung betrifft, ohne die man diese gar nicht ausüben kann, war früher gänzlich undenkbar, und die alten Turnvereinsdespoten würden sich mit Grauen von den buntkostümierten Scharen abwenden, die heute auf Sportveranstaltungen zu sehen sind.

Nicht nur im umzäunten Sportareal, sondern schlicht überall kann man heute auf den wogenden Pulk solcher Leute treffen, in der Natur, die durch sie keine mehr ist, und in der Stadt, die durch sie etwas schwitzend Unbequemes, ja antiurban Ackerhaftes bekommt. Ihre Kostümierung suggeriert eine Ausgeflipptheit, die diese Jogger, Skater, Skooter, Rempler, Keucher und Kreucher natürlich gar nicht haben; schließlich schleifen sie ihre Körper nicht aus anarchistischem Übermut, sondern aus Fügsamkeit exakt nach dem Maß zu, das ihnen die Werbung und eine bei Nike und adidas ausgebildete Medizinerschaft vorgeben.

Das System der infantilen Männer. Im kniehohen Wasser stehen zwei Italiener, sieben, acht Meter voneinander entfernt, und im

Bong-bong ihrer Partie Strandtennis unterhalten sie eine kleine Hundertschaft von Badegästen, die fasziniert aus ihren Liegestühlen auf die Spielenden blicken. Die beiden sind eher gegen sechzig als bei fünfzig, aber von der kleinen Badehose bis zur Sonnenbrille, über die ganze, gut durchgebräunte Haut bis zum Kettchen ums Handgelenk halten sie noch sehr auf sich. Sie waren mir schon aufgefallen, als sie noch nicht mit den langwierigen Vorbereitungen für ihr Spiel beschäftigt waren, sondern mit einigen Bekannten promenierten, den Bauch eingezogen, den Gang sehr aufrecht, die Gesten theatralisch, alles beherrscht, einzig der kleinen Brüste, die vielen Männern über fünfzig zuwachsen, hatten sie nicht Herr werden können, sodaß diese zarten Frauenbrüste an ihren durchtrainierten Männerkörpern wie ein Verhängnis der Natur schaukelten, ein starkes Indiz für die These, daß sich die Menschheit einer Doppelgeschlechtlichkeit entgegenentwickelt, bei der ein jeder und eine jede beides ist, wechsel- und wahlweise, Mann und Frau, was gewiß eine Reihe von Problemen lösen, aber, möchte ich vermuten, ein paar andere schaffen wird. Jetzt spielten die beiden seit einer Dreiviertelstunde, und sie schlugen den kleinen Ball mit wuchtigen Schlägen so, daß er ihnen nur alle paar Minuten ins Wasser fiel, zwei Könner, die wußten, daß sie es waren, und die wollten, daß man es bemerkte.

Ein paarmal waren die kleinen Mädchen, die ihnen ein unverdientes Schicksal spät noch zu Kindern gegeben hatte, zu den Vätern gelaufen, bettelnd, doch selber einmal spielen zu dürfen, aber da hatten sie keine Chance und wurden verscheucht. Sie saßen mißmutig ein wenig abseits im Wasser und beobachteten ihre Väter, die auch schon ihre Großväter hätten sein können und die so elegant wie ausdauernd die Bälle schlugen. In Italien sind die Männer, von der Mama im Familienteig ordentlich durchgeknetet, häufig selbst Kinder geblieben, das macht die einen von ihnen sympathisch, die anderen unerträglich, denn wenn einer älter wird und ein Kind bleibt, ist er oft nur ein infantiler Alter, und es ist kein Zufall, daß das System

Berlusconi, die Telekratie mit ihrer Entmündigung der Menschen bei gleichzeitiger täglicher Volksabstimmung via Fernsehkanal, ausgerechnet in Italien, dem Land der infantilen Männer, erfunden wurde. Berlusconi-Väter schicken ihre Kinder weg, sie wollen selber spielen und beim Spielen nicht gestört werden. In Österreich hingegen, kaum daß ein Kind sportliche Anlagen zeigt, wird es vom Vater gleich in die harte Schule, ins Dauertraining genommen. Die Kinder des Nordens müssen das, wofür sie begabt sind oder Neigung zeigen, gleich üben, damit sie darin noch viel besser werden und einmal etwas Richtiges draus machen können. Natürlich verlieren sie darüber die Lust, und so wird nur selten was draus.

Gestern vormittags wummerten, als wir gerade vorbeikamen, aus einem hallenartigen, ebenerdigen Raum merkwürdige Geräusche nach draußen. Die Spielhölle, bei deren Eingang einige riesige Stofftiere niedlich Spalier standen und in die wir sogleich traten, war ein Ort des Massakers. Aus jeder Ecke dröhnte Dauerbeschuß. Beim einen Apparat konnte man mit Zielfernrohr die Gangster von den Dächern Manhattans herunterholen, beim anderen wurden Killerfische, wenn sie aus dem Meer sprangen und ein Kind von der Luftmatratze reißen wollten, mit Maschinengewehren zerfetzt. Daneben ballerte der Apparat, wenn er artgerecht bedient wurde, auf Außerirdische, die auf die Erde kamen, um auf ihr das zu tun, was schon die Hiesigen zu tun pflegen. Als wir mit etlichen Apparaten gespielt hatten, wußte ich nicht recht, was an dieser Spielhölle in Italien anders war als in denen, in die wir ein paar Wochen zuvor in London geraten waren. Erst am Strand, die fanatisch ihrem Strandtennis hingegebenen Männer vor mir, fiel es mir ein. Nirgendwo sonst sind so viele Erwachsene in den Spielhöllen wie in Italien, wo diese stets zur Hälfte mit Erwachsenen gefüllt sind, die serienweise grüngesichtige Monster niedermähen.

Auch hier in Grado waren die Erwachsenen meist alleine vor den Apparaten gestanden, die Kinder und Jugendlichen hingegen in Gruppen. Es stimmt nicht, daß das Computerspiel die Heranwachsenden isoliert; während sie ungerührt die Killertomaten zermantschkern, reden sie miteinander, sie belachen das Ungeschick eines Spielers, sie kommentieren das Geschehen, sie unterhalten sich nebenbei und auch über ganz andere Sachen. Der Computer ist nicht ihr Ziel, nicht der gefräßige Vernichter ihrer Wünsche, sondern bloß ein Anlaß, sich zu treffen, und ein Ort, wo man es tun kann. Früher haben sie sich bei einem Baum am Rand des Dorfes getroffen, oder sie sind um das Motorrad herumgestanden, das dem großen Bruder gehörte.

Einsam, verbissen, ins Stadium der Entseelung hinübergekippt sind vor dem Computer nur die Erwachsenen.

Die ideale Stadt und ihr Preis. Rund dreißig Kilometer von Grado entfernt liegt die Festungsstadt Palmanova, über die ich vor Jahren einen Bericht für ein Reisemagazin zu schreiben hatte und in die wir jetzt im Regen fuhren. Die venezianischen Herren hatten sich diese Stadt im Jahr 1593 einfallen lassen, um gegen türkische wie österreichische Überfälle eine uneinnehmbare Festung zu haben, und an dieser, die tatsächlich lange für uneinnehmbar gelten sollte, fast hundert Jahre lang immer weiter gebaut. Das Interessante an Palmanova ist, daß es, als eine sogenannte künstliche Stadt, vollkommen regelmäßig angelegt wurde, in Form eines neunzackigen Sterns, der den Außenwall bildet, von dem man über ein symmetrisches System radialer Straßen auf einen sechseckigen Platz im Inneren gelangt, dem man auch heute noch bis in die Details von Spiegelungen und Entsprechungen hinein anmerkt, daß er auf dem Reißbrett entworfen wurde. Hier wurde einer Stadt ihr Schicksal aufgezwungen und dem Schicksal eine strenge Form gegeben. Als die militärische Waffentechnologie die Erstürmung von Festungen in späterer Zeit erleichterte, verlor Palmanova rasch seine Bedeutung als Stützpunkt, um die eines kulturhistorischen Denkmals zu gewinnen. Heute fährt man in die knapp über 6000 Einwohner zählende Stadt, um sich für ein paar Stunden in dem zu bewegen, was einst als »die ideale Stadt« ausgedacht und nach Plänen von Giulio Savorgnan auch wirklich aufgebaut wurde. In manchem Museum kann man recht detailliert ausgestaltete Pläne solcher erdachter Städte sehen, aber diese Städte der Renaissance rechnen nicht zur Geschichte der Architektur, sondern allenfalls der Zeichnung oder Philosophie, denn keine von ihnen wurde je erbaut, sie blieben Plan, ein Spiel, das den kühnen Gedanken versuchsweise zum Prinzip städtischer Bauform machte, aber nie die Probe aufs Exempel geben konnte.

In der Mitte des sechseckigen Platzes stehend und somit von allen Außenmauern, auf den Meter exakt bemessen, gleich weit entfernt, ist man überrascht, wie wenig sich die vollendete Harmonie im Grundriß der Stadt auf den überträgt, der sich in ihrem mathematischen Zentrum befindet. Man sieht die Regelmäßigkeit, man erkennt sie an der strengen Ordnung, mit der die Straßen von diesem Platz wegführen, aber sie überträgt sich nicht auf das Empfinden dessen, der dies alles sieht und begreift. Schon vor sechs Jahren, als ich das ganze Straßensystem mehrfach abgeschritten war, hatte mich am meisten erstaunt, daß diese Stadt ein intellektuelles Erlebnis bleibt, keine existentielle Erfahrung wird. Eigenartigerweise findet man sich in einem solchen ebenmäßigen Gebilde, das sich nicht dem baulichen Zufall, sondern der architektonischen Planung, ja dem strategischen Willen verdankt, nicht einmal rascher und leichter zurecht als dort, wo Straßen und Gassen in schiefem Winkel aufeinandertreffen und die Wechselfälle von Besitz und Eigentum das städtische Wachstum bestimmt haben.

In einem kleinen Café sitzt am Tisch neben uns ein älterer Herr, der ein Glas Wein trinkt und nahezu reglos auf seinen Platz, die weltberühmte Piazza Grande von Palmanova blickt. Er sieht ungerührt auf diesen Platz vergangener Größe und Stein gewordener Harmonie. Hat die Harmonie irgend etwas mit ihm zu tun? Erst nach längerem, als wir uns wieder auf den

Weg machen wollen, wendet er sich uns zu. Er hat eine riesige, rotknollig wuchernde Nase und eigenartig gelbflackernde Augen. Ja, erzählt er, er sei von hier und habe eigentlich immer hier gelebt. Er fügt dann einige Sätze über Palmanova hinzu, als erinnere er sich an einen Schulstoff, und ich merke, daß ich über die architektonische Form und die große Geschichte seiner Stadt mehr weiß als er, der diese Form täglich ausmißt und dessen Leben sich in der kleinen Geschichte der Stadt verwirklichte.

Bleibt, wer in einer solchen Stadt groß wird, innerlich also unberührt von ihrer architektonischen Gestalt, sind Leute, die in der Altstadt von Lucca oder Córdoba aufwachsen, vom Wohnzimmer auf Montmartre oder die Feste Dubrovnik hinausschauen, nicht freier gestimmt als jene, die irgendwo in einer namenlosen urbanen Ballung wohnen müssen? Hat die architektonische Umwelt gar keine Wirkung auf die Menschen, die in ihr leben, kann sie ihre Leidenschaften und ihre ästhetischen Empfindungen weder wecken noch verfeinern? Müßten jene, die das Glück haben, in schönen Städten zu leben, nicht rechtens bessere, glücklichere Menschen sein? Doch schon die Italiener, die zweifellos mit der meisten schönen Architektur der Welt umgeben sind, bauen, wenn sie es heute tun, besonders häßlich. Ganz Norditalien, zumal das reiche Veneto, ist eine Kette unansehnlicher Straßendörfer, mit einem brutal häßlichen Einkaufszentrum als Verbindungsstück. Auch finden sich die italienischen Gläubigen in allen ihren wunderschönen Kirchen stets vor der kitschigsten Statue versammelt, um verzückt einem barock verplemperten Heiligen die von so vielen Lippen blankgescheuerten Steinzehen zu küssen.

Es war dies ein netter alter Herr, der mit uns aufstand und sich in Richtung auf eines der Stadttore zu nach Hause begab, als könne er jetzt, an diesem trüben Abend, die Stadt zusperren, weil ohnehin keiner mehr kommen werde; er hat immer in Palmanova gelebt, und er würde keineswegs der Vermutung zustimmen, daß diese Stadt mit ihm nicht gar viel zu tun hat.

Immerhin war es sein Leben, das er hier verbrachte, und daß er es wohl genau so auch ganz woanders gelebt hätte, böte ihm vielleicht keinen Anlaß zu Verwunderung.

Auf dem Weg nach Hause. Udine erweckt diesmal einen unangenehm herausgeputzten Eindruck, als hätten die Udineser entdeckt, daß sie lieber doch keine Italiener, sondern Geschäftseuropäer sein möchten. Die Delikatessenhandlung hält in der Auslage drei Reihen mit Rotwein feil: die eine mit Flaschen, deren Etikett Adolf Hitler und die Bezeichnung »Führerwein« ziert, die zweite mit Mussolini als Namenspatron und heroischem Bildgeber, die dritte mit Che Guevaras berühmtem Porträt auf den Bouteillen. Meine Empörung, daß man Hitler und Mussolini ungeniert als Werbeträger für Rotwein einsetzt; die Empörung meines Sohnes, daß Che Guevara den beiden Verbrechern zugesellt wird. Unsere Unsicherheit, wer sich solche Flaschen kaufen mag: Werden die Rechten zur Hitler- oder Mussolini-Flasche greifen, die Linken zu der von Che? Oder gibt es Käufer, die sich ein paar Flaschen von jedem nehmen, weil ihnen ohnedies alles eins ist, Hitler und Che, und die Werbung dafür gesorgt hat, daß sich die Bilder vollständig von dem gelöst haben, was sie einmal bedeuteten?

Ich erinnere mich an die Flohmärkte in den mittelitalienischen Städten, in denen wir vor Jahren so oft waren. Schon damals lagen dort faschistische, katholische, kommunistische Devotionalien hübsch durcheinander, Anstecknadeln, militärische Orden, Postkarten, und der Kitsch Mussolinis war dem der diversen Heiligen der Region untermischt. Die italienischen Freunde hatten unsere Irritation gar nicht verstehen wollen und als lebensfremde Anwandlungen von Besuchern aus dem spießigen Norden Europas abgetan: Mein Gott, Mussolini, das ist schon so lange her, und außerdem, militärische Orden, darüber lacht man doch! Als wir sie davon unterrichteten, daß Präsentation und Verkauf von Hitler-Bildern in Österreich von einem Gesetz gegen »nationalsozialistische Wiederbetätigung«

verboten würden, hatten sich unsere italienischen Freunde davon sehr angetan gezeigt: Ja, das sei eine sinnvolle Erfindung, so ein Gesetz, denn in Österreich und Deutschland brauche man zweifellos strenge Gesetze, daß der Faschismus niemals mehr sein Haupt erheben könne. In Italien hingegen genüge das Volk, solches zu verhindern, und deswegen würden vergleichbare Gesetze überflüssig sein und von niemandem begrüßt oder auch nur verstanden werden.

Zurückgekehrt aus Italien, finden wir die Heimat in glücklicher Stimmung. Selten sind in Österreich so viele zufrieden gewesen wie jetzt. Überall, auch an unvermuteten Ecken und in unverdächtigen Kreisen, bleckt sie grimmig auf, die Zufriedenheit. Diese Zufriedenheit ist das Werk dreier Weiser. Im Auftrag der Europäischen Union hatten sie Österreich besucht und danach empfohlen, die »Sanktionen« wieder aufzuheben, jene Sanktionen, die die vierzehn anderen Staaten der EU gegen Österreich verhängten, als und weil mit der FPÖ eine, wie es jetzt offiziell heißt, »populistische Rechtspartei mit radikalen Elementen« in die Regierung gekommen war. Als wären sie in dem, was sie in den letzten Monaten geifernd verfochten, von den Weisen persönlich bestätigt worden, zeigen sich nun alle mit deren Bericht zufrieden: zufrieden die Regierung und ihre Kritiker, zufrieden die radikalen Elemente der populistischen Rechtspartei und jene, die vor eben diesen und dieser gewarnt hatten. Ist der weise Bericht ein Kunstwerk, offen für vielerlei Deutung?

Daß sich jeder bestätigt fühlt, ist auch dem diplomatischen Stil geschuldet, in dem die Weisen ihren Bericht halten. Aber mehr noch der Strategie, welche den diversen Kolporteuren von Meinungen eingedrillt wurde, die Strategie, öffentlich unangefochten auf dem zu beharren, was einem frommt, egal ob man sich dabei taub und blind stellen muß. So zu tun, als habe das Gegenüber nichts gesagt, und in der eigenen Rede fortzufahren, wie es einem beliebt, das ist das dramaturgische Gesetz medialer Präsentation. Kaum ein Parteisprecher antwortet mehr auf die Fragen, die ihm gestellt werden, vielmehr verlautbart er unverdrossen, was zu verlautbaren er sich vorgenommen hat. Monoman reden sie sich um den leeren Kopf, in der Hoffnung, erst kopflos wirklich authentisch zu wirken. So geschieht es auch jetzt, ein jeder greift sich aus dem Bericht, was ihm paßt, und tut, als wäre er eigens geschrieben, ihn zu bestätigen. Genau besehen, ist die Kritik, die die Weisen an der darob hochzufriedenen Regierung übten, durchaus hart; aber sie hätten schon eine Kriegserklärung veröffentlichen müssen, daß nicht der Beifall aller über sie gebrandet wäre.

Ich hingegen bin mit dem Bericht nicht zufrieden, er ist mir zu lasch, zu vorsichtig und zielt mir nicht weit genug. Wenn ich trotzdem gegen die Sanktionen war und bin, dann nicht als Österreicher, den so viel Einmischung aus dem Ausland womöglich in seiner nationalen Ehre kränkte, sondern als Europäer, dem die Zukunft der Union nicht gleichgültig ist.

Als die »Sanktionen« erlassen wurden, haben die Staaten der EU dies mit »europäischen Werten« begründet, gegen die die FPÖ verstoßen habe und gegen die eine Regierungspartei nicht verstoßen dürfe. Man kann sich aber nicht auf »europäische Werte« berufen, ohne diese zu benennen. Und man kann, würde man solche europäischen Werte von heute und für heute benennen, dies nicht glaubhaft tun, ohne zu bekennen, welche anderen Werte in der Geschichte schon als »europäische« firmiert haben und was das für Europa und die Welt bedeutet hat. Die europäische Gefahr von Sanktionen, wie sie gegen Österreich verhängt wurden, liegt darin, daß sich die EU in der berechtigten Schelte Österreichs darüber hinwegschwindelt, daß sie selbst es ist, die genau jenen Rassismus des Wohlstands und jene Xenophobie produziert, die sie der FPÖ vorwirft (vermutlich weil diese sich aggressiv dazu bekennt und so ein europäisches Stillhalteabkommen verletzt). Die Gefahr ist, daß die EU zwar Österreich ermahnt, sich endlich kritisch seiner Vergangenheit zu stellen, sich aber im nimmermüden Geschwafel von den europäischen Werten gleichzeitig die Auseinandersetzung mit der eigenen, der europäischen Vergangenheit erspart. Kurz, die Gefahr ist, daß die EU, indem sie Österreich des Verstoßes gegen einen vagen »Wertekanon« überführt, nichts anderes als eine Selbstheiligsprechung vollzieht.

Andrerseits lag nicht nur eine Gefahr, sondern auch eine Chance darin, daß die 14 Staaten der EU sich unbedacht darauf eingelassen haben, ihre Zollfreihandelszone zur »Wertegemeinschaft« zu erhöhen (und gegen Österreich einen Prozeß in Gang zu bringen, für den es keine Verfahrensordnung gab, sodaß selbst jenen, die ihn betrieben, in der Folge nicht recht klar war, wohin er führen sollte und welches Ergebnis an seinem Ende stehen könnte). Damit etwas Sinnvolles draus werde, müßte der Verstoß gegen bestimmte Werte nur einmal dazu genützt werden, diese Werte selbst unter Beobachtung zu stellen und so herauszufinden, was sie im einzelnen seien, wozu sie bisher dienten und wer sich zu welchem Zweck auf sie berief.

Die ganze schöne Kritik an Österreich taugt also nur etwas, wenn sie den Anlaß zu einer europäischen Selbstkritik gibt. Gerade daß niemand merke, wie sich »Europa« fortgesetzt um diese Selbstkritik drückt, haben die Vierzehn aber die Sanktionen gegen Österreich erlassen – als würden sie ihr eigenes europäisches Problem entsorgen können, indem sie es nationalisierten und zum österreichischen Skandal erklärten. Von ihren Weisen dazu ermächtigt, werden sie bald Ausflüchte nehmen aus der Situation, die ihnen unversehens zur Falle geriet. Lieber heben sie nämlich die Sanktionen gegen Österreich wieder auf, als sich ernsthaft zu einer überfälligen Auseinandersetzung mit den »europäischen Werten« und der Blutspur, die diese durch die Geschichte zogen, zu bequemen.

Überhaupt sehe ich niemanden, der eine solche europäische Selbstkritik noch im Sinn hätte. Im Gegenteil, der Aufstieg der Freiheitlichen hat bei den Gegnern der Regierungskoalition zu einem Konformismus geführt, der sich eine Kritik an »Europa«, an den »europäischen Werten« oder auch nur an diversen »europäischen Staatsmännern« (und seien sie vom Schlage eines

Chirac: korrupt, autoritär, rassistisch, solange es angebracht ist; ist anderes angebracht, dann gerne auch anders) gar nicht mehr zu erlauben wagt. Als hätte die FPÖ mit ihren Ausfällen gegen die EU allen die Schneid abgekauft, sucht jetzt ein jeder seinen Platz im »Komitee zur Untersuchung antieuropäischer Umtriebe« einzunehmen und den anderen in beflissenen Bekundungen von »Europatreue« zu übertrumpfen.

Die EU wird die Sanktionen gegen Österreich unverzüglich wieder außer Kraft setzen. Was bleibt, widersprüchlich genug, ist zweierlei, eine Hoffnung und eine Beunruhigung. Hoffnungsvoll ist, daß die Länder der Europäischen Union, wie unvollkommen es ihnen in der österreichischen Causa auch gelang, zunehmend wichtig nehmen, was in jedem einzelnen der Mitgliedstaaten geschieht (hoffnungsvoll ist also gerade die bei uns so heftig getadelte »Einmischung«). Beunruhigend bleibt, daß die politische Moral mit der Waage politischer Macht gemessen wird. Oder glaubt jemand, Berlusconi und seine Männer werden eines nahenden Tags von den Bußpredigern der europäischen Werte mit derselben Exkommunikation bedroht werden wie die Österreicher? (Dabei sind es doch Berlusconi und seine Telekratie, die die Demokratie grundsätzlich gefährden! Berlusconi, der Herr der Bilder, ist weit hinaus über die vereinten Maulhelden, die es noch mit dem frechen Wort, der ruchlosen Rede halten. Gegen ihn sind sie alle, Haider und Bossi eingeschlossen, Leute von gestern, die mit den Methoden von gestern, ihrer sentimentalen Bindung an die Welt, die Größe, den Wahn von gestern, die Zukunft nicht gewinnen können. Berlusconi aber hat diese schon vorweggenommen: Der Mann von morgen besetzt nicht die öffentliche Rede, sondern besitzt die medialen Bilder. Er entscheidet, welche von ihnen wann und zu welchem Zweck gezeigt, ausgestrahlt, gesehen werden und welche ungesehen bleiben.)

Das Hotel in Grado hatte uns Helmut Gollner vermittelt, der in Kuba, auf den Philippinen, in China Germanistik unterrichtet hat und immer wieder in die hübsche Gradeser Langeweile und ins »Orchidea« zurückkehrt. Seit dreißig Jahren führt er ein Lektüre-Tagebuch, und auch jetzt sah man ihn fast immer und fast überall mit einem Büchlein in der Hand, in das er konzentriert schrieb. Seine Handschrift ist gut leserlich, und er kann aus den Lektürenotizen, die er über ein Buch vor ein paar Tagen gemacht hat, sogleich eine druckwürdige Kritik zusammenstellen, so dicht sind seine Aufzeichnungen gearbeitet. Zu Hause hat er über 100 solcher randvoll geschriebener Hefte liegen, eine private Literaturgeschichte, die kommentierte Bibliothek eines Lebens. Er erklärt seinen Eifer entschuldigend mit seinem seit jeher schlechten Gedächtnis, er habe solche Aufzeichnungen einfach immer schon machen müssen, sonst hätte er sich das Lesen gleich ersparen können.

Oder kann man sich gleich das Leben ersparen, wenn es nicht zur Literatur wird? Wird nur gelebt, was zum Buch taugt, oder ist die Literatur schon das ganze Leben, das zählt? Je schlechter sie schreiben, desto arroganter pflegen sie den Vorrang der Dichtung vor dem Leben zu behaupten. Die große Ausnahme: Kafka. Aber der lebte nicht für die Literatur, sondern durch sie, er hat das Leben nicht verächtlich preisgegeben, sondern wußte es ausschließlich schreibend zu führen. Und er hat den Primat der Literatur als schuldhaft empfunden. Sein Leben ist sein Werk, und sein Werk ist eigentlich Tagebuch. Seine Romane und Erzählungen entstehen aus dem Tagebuch, das Tagebuch selbst ist der eigentliche Roman, über dem das Leben ertragen wird. »Ich werde das Tagebuch nicht mehr verlassen. Hier muß ich mich festhalten, denn nur hier kann ich es.«

Paul Léautaud hat sein »Journal littéraire« vom 21. Lebensjahr bis zu seinem Tod, 1956, im Alter von einigen achtzig Jahren, geführt. Er war als Redakteur und Theaterkritiker eine respektierte Erscheinung des Pariser Geisteslebens, als Außenseiter anerkannt und wohlgelitten, und ging doch jeden Abend aus dem Kaffeehaus, von der Soiree, aus dem Theater nach Hause, um mit akribischer Gehässigkeit all die Widerwärtigkeiten aufzuzeichnen, die er an diesem Tag erlebt, gehört, wahrgenommen hatte, eine Giftschlange, die unerkannt unter den Menschen, unter den Geistesmenschen lebte und ihr Gift nur in ihr Journal verspritzte, dort allerdings mit tödlicher Bosheit und Genauigkeit. Ich weiß nicht, wie viele Bände schließlich von ihm erschienen, aber es waren über zwanzig, denn dieser freundliche Zeitgenosse hat sechzig Jahre lang in seinem Tagebuch jedem den Prozeß gemacht und das Urteil gesprochen, der seine Wege kreuzte. Es ist schwer begreiflich, wie die Rachsucht solche Energien für ein ganzes, langes Leben freisetzt. Die Rache im Tagebuch wird zwar von Tausenden geübt, die dadurch über eine schwere Zeit in ihrem Leben zu kommen hoffen, durchzukommen über ein paar kritische Monate oder Jahre; aber seine gesamte geistige Existenz auf diese von einem scharfen Verstand und einem hellsichtigen Blick für die verborgenen Schwächen der Mitmenschen befeuerte Rachsucht zu setzen, das ist in seiner Verstiegenheit grandios. Offenbar hat Léautaud damit gerechnet, daß es diese Chronik ist, die ihm einen Platz in der Geschichte des Geistes sichern werde, und auch das hat natürlich etwas Grandioses, daß einer so sehr auf einen ihn prägenden, allgemein für unschön gehaltenen Charakterzug vertraut, ja durch ihn seinen Anspruch auf Ewigkeit gesichert weiß. Der Anspruch kann sich allerdings erst einlösen, wenn der, der ihn zu Lebzeiten selbstbewußt ins Leere erhoben hat, es nicht mehr erlebt.

Gollner schreibt wie Léautaud sein tägliches Lektüretagebuch, aber es wird ihm, wiewohl es eine Schatz- und Fundgrube und ein einzigartiges Dokument geistigen Durchhaltevermögens ist, sicher nicht die Wirksamkeit beschieden sein, die Léautauds Tagebücher nach dem Tod ihres Verfassers entwickelten. Weil er ein schlechterer Schreiber wäre? Nein, weil die Zuneigung der schwächere Hebel ist als die Abneigung und die selbst gestellte Lebensaufgabe, Dinge und Menschen zu verstehen und gerecht zu bewerten, nichts ausrichtet gegen den starken Wunsch, sich für erlittene Demütigungen zu rächen und die Halbgötter, die Stars, die Glücklicheren zu einer Parade der Schmach in seinem Lebensbuch der Rache zu zwingen, deswegen!

Rache ist für vieles im Leben, auch für das Verfassen mancher Tagebücher ein wichtiges Motiv. Die nächtliche Rache an den Quälgeistern des Tages oder an den Idolen, die den Verehrer nicht gebührend würdigen, ist aber eine Sache, die sich endlich gegen den richtet, der sich ihr verschrieben hat. Der konservative Schöngeist Leopold von Andrian, von dem mythenschwere Bücher wie »Österreich im Prisma der Idee« stammen, war einer der engsten Freunde Hugo von Hofmannsthals. Des zermalmenden Gefühls, dieser sei womöglich nicht nur der erfolgreichere, sondern doch der begabtere von ihnen beiden, hat er sich nur erwehren können, indem er, gewissermaßen mit verkniffenem Mund, all die menschlichen Schwächen seines Freundes notierte. Darüber hat er aber nicht seine eigene Schöpferkraft entbunden, sondern sich unheilvoll an sein Idol gebunden. (Arglos ahnte Hofmannsthal von der tiefen Lebensfeindschaft seines Freundes nichts.) Die überwältigenden Bücher, die er in seinem Tagebuch plante, hat er erst gar nicht mehr zu schreiben begonnen, die Energie war für Aufzeichnungen draufgegangen, in denen Rache geübt und das verletzte Selbstwertgefühl aufgerichtet wurde; am Ende blieben nicht nur die großen Werke ungeschrieben, sondern auch die Tagebücher unveröffentlicht, sie liegen im Literaturarchiv Marbach, und wenn sie in den letzten fünfzig Jahren zehn Gelehrte eingesehen haben, ist es viel.

Der Unterschied zwischen Kritik und Haß. Jene öffnet die Augen, indem sie Differenz markiert, dieser macht blind, selbst wo er hellsichtig die Schwächen des Gegners erkennt, und stumpf, indem er die geistigen, moralischen und seelischen

Kräfte vergiftet und in einen kreisenden Leerlauf des Ressentiments zwingt. »Nullen, lauter Nullen« jubelte Léautaud in seinen Tagebüchern über die Elite der französischen Literatur. Über diesem Jubel ist ihm die Kraft, die Autoren dieser Elite zu unterscheiden, abhanden gekommen, sodaß er intellektuell scheiterte; über dem Jubel sind ihm aber auch das eigene Werk und Leben verlorengegangen, sodaß er menschlich scheiterte. Jubelnd vor Haß scheitert er.

Schriftsteller und Denksteller. Dem schlechten Gedächtnis, mehr noch: dem Vergessen zu trotzen, ist ein starker Antrieb, zu schreiben. Aber es kommt etwas anderes dazu. Es gibt Autoren, die schreiben müssen, um nicht zu verblöden, und Autoren, die schreiben wollen, weil sie Kluges zu sagen haben. Jene sind Schriftsteller, diese Denksteller.

Ein Schriftsteller muß schreiben, nicht weil ihn ein dunkler Drang dazu nötigt, sondern weil er nur, indem er schreibt, über die unklaren Dinge Klarheit bekommen (und über die klaren Dinge wieder in heilsame Verwirrung geraten) kann. Die Gattung spielt dabei keine Rolle. Selbst eine so simple Sache wie eine Literaturkritik macht mich klüger; klüger nämlich, indem ich sie verfertige, wie ich auch das Buch, über das ich zu urteilen habe, erst im Schreiben wirklich kennenlerne. Fragt mich jemand, ehe ich darüber zu schreiben begonnen hätte, was das für ein Buch sei, das ich gerade gelesen habe, ich wüßte es ihm nicht zu sagen. Erst wenn ich mich hinsetze und zwinge, für meine im vor-sprachlichen Stadium verharrenden Vor-Gedanken Sprache zu erschaffen, erfahre ich selber, was ich schon vorher von diesem oder jenem (Buch) gehalten habe. (Das Entsetzen meiner Frau, als ich ihr auf die Frage, wie ich denn ein Buch, das wir beide gelesen hatten, besprechen würde, wahrheitsgetreu antwortete, daß ich es noch nicht wisse.)

Erst recht bei schwierigeren Formen (wie einem Essay) ist geistiges Land nur durch sprachliches Pflügen zu gewinnen. Da sind ein paar schemenhafte Vorstellungen, huschende Schattenbilder, aber nicht die Form, nicht der Zusammenhang, nicht die Konsequenz, eigentlich fast gar nichts: außer der Wille, über etwas zu schreiben, von dem ich gar nicht genau weiß, was es ist, noch wohin es mich führt. Ich muß es aber schreiben, weil ich nur im Schreiben so gescheit bin, wie ich sein kann; schreibe ich nicht, werde ich unverzüglich dümmer, meine Intelligenz ist stark von meiner Bereitschaft abhängig, aufzustehen und mich an den Schreibtisch zu begeben. Das ist das ganze Geheimnis um Menschen, die von sich sagen, sie müßten schreiben. Es ist nicht der Genius, der sie anzieht, es sind die Furien des Schwachsinns, die sie fliehen.

Schriftsteller ist also jemand, der schreiben muß, weil er nur in der Tätigkeit des Schreibens auf die Höhe kommt, die er erreichen kann. Er schreibt, weil er einzig schreibend so klug, empfindlich, unbestechlich, mutig, einsichtig ist, wie er sein kann und sein will. Denksteller oder Philosoph ist umgekehrt der Autor, der sich der Schrift nur bedient, weil es bedauerlicherweise bis heute keine andere taugliche Form gibt, seine Gedanken zu fixieren und mitzuteilen. Der Vorgang ist bei ihm der umgekehrte: Der Denksteller weiß die Dinge, ehe er zu schreiben beginnt, er hat sie, im anstrengenden Prozeß des Denkens, bereits durchgearbeitet, durchschaut, geordnet, und nun sieht er sich vor die lästige Arbeit gestellt, das, was er für sich und bei sich, in seinem Kopf, ohnehin schon begriffen hat, so in Schrift zu fassen, daß möglichst wenig an Zusammenhängen verlorengeht. Der Schriftsteller gewinnt beim Schreiben immer dazu, der Denksteller muß achten, daß er schreibend nicht allzu viel verliert, aber verlieren tut er immer. Der Schriftsteller kann daher von fast nichts ausgehen und durch Sprache, in Sprache vieles erreichen, der Denksteller muß von einem hohen Stand ausgehen, damit er auch auf Papier einiges davon wiederfindet.

Es ist übrigens keine Frage der Hierarchie, es gibt viele schlechte Schriftsteller und manchen hervorragenden Denksteller, auch unter den genuinen Literaten. Als ich einmal von einem Denksteller dringend einen Text für meine Zeitschrift erwartete und ihn telefonisch mahnte, sagte er, daß er sich die Sache, um die es ging, noch nicht richtig überlegt habe. Er saß zu Hause und dachte. Und sobald er denkend Klarheit gefunden haben würde, wird er sich gewiß daranmachen, den großen Reichtum seiner Gedanken schriftlich niederzulegen, und dabei hat er darauf zu achten, daß der Verlust vom Gedachten zum Geschriebenen sich gering hält. Auf die Frage, ob er sich schon klar geworden sei, hätte ein Schriftsteller umgekehrt geantwortet: Ich bin noch nicht dazu gekommen zu schreiben.

Der Redesteller. Indem der Redesteller spricht, fliegen ihm Einsichten zu, die er, schweigend bei sich, nicht hätte, und die sich ihm, kaum daß er das so brillant Formulierte schriftlich fixieren möchte, wieder verschließen. Um zu schreiben, muß er fortwährend bei sich reden oder sich an ein imaginäres Publikum wenden.

Phänomen des Redners, des mündlichen Erzählers, der überzeugt, solange er spricht, und dem das, was er lebendig zu erzählen wußte, erstirbt, kaum daß er es in Schrift zu fassen sucht. Einer der sprachlich originellsten Menschen, die ich kenne, ein Rhetor voller Sprachwitz in der mündlichen Debatte, von beißender Schärfe im knappen Zuruf, begabt mit der Fähigkeit, die Dinge bildlich darzutun, ist nie zu einem freien, flüssigen Ausdruck gekommen, sobald es schriftlich geschehen hätte müssen. Die trefflichen Texte, die er dennoch zu verfassen wußte, hat er sich gewissermaßen vorgesprochen und als Stenograph seiner Assoziationen aufgezeichnet.

In Deutschland, lese ich, gibt es bereits 36 Millionen habituelle Nutzer des Internets. Das heißt, 36 Millionen Deutsche schalten sich wenigstens einmal in der Woche ein, um, ja was eigentlich? Um sich, beispielsweise, die Abfahrtszeiten der Züge, die sie früher bei einer Servicenummer der Bahn rasch erfragt haben, mühsam selber aus dem Internet zu holen. Mir scheint die Zahl sehr hoch, aber der Hightech-Industrie ist sie natürlich noch viel zu niedrig. Der Geschäftsführer von IBM fordert folglich in der FAZ: »Das Engagement der Wirtschaft reicht nicht, hier muß der Staat handeln.«

Der Staat, den Leute wie er sonst überall dort, wo er nützlich ist, abschaffen wollen, soll also da, wo es niemandem, nur der Industrie nützt, »handeln«. Und der Staat, der ja immerhin sozialdemokratisch, also fortschrittlich geführt wird, wird sich nicht lange bitten lassen, sondern gleich parieren. Dafür wird schon dieser Schröder sorgen, der mir deswegen ein Rätsel ist, weil ich nicht herausfinden kann, warum man ihm die Verkommenheit eigentlich ansieht, die man ihm sofort ansieht. Es können nicht die Maßanzüge sein, denn ich kenne viele Leute, die Maßanzüge tragen und nicht verkommen sind oder denen man es, wenn sie es doch sind, wenigstens nicht am Maßanzug ansieht. Vielleicht ist es dieses gefräßige in den Doppelreiher Hineingewachsensein? Wenn es ein Gesicht gibt, in das unbedingt eine Zigarre paßt, dann ist es zweifellos das seine. In einem Grundsatzreferat, abgedruckt in den *Frankfurter Heften*, dem Intelligenzblatt der Sozialdemokraten, hat er unlängst heftig den »staatlichen Verantwortungsimperialismus« attackiert, mit dem endlich Schluß sein müsse – wer will schließlich schon ein Imperialist sein, noch dazu als Sozialdemokrat? Als Sozialdemokrat kann man, darf man kein Imperialist sein, schon gar kein Imperialist der Verantwortung, der sich so barbarischer Verbrechen wie der staatlichen Sicherung des Gesundheitswesens, der Bildungsinstitutionen, der Renten und der Arbeitslosenunterstützung oder des fortgesetzten Delikts der sozialen Obsorge schuldig macht. Da steigt in einem anständigen Sozialdemokraten doch der antiimperialistische Furor hoch, mit dem man früher gegen Napalmbombardements der Coca-Cola-Imperialisten gewütet hat! Wer damals gegen den Vietnam-Krieg und den amerikanischen Imperialismus war, darf heute zum staatlichen Verantwortungsimperialismus nicht schweigen. Oder will er sich vorwerfen lassen, auf einem Auge blind zu sein? Wenn schon Antiimperialist, dann richtig! Also wird der Herr Bundeskanzler das Seine tun, die Nation auf antiimperialistischen Vordermann zu bringen, und zugleich der Industrie behilflich sein, sie ins Internet zu stoßen, denn immerhin muß der alte Staat, aus seiner imperialistischen Verantwortung entlassen, ja noch ein paar Pflichten haben, sonst bräuchte man ihn mitsamt Kanzler, Maßanzügen, Phrasenschleudermaschine und Zigarrenvisage nicht.

Es gibt aus Deutschland aber auch gute Nachrichten. Die Erbengemeinschaft nach Tennessee Williams hat gerichtlich verfügt, daß Frank Castorf seine Salzburger Festspiel-Inszenierung, die jetzt in Berlin aufgeführt werden soll, nicht »Endstation Sehnsucht« nennen darf und Prospekt wie Theaterzettel nicht behaupten dürfen, diese Aufführung sei die Aufführung eines Stückes von Tennessee Williams namens »Endstation Sehnsucht«. Bravo, Erbengemeinschaft.

Die Nomaden im Seidenpyama. »Reise in die Stille« ist nicht das beste Buch von Patrick Leigh Fermor. Aber selbst diese Aufzeichnungen aus Klöstern sind weit über die Autoren hinaus, die sich heute zu ihm als ihrem Vorläufer bekennen und ihn für ihr ureigenstes Schmock-Unternehmen, das da »nomadische Lebensweise« heißt, mißbrauchen. Leigh Fermor war 1933 dem englischen Internat entlaufen und von Rotterdam bis Konstantinopel zu Fuß durch Europa gewandert. Die zwei Bücher, die er darüber schrieb, sind Klassiker der Reiseliteratur und wurden von Bruce Chatwin bis Paul Theroux von allen bekannteren angelsächsischen Reiseschriftstellern gerühmt. Im Krieg auf Kreta als englischer Verbindungsoffizier zu den griechischen Partisanen eingesetzt, hatte Leigh Fermor den deutschen Befehlshaber der Insel, einen General Kreipe, im Handstreich gefangengesetzt; nach dem Krieg blieb er in Griechenland, seit Jahrzehnten lebt er in Kardamili auf der Mani, dieser imposanten Landschaft auf dem Peloponnes, wo britische

Pilger vor dem Haus des legendären Kriegshelden vorbeidefilieren, mit seinen Büchern über die Mani und Rumeli unterm Arm.

Irgendwann aber wurde Leigh Fermor nicht mehr bloß als bedeutender kulturhistorischer Autor gelobt, sondern zum literarischen Vater jener vermeintlichen Nomaden ausgerufen, die das Gefühl der Unbehaustheit mit der Kreditkarte in der Tasche lieben. In seinem Klosterbuch »Reise in die Stille« schreibt der Partisan, Freigeist, Abenteurer voller Sympathie von den Mönchen, denen er in den autoritär geführten Klöstern der Trappisten, der Zisterzienser von der strengen Observanz, begegnete. Diese Mönche stehen um zwei Uhr früh auf, bringen den Tag, mit Kapuzen und einem kratzenden Loden bedeckt, betend und über Stunden kniend in der dunklen Kirche oder schweigend bei anstrengender Feldarbeit zu. Fast das ganze Jahr über haben sie Sprechverbot, und täglich nehmen sie den Spaten für einen symbolischen Stich in die Erde zur Hand – damit sie ihres Todes gedenken. Was ihn, der sich in vielen Ländern umgetan hat, am mönchischen, auf das abgesperrte Kloster beschränkten Leben am meisten anzog, war dies: Alle Mönche, die er traf, »lebten tatsächlich so, als könnte jeder Tag ihr letzter sein ... sie waren stets bereit, sich ohne Schmerz zu verabschieden«.

Chatwin und die anderen hatten ausgerechnet Leigh Fermor zum Vorläufer ihres mitunter zwar anstrengenden, aber durch bürgerliche Identitätsnachweise durchaus abgesicherten Nomadentums erkoren. Der Mann, den sie zum Propheten der Rastlosigkeit erklärten, hat selbst die Geduld, das Kloster und jenes Leben im engsten Kreis gepriesen, »das den Geist zur Ruhe bringt und uns die Seele tröstet«. Das hat wenig zu tun mit der forcierten, zum intellektuellen Programm erhobenen Neurasthenie, dem das Nomadentum eine Ideologie ist, die den raschen Wechsel von guter Gesellschaft und selbsttherapeutischer Einsamkeit, Partygeschwätz und Schamanenglaube, Seidenpyama und Robinsontour nobilitieren soll.

In der *Kronen Zeitung* schreibt der tägliche Reimer Wolf Martin: »Was Monsieur Moscovici sprach/spricht Herr Rabinovici nach.« Was er sagen will, darf er noch nicht sagen, aber er sagt es doch: Die Mischpoche halt' zusammen.

In derselben Zeitung schreibt Andreas Mölzer, ein Berater Haiders in sogenannten kulturellen Angelegenheiten, über die Donnerstags-Demonstrationen in Wien den Namen von Doron Rabinovici, einem der Organisatoren, so: »Rabbi-novici.« Auch er darf's noch nicht ganz so sagen, wie er will, aber er sagt's schon fast, und was er sagt, ist: Jud!

Merkwürdigerweise wird die Moderne in Österreich gerne für eine Erfindung und Angelegenheit der Metropolen oder doch wenigstens der industriezivilisatorisch am weitesten fortgeschrittenen Regionen gehalten. Als hätte, um es am Beispiel der modernen Literatur zu fassen, Joyce in London und nicht in Dublin, Kafka in Wien oder Berlin und nicht in Prag, Svevo in Rom und nicht in Triest gelebt. Die literarische Moderne, die heute noch das Maß gibt, ist gerade nicht in den Metropolen, sondern an den Rändern entstanden, wo eine konfliktreiche Ungleichzeitigkeit herrschte und zudem eine Situation, die national vielschichtig, umkämpft und unsicher war. Kein friedlicher Multikulturalismus, aber auch keine entschiedene Sache, die bereits, wie in den Metropolen jener Ära, zum Zwangsfrieden nationaler Hegemonie geführt hätte. Eher herrschte in Dublin, Prag, Triest ein permanenter Kulturkampf zwischen den Nationalisten der verschiedenen Nationen, die den Bewohnern dieser Städte die alltägliche, selbstverständliche Teilhabe an mehr als nur einer Nationalität austreiben wollten.

Den Metropolen war die nationale Vielschichtigkeit aber schon viel länger ausgetrieben worden. In Paris konzentrierte sich der französische Zentralstaat, der die in Frankreich lebenden Nationalitäten wie die Okzitanen oder Bretonen nie anerkannt und deren Rechte in der Revolution dem bürgerlichen Fortschritt dargebracht hatte. Wien wiederum war zwar für alle

Völker der Donaumonarchie über Jahrhunderte ein Magnet gewesen, aber hatte sich die Menschen, gleich woher sie kamen, stets anzuverwandeln gewußt; daß man, wie Ernst Fischer behauptete, im 14. Jahrhundert auf den Straßen Wiens Italienisch und Slowenisch sprach und Deutsch nur eine von etlichen Sprachen der Öffentlichkeit war, davon konnte um 1900 längst nicht mehr die Rede sein. Gerade nicht in den purifizierenden Metropolen wurde die Moderne erfunden und durchgesetzt, sondern eben in Prag, Triest, Dublin, also dort, wo die Nationalisierung nicht oder noch nicht vollständig gelungen war. Die Ränder bargen ein Potential an Konflikt, das die Metropole längst beseitigt hatte.

In den letzten Jahren sind die Metropolen, die sich im Laufe der Jahrhunderte homogenisiert hatten und alles, was von draußen kam, einzuverleiben wußten, neuerlich aufgebrochen. Am stärksten ist das in Europa vermutlich in London zu spüren, das ein implodiertes Kolonialreich für sich ist, welches für die einstmals Kolonisierten noch immer große Attraktion hat, über diese aber keine kulturelle Hegemonie mehr auszuüben vermag. London ist sozusagen die neue Metropole, die aus fast nichts als Rändern besteht und der die zentripetale Kraft, die Ränder an die Werte einer alten Mitte zu binden, fast vollständig abhanden gekommen ist. Gerade deswegen aber, weil London die kulturelle und nationale Hegemonie nicht einmal mehr über sich selbst ausüben kann, ist es viel lebendiger als Paris oder Rom, Metropolen alten Schnitts, die aus allen Zuwanderern binnen kurzem Pariser und Römer alten Schnitts machen.

Moderne, Metropole, Avantgarde, Demokratie (bitte herunterleiern, es handelt sich um ein österreichisches Gebet). Über nichts wird hierzulande so gerne gejammert wie über den »Provinzialismus«, dessen Beutestück Österreich ist. Wer ausgiebig genug gejammert hat, dem wird seine Weltläufigkeit mit einem amtlichen Zertifikat bestätigt, sodaß er sich jammernd von jener Provinzialität exkulpiert fühlen darf, die ihm als nationales Verhängnis erscheint. Das ist ja der Sinn seiner Klage, daß sie ihn frei von dem macht, was er beklagenswert provinziell findet, und darum ist es auch ein so erhebendes Gefühl, unverdrossen fort- und immer weiterzujammern. Nur in Österreich wird man jammernd zum Weltbürger. Nützlich sind dieser Tätigkeit ein paar intellektuelle Versatzstücke, die sich beliebig hin- und herschieben lassen. Zuerst gilt es etwa, die Moderne mit der Metropole zu identifizieren, daraufhin die Moderne rabiat auf die sogenannte Avantgarde zu verengen; dann braucht diese, egal was sie tut und wobei sie avantgardiert, also vorausgeht, nur noch zur Bahnbrecherin der Demokratie erklärt zu werden, und schon ist die unübersichtliche Welt wieder zu verstehen. Hört man einigen der aufgeregtesten Kritiker unserer Regierung zu, könnte man meinen, sie hielten den Nationalsozialismus für einen Verein zur Abschaffung der Avantgarde und glaubten, unsere autoritäre Koalition habe sich hauptsächlich konstituiert, um es der Avantgarde in den Museen und auf den Theatern schwer zu machen.

Die Laufburschen der Avantgarde wissen nichts von der Geschichte und haben nicht einmal von ihrem eigenen Revier eine Ahnung. Keine Ahnung davon, daß da von Anbeginn auch ein totalitärer Zug in der Avantgarde war, der sich im Futurismus faschistisch, im Proletkult stalinistisch und bei all den verdienten Helden des Marktes von Warhol abwärts bis zu Arnulf Rainer streng abkassiererisch gegeben hat. Alle die Avantgardisten der völkisch-technokratischen, der proletkultstalinistischen oder der schock-und schmockbürgerlich-skandalisierenden Variante haben sich, borniert wie jeder Eigentümer, im Besitz des Fortschritts selbst gewähnt, gleich wie reaktionär sie waren. Wer die Avantgarde in Österreich kritisiert, zieht sich folglich sogleich den Ruf zu, er würde etwas gegen den Fortschritt haben, auch wenn dieser gewöhnlich nur das in Lifestyle-Magazinen ausfotografierte Gesicht eines gut verkäuflichen Malers hat. Die Gleichsetzung hat jedenfalls wieder

Konjunktur: Avantgarde und Demokratie. Und deswegen geht es auch mit beiden in Österreich nicht so recht weiter. Die approbierte Avantgarde meint nämlich, Kritik an ihr sei Majestätsbeleidigung, und Majestätsbeleidigung sei der heimtückischste Angriff auf die – Republik. Die Demokratie wiederum, wenn sie von Leuten verteidigt wird, die der Gleichsetzung von dieser mit der künstlerischen Avantgarde auf den Leim gegangen sind, ist schwer zu gewinnen.

Das nächste Heft von *Literatur und Kritik* ist der slowakischen Literatur gewidmet. Die Slowaken, gibt es sie überhaupt? In Österreich jedenfalls weiß man nicht besonders viel von ihnen, es sind nur unsere Nachbarn, und viele Österreicher haben slowakische Vorfahren, und wenn man jemanden gar nicht ausstehen kann, dann sind das bekanntlich die Nachbarn und die Verwandten.

An einem Tag im Dezember 1989 war es unerwartet und unbemerkt zu einem Besuch dieser seltsamen Verwandten in Österreich gekommen. Tausende machten sich damals, als der kommunistische Obrigkeitsstaat zusammenbrach, in Bratislava auf, zogen über die große Donaubrücke nach Petržalka und, der bewaffneten Milizionäre nicht achtend, weiter über die Grenze nach Österreich. Dort aber, kurz vor Wolfsthal, dem ersten österreichischen Dorf, waren die Leute stehengeblieben, hatten sich umgedreht und zurück zur Ruine Děvin, zum nächstgelegenen Felsen des Karpatenbogens, auf die Slowakei geblickt. Es dauerte nur einen kurzen historischen Moment, daß der Eiserne Vorhang auf der einen Seite geöffnet und auf der anderen, der österreichischen, der elektronische Vorhang noch nicht zugezogen war. Und diesen glücklichen Augenblick in der Geschichte nutzten die Bewohner Bratislavas, um sich auf Landpartie zu begeben und die Heimat einmal von außen anzuschauen; dann kehrten sie fröhlich zurück.

Diese Geschichte erzählt Balduin Winter in seinem Buch »Graben im Wort«, das literarische Essays über Böhmen,

Mähren und die Slowakei vereint. Doch in seiner Geschichte fehlt etwas. An diesem Dezembertag, wo waren da die Österreicher? Wo waren sie, als die Grenze, die jahrzehntelang zum Schaden aller durch die Region schnitt, unverhofft wieder passierbar wurde? Haben sich die Wolfsthaler aufgemacht, ihre Nachbarn, ihre unbekannten Nachbarn, mit denen sie doch eine Region und deren wirtschaftlichen Niedergang teilten, gebührend zu begrüßen? Die Österreicher sind es, die in dieser Geschichte fehlen, und wie man von keinerlei Manifestationen der Freude, der Freundschaft gehört hat, ist in den österreichischen Medien auch von dem Ereignis selbst, von dieser slowakischen Landpartie ins benachbarte Österreich, fast gar nichts zu vernehmen gewesen.

Nein, in Österreich weiß man nichts von der Slowakei, will man im Grunde auch nichts wissen. Einer allerdings, immerhin dieser eine ist kurzfristig geradezu populär gewesen, kaum daß sich die Tschechoslowakei 1993 historisch für überholt erklärt und in zwei Staaten getrennt hatte, der erste Präsident des selbständigen Staates Slowakei. Es handelte sich um einen bulligen Mann namens Vladimir Mečiar, der so recht einen osteuropäischen Präsidenten abgab, wie man ihn sich im Westen gerne vorstellt. Mečiar war zwar nicht, wie selten verabsäumt wurde zu erwähnen, in seiner früheren Laufbahn Boxer gewesen, doch bewegte er sich, zumal wenn sich ihm Reporter zum Interview näherten, tatsächlich mit dem geduckten Argwohn dessen, der damit rechnet, daß ihn sein Gesprächspartner jederzeit mit einem unerwarteten Schwinger aufs Kreuz legen könnte.

Mečiar, unbeholfen im Auftreten, unverhohlen autoritär in seinen Absichten, ein Mann von gestern, der heute Karriere machen und mit den Methoden und Leuten der alten Nomenklatura den Hooligankapitalismus unter seine Kuratel stellen will, dieser Mečiar hat dem österreichischen Dünkel gegenüber dem Dienstbotenvolk der Slowaken kräftige Nahrung geboten. In einem Land, dessen Politiker schon so modern sind, Bungee zu springen oder Marathon zu laufen und sich dazwischen beim Golf zu erholen, konnte ein Mann, der früher angeblich Boxer war, natürlich nur die proletarische Lachnummer abgeben. In der österreichischen Außenpolitik der Slowakei gegenüber paarten sich folglich Ignoranz und Arroganz, keiner hatte keine Ahnung nicht, das aber mit großer Überzeugung, und so war es nur logisch, daß man sich den Slowaken gegenüber als Lehrherr aufführte, der dem frechen Lümmel den Eintritt in das gelobte Reich der Europäischen Union so lange verwehren wird, bis der Lümmel tut, was man ihm sagt. Daß man der Slowakei geradezu gewohnheitsmäßig mit Hochmut begegnen müsse, darüber herrscht in Österreich, wo über so vieles keine Einigkeit mehr zu erreichen ist, parteiübergreifender Konsens. Unter der Prämisse, daß die Slowakei in ihrer Energiepolitik jedenfalls parieren müsse, fanden die *Kronen Zeitung* und die Grünen, die Opposition und die Regierung, der Stammtisch und die Experten endlich wieder einmal zusammen.

Eines Tages kehrt der Spätsommer zurück, und wir sitzen Mittags zu siebt im wild wuchernden Garten der Pension Wartenberg. Am Vorabend war in der Galerie Seywald die Ausstellung mit den wunderbaren Bildern der Trude Engelsberger eröffnet worden, zu ihrem achtzigsten Geburtstag, den sie um vierzehn Jahre nicht erlebt hat. Erich Hackl hat ein abgebrochenes Kinderbuchprojekt der Engelsberger neu erzählt, warmherzig und witzig, und Thomas Seywald hat daraus mit den Bildern ein nobles Buch gemacht. Jetzt sitzen wir im Garten und bilden die Runde um einen alten, einst mit der Engelsberger befreundeten Herrn, der jünger ist als wir, die wir dreißg Jahre nach ihm geboren wurden, und der von der Vorspeise bis zum Kaffee nicht darin nachläßt, uns zu unterhalten. Der Zeichner Rudolf Schönwald, der in Salzburg die Volksschule besucht hat, dann aus »rassischen Gründen« (aus »rassistischen Gründen« wäre zutreffender, denn es war ja nicht »seine Rasse«, sondern der herrschende Rassismus, der die Verfolgung bewirkte) die Schule verlassen mußte, in Wien untertauchte und dann doch ins Lager verschleppt wurde, ist das Phänomen eines Mannes, der nicht nur witzig und geistreich ist, sondern seine ganze Intelligenz erst vor und dank seinem Publikum entfaltet, dem er sich verpflichtet fühlt und das er nicht langweilen möchte. Er erzählt aberwitzige Geschichten, groteske Anekdoten, er verzieht das leicht gerötete Gesicht, um jemandes beleidigte Miene nachzuahmen, er imitiert Sprechweise und Mundart derer, von denen er berichtet. Er regt sich furchtbar auf, daß der Antifaschismus es heute so wohlfeil gibt und die alte staatstragende Legende, daß Österreich nichts als ein Opfer war, schlichtweg zur Täterlegende umdreht. Als rassistisch Verfolgter, der es in der Zweiten Republik auch wegen seiner linksoppositionellen Gesinnung nicht leicht hatte und nicht etwa in Wien, sondern in Deutschland, in Aachen Akademieprofessor wurde, identifiziert er sich merkwürdigerweise vollständig damit, daß sich Österreich 1945 der Welt als Opfer eines nationalsozialistischen Überfalls präsentierte. Daß dies geschichtlich richtig und politisch angebracht war, daran hält er unbeirrt fest, so viele abstruse, grausige Geschichten er auch über den alltäglichen österreichischen Antisemitismus, über willfährige Untertanen und ewige Spießer zu erzählen weiß.

Über zwei Stunden läßt er erzählend nicht nach, manche der Anekdoten bietet er auflachend komisch dar, obwohl sie von tieftraurigen Dingen handeln. Am Ende verabschiedet er sich, begeistert von uns Zuhörern, von jedem mit einem lauten Kuß, und ruft uns nach: »Na, mit eich war's a Hetz.«

Oktober

Mit dem Fotografen Kurt Kaindl in Kalabrien unterwegs. Unser Ziel sind die Dörfer der Arbëreshe, der Albaner, deren Vorfahren vor 500 Jahren hierher, in diese entlegenen, durch Erdbeben verwüsteteten und die Pest verödeten Landstriche geflüchtet waren. Mit dieser Reise beenden wir unser Projekt »Die sterbenden Europäer«, das uns in den letzten Jahren zu einigen der kleinsten Völker Europas geführt hat. Die Albaner sind freilich recht munter und wehren sich erfolgreich gegen den Untergang, der für sie darin bestünde, daß sie ihre Sprache, die sie einst aus Albanien mit in die Fremde genommen haben und die von der heute in Albanien gesprochenen in vielem abweicht, verlören und sich auch im Alltag und untereinander auf italienisch zu unterhalten begännen. Natürlich sind alle Arbëreshe perfekt zweisprachig, da sie das Italienische von klein auf kennen, eigentlich sogar dreisprachig, denn das Kalabresische ist innerhalb des Italienischen ein markanter Dialekt mit ausgeprägten Besonderheiten. Wenn sich die alten Leute, denen wir in den nächsten Tagen auf den Marktplätzen ihrer kleinen Gemeinden begegneten, miteinander unterhielten, waren sie häufig flink zwischen drei Sprachen unterwegs. Zwei Albaner, wenn sie zusammenstehen, sprechen Arbëreshe, kommt ihr kalabresischer Nachbar dazu, wechseln sie zu dessen Mundart, und wenn es offiziell wird, etwa weil Österreicher wie wir hinzutreten, dann ist das Italienische an der Reihe.

Es geht tief in den Süden hinunter und hoch die Berge hinauf, doch die Entfernung, in die ich zu den Worthabern zu Hause geraten bin, war auch vorher schon groß genug. Vor einiger Zeit hatte mich der Wiener Journalist Hoffmann-Ostenhof in einem Salzburger Kaffeehaus belehrt, daß meine Sympathie mit dem Kleinen, Randständigen, abseits Gelegenen nichts als Romantik sei, politisch reaktionäre Romantik, und daß wir als Intellektuelle die kulturindustrielle Überwältigung Österreichs, Europas zu fördern hätten, weil von den Österreichern im besonderen nur Reaktionäres und von den Europäern im allgemeinen nichts Neues erwartet werden könne. Das Beste, was es heute an Kultur in Österreich gebe, seien die amerikanischen Vorabendserien im Fernsehen, die endlich aufgeklärte, urbane Gesinnung sogar bis zu uns und Gott sei Dank über die ganze Welt bringen würden.

Während er das alles erzählte, fragte ich mich, ob es moralisch zuträglich sei, freundliche Miene zu machen, denn ich saß da und nickte oder schüttelte den Kopf und merkte, wie ich ihm, je hemmungsloser er mir die Welt nach seinem Maß entdeckte, umso sympathischer wurde. Er war nach Salzburg gekommen, weil er ein Porträt von mir für das *Profil* schrieb, genauer: weil er seine Ideologie einmal nicht in einem Kommentar zur weltpolitischen Lage, sondern mittels eines österreichischen Autors, der ihm seit langem verdächtig sein mußte, ausbreiten wollte. Ich war nicht der Anlaß, sondern die Ausrede des Artikels, den er verfaßte, und wie es sich gehört, habe ich in seinem Porträt von mir kaum einen Charakterzug gefunden, in dem ich mich wiedererkannt hätte. Indes ich ihm darzulegen versuchte, warum ich mich seit 25 Jahren mit vergessenen, totgeschwiegenen Autoren einer anderen, widersetzlichen österreichischen Literatur beschäftige, erklärte er mir in bester Laune, zufrieden über seinen Befund, an dem er mit nichts und schon gar nicht mit der Wahrheit deuteln ließ, daß es diese Autoren außer in meiner Wunschvorstellung kaum gebe. Berichtete ich ihm von meinen Reisen zu den Sepharden, Sorben, Gottscheern, Lippowanern, Huzulen, beschrieb er mich als gemütlichen Phäaken, der reisefaul keinen Fuß vor die »schöne Barockstadt an der Salzach« setze. Er hat das nicht aus Bosheit getan, sondern weil er die Dinge, die mir wichtig sind, für nichtig hält und darum sofort vergaß, was ich ihm von österreichischen Schriftstellern, die sich der Macht und der Versöhnung verweigert hatten, oder von Nationalitäten erzählte, die sich wider die Lockungen der Assimilation und die Drangsal der Staatsmacht behaupteten. Er ist, obwohl von der Gruppe revolutionärer Marxisten weit nach rechts gerückt, doch von der alten marxistischen Borniertheit geschlagen, nur das Große, das welthistorisch Siegreiche, den walzenden Fortschritt zu schätzen; früher war er überzeugt, das siegreiche Proletariat berge die geschichtsmächtigen Werte, heute, klüger geworden, ist er eben überzeugt, Amerika mit seiner wirtschaftlichen Macht entfalte eine kulturindustrielle Dynamik, die die Welt überall zu einer Gleichheit befreien werde, ohne daß die Welt von sich aus noch viel anderes dazu tun müsse, als sich dieser Dynamik zu ergeben.

Wer den Fortschritt anbetet, braucht nur manchmal die Heiligen zu wechseln, die Religion bleibt die gleiche; auch jene, die es als Feinde dieser Religion, als Opfer ihrer Glaubenskämpfe zu verachten, zu bekämpfen gilt, bleiben die gleichen, das ist das Praktische daran. Was nicht große Geschichte geschrieben hat, was nicht geschichtsmächtig wurde, zählt nicht, und die Überwältigten, Besiegten haben nicht mit Respekt, sondern mit Hohn und Ignoranz zu rechnen, wer ohne Stimme ist, der soll totgeschwiegen werden, wessen Stimme unterdrückt wurde, den soll es nie gegeben haben, und wer glaubt, bei ihnen Würde, Trotz, die Würde des Trotzes entdecken zu können, den gibt es bald auch nur mehr als den Wirrkopf, zu dem man ihn erklärt.

Es ist nicht so, daß ich die Hüter des Fortschritts dort sehen möchte, wo ich hinfahre. Warum im Zug nach Ljubljana fahren, von dort mit dem Flugzeug nach Skopje, weiter mit dem Bus in den Süden der Republik Mazedonien nach Bitola und von dort über rumpelnde Straßen ins hohe Gebirge, wenn man dann in Molovište nicht ein paar betagte Dörfler trifft, die hier noch ihre alte Sprache, das Aromunische, sprechen, sondern die Unsrigen, und unter diesen vorneweg die Gesalbten des

Zeitgeists? Denen die Muttersprachen Hindernisse sind, mit denen bornierte Romantiker das Großreich des Fortschritts, das sich allenthalben ankündigt, ungebührlich verzögern? Nein, es ist nicht so, daß ich sie dort treffen möchte, aber ich kann ihnen nicht einmal begreiflich machen, warum ich dorthin fahre. Die Würde der Verlierer läßt sich denen nicht vermitteln, die zu den Siegern gehören möchten: »Wer will schon peripher sein?«

In der Nacht auf heute, den 6. Oktober, ist Milošević in Jugoslawien gestürzt worden. In der Sondersendung des ZDF werden zwei orthodoxe Priester am Nasenring hereingeführt, die dem Zirkusdirektor, der sich als Redakteur ausgibt, parieren und gehorsam Männchen und Verbeugungen machen sollen. Der Herr Redakteur stellt ihnen nur Fragen, auf die er die Antworten schon weiß, und als die Popen, die zur Seelsorge der hier lebenden Serben nach Deutschland gekommen sind, nicht antworten, wie ihnen aufgetragen ist, verweigert ihnen der Herr Direktor sogleich das Zuckerstück seiner Freundlichkeit.

Seine Fragen lauten alle so: »Aber hat die serbische Kirche nicht..?« »Muß die serbische Kirche nicht ...?« Vor allem muß die serbische Kirche sich hüten, solchen Helden der freien Meinung Rede und Antwort zu stehen. Dabei sind die Popen alles andere als sympathisch; und die serbische Kirche hat oft in der Geschichte eine fragwürdige Rolle gespielt, es mit jedem Diktator gehalten, die nationale Hybris mit religiöser befeuert. Und doch ist der Dünkel der Sieger widerlicher als die Borniertheit der Besiegten. Mögen sie also an die ewige Mission der serbisch-orthodoxen Kirche glauben. Ihr smarter Widerpart vom ZDF ist über solch abergläubischen Humbug weit hinaus; hechelnd repetiert er zum Abendgebet die freiheitlich demokratischen Börsenzahlen nach dem Dow-Jones-Index. Dann kann auch er reinen Gewissens einschlafen.

Bilder vom Sturm auf das Parlament in Belgrad. Der interessanteste Moment bei Volkserhebungen ist immer, wenn Polizisten, Soldaten, Uniformierte die Seiten wechseln. Eben haben sie noch mit dem Schlagstock auf die Demonstranten eingedroschen, jetzt lassen sie die Knüppel sinken, klappen das Visier ihrer Helme nach oben, stellen sich, indem sie ihr Gesicht zeigen, der Masse nicht mehr entgegen, sondern geben ihr nach, folgen ihr, werden von ihr jubelnd als Überläufer begrüßt und tauchen in sie ein. Mit ihnen verschwindet auch die Schuld, die sie in den Monaten zuvor auf sich geladen haben, die Masse verschluckt die Schuldigen, macht sie zu den ihren und entlastet sie von dem Übel, das sie zuvor angerichtet haben. Die Masse verzeiht denen, die ihrer Anziehung unterliegen und sie um ihr eigenes Gewicht vermehren.

Ryszard Kapuściński hat den Moment des Kippens bei den Massenaufmärschen beobachtet, die in Persien zum Sturz des Schah führten: Die Revolution siegt, wenn die Lakaien der Staatsgewalt sich mit den Aufständischen verbünden, in denen sie nicht mehr die Staatsfeinde von gestern, sondern die Herren von morgen erkennen, sie verbünden sich mit ihnen, entweder weil sie es erst jetzt wagen, sich über die Befehle der Vorgesetzten hinwegzusetzen, oder weil sie, mitgerissen von der Bewegung ringsum, selber in Bewegung geraten, sich verändern, zur Einsicht kommen; oder aber weil sie, die geballte Kraft so vieler vor sich und gegen sich, erkennen, daß dies die letzte Gelegenheit für sie ist, sich ungestraft aus ihrer Tätigkeit, die gestern Orden eingebracht hat und morgen Galgen, Gefängnis, Entlassung bringen wird, zu verabschieden.

Einprägsamstes Bild: Ein Polizist streckt auf der Treppe des Parlaments den hinaufstürmenden Demonstranten plötzlich die Hand entgegen. Viele ergreifen sie, Umarmungen, Schulterklopfen, einzig ein vielleicht fünfzigjähriger Mann mit Brille verweigert ihm den Handschlag, er schreit auf den Uniformierten ein, hebt dabei, wie ein strenger Lehrer, den Zeigefinger in die Höhe und hält dem Polizisten, der mit dargebotener Hand fassungslos dasteht, eine Standpauke, man kann sich denken, was er ihm, der bisher mit seiner Sondereinheit für die Diktatur geprügelt und verhaftet hat, jetzt sagt, dann wendet er sich verächtlich von ihm ab und folgt den anderen Demonstranten. Was macht der Polizist jetzt, mit seiner ins Leere gestreckten Hand? Er folgt dem Mann, will unbedingt, daß sich auch dieser mit ihm versöhne, schließlich irrt er mit der ausgestreckten Verbrüderungshand ziellos in der Menge herum, auf der verzweifelten Suche nach Händen, die bereit sind, die seine zu schütteln.

Ein paar Tage nach dem Sturm auf das Parlament ist im *Profil* ein Kommentar zu lesen, der diese Überschrift trägt: »Slobos Ende. Wie der geniale serbische Machttaktiker sich vom Volk austricksen ließ.« Genial. Muß künftig achten, das Wort nicht mehr zu verwenden. Ausgetrickst. Gaudi mit Slobo. Was ist Geschichte? Geniale Verbrecher austricksen.

Die Heroisierung des Gewalttäters einerseits, seine Verharmlosung andrerseits. Wenn die Sprache so verwahrlost, ist sie kein Symptom der Barbarei, von der die Presse berichtet, sondern Teil der Barbarei, die ihr Geschäft ist.

(Halt! Läßt sich zu leicht sagen: »die Presse«, »die Medien«. Als in vielen von uns die Sehnsucht wuchs, nichts zu erfahren und durch keinerlei Berichte von realen Greueln aus unserem Frieden gerissen zu werden, starben im Balkankrieg fünfzig internationale Reporter. Sie wurden erschossen, von Tretminen in die Luft gesprengt, in den Hinterhalt gelockt und ermordet, von Panzern überrollt – ihr Geschäft war die Barbarei, von der sie uns Unwilligen Kunde gaben, jedenfalls nicht.)

Heute hätte mein Vater seinen 88. Geburtstag, er ist aber schon ein paar Monate vor seinem siebzigsten abgetreten. Wie Rudi Schönwald fühlte er sich verpflichtet, die zu unterhalten, mit denen er zusammen war. Dabei pflegte er sich sprachlich niemandem anzubiedern; ob er mit einem Akademiker oder dem Hausmeister redete, seine Themen waren stets die seinen, und er hat sie ohne Ansehen des Gesprächspartners verhandelt. Diese Angewohnheit hat mich oft geärgert, nachträglich muß ich sie rühmen. Mit der jugoslawischen Putzfrau, wenn er sie antraf, hat er sich eben nicht übers Wetter unterhalten, sondern ihr, beispielsweise, ein Gedicht von Branko Radičević, dem serbischen Rimbaud, aufgesagt, das er in seiner Schulzeit in Jugoslawien gelernt hatte. Nach seinem Tod habe ich noch jahrelang sogenannte einfache Leute getroffen, die ihn geradezu verehrten und mir stolz erzählten, worüber sie sich mit ihm, dem Herrn Professor, beim letzten Mal unterhalten hatten. Immerhin, den Hochmut, sich dem Volk gegenüber so blöde aufzuführen, wie dieses angeblich ist, kannte er nicht. Die Leute haben ihm die Bildung gedankt, die er hatte und ihnen nicht vorenthielt.

Heute, zwanzig, dreißig Jahre später, ist der Gebildete eine Lachnummer der Unterhaltungsbranche. Er ist ein Narr, der nicht weiß, was gerade angesagt ist und womit man das Geld verdient, das man nicht braucht, ein Trottel mit Brille, liebenswürdig vielleicht, der Nachsicht, keineswegs aber Respekt oder gar Bewunderung verdient. Wer ein bißchen mehr weiß, trachtet es panisch zu verheimlichen, um sich nicht als Intellektueller verdächtig zu machen. (Die zulässige Form des Wissens ist jene, die in Quizsendungen abgeprüft werden kann, nach Weise jener bedauernswerten Jahrmarktsattraktionen, die fähig sind, binnen Sekundenfrist zu sagen, welcher Wochentag der 17. November 1488 war und welcher der 22. Juni 2688 sein wird, und die im übrigen unfähig sind zu einem Gedanken, der über das Scharnier der Wochentage aller Zeiten hinausführt.)

Bruno Kreisky hat in Interviews unverdrossen Fremdwörter verwendet und seine Sätze verwegen kompliziert gebaut. Was sich während dreier Dezennien sozialdemokratischer Regierungstätigkeit alles ereignet hat, kann man an der Fallhöhe ermessen, die sich zwischen Kreisky, mit dem die sozialdemokratische Reformära begann, und Rudas, mit dem sie endete, auftut. Rudas? Das war einer, der irgendwas in den Medien war, bevor er bei der SPÖ was wurde, und der dann, nachdem er Parteisekretär der SPÖ gewesen war, wieder irgendwo etwas sehr Wichtiges wurde. Es ist das Wesen solcher Glückskinder, daß sie unablässig Mist bauen und dabei immer wichtiger werden. Ja, es ist ihr Lebensprinzip, gerade durch den Mist, den sie bauen, immer wichtiger zu werden. Denn es ist tatsächlich nichts anderes als der Mist, der sie immer wichtiger werden läßt. Nach jedem Job, den sie übernommen und wieder aufgegeben haben, ist der Mist, den sie bauen, wieder ein ansehnliches Stück größer geworden, so daß sie etwas noch Wichtigeres werden können, um noch wesentlich mehr Mist bauen zu können, bis sie, auf Türmen von Mist, die sie selbst gebaut haben, für alle sichtbar thronen, Fürsten des Mists.

Kreisky hatte als erster Politiker begriffen, wie man das Fernsehen nutzen kann, um seine politischen Ziele zu popularisieren; Rudas verkörperte die Sozialdemokratie, die auf das Fernsehen heruntergekommen war und gar keine politischen Ziele mehr vermitteln wollte, sondern mittels des Fernsehens Entpolitisierung betrieb (und sich dann darüber wunderte, daß die Wähler, die sie als Fernsehzuseher nahm, sich gleich für die Unterhaltung und die besten Unterhalter in der Politik entschieden). Von einer Bildungspartei, die Bildung für jedermann forderte, hatte sich die SPÖ zur Unterhaltungspartei modernisiert, die Unterhaltung für jedermann versprach, doch ließen sich, da der Typus Tony Blair sich entschlossen hat, in Österreich seine Karriere in einer anderen als der sozialdemokratischen Partei zu machen, eben nicht alle sozialdemokratischen Werte so unterhaltsam wie gewünscht präsentieren. Wenn Rudas im Fernsehen einen Auftritt hatte, dann glaubte man einen Automaten zu hören, der so lange rhetorische Fertigteile auswarf, bis ihm der Moderator den Stecker herauszog. Der Medienprofi Rudas hielt das Volk für dumm und glaubte, man müsse diesem folglich dumm kommen. Was immer Rudas sagte, er hat es, gewissermaßen von Idiot zu Idiot, mindestens dreimal wiederholt. Von Kreisky, dem Intellektuellen, der die Journalisten unterhielt und die Medien benutzte, zu Rudas, dem Medienprofi, der die Partei benutzte und die Medien bediente, ist es ein gerader Weg. Es war aber nicht der einzige Weg, den die Sozialdemokratie gehen konnte, und daß sie gerade ihn gegangen ist, geschah zu ihrem eigenen Schaden. Weil sie als Kraft der Modernisierung angetreten war, suchte sie den Erfolg immer dort, wo die Allermodernsten nur auf sie zu warten schienen, und so kam sie auf den Typus Rudas und auf ein Entertainment herunter, bei dem sie nichts zu siegen hatte.

(Und Bildungspolitik heute? Ordnung machen. Der Finanzminister: »Wir brauchen die Orientalistik nicht. Bei den sogenannten Orchideenstudien soll man Ordnung machen.« Nächstes Jahr wird der 100. Geburtstag Ödön von Horváths begangen werden, und seine Erkenntis, daß einem nichts so sehr das Gefühl der Unendlichkeit vermittelt wie die Dummheit, kann man in Österreich gerade bei den Herrschenden ermessen. Der fesche Finanziminster glaubt immer noch, die Millionen von Touristen strömten jedes Jahr nach Österreich, weil wir im 18. Jahrhundert so ordentliche Kanzleikonzipienten hatten; auch glaubt er, die neuen Ideen, die kühnen Innovationen, die die Gesellschaft benötigt, würden von den ordentlichen Strebern der Betriebswirtschaft und nicht von den verdächtigen Züchtern geistiger Orchideen in die Welt gesetzt werden.)

Lese den belgischen Autor François Emmanuel, dessen Roman »Der Wert des Menschen« Leo Federmair entdeckt und übersetzt hat. Ein Betriebspsychologe, der bei einem internationalen Konzern in der »Abteilung für menschliche Ressourcen« für »Motivation« und »Evaluierung« zuständig ist, erhält rätselhafte Dokumente zugespielt. Die Sprache dieser Texte, in denen es um die Verbesserung bestimmter Verfahren, um reibungslosen Ablauf von Prozessen, um Reduzierung, Ladegut,

Stückzahl geht, erinnert ihn an etwas: Stammen die Textausschnitte von ihm selbst, von einem seiner Gutachten oder innerbetrieblichen Reformkonzepte? Die anonym übersandten Texte sind jedoch mit dem Stempel »Geheime Reichssache« versehen, ihr Verfasser hatte einst keine Rationalisierungsvorschläge für eine moderne Firma vorgelegt, sondern eine Studie, wie der Völkermord effizienter organisiert werden könne. Siehe da, die mörderische Sprache der Vernichtung und die sachliche Prosa der Wirtschaftsstrategen gleichen sich darin, daß sie aus Menschen Sachen machen und Schicksale als Zahlen fassen. Das Anstößige des Romans liegt darin, daß er liberale Unternehmensstrategie und faschistische Mordpolitik sprachlich überschneidet und so behauptet, daß der Rationalisierer im Betrieb von heute den gleichen Maßstäben verpflichtet ist wie einst der faschistische Ingenieur des Todes.

Sind Neoliberalismus und Faschismus also dasselbe? »Der Wert des Menschen« ist ein psychologischer Roman, kein politischer Traktat, er arbeitet mit der Montage sprachlicher Versatzstücke und mit einem dichten Geflecht von Beziehungen und Assoziationen, nicht an der Illustration politischer Theorien. Aber der Autor scheut auch nicht davor zurück, neoliberale Wirtschaftslogik auf ihr Extrem, den Triumph des ökonomischen Prinzips über jedwedes politische, soziale, »menschliche« Ziel zulaufen zu lassen und sie in diesem Fluchtpunkt mit der faschistischen Logik, der vollständigen Entwertung und Verwertung des Menschen, zu überblenden.

François Emmanuel deutet den historischen Faschismus und die heutige Situation ganz anders, als es in Österreich üblich geworden ist. In der Debatte, die durch die Beteiligung der FPÖ an der Regierung entstanden ist, wird der Faschismus bei uns notorisch als größtmöglicher Gegensatz zur Moderne charakterisiert; das schlägt sich noch im Gerede von den »Modernisierungsverlierern« nieder, die angeblich die soziale Basis der rechten autoritären Bewegungen in Europa bilden. Sieht man sich diese von der Lega Nord bis zum Vlaams Blok, von Christoph Blochers Schweizer Bewegung der Wohlstandsverwahrlosten bis zur FPÖ genauer an, sind es zumeist aber gerade nicht die Verlierer der Modernisierung, die diese Parteien stark gemacht haben, sondern vielmehr jene unter den Gewinnern, die in den letzten Jahrzehnten mit dem Wohlstand auch die Angst angehäuft haben, diesen womöglich mit Asylanten, Flüchtlingen und Arbeitslosen teilen oder für die Rehabilitation von Drogensüchtigen und die Orchideenzucht aufwenden zu müssen.

Wahr nämlich ist: Der Faschismus ist kein Reflex gegen die Moderne, sondern war, umgekehrt, manchenorts die Lokomotive der Moderne. Die Lokomotive einer Moderne, die den Menschen auf seinen Wert für die große Maschine reduziert: auf die Maschine Staat, Maschine Nation, Maschine Konzern. Der Faschismus setzt dabei gnadenlos auf Technik, auf »Machbarkeit«, auf die rationelle Organisation irrationaler Dinge, also auf etwas sehr – Modernes.

Die französische Presse ist gar nicht so auf Österreich und den Nationalsozialismus versessen, wie die österreichischen Zeitungen, sei es beleidigt, sei es zufrieden, behaupten. Viel mehr Platz als die leidige österreichische Angelegenheit nimmt in *Le Monde* seit Monaten ein anderes Thema ein, der, wie er genannt wird, »liberale Faschismus«; also die faschistische Wendung der Dinge, die nicht mit der alten Knebelung, sondern der neoliberalen Entfesselung von Kräften zu tun hat, die früher durch Gesetze und Konventionen gebunden waren. Liberaler Faschismus? Gemeint ist die Zurichtung des Menschen in demokratischen Zeiten, liberalen Staaten und modernen Betrieben, die Verschmelzung von liberaler Wirtschaftsideologie und faschistischer Entwertung des Menschen. Es ist sicher schon zwanzig Jahre her, daß Michael Scharang vom »demokratischen Faschismus« gesprochen hat, und ich erinnere mich noch, wie sehr mich diese Prägung damals empörte.

Sie erschien mir ungebührlich originell, indem sie zwei Dinge, die ich für unvereinbar hielt, zusammenzwang, um einer Pointe willen oder um österreichische Verhältnisse weniger zu kritisieren als durch ein geistreiches Wort zu denunzieren. Heute lehrt mich Scharangs Wort das Schaudern. Daß die neoliberale Wirtschaftsordnung zugleich größtmögliche Freiheit und absolute Unfreiheit bedeutet, ist offenkundig. Ebenso, daß der Triumph der neuen Ökonomie sowohl Reichtum, Fortschritt, Freiheit als auch Elend, Rückschritt, Verderben gebracht hat; von der profunden Trivialisierung aller zivilisatorischen Werte, von der als einziger jener übrigbleibt, der auf der Börse notiert, ganz abgesehen.

In Österreich wird die intellektuelle Auseinandersetzung ausschließlich gegen den überkommenen Faschismus, den Nationalsozialismus, geführt, als dessen Erbe vielen die FPÖ erscheint. Dieser Kampf ist berechtigt und wohlfeil zugleich und schließt das Schweigen über Prozesse ein, die das Elend von heute bewirken. Den allermeisten Gegnern der FPÖ geht es eben nur um die FPÖ. (Gäbe es diese Partei nicht mehr und würden ihre Mitglieder die gleichen Ressentiments in ihren einst angestammten Parteien pflegen: wäre dann alles wieder in Ordnung?) Dabei müßte es nicht um eine bestimmte Partei, sondern um die soziale Verrohung gehen, der die FPÖ eine Bewegung zu sein versucht. Diese Verrohung ist nicht von einer politischen Partei erfunden worden, sondern sie ist ein soziales und ökonomisches Phänomen. Ja, sie ist eine dieser Lokomotiven des Fortschritts, und unsere linksliberalen Kommentatoren, die vor der FPÖ warnen, werden nicht müde, zugleich diese Lokomotive zu preisen, zu beklagen, daß sie anderswo viel schneller braust, und zu versichern, daß es herrlich ist, mit ihr neues Land zu gewinnen.

Ein Zeitungsausriß aus der *Welt*, in dem über ein Berliner »Forum der Herrhausen-Gesellschaft« berichtet wird. Robert

J. Eaton, einer der zwei Generalmanager des Daimler-Chrysler-Konzerns, habe vor einem begeisterten Publikum, das aus von Bundeskanzler Schröder angeführten »höchsten Repräsentanten der Politik, Wirtschaft und Gesellschaft« bestand, über die »Zukunft des Kapitalismus im 21. Jahrhundert« referiert und ausgerufen: »Dem Kapitalismus kann nichts mehr Einhalt gebieten. Nach dem Ende des Kalten Krieges und der unglaublichen Entwicklung der digitalen Kommunikation steht einem ungehinderten und freien Welthandel nichts mehr im Wege. In einer globalen Welt, in der sich täglich eine Trillion US-Dollar hin- und herbewegt, können auch nationale Grenzen die Untüchtigen nicht mehr schützen. Schwache müssen sich verändern, oder sie werden untergehen.«

Großer Jubel bei den Repräsentanten und den Anlegern, die keine reaktionären Nationalisten sind und borniert an alten Grenzen festhalten wollten. Sie sind auch nicht die neuen Faschisten, denn als Faschisten bezeichnet man nicht jene Gewinnler der Modernisierung, die untüchtiges, schwaches Leben heute zum Untergang bestimmen, sondern die sogenannten Verlierer der Modernisierung, die unbelehrbar über gestern immer noch in der falschen Terminologie sprechen. So droht der »Faschismus« ein rein sprachliches, terminologisches Phänomen zu werden, und wer über die Ereignisse, die vor sechzig und mehr Jahren stattgefunden haben, mit der angebrachten Vorsicht zu sprechen weiß, der kann sich im übrigen heute aufführen, wie er will. Nein, Eaton und seine über die Gewinnaussichten entzückten Zuhörer sind keine Reaktionäre, keine Rassisten, keine Nationalisten, sie sind bloß frohgemute Selektionäre, die die Zahlen und Kontingente derer festsetzen, die durch nichts mehr vor dem Untergang gerettet werden können.

Pop und Neoliberalismus sind zu einem kulturell-industriellen Komplex zusammengewachsen, dessen Wirtschaftskraft und ideologische Bedeutung die des militärisch-industriellen Komplexes übertrifft. Damit sind dem Pop die letzten Reserven, in denen noch Kräfte des Widerstands schlummerten, abhanden gekommen. Der Pop ist als Medium des Protests entstanden, und er endet als Propaganda des Neoliberalismus.

Alle Gesten des Widerstands, die der Pop entwickelte, sind zur Affirmation erstarrt. Die letzte, mit der er noch den Anschein von Distanz wahren wollte zu der Verkommenheit, die er selbst erschuf, war jene, die man als »Subversion durch Zustimmung« bezeichnet hat. Die Theoretiker dieser Afterform von Widerstand behaupteten, der konsumistische Wahn würde kritisiert, wenn man ihm nur bis zum Exzeß frönte; die kulturellen Schrumpfformen würden verhöhnt, indem man sich ihrer demonstrativ bediente.

Dieser müde Widerstand von Snobs, die das schlecht Gemachte preisen, weil es ihnen letzten Genuß gewährt, sich mit Bewußtsein von Qualität im Dilettantischen zu bewegen, ist ein Akt der Zustimmung, nicht des Widerstands. Aus dem Pop, der gegen die Wächter des Anstands einst heiter verkündete: »Es geht auch ganz anders!«, ist eine Maschine geworden, in deren Stampfen das letzte Dogma verlautbart wird: »Alles geht, und alles geht auch noch viel schlechter, und auch wenn es noch viel schlechter als ganz schlecht geht, macht es immer noch Spaß.«

Es war der Pop in seiner libertären Anfangsphase, der das Abweichende, Unpassende, Nichtentsprechende entdeckt, gerechtfertigt, ihm zur Anerkennung verholfen hat. Jetzt, da er Doktrin ist, hat er die von ihm entdeckte und propagierte Würde der Differenz, die Freiheit des Abweichenden, Unpassenden, Nichtentsprechenden selbst kassiert. Und zwar in einem grundsätzlichen, rigorosen Sinne, indem er noch das Inkommensurable, die Differenz zur Marke erklärte. Schon aus dem Zwang zum Profit muß er unablässig neue Abweichung, vermeintliche Differenz erfinden und produzieren, weil die große

Maschine niemals stillestehen darf; fortwährend hat sie neue Abweichung, neue Differenz zu kreieren, die sogleich wieder Marke, Trademark wird.

Der Pop ist die einzige Religion, deren Glaubenswächtern kein Ketzer mehr etwas anhaben kann, weil die Ketzerei selbst den Kern ihrer Orthodoxie ausmacht. Jede Abweichung wird sogleich Teil des Dogmas.

Der Oktober verwöhnt uns mit unglaublichen Föhnstürmen, gestochen scharf zeichnen sich an den fernen Bergen Bäume, Felsen, Masten der Seilbahn ab. An einem Sonntag wandern wir bei 27 Grad über Leopoldskron zum Kommunalfriedhof hinaus. Meine Tochter entdeckt einen neuen Grabstein; die Sympathie mit den Verstorbenen, die sich auf Friedhöfen immer gleich einstellt beim Lesen der Namen und Ausrechnen der Jahre, die den Begrabenen beschieden waren, hier hat sie es schwer. »Unserem Ehrenturnführer, dem Gauobmann des Turnvereines ...« Den teuren Verblichenen, der es sicher verdient hat, ehrt auf dem Stein ein Hakenkreuz, das nur aus Verbotsgründen ornamental ein wenig umspielt wird, gerade genug, daß es zum Verbot nicht reicht, aber noch lange nicht genug, daß man es nicht als das wiedererkennt, was es vorstellen soll: die Rune der Massenmörder, der Totschläger, derer, die ihre Nachbarn verraten und aus der Wohnung schleifen lassen, die diese Nachbarn bestehlen und Menschen, die wehrlos sind, foltern, quälen, ermorden. Man muß die alten Nazi, die sich als wohlanständige Bestien von nebenan beflissen um ihr bürgerliches Ansehen gesorgt haben, ohne Zaudern mit dem grölenden Mob von Skinheads identifizieren, in denen sie sich nicht erkennen wollen. Genau solche waren und sind sie: Leute, die jederzeit jemanden totschlagen und unverzüglich noch viel mehr totschlagen würden, wenn ihnen eine Obrigkeit die Genehmigung dazu erteilte.

Der tschechische Feind wird derweilen eingekesselt. Das ganze Wochenende über bleiben die Grenzen nach Tschechien von oberösterreichischen Schülern, Umweltschützern und Christen, die für die Erhaltung der Schöpfung nicht nur beten wollen, besetzt. Sie möchten es nicht hinnehmen, daß das Atomkraftwerk Temelin in Betrieb gegangen ist. Ich teile ihre Bedenken; warum ärgere ich mich trotzdem über sie? Es ärgert mich, wenn Schüler unter Anleitung des Landesschulinspektors demonstrieren; wenn sich Grüne der Unterstützung, die ihrem Anliegen von seiten brauner Slawenfresser zuteil wird, nicht erwehren können; und wenn Christen, die die Einheit der Menschheit im Munde führen, Grenzen unpassierbar machen. Protestieren ist aber meistens Glückssache.

(Die gelungensten Proteste der Saison. Erster Platz: Aus Protest gegen den neuen Mailänder Flughafen Malpaese sind Dutzende Wähler im italienischen Agrate Conturbio in Unterwäsche zur Bürgermeisterwahl erschienen. Die aufgebrachten Bürger dachten so am besten auf die Lärmbelästigung durch den Flugverkehr aufmerksam zu machen. Die Wahlhelfer waren verdutzt, ließen die Wähler aber an die Urnen.

Zweiter Platz: Der Bürgermeister von Le Lavandou, einem Dorf in der Bretagne, hat den Einwohnern per amtlichem Brief verboten zu sterben. Mit dem Sterbeverbot protestierte er dagegen, daß ihm nach einem Umweltgutachten von der regionalen Behörde untersagt wurde, im Gemeindegebiet einen neuen Friedhof zu errichten.

Dritter Platz: Elfriede Jelinek verbietet aus Protest gegen die Regierung die Aufführung ihrer Stücke in Österreich. In Österreich sind es nämlich Staat und Regierung, die ins Theater gehen. In glücklicheren Ländern gehen ja Menschen ins Theater, unter anderem solche, die mittels der Einsichten und Erfahrungen, die ihnen die Kunst ermöglicht, ihren Staat der Kritik unterziehen. In Österreich aber ist es die Regierung, die theaterbegeistert ist und folglich durch solchen Boykott gestraft wird. Wir haben es eben mit einem wirklichen Kultur-Staat, einer echten Literatur-Obrigkeit, einem wahren Staats-Theater zu tun.)

Der Regisseur Luc Bondy erhält den Nestroy-Preis. Im Fernsehen, das die Preisverleihung als lächerliche Imitation der an und für sich schon lächerlichen Oscar-Veranstaltung überträgt, fragt ihn eine Reporterin, was ihm solche Ehrungen und Auszeichnungen bedeuten. Freimütig legt Bondy das Bekenntnis ab, daß er sogar das deutsche Bundesverdienstkreuz erhalten und verloren habe, weil er zwangsweise immer alle Orden verlege. Unabweislicher Eindruck, daß man jetzt, wenn Eitelkeit streichfähig wäre, Brot für ein ganzes Internat bestreichen könnte.

Luc Bondy, von dem ich bisher viel gehalten habe, erscheint mir auf einmal schon körperlich in anderem Licht: Wie er den Hals, einem jener Vögel ähnlich, die sich aufplustern können, bläht und bläht, bis zwischen Schultern und Haupt ein veritabler Kropf der Selbstzufriedenheit sitzt; wie ein scharwenzelndes Kind, das unruhig seinem großen Auftritt entgegensieht, ganz ohne die Grazie des Kindes. Er erinnert mich an die »rote Gräfin«, die mir stets Briefe schickte, auf denen das vorgedruckte »von« extra für mich, von Rebell zu Rebell, mit kühnem Federstrich durchgestrichen war. Stellt sich, ein ordenbehängter Laffe des Kulturbetriebs, um Auszeichnungen an und möchte zugleich wissen lassen, daß sie ihm nichts bedeuten. Warum muß der Preis, den er bekommt, ausgerechnet nach Nestroy benannt sein, der die Lebenslügen der Honoratioren, der Parvenus an ihrer Sprache kenntlich machte? Gebt ihm einen anderen Preis, meinetwegen einen, der nach Kotzebue benannt ist.

Es gibt auch andere Preisträger. Assja Djebar erhält den Friedenspreis des deutschen Buchhandels. Vor Jahren war in *Literatur und Kritik* die Laudatio abgedruckt, die Barbara

Frischmuth auf sie hielt, als der algerisch-französischen Autorin der begehrte amerikanische Neustadt-Prize zuerkannt wurde. Auch jetzt ist Barbara Frischmuth die Laudatorin, und wieder hält sie sich wacker und sorgt sich gar nicht darum, ob das verstohlen gähnende und unverhohlen geistlose Publikum in der Frankfurter Paulskirche ihren Gedanken überhaupt zu folgen fähig oder willens ist. Dann die Preisträgerin selbst. Großartig, wie klar sie das Problem der Sprache, ihrer Sprache zu umreißen weiß. Die Angehörige eines Landes, in dem die französische Kolonialmacht entsetzliche Verbrechen verübt hat, bewahrt sich doch das Französische als Sprache ihrer Literatur, sie läßt sich nicht auf das Arabische verpflichten, das die siegreichen Nationalisten überall im nordafrikanischen Raum progagierten. Zugleich gibt sie aber das Arabische als Sprache des Volkes, des Aufstandes, des Aufbruchs nicht auf, und man wird ihrem Französisch attestieren, daß es anders sei, ungewohnt, was sie mit dem mitschwingenden Resonanzraum des Arabischen erklärt.

Aber da ist noch eine dritte Sprache, das Berberisch-Libysche, das ihre Großmutter gesprochen hat, die verbotene Sprache, die den Franzosen nichts galt und den arabischen Herren als vorislamische Sprache, als Sprache der Frauen, der Nomaden verdächtig ist. Das Berberische, das sich wider die arabische Zwing-Sprache der Islamisten behauptet, ist Djebar nur aus Mythen und Geschichten vertraut, die sie nicht preisgeben, sondern für sich, für die Selbstbehauptung einer algerischen Frau in der islamisch-arabischen und der westlich-französischen Welt nutzen möchte. Erst alle drei – das Berberisch-Libysche, das Arabische, das Französische – machen jene Sprache der Dichtung und Revolte aus, die die ihre ist.

Die Schule des Totalitarismus. Österreich steht im Banne von zwei Ereignissen, und offenbar entgeht uns, daß sie zusammengehören. Bei beiden handelt es sich um serielle Ereignisse, die nicht nur einmal geschehen und dann für lange abgetan sind, sondern deren Wesen in der Wiederholung, der Fortsetzung liegt. Das eine ist die Serie »Taxi Orange«, mit der der ORF die jüngere Generation in Bann schlägt und auf die privaten Fernsehsender einen erheblichen Druck ausübt, weiter zu verrohen und exzessivere Formen von fiktivem Reality-TV zu erproben; das andere ist die fortgesetzte Bespitzelung, mit der die FPÖ offenbar eine parallele Organisation im Staate schaffen wollte und deren Dimensionen nach und nach bekannt werden, sodaß man mittlerweile von einer »Spitzelaffäre« sprechen muß.

Die Polizei hat in Österreich schon immer das Geheime und das Bekannte gesammelt, um ein umfassendes Bild von den Untertanen zu haben. Die geheimen Spitzelakten, die zur Zeit Metternichs über jeden besseren Kopf angelegt wurden, füllen Regale und sind, auch in der Pedanterie, mit der da alltägliche Verrichtungen der Bespitzelten aufgeführt werden, eine interessante Lektüre. Bespitzelung ist immer ein Vorgang, der zum Pathologischen tendiert, denn der private wie der berufliche Denunziant wissen nie, welche unwichtigen Ereignisse dereinst eine Bedeutung erlangen könnten, die ihnen heute noch fehlt, und darum birgt jeder Spitzelakt vornehmlich Nichtigkeiten, die er anhäuft, zur späteren Verwendung, in der aus dem Nebensächlichen vielleicht ein Indiz werden könnte, das einen Prozeß tödlich ausgehen läßt. In jeder kleinen Beobachtung, die für später archiviert, zu den Akten gelegt oder abgespeichert wird, keimt der Totalitarismus. Der Totalitarismus hat heute mehr als mit geheimen Nachrichten und obskuren Diensten mit der Fülle an Informationen zu tun, die für sich genommen allesamt nicht geheim sind, aber die vernetzen zu können und zu dürfen Macht bedeutet.

Überwacht, beobachtet, ausspioniert zu werden, das haben die Menschen, obwohl sie sich schon ein paar hundert oder tausend Jahre hätten daran gewöhnen können, stets als bedrohlich empfunden, als Verletzung ihrer Integrität. Die Fernsehserie »Taxi Orange« versammelt eine Gruppe von jungen

Leuten in Räumlichkeiten, in denen ihr alltägliches Leben, die Art und Weise, wie sie sich dieses organisieren und dabei neue Strukturen schaffen, Gruppen bilden und Intrigen inszenieren, von einer Vielzahl von Kameras erfaßt wird. Die Übertragung von nichts anderem als dem banalen Leben spekuliert natürlich damit, daß es da und dort ein bißchen Sex gibt, den die Privatsender demnächst wesentlich drastischer ins Bild bringen müssen, um noch weiter reüssieren zu können, aber das ist nicht das Wesentliche. Gegenüber der überkommenen Pornographie, die in der Abbildung isolierter sexueller Vorgänge bestand, ist die soziale Pornographie, die Menschen dabei zeigt, wie sie sich die Zehennägel lackieren und miteinander Butterbrote verzehren, die ungleich härtere. Sie macht die sogenannten natürlichen Vorgänge als die eigentlichen Perversionen kenntlich, die zu beobachten wir einen voyeuristischen Kitzel empfinden. Selig die Zeiten, da obszöne Filme noch mit Bildern vom Ficken und nicht vom Zähneputzen ihre Klientel erregten.

Technisch ist es möglich geworden, jeden einzelnen rundum zu überwachen, zu Hause, in der Öffentlichkeit, beruflich, privat, als Konsument, mitsamt seinen Krankheiten, Obsessionen, sportlichen Vorlieben, Ansprüchen. Überall in der Öffentlichkeit werden wir von Kameras observiert, natürlich nur zu unserem eigenen Schutze, denn wer geht schon gerne durch düstere Tiefgaragen? Ohne weiteres kann aufgenommen werden, was wir per Telefon oder Handy besprechen, per Fax oder E-Mail schicken. Das alles bereitet uns, die wir über die Jahrhunderte gewohnt waren, Überwachung als gefährlich zu erleben, Unlust, Beklemmung, Angst. Daß es dabei nicht bleibe, gibt es Reality-TV, in dem ein anderes Verhalten gegenüber Observation und Bespitzelung eingeübt wird.

Was wir immer fürchteten: belauscht und beschattet zu werden, die fröhlichen Leute, die sich fürs Fernsehen in Container sperren lassen, lehren uns, daß es nicht unangenehm, sondern erregend ist. Dies zu lehren ist ihre Aufgabe, und die Lektion fröhlich zu erweisen sind sie erfunden worden. Sie sind

Versuchskörper, mit denen experimentell bewiesen wird, daß das, was bisher als Einschränkung, Verletzung, ja als Folter empfunden wurde, auch lustvoll erlebt werden kann. Als restlos ausfotografierte Wesen existieren sie nur, weil und solange eine Kamera auf sie gerichtet ist; sie zeigen damit, daß die Kamera ihr zuverlässigster Schutz, ihre einzige Rettung, die Erlösung ist, denn ohne die Kamera gäbe es sie nicht, wenn kein Bild von ihnen gemacht und ins Netz gestellt oder über den Fernsehkanal gesendet wird, sind auch sie selbst erloschen. Man mag über die offensichtliche Infantilität der Leute, die sich darum reißen, in den Container zu kommen, den Kopf schütteln; man mag sich hochmütig über die Zuseher wundern, die süchtig jeden Tag wieder nach sozialer Pornographie verlangen. Sicher aber ist, daß der Container die Schule des Totalitarismus ist: Gelehrt wird, wie man Observation als Genuß erlebt und sich als tugendhafter Staatsbürger von morgen dankbar darum anstellt, überwacht, kontrolliert und seiner Persönlichkeit beraubt zu werden.

Der lettische Finanzminister Gundars Berzins hat eine Web-Kamera über seinem Schreibtisch installieren lassen. Wer immer will und über einen Internet-Anschluß verfügt, kann sich ab sofort in das Arbeitszimmer des Ministers einklinken und ihm dabei zusehen, wie er Akten studiert und Dekrete unterzeichnet, Besprechungen mit Mitarbeitern hält und Besucher empfängt, der Sekretärin etwas diktiert oder mit jemandem telephoniert. Ob er seinen Mitarbeitern schmutzige Witze erzählt oder mit seinem Kumpel über das Jahresfest des Sportfischervereins spricht, kann der Übertragung noch nicht entnommen werden, denn fürs erste sind nur Kameras, nicht auch Mikrophone im Ministerium installiert. Der Minister kann also jederzeit beim Vollzug seines Amtes gesehen werden, was zwar Clinton manches erspart hätte, nicht aber gehört werden, sodaß es ihm freisteht, statt staatsmännisch zu sprechen womöglich staatsfeindlich zu zischeln. Berzins erklärte, er habe sich zu der

Aktion entschlossen, weil er etwas gegen den schlechten Ruf der Beamtenschaft und der Politikerkaste in Lettland unternehmen wollte. Tatsächlich kann er mit der Web-Kamera beweisen, daß er an seinem Arbeitsplatz erschienen ist und sich dort über einen bestimmten Zeitraum aufhält.

Das ist insoferne eine interessante Entwicklung, als bisher ein Finanzminister danach beurteilt wurde, was er zu erarbeiten wußte, und nicht, ob er mittels einer elektronischen Stechuhr seine Anwesenheit nachzuweisen vermochte. Verläßt Berzins sein Büro, begründet er seine Abwesenheit, etwa mit Verpflichtungen außer Haus (Konferenz mit dem Direktor der Notenbank und dergleichen) oder mit Vorkommnissen, die seine Anwesenheit in anderen Räumen des Hauses unaufschiebbar werden lassen (Durchfall und dergleichen).

Der Nationalfeiertag, der die Nation an die Pflicht gemahnt, für die Heimat und die Industrie gesund zu sein, wird landesweit mit Gesundheitsläufen und Fitneßmärschen begangen. Die Trachtenanzüge, mit denen man noch in meiner Jugend antrat, um am »Tag der Fahne« österreichischen Patriotismus zu bezeugen, sind durch die Jogginganzüge ersetzt worden, in denen die bunten Haufen von Staatsbürgern, ins modische Sträflingsgewand der zu lebenslanger Fitneß Verdammten gesteckt, Straßen und Gelände unsicher machen. Dem jährlichen Appell, in Rudeln so lange zu laufen, bis jedwede Vergangenheit, die früher zu Nationalfeiertagen beschworen zu werden pflegte, weit hinter der Nation liegt, wurde auch heuer wieder auf erfreuliche Weise Folge geleistet.

Abends bietet das Fernsehen eine staatsbürgerliche Lektion besonderer Art mit dem Dokumentarfilm »Glockner – Der schwarze Berg«, einem grandios gefilmten, technisch aufwendig gemachten und in überwältigend schönen Bildern schwelgenden Machwerk. Der österreichische Filmer Georg Riha ist ein Spezialist für Dokumentarfilme, die der Geschichte das Menschliche austreiben und diese auf die vermeintliche Natur zurückbringen. Vor Jahren hatte er mit einem Film Aufsehen erregt, in dem er den Wiener Stephansdom, eines der nationalen Wahrzeichen, ein Monument der historischen Identität Österreichs, als pittoreske Naturlandschaft filmte und als Heimstätte ungezählter Tierarten erkundete. Schon dieser Film war beachtlich in seiner entdeckerischen Originalität, setzte aber dem historischen Mythos des Stephansdoms nur den Mythos der ewig siegenden, sich die Zivilisation zurückerobernden Natur entgegen. Viel schlimmer kam es diesmal.

Der Großglockner, das war in der Geschichte Österreichs immer mehr als bloß der höchste Berg des Landes. Vor zweihundert Jahren ist er das erste Mal bestiegen worden, vor 65 Jahren wurde die Hochalpenstraße, die auf ihn hinaufführt, eröffnet. Der Bau der Straße forderte viele Opfer und galt, ähnlich den Autobahnen, die Hitler erbauen ließ, oder dem Staukraftwerk Kaprun, mit dem die Zweite Republik ihr erstes industrielles Titanenwerk schuf, als Wunder der Technik, in dem sich der Fortschritt sinnfällig manifestierte. Auch Rihas Film ist ein Wunder der Technik, denn wie viele sogenannte Naturfilmer, die von der Erhabenheit menschenverlassener Räume schwärmten, hat auch dieser Regisseur ein starkes Faible für technische Spitzenleistung, ja ein geradezu technokratisches Bild von Film, Filmkunst und dem Schicksal des Menschen. Sein »Schwarzer Berg« kommt über weite Teile ganz ohne Menschen aus, weil er Erhabenheit, Größe nur ohne Menschen zu zeigen imstande ist, die in ihrer Kleinheit und Bedürftigkeit stören würden. Wenn er sich genügend an menschenferner, ewiger Natur besoffen hat, dann kommt dieser Film doch noch auf den Menschen, und zwar in jener Gestalt, die ihm die austrofaschistischen Propagandafilme, die den Bau der Hochalpenstraße als Triumph des Willens über die Widrigkeiten der Natur verklärten, gaben. Diese Szenen schneidet Riha, der ein großer Könner ist, so perfekt in seinen Mythos vom Schwarzen Berg, daß kaum auffällt, daß es sich um historisches Material aus einer ganz anderen Epoche handelt. Der Begriff der

»Alpenrepublik«, der von den Nazi stammt und durchaus denunziatorisch als Schmähwort für die Enge und Kleinheit des unabhängigen österreichischen Staates gemeint war, wird durch diesen Film auf optisch ganz neue Weise gefestigt.

Zwei Mythen, von denen man meinen möchte, sie würden nur schwer zusammengehen, werden hier verschmolzen: der Mythos von der Erhabenheit der Natur und der Mythos von der Erhabenheit der Technik. Sie konvergieren darin, daß der Mensch beide Male nur eine Nebensächlichkeit ist. Der richtige Film zum Nationalfeiertag also.

Den Erzähler des Films gab leider Michael Köhlmeier. Nicht als raunender Beschwörer des Imperfekts, wie Thomas Mann »den Erzähler« charakterisierte (und Köhlmeier hat den »Zauberberg« als sein Lieblingsbuch bezeichnet). Vielmehr legt er die Tätigkeit des Erzählers hier als die eines Zurauners an, der zu imposanten Bildern Sätze liefert, die den Bildern nicht ankönnen, sie nicht in Frage stellen, ihnen nicht die Gewißheit nehmen, die sie triumphal verbreiten, sondern nur dieses undeutlich bestätigende Wortrauschen zur Seite stellen. Köhlmeiers Erzählen hat hier keinen anderen Charakter als den, der bei Filmen üblicherweise der stimmungsverstärkenden Musik zukommt.

Es ist traurig, daß sich Köhlmeier, dessen Arbeitskraft schier unerschöpflich sein muß und der ein paar Bücher geschrieben hat, die großartig sind, für derlei Auftritte als verbaler Synthesiser hergibt. Die Feindseligkeit, mit der viele Kollegen hinterrücks von ihm zu sprechen pflegen, ist mir als heftige Manifestation von Neid immer unangenehm gewesen. In einem Land, in dem jeder, der nicht weiß, wie man Prosa schreibt, das schon als Qualitätsbeweis nimmt (als wäre er, indem er keine Geschichten zu erzählen vermag, über die Literatur von gestern hinausgelangt), verdient es Köhlmeier durchaus, bewundert zu werden. Natürlich versucht er, der mit seinem Instinkt für gute Storys und seinem imponierenden handwerklichen Können so etwas wie den Typus des amerikanischen Autors in Österreich vorstellt, jetzt viel Geld zu verdienen. Soll er, immerhin muß er die Bücher, mit denen er es verdient, selber schreiben, und diese Monsterserien im Radio, auf die er sich nach den Griechischen Sagen eingelassen hat, können ja auch für den, der sie verfaßt und vorträgt, nicht das reine Vergnügen sein.

Nein, was mich stört, ist anderes, nämlich daß Köhlmeier es mittlerweile ungebührlich billig gibt, was sich auch an der populistischen Anrede zeigt, mit der er sich in den Radioserien an die Hörer zu wenden pflegt: »Wir müssen uns Patroklus als einen neurotischen jungen Mann vorstellen ...« Mitnichten sollten wir das. Hier suggeriert das Vokabular eine Aktualität, die nicht vorhanden ist und auch nicht vorhanden zu sein braucht, denn die griechischen Helden können uns ruhig fremd bleiben, es ist nicht nötig, daß sie uns als Burschen von nebenan vorgeführt werden. Die Manie, die Weltgeschichte direkt ins Heute zu führen, ihr die Widersprüche auszutreiben und das Uneingelöste im Gegenwärtigen aufzulösen, diese Manie, Patroklus zu einem überspannten, kiffenden Burschen aus dem Nachbarhaus zu machen, ist literarischer Populismus; nicht weniger als die amerikanischen Historienschinken der fünfziger Jahre, in denen Cleopatra agieren mußte, als wäre sie Daisy Miller, Gattin eines Staubsaugervertreters in Oregon, die nur der Zufall zweitausend Jahre zurück nach Ägypten verschlug und dort zur Königin machte.

Noch einer, dem zum Nationalfeiertag was Kluges einfiel. Der Fotograf und Leiter eines Wiener Museums, Matthias Hermann, möchte an der Ausstellung »Strategien österreichischer Kunst« nicht mitarbeiten, und er begründet dies damit, daß ihm der Titel eine nationalistische Verengung verrate, der er seinen künstlerischen Tribut nicht entrichten wolle. Einen so kritischen Kopf gibt es anderswo, sagen wir in Belgien oder Spanien, sicher nicht. Daß ein spanischer Maler sich nicht als spanischer Maler zu bezeichnen wagt, weil er fürchtet, sich solcherart als geheimen Frankisten zu enttarnen, oder daß eine belgische Sängerin glaubt, sie würde, wenn sie dem »Belgischen Festival neuer Musik« ihre Stimme leiht, diese unbeabsichtigt für den Rassenhaß erheben, ist in Ländern, die nicht aus dem Größenwahn immer wieder unvermittelt in den Minderwertigkeitskomplex stürzen und aus diesem periodisch in den Größenwahn entrinnen, nicht denkbar. Bei uns aber ist solch streberhafte Beflissenheit nichts Besonderes, sondern eine allseits anerkannte »Strategie österreichischer Kunst«.

Es dürfen keine Grenzen mehr sein, hat der Chefmanager von Daimler-Chrysler angeordnet, und unsere Avantgardisten brüllen mutig den Losungen, die ihnen die Konzerne vorgeben, hinterher. Aus eminent kritischen Gründen, versteht sich.

Die längste Zeit hatte ich vergessen, wo der Rudas, Andreas, hin ist. Jetzt erfahre ich es wieder: Er hat eine hohe Funktion im Magna-Konzern von Frank Stronach übernommen, diesem aus dem steirischen Arbeiterstande stammenden kanadischen Milliardär, der es als seine historische Mission erachtet, seine Milliarden nun auch in der Heimat zu mehren, indem er der österreichischen Arbeiterbewegung, namentlich der Gewerkschaft, jene Rechte beschneidet, die sie im Laufe von ein paar Generationen errungen hat. Daß Rudas, der der Sozialdemokratie erfolgreich den Weg in ihre größte Niederlage gewiesen hat, jetzt in einem gewerkschaftsfeindlichen Konzern amtiert, macht aus ihm erst den Repräsentanten der österreichischen Sozialdemokratie, der er vorher nicht war. Vorher war er vielleicht einer ihrer leidenschaftlichsten Schadensverursacher, aber nicht ihr Repräsentant.

Was hat die Sozialdemokratie nach 1945 zweifellos geschafft? Sie hat der »arbeitenden Klasse in Österreich« mit einer nicht immer prinzipienfesten, aber stets realitätstüchtigen Politik von Jahr zu Jahr ein bißchen mehr an Lohn für ein bißchen weniger an Arbeit gebracht. Da ist im Laufe von fünfzig Jahren einiges zusammengekommen! Und sie hat, indem sie die Arbeiterklasse nie auf die Straße rief, sondern deren Interessen in einem sozialpartnerschaftlichen System durch Verhandlungen verfocht, eine materiell sukzessive immer besser gestellte Arbeiterschaft sukzessive immer weiter entsolidarisiert. Die österreichischen Arbeiter in irgendeinem Bundesland und irgendeinem Wirtschaftszweig haben den ihnen zustehenden Wohlstand nicht erreicht, indem sie sich mit den Arbeitern anderer Regionen, den Beschäftigten anderer Firmen, Industrien, Wirtschaftszweige zusammentun mußten. In die schwierige Schule der Solidarität, die zu begreifen und zu erfühlen lehrt, in den Anliegen ferner Menschen auch die eigenen zu entdecken, haben sie nie gehen müssen. Zu ihrem Vorteil, zu ihrem Nachteil. Denn es besserte sich nach und nach ihre Lage, bis sie, jeder für sich, tatsächlich viel zu verlieren hatten, das sie verständlicherweise nicht mehr verlieren wollten. Die einstige österreichische Arbeiterklasse besteht aus Hunderttausenden Einsamen, die um das Erreichte bangen und nichts mit denen zu tun haben möchten, die anderswo dasselbe tun oder hier ein bißchen weniger haben als sie. Die österreichische Sozialdemokratie war erfolgreicher als die allermeisten sozialdemokratischen Parteien der Welt; sie hat mehr als diese für die sogenannten kleinen Leute herausgeholt und durch die Art und Weise, wie sie das tat, die sogenannten kleinen Leute gründlicher den Zielen entfremdet, die sozialdemokratische Parteien außer Lohnerhöhungen und Arbeitszeitverkürzungen sonst noch haben. Insofern findet die Geschichte der österreichischen Sozialdemokratie in Rudas, der aus dem Generalsekretariat der Partei direkt ins Generalmanagement des Konzerns überwechselt, seine sinnfällige Repräsenz.

Lese in Samuel Pepys' »Geheimtagebuch«, das unangemessen hohes Ansehen genießt und mir immer größeres Unbehagen verursacht. Ein Engländer des 17. Jahrhunderts, in das politische Geschehen nach Cromwells Tod als hoher Beamter und Vertrauter von Vertrauten des Königs involviert, führt über neun Jahre ein geheimes Tagebuch, in dem er penibel verzeichnet, was er täglich tut: ins Amt gehen, mit jenem Lord Fasan essen, mit diesem über das Theater vom Vorabend sprechen und planen, mit welcher Dame er morgen sein Pläsier haben kann, ohne daß es seine Frau merkt. Nach neun Jahren hört er damit wieder auf, weil seine Augen zu schlecht geworden sind, er legt die Aufzeichnungen weg, vergißt sie offenbar, 150 Jahre nach seinem Tod werden sie in einer privaten Bibliothek entdeckt, entziffert und seither viel gelesen. Offenbar ist es das Gewöhnliche, das die Wonnen der Lektüre bereitet, denn die Sensation, die dieses Tagebuch bietet, ist der Alltag, sonst nichts, der bürokratisch festgehaltene Alltag eines alles in allem mittelmäßigen Kopfes, der sich seine Gedanken machte, aber auch nicht wieder übermäßig originelle, der einiges erlebte, aber auch nicht allzuviel Abenteuerliches, der eine gewisse Karriere absolvierte, aber keine, die ihn ganz hinaufgeführt hätte oder tief hinabstürzen ließ.

200 Jahre später führt in Genf Monsieur Frédéric Amiel sein intimes Tagebuch, 17 000 Seiten werden es am Ende sein, die er hinterläßt, ein fortwährendes Rühren im selben gedanklichen Brei, ein melancholisches Umschleichen der ewiggleichen Konflikte, die der Einsame mit seinen Mitmenschen hatte, vor diesen aber zugleich zu verbergen, ins Tagebuch, diese Heimstatt des Zukurzgekommenen, zu retten suchte. Amiel, ein Philosophieprofessor, schrieb täglich ein bestimmtes Quantum an Gefühlen, die ihn anwandelten, und Gedanken, die ihn antrafen, nieder. Sonntags wurde die Wochenbilanz aus den sieben Tageseintragungen gezogen. Am Ende des Monats wurde die Monatsbilanz aus den Wochenbilanzen gezogen. Am Jahresende die Jahresbilanz aus den Monatsbilanzen der Wochenbilanzen der Tageseintragungen. Und das über dreißig Jahre lang. So ließe sich am Tag des Todes eine vortreffliche Lebensbilanz ziehen: in Sätzen, die Ziffern ähneln. Einzig Pedanterie und Ausdauer, das eigene Leben bürokratisch zu erfassen, sind grandios an Amiel, die Gedanken entbehren der Tiefe, die

Gefühle zumeist der Leidenschaft. Jede neue Folge von »Taxi Orange« beginnt übrigens mit einer »Zusammenfassung des Tages«, die eine auf leicht bedrohliche Weise gutgelaunte Moderatorin vorträgt.

Tageszusammenfassung. Die Zusammenfassung des Tages. Den Tag zusammenfassen. Ein Wort aus dem Wörterbuch des Unmenschen.

Warum das alles, warum zeichnet Pepys auf, was er gestern um wie viele Pfund mit wem in welchem Wirtshaus gegessen hat? Warum summiert Amiel als Buchhalter seines Lebens den täglichen, wöchentlichen, monatlichen, jährlichen Ertrag des Nichtigen? Warum sitzen Millionen im Wohnzimmer vor ihrem Fernseher und schauen Leuten zu, die in einem Wohnzimmer vor dem Fernseher sitzen und dabei von einer Kamera gefilmt werden? Offenbar ist, mitten im Leben, die Furcht groß, daß es einen in Wahrheit gar nicht gibt. Die permanente Bilanzbuchhaltung stärkt das beruhigende Gefühl, daß man existiert. Das Gefühl trügt! Pepys hat sein Geheimtagebuch abbrechen müssen, Amiel hat sich mittels seines Tagebuchs um das Leben betrogen; und die Reality-Serien sind Betrugsunternehmungen, die außer den Abkassierern nur Betrogene kennen, betrogene Betrüger die Schauspieler, die sich selbst zu spielen meinen und nicht wissen, daß sie gespielt werden, betrogen die Zuschauer, die der Wirklichkeit zuzusehen meinen. So beweisen die Reality-Shows vornehmlich eines: daß die Realität die perfideste Täuschung ist und daß, wer am besten lügen will, es gelegentlich mit der Wahrheit probieren muß.

Das erste, was die Live-Übertragung des inszenierten Lebens abgeschafft hat, war die Wirklichkeit. Aber wo keine Wirklichkeit ist, gibt es auch ihr Gegenstück, die Fiktion, nicht mehr, und was stattdessen entsteht, ist ein geheimnisloser Zwitter: laborhafte Wirklichkeit, reale Fiktion – Reality.

Es gab schon vor ein paar Jahren ein ähnliches Wort: Fantasy. Auf einmal waren wir von Fantasy-Produkten umgeben, Fantasy-Spielsachen für die Kinder, Fantasy-Filmen für die ausgewachsenen Infantilen ... Fantasy ist industriell fabrizierte Fertigteil-Phantasie, also gar keine Phantasie, sondern das genaue Gegenteil davon. Die Fantasy-Industrie hat die Rohrstock-Pädagogik nicht abgelöst, sie setzt sie mit anderen Mitteln fort. Kindern, die mit Fantasy-Produkten traktiert wurden, ist die Phantasie gründlich ausgetrieben worden. Wie Reality die Wirklichkeit zerstört.

Doch ist das alles unausweichlich. Was uns zu lernen aufgetragen ist: daß wir das Unausweichliche auch als das Gute, Wahre und Richtige anerkennen. Eine unter Aufsicht gestellte Schar, deren Fröhlichkeit von der Kamera verursacht und von der Kamera überwacht wird, sollen wir preisen, daß das Gute, Wahre und Richtige sich durchgesetzt hat, weil es das Unausweichliche war. (Demokratischer Faschismus.)

November

Auch diese Allerheiligen waren auf dem Salzburger Kommunalfriedhof wieder zweierlei Totengedenken angesagt. Das erlaubte und das verbotene. Erlaubt ist seit Jahren ein Aufmarsch der Kameradschaft IV der Waffen-SS, bei der ein Rudel alter Herren, die Montur mit Naziorden bestückt, durch den Friedhof zieht und ziemlichen Wirbel um seine Helden macht. Daß die alten Männer sich ihrer toten Mitschüler, Freunde, Kameraden besinnen, würde mich nicht empören, auch wenn ich weiß, daß die meisten dieser Toten keine einfachen Soldaten waren, die, sei es gezwungen, sei es aus Begeisterung, von der Schulbank, dem Hörsaal, dem Bauernhof, den Betrieben aufbrachen, um in der Wehrmacht zu kämpfen, sondern der Avantgarde, den fanatischen Kämpfern für die faschistische Knechtung Europas angehörten. Auch ihr Ende war schrecklich, auch sie haben, als es mit der Herrlichkeit der Herrenmenschen zu Ende ging, Furchtbares mitgemacht, und wenn alle Opfer gezählt, benannt und gewürdigt sind, wird man auch von ihnen, die dem organisierten Verbrechen ein wuchtiges Schwert sein wollten, sagen können, daß sie Opfer waren.

Die alten Herren dementieren durch ihr Verhalten freilich gerade dies, denn sie, die doch nichts im Sinne zu haben behaupten, als pietätvoll der Gefallenen zu gedenken, führen sich mit martialischem Geschrei noch heute so auf, daß man meinen könnte, sie wollten mitsamt ihren toten Kameraden am liebsten gleich wieder ins Feld ziehen oder im Hinterland für Ordnung sorgen. Dieser Umzug einer Hundertschaft von holzbeinigen, armamputierten, glasäugigen Helden, die gezeichnet sind und doch die klimpernden Zeichen des Unheils stolz an der eingefallenen Brust tragen, ist seit Jahren Brauch in Salzburg. Die ewige Ruhe, zu Allerheiligen wird sie zuverlässig von der Kameradschaft IV mit grimmigem Waffenlärm, Ordensgeklirr und ruchlosen Reden gestört.

Nicht der Brauch war, daß man am Kommunalfriedhof der Deserteure und der Opfer jener SSler gedachte, die sich heute als Opfer bezeichnen und doch wie Täter auf Urlaub benehmen. Dieses Treffen ist neueren Datums und hat in den letzten Jahren stets zu erregten Auseinandersetzungen auf dem Friedhof geführt, sodaß sich jene, die ihre Helden beschwören, und die anderen, die an die namenlosen, bis heute mißachteten Opfer dieser Helden erinnern, brüllend auf dem Friedhof gegenüberstanden. Seit Jahren untersagt der Polizeipräsident von Salzburg, ein rundweg sympathisch anmutender Mann, der einen Gruppe, daß sie zur Ehre der Deserteure und Hingerichteten durch den Friedhof ziehe. Ihr Vorhaben gilt ihm als Provokation, die er nicht dulden möchte, für eine Provokation der alten Männer, die folglich ihrem Brauch huldigen dürfen, ohne mit der Erinnerung an ein paar schlichte Wahrheiten in Gestalt von ein paar Dutzend Andersdenkender, anderen Gedenkender konfrontiert zu werden. Die Begründung, die der Polizeipräsident seit Jahr und Tag gibt, ist bemerkenswert: Bei dem Aufmarsch der Kameradschaft IV handle es sich um eine »volksgebräuchliche Veranstaltung«, sagt er, was von dem Treffen, das nicht der Huldigung der Waffen SS, sondern der Erinnerung an deren Opfer gewidmet ist, wahrlich nicht behauptet werden kann. Weil sie eine volksgebräuchliche Veranstaltung durch ihr schlichtes Erscheinen behinderten, machen sich die Teilnehmer dieser volksungebräuchlichen Veranstaltung vielmehr strafbar, und so werden, im Salzburg des Jahres 2000, tatsächlich jene gerichtlich belangt, die es zur Ehre Österreichs wagen, dem Aufmarsch der alten Kameraden auch eine andere Erinnerung entgegenzusetzen. Ob der Herr Polizeipräsident, ein rundweg sympathisch anmutender und gar nicht verbissen wirkender Mann, auch wirklich weiß, was er mit seinem Erlaß bezüglich volksüblicher und volksunüblicher Bräuche eigentlich sagt? Er behauptet ja nicht weniger als das, was alle Regierungen seit 1945 widerrufen haben, er bekräftigt, was die Zweite Republik tunlichst zu vertuschen suchte. Wer den Aufmarsch der Kameradschaft der Waffen SS für eine volksgebräuchliche Veranstaltung hält und eine Gegenveranstaltung verbietet, der sagt nichts anderes, als daß Österreich ein Naziland war und ist und die Exekutive darauf achten werde, daß es auch so bleibe.

Der Herr Polizeipräsident ist ein sympathischer Mann und natürlich Sozialdemokrat. In der Stadt Salzburg hat es nach 1945, so weit ich weiß, nur sozialdemokratische Polizeipräsidenten gegeben, was nichts daran änderte, daß die Salzburger Polizei als besonders prügelsame Truppe in ganz Österreich bekannt und zumal bei den Studenten, von denen Generationen nach Salzburg kamen, berüchtigt war. In der Stadt Salzburg hat es, so lange ich mich erinnern kann, überhaupt nur sozialdemokratische Polizeipräsidenten gegeben, die es für ihre Pflicht hielten, auf das langhaarige Demonstrantengesindel eindreschen und alten SS-Kameraden den Weg zu volksgebräuchlichen Veranstaltungen frei machen zu lassen. Der jetzige Polizeipräsident ist der erste, der nach dem Krieg geboren wurde und sich bemüht, einen zivilen Eindruck zu erwecken. Nur mag er es halt nicht, wenn die Leute fanatisch sind, alte volksgebräuchliche Veranstaltungen, die schon über viele Jahre gut eingeführt sind in das gesellschaftliche Leben, stören und womöglich absolut volksungebräuchliche Veranstaltungen lancieren wollen.

Der Polizeipräsident ist ein netter Herr, aber auch einer der Anführer der Kameradschaft IV ist ein netter Herr. Dr. Karl S. hat mir einmal einen Brief geschrieben, in dem er mich, sachlich berechtigt, auf zwei Fehler in einem Artikel aufmerksam machte, den *Die Presse* von mir veröffentlichte. Die Korrekturen entbehrten nicht des Scharfsinns, und ich habe mich schriftlich bei dem mir unbekannten Briefschreiber bedankt. Daraus entstand ein kleiner Briefwechsel, der sich über zwei, drei Jahre hinzog und meist irgendeine Publikation von mir zum Thema hatte. Dr. S. erwies sich als belesener Mann mit historischer Bildung und auch mit Sprachgefühl. Die Kritik, die er übte, zielte bald immer in dieselbe Richtung, das merkte ich wohl, aber sie war nicht verbohrt. Jedenfalls war ich sehr überrascht, als er mir einmal brieflich ohne Umschweif mit seinem persönlichen Schicksal ins Haus fiel: Jung in den Krieg gezogen und im Osten mehrfach verletzt, kaum heimgekehrt, gleich nach Glasenbach gesperrt, in das im Salzburger Vorort gelegene US-Lager für schwer belastete Nationalsozialisten, dadurch erst spät zum Studium gekommen und Jurist geworden und jetzt halb erblindet mit der Lektüre solcher Arbeiten wie den meinen befaßt, in denen alle Dinge verdreht würden. Ich gewann den Eindruck, die knapp einjährige Internierung im Lager Glasenbach bei Salzburg würde von S. als die große Demütigung seines Lebens empfunden, und ich las irgendwo, daß das auch bei anderen Insassen von Glasenbach so war. Da hatten sie im Osten gekämpft für die Heimat, und als sie zurückkamen, besiegt, viele fürs Leben körperlich beschädigt, wurden sie, in der Heimat!, ins Lager gesperrt. Ihren Berichten zufolge könnte man glauben, Glasenbach wäre ein Vernichtungslager gewesen ... Jedenfalls kamen sie alle bald wieder heraus und wurden rasch in die Gesellschaft integriert, »Glasenbacher« zu sein, hinderte keinen an seiner politischen Karriere – egal in welcher Partei, nebenbei, oder am gesellschaftlichen Aufstieg in sonst einer Berufung.

In Dr. S., glaube ich, war eine große Sehnsucht danach, sich meiner Generation mitzuteilen, es genügte ihm keineswegs, daß ihm die Gesellschaft nichts verargte, er wollte gerade von den Intellektuellen, über die er zeterte, von den »Linken«, gegen die er schimpfte, verstanden, gewürdigt werden. Natürlich ist es zu dieser Würdigung nicht gekommen, nicht einmal zu einer offenen Auseinandersetzung. Seltsam, diese beiden Veranstaltungen auf dem Kommunalfriedhof, die polizeilich geschützte und die polizeilich verbotene, hätten vielleicht die Chance zu einer solchen Auseinandersetzung geboten; zumal die Waffenbrüder jetzt keine imponierende Truppe mehr waren, sondern ein jämmerlicher Haufen von greinenden Achtzigjährigen, die auf Krücken daherstolpern und denen man, würde man ihnen einzeln begegnen, geneigt wäre, in den Bus oder über die Straße zu helfen. Freilich lehrt die Erfahrung, daß es sinnlos ist, mit Leuten, die sentimental an die Ära des Nationalsozialismus gebunden sind, zu diskutieren. Oft handelt es sich tatsächlich um eine sentimentale, keine politische Bindung; die Sentimentalität oder, weniger pejorativ gesagt, das Sentimentalische ist eine Gemütsbewegung, die es nach Rückkehr der Seele in eine verlorene Heimat, in Verhältnisse, in denen sie geborgen war, verlangt. Warum sehnen sich diese Leute nach einer Zeit, von der viele, konkret befragt, doch nach und nach einräumen, daß in ihr auch in ihrem Namen Verbrechen geschahen und letztlich auch über sie, über ihre Familien, viel Unheil kam?

Man muß begreifen, daß es eine ganze, die ersten Jahrzehnte der Zweiten Republik bestimmende, jetzt aussterbende Generation gibt, die den Nationalsozialismus auch als Zeit erlebte, in der sie jung war. Es kann von keinem Menschen erwartet werden – es sei denn, er wäre mit sich und den Mächten seiner Kindheit mit selbstgefährdender Radikalität zu Gericht gegangen –, daß er seine Jugend als Kette von Unrecht und Beteiligung an Unrecht, von Verbrechen und Verstrickung in Verbrechen erkennt und kompromißlos verwirft. Der nicht nur bei autoritären Charakteren gebräuchliche Mechanismus, die Jugend und Kindheit nachträglich schöner zu färben, als sie war, führt sie fast unbemerkt dazu, auch die politischen Verhältnisse jener Zeit, die der Resonanzboden und die Begrenzung ihrer Jugend waren, umzufärben. Kommt hinzu, daß die Soldaten meist nicht aus der Idylle oder aus befreiten Verhältnissen heraus zur Wehrmacht kamen, sondern, beispielsweise auf dem österreichischen Lande mit seiner schier unwandelbaren Klassenstruktur, in einer strikte reglementierten Umwelt gelebt hatten. Wenn sie aus ihren Dörfern jetzt ins Heer beordert wurden, mochte das für viele das erste Erlebnis von Gleichheit und Solidarität sein (das ihnen ein ganzes Leben lang, auch im Frieden des Nachkriegs, nie wieder beschert wurde und das sie bei Kameradschaftsaufmärschen ein Leben lang halluzinieren werden); daß es die Gleichheit von Untertanen war, die in den gleichen Gehorsam gezwungen wurden, und die Solidarität von Kameraden, die auf dem Wege waren, andere Völker zu überfallen, ändert daran nichts. Auch waren 1939 Leute um die zwanzig nicht schon wie heute in der halben Welt herumgekommen, viele von ihnen haben die Grenzen des Bezirks zum ersten Mal überschritten, als sie zur Truppe mußten, und die Welt, fremde Landschaft, andere Städte haben sie zum ersten Mal gesehen, als sie mit dieser Truppe durch sie zogen. Daß sie die Welt entdeckten, weil sie sie für Großdeutschland in Besitz nehmen sollten, daß sie fremde Städte sahen, die sie zerstörten, daß sie durch die unbekannten Landschaften eine Blutspur zogen, ändert nichts daran, daß der Krieg für sie auch bedeutete, aus der Enge hinaus in die Welt zu kommen. Zu diesen Erfahrungen konnten sie nur gelangen, indem sie sich zugleich die entsetzlichste Entfremdung zumuten ließen, die denkbar ist: einer erobernden, plündernden Truppe anzugehören. Viele von ihnen schafften es später niemals, sentimentalisch in die Jugend zurückzukehren, ohne zugleich den Nationalsozialismus zu verharmlosen und sich über das hinwegzulügen, was sie gesehen, erlebt, getan hatten.

In Österreich ist die Auseinandersetzung zwischen den Belasteten und ihren nachgeborenen Kritikern nie offen geführt worden. So lange sie das hatten, was man gesellschaftliche Definitionsmacht nennt, weigerten sich die Belasteten, sich als belastet zu erkennen; als ihnen diese Macht abhanden kam, fühlten sie sich unverstanden, verleumdet, waren sie gekränkt, verbittert. Das Seniorenstudium, das vor 30 Jahren eingeführt wurde, hat zahlreiche einstige Wehrmachtssoldaten nach der Pensionierung im Zivilberuf an die Historischen Institute der Universitäten gespült, wo sie mit den Jungen, die sich aufs

Lehramt vorbereiten, gemeinsam Seminare über den Nationalsozialismus besuchen. Sie sind, in der Regel, bei Lehrenden und Studierenden gefürchtet, denn sie verweigern sich theoretischer Einsicht wie gesicherter Forschung und weisen, unter Hinweis auf ihre Zeitzeugenschaft, wie das ominöse Wort heute heißt, allgemeine Erkenntnis mit der Autorität ihres subjektiven Erlebens von sich; sie haben es schließlich selbst erlebt, und sie haben einiges erlitten, und jetzt soll ihnen gefälligst niemand sagen, wie es damals war. Wo sie es doch selbst wissen.

Auch mit Dr. S. ging das Gespräch zwischen den Generationen, das er gesucht hatte, irgendwann nicht mehr so recht weiter, vermutlich weil ich müde wurde, es fortzusetzen, oder weil er sich unverstanden fühlte und es einstellte. Als ich einmal in Salzburg einen Literaturpreis erhielt, stand in der Reihe der Gratulanten aber ein großer, alter Herr mit dicken Brillen, reichte mir mit einer zackigen Verbeugung die Hand, sagte seinen Namen und verschwand wieder. Er hat sich danach nicht mehr gemeldet, und ich hatte ihn vergessen, bis ich gestern in der Zeitung las, was er zur alljährlichen Auseinandersetzung auf dem Kommunalfriedhof zu sagen hat. Für heuer hatten er und seine Kameraden ihren Marsch ohne Ankündigung auf die frühen Morgenstunden vorverlegt. Anders sei es ihnen, die er selbst als alte Männer nah dem Grab bezeichnete, nicht mehr möglich, ihrer gefallenen Freunde würdig zu gedenken, da sie, wo immer und wann immer sie auftreten, von einer Schar fanatischer Gegner in unwürdige Schreiduelle und Rempeleien verwickelt würden. Ist ihr Aufmarsch erträglicher, wenn er zu einsam früher Morgenstunde stattfindet und die Kameraden tunlichst kein Aufsehen erregen möchten? Ich glaube schon. Wenn sie ihren Totenkult nicht als öffentliche Manifestation anlegen, die der Propagierung jenes Wahnes gilt, dem sich ihre Toten verpflichtet fühlten, warum sollen dann nicht auch sie ihrer Gesinnungsfreunde auf dem Friedhof gedenken dürfen, die ja, immerhin, doch gefallen sind und seit Jahrzehnten irgendwo unter der Erde liegen?

Seit Tagen ist es vorbei mit der Stille in meinem Viertel, der Riedenburg, ungebührlicher Aufruhr zieht durch die sonst immer etwas hochnäsigen, leicht verschnupften Straßen und Gassen. Unterwegs begegnet man Vorschulkindern in merkwürdiger Maskerade, die auf dem Weg zu einer Veranstaltung des Kindergartens sind oder zu einem Fest bei Freunden. Sie alle haben einen uniform nach der gleichen Weise ausgehöhlten Kürbis auf die Schultern gesetzt bekommen und tun folgsam, was die Kürbiskultur von ihnen verlangt: Da sind sie ja, die fröhlichen kleinen Angestellten des Halloween-Spektakels, mit dem in der Schweiz und in Mexiko, in Sizilien und in Rajastan die alten regionalen Bräuche auf angelsächsischen Standard gebracht werden. Wenn mir vor ein paar Jahren jemand gesagt hätte, auch in Mitteleuropa würden die Kinder bald mit Kürbisköpfen unterwegs sein, hätte ich gelacht. Denn der Halloween-Brauch schien so wenig nach Europa zu passen wie der amerikanische Football oder das Aufmarschieren von Cheerleader-Girls, die vor größeren Veranstaltungen mit knapp geschnittenen Uniformen wippend und fähnchenschwingend Frohsinn verbreiten.

Mögen sie also künftig auch bei uns hinter den Hausmauern als furchteinflößende Kürbisse hervorkullern, wenn sie ihren Spaß daran haben! Ich verstehe schon, erst wenn die Eskimos Halloween feiern, wird die Welt wirklich zu sich gekommen und frei sein. Die Kulturindustrie vermag die Welt in einem Ausmaß zu formieren, wie kein Eroberer das je mit den traditionellen Mitteln des Eroberns und Unterdrückens zuwege gebracht hätte. (Um den Sorben ihre heidnischen Erntedankrituale auszutreiben, brauchte Karl der Große vierzig Jahre, eine Reihe geköpfter Stammesfürsten und die dauernde Drohung, den Heiden andernfalls die Dörfer niederzubrennen. Kaum waren die fränkischen Truppen fort, tanzten die Sorben wieder nach altem Brauch um ihre Bäume. Das ging so 1200 Jahre; und Ströme von Blut konnten nicht fortspülen, woran die Sorben aus hehrem Glauben, Trotz oder Wahn festhalten mochten. Die Geschichte ist ein verheerender Kampf, mit dem die großen Karle die Sorben der Welt zum wahren Glauben, alleinseligmachenden Fortschritt, Freihandel bekehren, was naturgemäß nicht ohne Inquisition, Völkermord, Präventivkrieg zum Wohle der Menschheit abgeht.)

Die siegreiche Kulturindustrie hat aber auch Millionen von freiwilligen Helfern und Kollaborateuren! Jede Kindergärtnerin, die sich nicht überlegen möchte, womit sie die unruhigen Kinder beschäftigen könnte, braucht diese nur ein paar Wochen lang auf Halloween zu dressieren. Wenn der große Tag gekommen ist, versammeln sich schließlich die großen und die kleinen Kürbisse, die stolzen Eltern und ihre aufgeregten Kinder zur lustigen Halloween-Party, denn Kürbisse müssen wir alle werden, das Kürbistum ist unsere Ehre. Und weil der Kürbis auf den Schultern sonst nicht halten würde, gibt es auch noch diesen Kopf dazu, das ist fein, sonst wäre der Kopf in Gefahr, völlig überflüssig zu werden. Wenn auch zu sonst nichts, ist er immerhin noch als Kürbisständer vonnöten.

Es ist nicht so, daß wir Fertiggerichte lieben. Aber sie sind halt schon da, und man braucht sie nur mehr auszupacken, aufzuwärmen, runterzuwürgen. So ist es auch mit Halloween. Es ist alles schon da, im Fernsehstudio für den Versand in alle Welt bereitgestellt, jetzt muß man dem, was vorgegeben wird, nur noch folgen. Folgsam den Kürbis zum Denken benützen und in der Folgsamkeit den Spaß genießen, den die Freiheit den braven Kürbissen gewährt.

Daß mir jemals der Krampus-Brauch, den ich zeitlebens für eine entsetzliche alpenländische Volksüblichkeit gehalten habe, die keinen anderen Zweck hat, als die kleinen Kinder so zu schrecken, daß sie sich danach sehnen, rasch groß zu werden, um selber zu den Erschreckern zu gehören, daß mir dieser Krampus-Brauch jemals sympathisch werden sollte! Aber die Krampusse sind in Wahrheit eben doch nur Schwächlinge gewesen, das erkennt man schon daran, daß sie nicht einmal Halloween verhindern und die Kürbisse zurück auf die Felder schlagen konnten. Wild tun und gegen Kürbisse verlieren, das habe ich gerne.

Das Schlimmste: Amerikanisierung ohne amerikanische Bürgertugenden, ohne amerikanische Traditionen von zivilem Ungehorsam. Zwei Leute, die mich zeitlebens vor Anti-Amerikanismus bewahren: Theo Waldinger, Wiener, auf den Tag genau fünfzig Jahre älter als ich, ein radikaler Sozialist, seinen österreichischen Landsleuten 1938 ums Leben gerade noch in das rettende Exil entronnen; wenn er aus Chicago zu Besuch kam, haben wir uns immer in einem kurzen Ritt durch die Weltgeschichte unserer Gleichgestimmtheit versichert. Hatte er lange genug über den Imperialismus gewettert, pflegte er den Schlußpunkt stets mit einem Plädoyer für Amerika zu setzen.

Und A. M.: In seinem Haus in Connecticut erzählt er einen ganzen Abend lang von den Schweinereien amerikanischer Außenpolitik und von dem Egoismus, der die Gesellschaft seit Reagan vollständig zersetzt hat, um dann, als rigoroser Kritiker amerikanischer Zustände berühmt, ohne jede Ironie zu resümieren: »Oh believe me, it's a noble country.«

Auch er weiß, was Faschismus ist, aber er wird belehrt. Der Salzburger Landesparteiobmann der FPÖ, Karl Schnell, sagt über die Ermittlungen, die die Justiz gegen ihn wegen der Spitzelaffäre anstellt: »Das sind Methoden schlimmer als von der Gestapo.« Wegen seines Vergleiches kritisiert, korrigiert er sich: »Das sind Methoden, wie wir sie aus dem Stalinismus kennen.«

Ein geistig ungemein beweglicher Mann, der gerne erzählt, ohne zu tratschen, gerne zuhört, ohne die Leute auszuhorchen, milde und nachsichtig, aber von scharfer Urteilskraft: Paul Flora. Nach der Eröffnung seiner Ausstellung in der Galerie Seywald erzählt er im Gasthaus noch viel von Norbert C. Kaser, den er ein paar Jahre unterstützt und dessen erstes Buch, postum erschienen, er finanziert hat. Lachend entsinnt er sich der bitteren Erfahrungen, die er machte, als er für Kasers nachgelassene Gedichte einen Verleger suchte. Damals war er auch nach Salzburg gekommen, in den Residenz Verlag gegangen und hatte dessen Besitzer in einem persönlichen Gespräch von der Größe des trunksüchtigen Südtiroler Hilfslehrers, Mönchs und Kommunisten zu überzeugen versucht. Auch hatte er bereits eine Aufstellung mit, wie er das Buch mit eigenen und in Tirol aufgetriebenen Geldern zum Druck befördern wollte. Ein paar Tage später erhielt er einen Verlagsbrief nach Innsbruck, in dem ihm aufmunternd beschieden wurde, Freundschaft sei gewiß eine rühmenswerte Tugend, doch da die Gedichte dieses Kaser nun einmal gar nichts taugten, würden sie beim Residenz Verlag gewiß nie gedruckt werden. Sie erschienen, da kein Verlag sie haben wollte, schließlich im Galerieverlag seines Sohnes in Innsbruck, der sonst Kataloge der von ihm ausgestellten Künstler publiziert. Dort entdeckte diese Gedichte Rolf Schneider, der Autor und austrophile Lektor aus Ostberlin, damals DDR, und besprach sie hymnisch, wiewohl mißverständlich in der *Zeit*. An diese Rezension kann ich mich noch erinnern, ich las sie als Student der Germanistik, und in ihr, die ein Ostdeutscher für die Hamburger Wochenzeitung verfaßte, stieß ich erstmals auf den Namen des Südtiroler Dichters Kaser. Nach Schneiders begeisterter Besprechung langten über die Monate täglich vier, fünf Einzelbestellungen von Buchhandlungen des ganzen Sprachraums in der Galerie in Innsbruck ein, und das Buch war auf eine Weise (also gar nicht) kalkuliert worden, daß mit jedem Einzelversand eines Exemplars der Verlust noch größer wurde.

Auf den Südtiroler Jakob Philipp Fallmerayer war ich in der Bibliothek gestoßen, als ich nach Studien über die kleinen Völker Europas suchte. Fallmerayer ist ein Rätsel, und an ihm kann man das Rätsel der Begabung zwar nicht erklären, aber ermessen, so groß steht er, seinen kleinen Verhältnissen entwachsen, mit einem Mal in der Welt. 1790 in einem Weiler bei Brixen geboren, war er das vierte von neun Kindern einer Bauernfamilie. Nichts deutete darauf hin, daß er eines Tages besser würde lesen können, als es für die Volksbibel und die paar Dokumente nötig ist, in denen die Existenz eines kleinen Mannes jener Jahre amtlichen Niederschlag fand. Er aber fällt dem Dorflehrer in Nötsch wegen seiner Wißbegier auf, der schickt ihn ans bischöfliche Gymnasium nach Brixen, von dort kommt er an die Theologische Fakultät nach Salzburg und wäre wohl, wie so viele begabte Kinder des Volkes, irgendwo als Pfarrer gelandet und über der Aussichtslosigkeit seines Tuns langsam verhärtet, wenn er nicht abermals alle überrascht hätte. Er wird nicht Priester, sondern Altertumswissenschaftler, und das zu einem Zeitpunkt, da derlei die Domäne von spleenigen Abkömmlingen der Aristokratie und für die Forschung privater finanzieller Rückhalt unerläßlich war.

Er ist dreißig, als er sich an einem Wettbewerb der Dänischen Akademie der Wissenschaften beteiligt und mit einer wie aus dem Nichts gekommenen Schrift über Trapezunt den Ersten Preis gewinnt. Mit vierzig tritt er endlich seine erste Orientreise an, von der er fünfzehn Jahre später in den »Fragmenten aus dem Orient« berichten wird, Reisebüchern, die wissenschaftliche Gelehrsamkeit, künstlerische Wahrnehmungskraft und stilistische Brillanz vereinen, sodaß sie heute, über 150 Jahre später, noch immer fesselnde Lektüre bieten. Eigensinnig, unbestechlich, streitlustig, legt er sich in seinen Büchern mit den Autoritäten seiner Zeit an, und in Griechenland ist er noch heute verhaßt, hat er doch mit der These, die Neugriechen stammten nicht von den alten Griechen, sondern den Albanern ab, ihren nationalen Stolz aufs tiefste verletzt. Dutzende Bände mit historischen Studien hat er veröffentlicht, alte Inschriften gefunden und entziffert, »Über die Wichtigkeit und den Nutzen geschichtlicher Studien« gegrübelt und es sich, wo immer er zu einer festen Anstellung überredet wurde, als Professor an der Universität oder als Berater des bayerischen

Kronprinzen Maximilian für »asiatische Angelegenheiten«, bald mit den Honoratioren des Ortes verdorben. 1848 ist er Abgeordneter im Frankfurter Parlament, im Jahr darauf muß er als radikaler Bürger, der sich seine Unabhängigkeit durch den Schutz eines liberalen, kunstsinnigen Thronfolgers sichern wollte, in die Schweiz flüchten. Die Universitäten Wien, Zürich und München scheuen sich, dem bewunderten, verhaßten Mann, dem gelehrten naturwüchsigen Rebellen, eine Professur zu geben. Er leidet an schmerzhaften Gelenksentzündungen und Steinerkrankungen, sucht Linderung in Heilbädern, wird überall von wütendem Volk empfangen, das die Pfarrer wider den Freigeist aufhetzen, von Gläubigern gejagt – und schreibt Briefe, die ihn als Meister der Briefkunst, sowie Tagebücher, die ihn als genialen Raisonneur der Weltgeschichte ausweisen. Sie vor allem, die Briefe und die Tagebücher (und, natürlich, die »Fragmente«), hatten mich nicht als Leser mit Sinn für historische Distanz, sondern auf geradezu unmittelbare Weise angesprochen: als Zurufe, die ein freier Geist, der um ein paar Generationen vorausgestorben war, an mich persönlich gerichtet zu haben schien.

Und jetzt wurde mir von diesem Jakob Philip Fallmerayer von Paul Flora berichtet, der ebenfalls aus Südtirol kommt, wenn auch nicht aus einem armen Bauerngeschlecht, dessen Begabung ihn ebenfalls schon in jungen Jahren rätselhaft ganz bei sich anlangen ließ (wie mir die unbekannten Zeichnungen des Sechzehnjährigen zeigen) und der gleich dem Altertumswissenschaftler Fallmerayer ein geborener Erzähler ist, freilich einer, der es nur gelegentlich schriftlich tut und vorzieht, in seinen Zeichnungen zu erzählen. So geht der Abend mit Fallmerayer, Kaser, Flora dahin: Bravo, die drei Südtiroler!

Flora und Kubin. Es gibt eine altehrwürdige »Gesellschaft der Pessimisten«, die keine approbierten, nur korrespondierende Mitglieder kennt. Korrespondierend sind sie, weil sie sich, als Einzelgänger, der Gesellschaft nur lose assoziieren und von

Jahrestagungen und den Pflichten der Mitgliedschaft nicht viel halten. Manche von ihnen korrespondieren aber auch in dem Sinne, daß sie schreiben und ihre Gedanken, die nicht zur Tat werden wollen, schriftlich niederlegen. In der Gesellschaft der Pessimisten ist die österreichische Sektion mit zwei wortmächtigen Zeichnern, graphischen Erzählern, Bildstellern vertreten, die freilich recht unterschiedliche Temperamente sind. Alfred Kubins Metier ist die schwerblütige Verzweiflung, die lähmende Angst: überall sieht er den Abgrund, aus dem die Spottgeburten, halb von tierischer, halb von menschlicher Gestalt heraufklettern, auf daß wir im Tageslicht der Vernunft daran erinnert werden, aus welchem Morast wir aufgestiegen sind und in welches Chaos wir stürzen.

Paul Flora hingegen zeichnet eine heitere Skepsis aus, die ihn zwar taub gegen die Verheißungen des Fortschritts macht, aber den Wert irdischen Strebens durchaus erkennen läßt. Glaubt er auch nicht, daß wir in der besten aller denkbaren Welten leben, hält er doch ebensowenig vom gegenteiligen Ressentiment, daß die Erde ein Jammertal sei und alles, so schlecht es schon ist, nur immer schlechter werden könne. Wenn etwas gründlich mißrät und die schlimmstmögliche Wendung nimmt – vor der man im Leben nie und schon gar nicht in Österreich gefeit ist –, dann lobt er das keineswegs als Bestätigung der schlechten Meinung, die er womöglich schon vom Leben, von der Welt im allgemeinen und Österreich im besonderen hatte. Seine Skepsis ist vielmehr eine radikale und läßt ihn auch am müden Regiment der Verzweiflung zweifeln, sodaß er, wenn es ihm gar zu bunt wird, zur Not sehr deutliche Worte der Klage, Anklage, Empörung, ja Verachtung findet.

Wir haben es bei ihm also mit dem Sonderfall eines weltzugewandten Skeptikers zu tun, eines menschenfreundlichen Pessimisten, der sich keine Illusionen über die edle Natur des Menschen macht, aber auch nicht aus Enttäuschung über den Verlust dieser Illusionen zum Weltverächter wurde. Noch in seine trostlosesten Landschaften, selbst in diese nebelverhangenen

Ebenen und wie von aller Hoffnung entlaubten Alleen setzt er übrigens gerne ein sperriges Detail hinein, das der Stimmung von Untergang und Tristesse widerspricht. Daß die kunstvoll strichlierte und raffiniert komponierte Ödnis nie zur selbstgefälligen Verzweiflungskunst wird, hat mit dem philosophischen Blitz zu tun, der oft über Floras Landschaft hinzuckt und seine Zeichnungen erhellt. In der Schar aufgeregter, den Moden der Welt hinterherhetzender Kunstbetriebskünstler nimmt er sich als gelassener, weltoffener Freund des Lebens denkbar fremd aus.

Das Prinzip Karaoke. Auf dem Alten Markt in Salzburg steht seit Tagen ein Container, in dem ein stämmiger Mann einen Hungerstreik veranstaltet. Veranstaltet ist das richtige Wort, denn er legt seine Nahrungsverweigerung mitten in Salzburg öffentlichkeitswirksam als heroischen Kampf für die Meinungsvielfalt an. Er betreibt einen privaten Fernsehsender, der seine Informationssendungen nach der Dramaturgie des Schikurssketches als Doppelconference anlegt, bei der es für jeden was zu lachen gibt. Unterstützt von einer wachsenden Schar Ahnungsloser, möchte der stämmige Mann im Hungerstreik erreichen, daß er die Sendemasten des ORF auf dem Untersberg nutzen darf. Diesen Wunsch kann man verstehen. Manch einer kann nicht singen und wünschte sich doch, einmal den Tamino zu geben. Muß man ihn, wenn er gleiches Recht auch für sich, den Unmusikalischen, fordert, als Demokrat unterstützen? Ist es sein Menschenrecht auf freie Kunstäußerung, daß er nicht nur in der Badewanne oder im Kreise seiner Lieben singt, sondern das auch, begleitet vom Mozarteum-Orchester, gefälligst im Großen Festspielhaus tun darf? Gewiß, in Salzburg kommen immer wieder Leute, die nicht malen können, zu Ausstellungen an repräsentativen Orten. Vor drei Jahren etwa hatte der damalige Bürgermeister namens Dechant die Idee, aus Protest gegen die Wehrmachtsausstellung, die ein privater Verein im ehemaligen Stadtkino zeigte, einen pensionierten Offizier des österreichischen Bundesheeres mit einer Ausstellung in der offiziellsten aller offiziellen Räumlichkeiten Salzburgs zu würdigen: in den Gängen und im Foyer des Rathauses. Die einzigen zwei Dinge, die für diesen Offiziersmaler sprachen, waren der Gleichmut, mit dem er in Interviews das Leid der österreichischen Kriegsgefangenen gegen den Holocaust aufrechnete, und sein Thema, eben die Kriegsgefangenen in der Sowjetunion, die er nach der Manier des Dilettanten zeigte, der nicht weiß, was Kunst ist und darum auch mit seinen Bildern nicht sagen kann, was Leid ist. (Er und seine Verehrer werden nie begreifen, daß er das Leid, von dem er künden wollte, durch sein gestalterisches Unvermögen verkleinert, trivialisiert hat; er hatte nicht die künstlerischen Mittel für sein Thema, und in der Kunst zählt die Absicht wenig.)

Wir haben es neuerdings mit Fernsehmachern zu tun, die, außer daß sie viele Werbeblöcke lukrieren möchten, keine Idee von Programmgestaltung haben und dennoch staatliche Fernsehmasten für ihre privaten Ambitionen verlangen; mit Künstlern, die mangels künstlerischer Befähigung nicht zeigen können, was sie leiden, das aber dafür in kommunalen Räumen. Kein Wunder, daß allenthalben Politiker hervortreten, die sich aufführen, als würden sie einen Karaoke-Abend absolvieren, bei dem sie einmal Politiker spielen dürfen. Das Prinzip Karaoke, das jeden lizenziert, für sein Unvermögen Öffentlichkeit, Respekt, ja Förderung oder Wohlwollen einzufordern, hat nichts mit Demokratisierung zu tun, es ist vielmehr die Zerstörung von Öffentlichkeit und die Verhöhnung von Demokratie.

Das Prinzip Karaoke ist jedoch in allen Sphären der Gesellschaft und in allen Ländern am Siegen. Millionen Amerikaner schätzen an George W. Bush gerade, daß seine Reden voller grammatikalischer Fehler und falsch verwendeter Fremdworte und Fachbegriffe sind. Der so unbeholfen ist, denken sie, kann kein ganz schlechter Mensch sein; der Armenien mit Algerien verwechselt, wird Außenpolitik so betreiben, wie auch wir das täten: Pfui den Arroganten, die alles wissen!

Die amerikanischen Wähler, erklären uns die Reporter noch in der Wahlnacht den Sieg von George W. Bush, der sich später noch ein paarmal als Niederlage, jedenfalls als Triumph für die Computerisierung der Welt herausstellte, die amerikanischen Wähler hätten an George W. Bush vor allem seine Ehrlichkeit honoriert. In den USA sind Sendungen mit Reality-TV auch schon viel länger in Gebrauch. Als ich vor zwei Jahren dort war und im Hotelzimmer den Fernseher aufdrehte, begeisterte mich vor allem die Originalität, mit der in New York die Nachrichtensendung inszeniert wurde. Die Sendung dauerte rund zwanzig Minuten, davon waren zwei Minuten Nebensächlichkeiten wie fernen Kriegen, Erdbeben, Hungersnöten und Friedenskonferenzen gewidmet, drei Minuten einem Mann, der im schon etwas näheren Baseballstadion von Seattle gerade einen neuen Rekord im Herumlaufen aufstellte, und fünfzehn Minuten einem Film aus der Nachbarschaft namens News from New York City: Man sah einen Mann, der einen Laden überfällt und, nachdem er lange genug herausgeschossen und mit einer Frau, die seine Mutter spielte, herumgeschrien hatte, von einem, der den Polizisten selbsttäuschend echt darstellte, niedergeschossen wurde, worauf ihn einige Statisten, die als Sanitäter agierten, in ein sogenanntes Rettungsauto schoben.

Leute, die mit Reality-TV versorgt werden, können nicht anders als George W. Bush glauben, wenn er, der Serienkiller, in ehrlicher Ergriffenheit wieder ein Todesurteil unterzeichnet und mit trauriger Miene ins Mikrophon spricht: »Ich bedauere, für Mr. Douglas Johnson jun., der heute seine gerechte Strafe erfährt, nichts tun zu können, aber ich bete zu Gott, er möge Mr. Douglas Johnson jun. in sein liebendes Verzeihen miteinschließen.«

Niemand ist so sentimental wie Gewalttäter. Dafür ist auch keine Rührseligkeit so knochenbrechend wie jene, die in Talkshows und im Reality-TV verbreitet wird.

Karl Markus Michel ist gestorben. Der einzige Mann, mit dem ich den Vornamen teilte, gab eigenartigerweise ebenfalls eine Zeitschrift heraus, das *Kursbuch*, und die Form, die ihm literarisch am besten lag, war der Essay. Krebs, berichtet die *Neue Zürcher Zeitung*, die die Überschrift über den Artikel so setzt, daß ich zuerst las: Karl Markus tot. Obwohl uns ein gemeinsamer Freund immer zusammenbringen wollte, haben wir einander nie kennengelernt, doch erinnere ich mich, ihn vor vielleicht zwölf, vierzehn Jahren auf der Frankfurter Buchmesse gesehen zu haben. Er stand in einer Verlagskoje bei einem Umtrunk, ein Mann mit auffallendem, wie geschnitztem Gesicht, das streng, aber auf merkwürdige Weise zugleich lasziv wirkte. Er stand dort und saugte, dem Trubel entrückt, inbrünstig an seiner Zigarette. Was ich von ihm gelesen habe, nicht viel, zeigt, daß er nicht von der Literatur, sondern der Philosophie herkam und stark mit Politik imprägniert war. Wiewohl diese Texte gelehrsam waren, Fachterminologie und Begrifflichkeit nicht scheuten, wirkte in ihnen unverkennbar ein sprachlicher Eros, der mir sehr deutsch vorkam. Am besten hat mir eine Arbeit über Hegel gefallen, von der ich fast nichts verstand, was beweist, daß sie immerhin das Objekt, von dem sie handelte, nicht billig preisgegeben hat; Hegeleien habe ich bei der Lektüre immer als Musikstücke, als deutsche Menuette, empfunden, schon als Student, als ich mir pflichtgemäß die »Ästhetik« vornahm, und Karl Markus Michel war in diesem Sinne zweifellos ein sehr musikalischer Autor.

Unmusikalisch bläst hingegen dieser Schröder, von Beruf Kanzler von Deutschland, der deutschen Sprache den Marsch. Höre ihn im Radio, mit sich im reinen und überzeugt von der Sache, schmettern: »Das sage ich hier in aller Deutlichkeit, und gemeint ist jeder, den es betrifft.«

Ob es nur die Schmerzen sind, die die vierte Woche in meinen Gelenken scheuern, daß mich der Wunsch packt, ihm diese Worte unverzüglich in den Rachen zurückzustopfen?

Ein Gleiches. Montenegro, das die staatlichen Bindungen an Serbien stetig zu lockern sucht, hat die Deutsche Mark als offizielle Währung eingeführt. In den Nachrichten wird erklärt: »Die Einführung der Mark als offizielles Zahlungsmittel ist der bisher wichtigste Schritt zur Unabhängigkeit.« Richtig ist auch, daß die Einführung der Lüge als offizielles geistiges Zahlungsmittel schon immer ein wichtiger Schritt zur Verknechtung war.

»Die Komponente hpfsched findet den Pfad zu win.ini nicht. Soll esce.htl gesucht oder abgebrochen werden?« Anfangs grübelte ich, später ging ich dazu über, die Frage, die mir mein Computer regelmäßig stellte, zu ignorieren. Nach beiläufig einer halben Stunde nahm er sie zuverlässig von sich aus zurück. Selige Zeiten. Jetzt bin ich den ganzen Vormittag in Erwartung von hpfsched, der den Weg zu win.ini nicht findet. Nichts. Auch exce.htl meldet sich nicht mehr. Win.ini, wo bist du? Und hpfsched, du schöne Komponente? Seit sie mich verlassen haben, klappt gar nichts mehr.

Schläge sind bei der Computererziehung kurzfristig zwar nützlich, zwei, drei nicht allzu heftige Tachteln, und er pariert wieder. Aber nur eine Zeitlang. Dann neue Widersetzlichkeiten. Das Gefühl von Verlorenheit ist jeden Tag um mich. Selber nichts tun können und darauf warten müssen, daß ein hilfreicher Freund vorbeikommt, den Computer so weit zu bringen, daß ich ihn immerhin für ein paar Tage wieder benützen kann. Die Computerisierung hat die Notwendigkeit von Freundschaften im allgemeinen wesentlich erhöht und diese im Einzelfall problematisiert. Auch ein demütigender Verdacht, sich Freunde vorzugsweise zum Bewältigen der Computerprobleme zu halten.

Zurück kann ich nicht mehr. Die Handschrift kann nur ich lesen, und manchmal nicht einmal ich. Die Schreibmaschine ist in der Deponie für Sondermüll zu einem kleinen Würfel verarbeitet worden. Für den Rest des Lebens von Computern abhängig, die die halbe Zeit nicht funktionieren. Nicht bloß bei mir nicht. Auch bei den Profis: im Satzstudio, wo meine Zeitschrift gesetzt wird, in der Kanzlei meines Rechtsanwalts, im Verlag sowieso. Überall, wo Computer herumstehen, stehen sie die halbe Zeit funktionsuntüchtig herum. Und die andere Hälfte wären sie eigentlich überflüssig. Sie funktionieren, wenn man sie gerade nicht braucht und mit ihnen nur Dinge macht, die man auch ohne sie erledigen könnte, aber wenn man sie für Dinge benötigt, die man ohne sie nicht bewältigen kann, dann gehen sie nicht oder falsch. Die häufigste Existenzform, die vor Computern eingenommen wird, ist das Warten. Seit der Einführung des Christentums hat es keine fehleranfälligere Erfindung mehr gegeben. Immerhin hat der Computer einen Vorteil: Durch die fortwährenden Pausen, die er, wegen Überlastung des Netzes, falscher Programmierung, mangelhafter Dateneingabe oder einfach aus Spinnerei einlegt (und zu denen er auch das ihm angeschlossene Dienstpersonal nötigt), trägt er wesentlich zur Verlangsamung der Arbeitsabläufe und geistigen Prozesse bei. In kleinen Betrieben, Firmen und Büros wird bereits merklich langsamer gearbeitet. Es finden sich die sieben Angestellten jeder Kanzlei täglich mehrfach vor einem Bildschirm zusammen und beratschlagen, warum *er* jetzt wieder gar nicht weitertut, und warum die anderen, mit *ihm* zusammengeschlossenen Apparate jetzt auch nicht mehr wollen; und meistens schalten dann alle ihre Apparate aus und nach ein paar Minuten wieder ein, und dann geht es wieder eine Zeitlang dahin, bis *der* vom anderen Zimmer bockt. So geht nichts weiter, das aber auf technologisch ungemein praktische Weise, und auch der menschliche Kontakt unter den Angestellten entwickelt sich von Ausfall zu Ausfall immer besser. Lange wird sich eine Sache, die so schlecht funktioniert, wohl nicht mehr halten lassen.

Ein Funktionär erklärt heute die Schwierigkeiten, in denen sich die FPÖ befindet, damit, daß ihre Feinde einige Kriminelle in die Partei eingeschleust hätten, um ihr so wirkungsvoller schaden zu können.

Vor vielleicht fünfzehn Jahren saß ich in der Hellbrunner Allee auf einem Bankerl in der Frühlingssonne, als sich ein Greis zu mir gesellte. Er war aus dem Altersheim Hellbrunn herausspaziert, ich hatte mich von der lauten Wohnung an der Alpenstraße hierher begeben, um zu lesen. Als wir lange genug beisammen gesessen waren, neigte der Alte sich verschwörerisch zu mir und flüsterte triumphierend: »Hitler war Jude.« Als ich mich darüber erstaunt zeigte, wurde ich endlich in die letzten Geheimnisse der Geschichte eingeweiht. In seinem Haß gegen Deutschland war Hitler auf die Idee verfallen, Deutschland in einen Krieg gegen das Judentum zu hetzen, den es nur verlieren konnte, denn gegen die Juden könne man nur verlieren, weil sie alles beherrschten. Das Männchen kicherte, als es sich auf den Weg machte und heimwärts trippelte, der Gruft des Altersheimes entgegen. Das Judentum und Hitler hatten gesiegt. Das war furchtbar. Aber wenigstens er hatte es durchschaut. Das war tröstlich.

Bundeskanzler Schüssel hat der *Jerusalem Post* ein Interview gegeben. Was er in diesem Interview sagte, ist völlig richtig. Warum hat man trotzdem den Eindruck, daß er lügt? Tatsächlich ist Schüssel in Österreich prompt der Geschichtsfälschung geziehen worden; die Kritik an seinem Interview ist freilich nicht weniger fragwürdig als dieses selbst. Schüssel hatte im ersten Satz des Interviews daran erinnert, daß Österreich das erste Opfer des Nationalsozialismus war, und im zweiten eingeräumt, daß viele Österreicher an den Verbrechen des Nationalsozialismus beteiligt waren.

Der erste Satz ist richtig, sieht man vielleicht davon ab, daß das erste Opfer des Nationalsozialismus Deutschland war. Deutschland? schreit die Empörung jetzt auf. Natürlich Deutschland! In den zwanziger Jahren war Deutschland ein Hort der Arbeiterbewegung, Berlin, mit den Hunderttausenden Emigranten und Zuzüglern aus allen Erdteilen, eine Metropole der Moderne von Kunst, Wissenschaft, Alltagskultur, mit unzähligen Varietés, Kabaretts, kleinen und großen Theatern, Verlagen, einem Pressewesen, das in Vielfalt wie Anspruch nie mehr erreicht wurde. Das alles war nach 1933 verschwunden, zerschlagen, geschlossen, verboten: Hunderttausende in die Flucht getrieben, Abertausende inhaftiert, und Millionen, die es anders gekonnt hätten, zurückgeschlagen in die Hoffnungslosigkeit, in die Barbarei des nackten Existenzkampfes, der bar besserer Ziele ist. Da wäre Deutschland kein Opfer des Nationalsozialismus gewesen? Die Flüchtlinge, die der Verfolgung entflohen und im Exil überall deutsche Kulturvereine gründeten, die Widerstandskämpfer, die ihr Leben im Lande riskierten, haben es jedenfalls so empfunden und so auch formuliert. Ja, ihr Kampf war von der Überzeugung bestimmt, ihr Land sei von Gewalttätern in Besitz genommen worden, werde malträtiert, mißbraucht, genötigt und verdiene es, befreit zu werden. Richtig ist natürlich auch, daß Millionen derer, mit denen Besseres anzufangen gewesen wäre, vom Nationalsozialismus aufgeklaubt und in sein Heer von Volksgenossen aufgenommen, dort für das Verbrechen mobilisiert, für den Überfall auf andere Völker, für die Vernichtung der unter und mit ihnen lebenden Juden begeistert wurden.

Und Österreich? Haben die österreichischen Truppen im März 1938 Deutschland überfallen? Sind die deutschen Truppen gar nicht in Österreich einmarschiert? Die Empörten, die sich jetzt im Feuilleton erregen, scheinen es zu glauben. Dabei ist es unzureichend, einzuräumen, wie auch manche von ihnen es tun, daß Österreich zwar völkerrechtlich ein »Opfer« gewesen sei, aber gesellschaftlich ein »Täter«, weil sich, was völlig unbestritten ist, viele Österreicher freudig den Eroberern ergeben, ja sich fanatisch in deren verbrecherischen Organisationen als Folterknechte und Mörder betätigt haben. Um die Frage nach Österreich als Opfer oder Täter zu beantworten, muß man sich zuerst fragen, wen man bereit ist, als Österreicher zu bezeichnen und als Österreicher zu akzeptieren. Man kann es natürlich auch so halten wie jener wohlmeinende Mann, der nach dem Bombenattentat auf die Roma in Oberwart 1996 im Fernsehen meinte, man dürfe in einem Kulturstaat doch nicht so mit Ausländern umgehen; und der, ohne es zu ahnen, mit dem Mörder darin übereinstimmte, daß er die burgenländischen Roma für Ausländer hielt.

Wenn man entsprechend meint, die 65 500 ermordeten Juden, wären keine Österreicher gewesen, obwohl gerade sie sich als Österreicher fühlten; die 100 000 Österreicher, die im Gefängnis und Konzentrationslager waren, wären keine Österreicher, sondern »vaterlandslose Gesellen« gewesen, wie Goebbels sie nannte; die 2700 Hingerichteten, von denen nachweislich viele mit der Anrufung eines freien, unabhängigen Österreich an die Köpfmaschine traten, wären keine Österreicher gewesen; die in Gestapo-Haft Umgekommenen, im KZ Ermordeten, ins Exil Gejagten wären keine Österreicher gewesen; die um ihre Rechte gebrachten Angehörigen der verschiedenen Volksgruppen sowie der religiösen oder sexuellen Minderheiten wären keine Österreicher gewesen; die Hunderttausenden, die nicht in die Partei mitsamt ihren Unterorganisationen eingetreten waren und sich, da sie sich dem militanten Widerstand aus verschiedenen Gründen nicht anschließen konnten oder wollten, in die Unauffälligkeit, die nationale Inaktivität zurückzogen, wären keine Österreicher gewesen: Wenn man das alles meint, dann muß man sich über die Frechheit, Österreich als Opfer des Nationalsozialismus zu bezeichnen, freilich empören. Wenn man alle Traditionen des Widerstandes kappt, weil man sich für sie nicht interessiert oder weil man meint, es hätte sie nicht gegeben, dann muß man natürlich, wie dies mittlerweile der intellektuelle Brauch geworden ist, Österreich für das Land der Täter halten.

Die Ermordeten, Vertriebenen, Verfolgten für Österreich zu reklamieren, heißt nicht, ihr Leiden nachträglich zur Rechtfertigung Österreichs zu benutzen! Ich beziehe mich nicht deswegen auf sie, weil mit ihnen, den Opfern, Österreich von Schuld freigesprochen werden soll; die Verfolgten können niemals denen als Ausrede dienen, die sie verfolgt haben. Aber sie waren Österreicher, sie wollten es sein und sie waren davon überzeugt, ein anderes als das dem Nazismus ergebene, das nazistisch gleichgeschaltete Österreich zu repräsentieren. Sie zu vergessen hieße ihren Verfolgern noch nachträglich recht geben und Österreich denen überlassen, die sich mörderisch in seinen Besitz setzten; hieße Österreich heute denen nicht streitig machen, die nichts mehr von der österreichischen Geschichte wissen und weder erfahren möchten, welcher Reichtum sich hier im Zusammenspiel vieler Völker gebildet hatte, noch wie es mit diesem zu Ende kam.

Ich habe mein halbes berufliches Leben lang die Werke verfolgter, totgeschwiegener, ins Exil gejagter, ermordeter Autoren gesucht und ediert, die Bücher und Dokumente von Verjagten und mit knapper Not Entronnenen bekannt zu machen, die Spuren derer, die nicht mehr in Österreich sind, aufzufinden und nachzuzeichnen versucht. Ich habe es dabei mit kommunistischen und konservativen, mit vielen jüdischen und ein paar katholischen Emigranten, Widerstandskämpfern, Verfolgten zu tun bekommen: Keiner von ihnen, die doch wahrlich Grund zur Verbitterung hätten, hat die Sache so plump gesehen wie jene Historiker, Sozialwissenschaftler, Publizisten, die, was den Nationalsozialismus betrifft, der Generation der Enkel angehören und nichts riskieren, wenn sie einander in pseudokritischem Rigorismus übertreffen. Deren Verwerfung Österreichs als ewiger Hort des Faschismus ist dem, was die offizielle Nazipropaganda verkündete, viel näher als dem, was die Widerstandskämpfer unbeirrt verfochten. Indem sie sich der Vergangenheit auf ihre Weise bemächtigen, erklären sie den Widerstand für nichtexistent oder für marginal, für eine opportunistische Erfindung oder Ausrede der Zweiten Republik. Es scheint, der Kampf werde auf sicherem Terrain desto kompromißloser geführt, je weiter der reale Faschismus zurückliegt. Da in der

Mediengesellschaft nur die Geste der Kritik zählt, die marktkonforme Präsentation von Meinung, die originell, auffällig und hinreichend plump sein muß, damit sie skandalfähig wird, ist die Kritik zur Manier der Übertrumpfung verkommen. Die Krone dem, der nachweist, daß es außer ihm überhaupt nur Nazi gibt, gegeben hat und geben wird. Gott sei Dank haben wir ihn, den einzigen, denn sonst hätte der Faschismus wirklich gesiegt. Dieser letzte, der endgültige Antifaschist, haßt zwar den Faschismus, schätzt aber nur sich selbst, wofür er gute Gründe hat: schließlich sind ja, außer ihm, alle Faschisten!

Der Geist des Widerspruchs. Im Radio lief Franz Fluchs treffliche Sendung über Rudolf Geist, aus dessen gigantischem, ins Unüberschaubare gewachsenem, nach den Sternen greifendem Werk ich zusammen mit seinem Sohn Till Geist im Frühjahr einen Auswahlband herausgegeben habe. Geist war Kriegsdeserteur (der mit der *Fackel* im Gepäck ins Feld zog), Anarchist (der nach Ende des Ersten Weltkriegs gleich ein paarmal wegen »Amtsehrenbeleidigung« in Polizeihaft kam), Vagabund (der auf dem legendären, von Gregor Gog organisierten ersten europäischen Vagabundenkongreß 1929 seine Stegreifrede »Der Kunde als revolutionärer Agitator« hielt), Kleinverleger (u. a. von Erich Mühsam), Postkartendichter (der seine Gedichte als Hausierer in den Kaffeehäusern und in den Arbeitersiedlungen von Haus zu Haus anbot), kommunistischer Widerstandskämpfer und Gestapo-Häftling (der in der Haft auf 45 Kilo abmagerte und Hymnen auf Österreich schrieb), Kosmiker (der den Sozialismus aus der Sternenharmonie ableitete), nach 1945 gleich wieder eine randständige Existenz als Opferfürsorgerentner (der nicht genug bekam, um seine Familie durchbringen zu können), Berufskartenspieler (irgend etwas mußte er ja dazuverdienen), Säufer (der im Rausch seine Kinder prügelte, die sich heute noch mit Tränen in den Augen daran erinnern, wie zerknirscht er sie anderntags um Vergebung bat), weltumarmender Lyriker (der von den böhmischen Ziegelarbeitern, steirischen Kleinbauern, Wiener Vorstadtproleten, niederösterreichischen Wanderarbeitern dichtete), operativer Autor (der den Leuten im Gemeindebau die Amtskorrespondenz führte) ... Er liebte die »Schöpfung von der letzten Kreatur an«, schrieb Gedichtzyklen über Pflanzen, predigte den brüderlichen, ja brüderlichen Umgang mit den Tieren, übersetzte Indiodichtung, machte den ersten Film über die burgenländischen Zigeuner, forderte in dem singulären Poem »Hört, ihr Völker der Neger« die Afrikaner auf, sich nicht nach dem Vorbild der Weißen zu entwickeln, sondern in großen Massen nach Europa zu ziehen – »flutet herein, ihr Kinder der Sonne« –, um diesen Kontinent zu humanisieren ...

In Gestapo-Haft, in die ihn nicht die deutschen Besatzer, sondern die österreichischen Schergen des Nazi-Regimes gebracht hatten, schrieb er Gedichte an Österreich und seine Bewohner, von denen er meinte, sie würden von den Nationalsozialisten entweder unterdrückt, verfolgt, ermordet oder aber dazu verleitet, die schlechtesten ihrer Eigenschaften auszubilden und die verwerflichsten Züge ihrer Persönlichkeit, die sie zu anderen Zeiten verbergen, nach außen zu stülpen und der kriminellen Organisation namens »Volksgemeinschaft« dienstbar zu machen. In einem unveröffentlichten Roman über Österreich geht er von der realitätsnahen Fiktion aus, daß die Bewohner eines abgelegenen steirischen Gebirgsdorfes den »Anschluß« nicht zur Kenntnis nehmen, die Geburt ihrer Kinder dem Bezirksamt nicht anzeigen und die Männer auch nicht zum Militär abstellen, sondern beschließen, aus der mörderischen Gegenwart auszutreten und über das Dorf ein schützendes Schweigen zu breiten. Dieses Schweigen stellt Rudolf Geist dem anderen Schweigen gegenüber, das in Österreich nach 1945 staatliche Praxis wurde, das Schweigen über die Verbrechen, die Teilnahme so vieler Österreicher an den Verbrechen des Nationalsozialismus.

Man müßte seine Bücher, in denen er ein demokratisches Österreich gerade aus dem Geist des Widerspruchs, der nationalen Vielfalt, der subversiven Alltagskultur herleitet, den Österreich-Verächtern geben, die es sich im Klischee gemütlich machen, es hätte den Geist des Widerspruchs, der nationalen Vielfalt, der alltäglichen Subversion gar nicht gegeben. Die auch nicht wissen, daß es diesen Rudolf Geist gegeben hat. Die sich auch jetzt, da sie sein Lebenswerk lesen könnten, für ihn, der ihren Klischees widerspricht, nicht interessieren. Es ist ihnen bequemer, es hätte diesen Österreicher Rudolf Geist mit seinem Geist der Unruhe nicht gegeben, und daher sind sie fest entschlossen, so zu tun, als ob es ihn tatsächlich nicht gegeben hat. Leute wie er sollen ihnen den schwarzen Kitsch ihrer Österreich-Verachtung nicht als das kenntlich machen, was er ist: als eine Lüge, die einer vielgestaltigen, widersprüchlichen Wirklichkeit die Vielgestalt, das Widersprüchliche austreibt. Er, den der österreichische Obrigkeitsstaat im Ersten Weltkrieg als Deserteur, danach als Aufrührer und Lumpenproletarier verfolgte, dessen Frau im Ständestaat ihre Anstellung als Kindergärtnerin der Stadt Wien verlor, den die österreichischen Nationalsozialisten einkerkerten, mit Berufsverbot belegten und erst aus ihren Folterkammern entließen, als er fürs Leben gezeichnet war, fand sich 1945 bald wieder an den Rand gedrängt, weil die Posten, im Rundfunk und in den Verlagen von der allezeit bereiten Garde derer, die überall reüssieren, besetzt wurden. Doch hat er nicht aufgehört, die widerständigen kleinen Leute zu rühmen, die große österreichische Kultur anzurufen und Österreich als das Land der uneingelösten Versprechen anzuklagen und zu preisen: ein Versprechen blieb ihm Österreich jedenfalls.

Davon wollen die Heutigen, die den Widerstand, die Demokratie am liebsten mit sich selbst beginnen lassen, rein gar nichts wissen. Der Verlag hatte das Buch an über achtzig Rezensenten in Österreich verschickt. Den Schnöseln des Betriebs war Geists ungebärdige, unvorsichtige Dichtung literarisch zu wenig à la mode, und folglich hat es zum

100. Geburtstag des Autors im Juni kaum einen Hinweis in der Presse gegeben (von Gerhard Zeillinger und Andreas Weber abgesehen). Jeder Hilfsangestellte des Literaturbetriebs weiß Geists Gedichte mit mittlerem Aufwand an modischer Terminologie und Ignoranz abzuweisen und kann sich darüber noch als Connaisseur fühlen. Aber daß es ein Werk ist, ein Lebenswerk, das entgeht ihnen, muß ihnen, die keine Anschauung von Leben und Werk haben, entgehen. Vielleicht hat Rudolf Geist tatsächlich kein einziges Gedicht geschrieben, das makellos wäre; aber noch in seinen schlechtesten Gedichten findet sich immer ein Vers, eine Zeile, ein Bild, die über die feige Manier des gedrechselten Kunsthandwerks hinaus führen. Er hatte kein Maß; aber er war auch nicht jenes Mittelmaß, das heute mit künstlerischer Gediegenheit in den Erfolg abschnarcht. Und er war nicht mit der Mäßigung seiner Temperamente beschäftigt, sondern damit, sich selber maßlosen Schaden zuzufügen, indem er, der verzweifelte Weltbruder, von seinem Österreich, von seinem Österreich der Revolte, in dem die Genußfreude nicht Eigennutz bedeutet und die Gemütlichkeit nicht gemein, sondern ein Vorschein auf brüderliche Verhältnisse ist, nicht lassen wollte. Dieser lächerliche Mann mutete der Nachwelt drei Dutzend Entwürfe für eine neue österreichische Nationalhymne zu. Ja hoppla, schnupfen da die Pawlowschen Nasen hoch: Nationalhymne? Aha, vermutlich ein heimatbesoffener Spießer, der die österreichische Opferlegende nährte, dieser Opportunist!

Wenn die Dinge verkehrt laufen, dann verkehrt sich eben alles. Über Unbeugsame wird dann der Generalverdacht des Opportunismus gebreitet, Wankelmütige aber dürfen sich als Matadore der Unbeugsamkeit ausgeben. Sie kämpfen die Kämpfe, die einst das Leben kosten konnten, heute noch einmal, da sie ihnen einen beachteten Platz im Feuilleton eintragen.

Ausweglosigkeit. Trotzdem sind sie meine, unsere (politische) Hoffnung.

Als ich Geschichte zu studieren begann, hatten jüngere Historiker gerade durchgesetzt, daß man das Wort »Anschluß«, gemünzt auf die Ereignisse nach dem Einmarsch der deutschen Truppen in Österreich im März 1938, unter Anführungszeichen setzt, um zu zeigen, daß es sich um keinen friedlichen und freiwilligen Anschluß des einen an einen anderen Staat handelte. Die Heutigen sorgen dafür, daß das Anführungszeichen wieder gestrichen wird. Behaupten, Österreich sei unverdient zu ihm gekommen; habe es sich heimtückisch angeeignet.

Demgegenüber muß man darauf beharren, daß Österreich ein Opfer des Nationalsozialismus war, und man muß auch dann darauf beharren, wenn man es mit Wolfgang Schüssel tun muß. Gegen Schüssel muß man aber richtig begründen, warum Österreich ein Opfer war, und um es richtig begründen zu können, muß man sich mit dem beschäftigen, was weder Schüssel noch seine Kritiker interessiert, mit der nationalen und kulturellen Vielfalt, die sich in Österreich seit den Zeiten der Habsburgermonarchie zumeist gegen die Obrigkeit entwickelt und entfaltet hatte und der endgültig der Nationalsozialismus ein grausames Ende bereitete; mit jenem Widerstand, der nach 1945 nur fürs Ausland beschworen wurde, im Inland aber abgewiesen, verächtlich gemacht und jedenfalls gleich wieder an den Rand gedrängt wurde, unter anderem deswegen, weil seine Ziele nicht mit der Prosperität des Wiederaufbaus, dem Wohlstand der Zweiten Republik erreicht waren.

Warum aber der Eindruck, daß Schüssel lügt? Es ist der Ort, die Zeit, die Absicht des Interviews.

Der Ort: Jerusalem. Den Juden, die von Österreichern vertrieben oder deren Verwandte von Österreichern ermordet wurden, zeigen, daß wir mit ihnen als Opfer vereint sind.

Die Zeit: Eine Ära, die eine Partei in die Regierung gebracht hat, die es an Verharmlosungen des Nationalsozialismus so wenig mangeln ließ wie an der Mobilisierung der niedrigsten Instinkte für autoritäre Ziele von heute.

Die Absicht: In einem Aufwaschen gleich alles entfernen, was im Hause Österreich unangenehm an die Vergangenheit erinnert. Und zur Vergangenheit gehört im rasenden Stillstand schon der gestrige Tag. Mit den »Sanktionen«, die uns ein halbes Jahr beschäftigten, gleich noch die Nazizeit zum Müllhaufen der Geschichte wischen. Oder sogar umgekehrt? Mit dem Nationalsozialismus, für den wir Österreicher nichts konnten, gleich noch die Sanktionen, die uns unverdient trafen, für ungerecht, für nichtig erklären.

Dezember

Vermummte Jugendliche, hergerichtet wie für einen Film, der sie das Leben kosten wird, laufen gegen eine militärische Stellung, lassen große, selbstgefertigte Schleudern zuerst langsam, dann immer schneller über den Köpfen kreisen und befördern Steine über fünfzig, siebzig Meter gegen die hinter Schilder geduckten Soldaten. Danach, wie es die tausendfach erprobten Regeln des blutigen Spiels verlangen, stürmen die Soldaten vor, verfolgen die durch armselige Straßen, über verwüstete Plätze davonjagenden Jugendlichen, schießen ihnen einige Salven hinterher, von denen der Rauch bis zum nächsten Schnitt und Szenenwechsel im Bild bleibt. Wie sehr sich die Bilder gleichen, die seit Jahren vom Konflikt zwischen Israeli und Palästinensern geliefert werden, und doch rufen sie in mir jäh wechselnde, ja gegensätzliche Gefühle hervor.

Vor zwei Monaten wurde die Tötung des palästinensischen Buben Mohammad al-Dirah in alle Welt übertragen, und mich packte, als ich die zehnte Wiederholung sah, ungeheure Wut auf das israelische Militär. Bedenkenlos nach Art der Herrenmenschen gingen diese Soldaten im Gazastreifen vor und setzten minutenlang die völlig sinnlose, für den Ausgang des jahrzehntelangen Krieges ganz unerhebliche Schießerei fort, obwohl in ihrem Schußfeld auch dieser Zwölfjährige lag, der sich schreiend an seinen Vater klammerte. Und der dann von dem Vater, mit dem er sich in Todesangst an eine Mauer gedrückt hatte, doch nicht geschützt werden konnte, getroffen wurde und verblutete.

Ein paar Tage später wurden zwei andere Morde übertragen, begangen von einer lustvoll erregten Meute, die zwei israelische Reservisten in der palästinensischen Polizeistation von Ramallah lynchte, und mich packte ungeheure Wut auf diese Aufständischen, für die es keine zivilisatorischen Normen zu geben schien. Mit reißendem Haß wüteten sie, von ihrem Gott zu jeder Grausamkeit ermächtigt, selbst Unbewaffnete, Entwaffnete, Wehrlose dürfen sie reinen Gewissens zu Tode prügeln, soferne ihr Zorn ein gottesfürchtiger ist.

Ich bin nicht ahnungslos, was die historischen Hintergründe dieses Konflikts betrifft, wie er entstand, was zu seiner Lösung versucht wurde und welche Zukunft er haben könnte. Doch wie ich den Konflikt, zwar aus sicherer Entfernung, aber nicht ohne Anteilnahme erlebe, dafür bin ich vom Nachschub der bekannten und von der regelmäßigen Versorgung mit neuen Bildern abhängig. Die Bilder sind es, die darüber bestimmen, welcher Seite ich gerade zuneige, welche Argumente von den vielen, einander widersprechenden Argumenten der verschiedenen Fraktionen von Israeli und Palästinensern ich im akuten Falle wichtig zu nehmen bereit bin.

Vor einigen Wochen ging ein drittes Bild durch die Weltpresse. Es zeigte einen ungerührten israelischen Soldaten, einen Prügel in der Hand, vor ihm einen Mann, dem das Blut das Gesicht unkenntlich gemacht und der die Hand flehend zu dem Soldaten erhoben hatte. Naheliegend, zwischen dem Soldaten und dem Verletzten, zwischen Schlagstock und dem blutüberströmten Gesicht einen Zusammenhang herzustellen; man tut es automatisch, man braucht dazu nicht einmal die Erklärung, die die französische *Libération* in ihrem Bildkommentar gab und die von Zeitungen in aller Welt übernommen wurde: »Israelischer Soldat und verletzter palästinensischer Demonstrant.« Der Verletzte meldete sich ein paar Tage später selbst zu Wort und gab sich als Student aus Chicago zu erkennen, der, als Israeli verdächtigt, von palästinensischen Jugendlichen aus einem Taxi gezerrt und schwer mißhandelt worden war, ehe ihn israelische Soldaten in Sicherheit bringen konnten.

Aus der Verwechslung von Abbild und Wirklichkeit, aus dem Reflex, ein mehrdeutiges Bild unverzüglich eindeutig zu machen, beziehen Fotografie und Film ihre Autorität. Merkwürdigerweise vermögen Bilder, die ohne Zeitverzug, ästhetische Nachbearbeitung, ideologische Anordnung oder Zensur verbreitet werden, also authentisch anmuten, nicht weniger zu täuschen als Studiobilder, die schon mit der Absicht der Täuschung hergestellt werden. Die erste Revolution, die live übertragen wurde, führte im Dezember 1989 zum Sturz des Conducators Nicolae Ceauçescu. Wir waren immer dabei, und doch wissen wir bis heute nicht, was das war, was wir da zu sehen bekamen: ein spontaner Volksaufstand oder eine von langer Hand geplante Verschwörung, ein inszenierter Staatsstreich oder ein unvorhersehbarer Bürgerkrieg, Revolution des Volkes oder Putsch der Nomenklatura.

Die Bilder sind um die Welt gegangen und unvergessen: Der Diktator auf dem Balkon des Palastes wird in seiner Rede unterbrochen, ungläubig zaudert er, setzt neu an, gestikuliert beschwichtigend über die Weite des Platzes und scheint mit einem Mal zu begreifen, daß das Unbegreifliche geschehen ist und er die Macht über die Zuhörer verloren hat. Was ihm bleibt, ist die ungeregelte Flucht im Helikopter, nach ein paar Tagen die Gefangennahme, dann ein überstürzter (oder längst vorbereiteter) Prozeß vor laufender Kamera, endend mit dem (offenbar vorher festgesetzten) Urteil und dessen unverzüglicher Vollstreckung in einem Hinterhof. Die Kamera war immer dabei; ausgerechnet in einem Land, das als eines der rückständigsten gegolten hatte, wurde die erste Fernsehrevolution, wurde erstmals ein Umsturz vollständig übertragen (oder gar vom Fernsehen entschieden). Vor der Kamera kippte der Unmut der zum Jubeln in die Hauptstadt abkommandierten Bevölkerung in Haß, Haß auf den Vater des Vaterlands, den edelsten aller Dacer, den wiedergekehrten Alexander, die Sonne Rumäniens. Vor der Kamera wurden sogenannte Nester der Securitate ausgeräuchert. Vor der Kamera verkündete Mircea Dinescu für das Komitee zur Errettung des Vaterlandes den Anbruch einer neuen Ära. Vor der Kamera wurden dem Despoten seine Verbrechen vorgerechnet. Doch die Bilder verrieten nicht, ob sich in den Jubelmassen Gruppen befanden, die im Auftrag höchster staatlicher Kreise warteten, bis sie den Chor der Ergebenheit mit einstudierten Parolen unterbrechen und so die Stimmung kippen lassen konnten. Die Bilder verrieten nicht, ob die Nester der Securitate nicht von der Securitate selbst ausgeräuchert wurden. Sie sagten nichts darüber, wie dieses Komitee zustande gekommen war, wo es sich gebildet, wer sich ihm angeschlossen und worüber es Vereinbarungen getroffen hatte, ehe die Übertragung begann.

Die Bilder vom Prozeß schließlich schufen keine Aufklärung darüber, was Ceauçescu von den Dingen, für die er verantwortlich war, noch mitbekommen hatte und ob ihm die Realität, auf die seine Politik das ganze Land heruntergebracht hatte, überhaupt noch zur Kenntnis gebracht wurde. Der Prozeß, der vermutlich aufgezeichnet wurde, um die Zuseher zu Komplizen eines Vorgangs zu machen, der ohne sie geplant wurde und ohne sie abgelaufen war, zeigte, wenn überhaupt etwas, dann das Ende eines alten Ehepaares, das sich in der größten Bedrängnis zugetan blieb; zwei ältere Leute, die sich mit Blicken, Gesten, körperlicher Zuwendung immer wieder ins Einvernehmen setzten und am ehesten von allen Beteiligten in dieser unwürdigen Situation so etwas wie Würde bewahrten. Kennte man das Ehepaar Ceauçescu nur davon, wie es sich vor dem Schnellgericht zu behaupten wußte, man müßte Nicolae und Elena für zwei mutige Menschen halten, die sich unerschrocken ins Unvermeidliche fügten und zu sterben wünschten, ohne gefesselt zu werden.

Noch in der grausigen Szene, da sie abgeführt, auf die Stätte der Hinrichtung hinausgeführt wurden, bettelten sie nicht um ihr Leben, sondern nur darum, nicht gefesselt oder getrennt zu werden, und Nicolae Ceauçescu rezitierte in dieser Szenerie des Grauens und der Hysterie, die die Organisatoren des Prozesses befiel, gerade als er in ihrem Sinne beendet werden sollte (als wäre ihnen erst jetzt bewußt geworden, was sie taten), Ceauçescu rezitierte inmitten dieser hysterischen Szenerie –

rumänische Dichtung. Während ein paar grobe Milizionäre auf das Durcheinander der Kommandos zu reagieren suchten, die von mehreren Befehlshabern, die sich der Kamera nicht zu zeigen wagten, gebrüllt wurden, während alle durcheinanderschrien, an den zwei alten Leuten rissen, sie stießen und dabei nahe daran waren, die Kontrolle über sich und das selbst ins Werk Gesetzte zu verlieren, bewahrte Ceauçescu, der wenige Augenblicke später sterben sollte, als einziger die Ruhe und rezitierte Verse von Mihai Eminescu, die die revolutionäre Kraft des rumänischen Volkes preisen. Mit rumänischer Dichtung, mit dem Lobpreis des rumänischen Volkes trat der Despot in dem gräßlichen Film ab, mit dem sich Rumänien der freien Welt als Demokratie zugesellte. Was dachten jene, die den Film in Auftrag gaben, daß er zeigen würde? Was hat er eigentlich gezeigt?

Noch etwas zum Thema Film und Wirklichkeit. Nach 75 Tagen geht die Serie »Taxi Orange«, die Live-Übertragung vom wirklichen Leben, zu Ende. Der Sieger, ein junger Mann, der Schauspieler werden möchte, aber nicht weiß, daß er nur dann glaubhaft spielt, wenn er es gerade nicht zu tun glaubt, heißt Max und ist binnen wenigen Wochen geworden, wozu früher die Begabten in gleich welcher Disziplin Jahre brauchten: berühmt. Im Interview befragt, ob es nicht ganz schön verlogen zugehe in der Branche des Reality-TV, weist der Max von Österreich das entrüstet zurück: »75 Tage kann man Österreich nicht belügen. Ich bin der Max von da. Ich habe keine Rolle gespielt. Ich war so, wie ich bin, und ich bin jetzt genau so, wie ich war.«

Stimmt schon, abgesehen natürlich davon, daß man Österreich länger als nur 75 Tage belügen kann und auch schon belogen hat. Sonst aber hat er recht: Er ist tatsächlich in der Fiktion der Max, der er in der Realität war, und er ist im Leben der Max, den er als Rolle spielt. Er ist die Lüge, die es mit sich ganz ehrlich meint, die Kopie, die es jederzeit an Echtheit mit ihrem Original aufnimmt. Bei dem Rennen, das »In 75 Lügen um die Wirklichkeit« führt, braucht er sich gar nicht zu beeilen, denn er ist immer schon dort, wo er erst hinkommen möchte.

Das harmlose Erinnern. Wir haben einen alten Kriminalfilm gesehen und lachen müssen, als in einer Szene, die beiläufig um das Jahr 1965 auf einem österreichischen Amt spielt, an der Wand ein Porträt des Bundespräsidenten Franz Jonas zu sehen war. Warum lachen wir bei einem neutral gehaltenen Porträt, das einen gar nicht lächerlichen Herrn zeigt? Da es nicht er selbst ist – ist es dann die Vergangenheit, die lächerlich ist?

Wir lachen, weil ein flüchtiger Blick auf dieses Bild uns mit einem Mal, ohne Umschweife und Anstrengung, in jenes Jahr zurückversetzt, in dem wir Kinder von rund zehn Jahren waren. Nichts Zusätzliches muß uns an Informationen, Erklärungen, Illustrationen gegeben werden, wir sind von einem Lidschlag zum anderen wieder Schulkinder geworden, die das Bild des Bundespräsidenten Franz Jonas an der Wand des Klassenzimmers sehen. Wir lachen aber nicht als die Kinder von damals, sondern, in einer verfänglichen Überlegenheit bestätigt, als die Erwachsenen von heute, die sich über die Welt amüsieren, aus der sie gekommen und der sie entronnen sind. Wir lachen über die Autoritäten, die wir damals fürchteten, wir lachen über sie, weil wir sie später durchschauen lernten und ins Lächerliche, Hinfällige, greisenhaft Hilfsbedürftige abdanken sahen. Wir lachen über die Träume, die wir damals hatten, und daß aus ihnen nichts wurde, denn wir sind zweifellos reifer geworden, seitdem wir diese Träume verloren haben, wir lachen über unsere Gegner, uns selbst und die Welt, die sich um uns und unsere Gegner nicht schert. Kurz: Es ist ein harmloses Lachen, ein Lachen des Einverständnisses.

Das harmlose Lachen mit Anlässen zu versorgen, ist der Zweck und der Erfolg des Kitsches, der seit einigen Jahren in allen Medien aufgeboten wird: jenes Kitsches, dessen Geschäft die harmlose Erinnerung ist. In Fernsehsendungen, Fotobänden,

Buchserien werden die beschränkten fünfziger, die aufmüpfigen sechziger, die coolen siebziger, die selbstzufriedenen achtziger Jahre zum Auftritt gezwungen, und wir lachen über die dummen Schlager von damals (als wären die jetzigen klüger), die komischen Röcke der Mädchen, die steilen Frisuren der Burschen, wir lachen über den militärischen Haarschnitt und die Pilzköpfe, die Mini- und die Maxiröcke, die Demonstrationen gegen den Vietnam-Krieg und die Miene von Richard Nixon, wir lachen über jedwede Sache, die uns gezeigt wird, und auch über das Gegenteil von jedweder Sache, und was damals ganz verschieden war, wird uns präsentiert, als wäre es alles das gleiche gewesen, doch was das Verschiedene gleich macht, ist die schlichte Tatsache, daß alles, was verschieden war, jetzt gleich vergangen ist, und auch darüber lachen wir.

Das harmlose Erinnern versichert uns fortwährend unserer Überlegenheit: Wir wissen jetzt, daß der militärische Haarschnitt so lächerlich war wie die Elvis-Frisur und der Pilzkopf, wir wissen, daß aus dem Allermeisten, was kühn war, nichts wurde, und selbst wenn wir eines Riesen von gestern ansichtig werden, wissen wir, daß jeder Zwerg von heute auf seinen Schultern weiter sieht ... Das harmlose Erinnern bietet das Vergangene in den Häppchen der Anekdote, und wir essen uns mit dem Gefühl der Versöhnung darüber vollständig satt.

Die Zeitung, die von einem Klagenfurter Kongreß über »Jüdische Literatur in Mitteleuropa« berichtet, zitiert einen österreichischen Referenten mit dem erstaunlichen Satz: »Es gibt eigentlich keinen wichtigen deutschsprachigen Autor des 20. Jahrhunderts, der nicht Jude war.« Was ist das? Rassismus, der sich derer bemächtigt, die gegen ihn aufzutreten meinen? Journalistische Raserei? Sind Robert Musil oder Ingeborg Bachmann, um für das Klagenfurter Symposium nur zwei Klagenfurter zu erwähnen, keine »wichtigen Autoren«, oder waren sie insgeheim doch Juden (was vielleicht mancher Antisemit vermutete)?

Die nationalsozialistische Germanistik pflegte Autoren, die dem, was der völkische Wahn vom deutschen Schrifttum erwartete, nicht entsprachen, aus der Volksgemeinschaft auszustoßen und dem Judentum zuzuordnen. Thomas Mann fand sich nicht bloß einmal als typischen Vertreter der jüdischen Asphalt-Literatur gezeichnet, nicht nur der berüchtigte Adolf Bartels hat ihn in seiner Literaturgeschichte als jüdischen Zersetzer aus der deutschen Literatur verbannt – und Thomas Mann, der Sproß des Lübecker Patriziats, war doch keineswegs Jude. Ich habe den Herausgeber eines Buches über jüdische Autoren aus Österreich brieflich vergeblich darauf aufmerksam gemacht, daß Ernst Fischer, den er darin als jüdischen Autor führt, ebendies nicht war. In seinen Memoiren »Erinnerungen und Reflexionen« berichtet Fischer von der Sterbestunde seines Vaters, der gestrenge k.u.k. Offizier habe ihn an das Bett treten lassen und ihm flehentlich zugeröchelt: »Hüte dich vor den Juden und den Kommunisten!« Fünfzehn Jahre später war Fischer zwar hoher Funktionär der Kommunistischen Partei, aber immer noch kein Jude. Der Herausgeber des Buches hat mir meinen Hinweis auf seinen Irrtum persönlich übelgenommen und ihn für die zweite Auflage nicht korrigiert. Ihm war Fischer halt irgendwie jüdisch erschienen, und in diesem Gefühl mochte er sich nicht irritieren lassen. Das Merkwürdige ist, daß Leute, die sich für frei von Antisemitismus halten, oft genau wissen, was »jüdische Geistigkeit« bedeutet. Weil sie sich positiv auf eine jüdische Geistigkeit beziehen und nicht negativ auf die jüdische Nase, glauben sie jenseits von Dünkel und Vorurteil zu sein.

Vor ein paar Jahren stand irgendwo zu lesen, ich sei als Student einer der Wortführer des Maoismus in Österreich gewesen und die Sozialisation in den universitären K-Gruppen habe mich intellektuell unverkennbar geprägt. Nun war die einzige K-Gruppe, der ich je angehörte und die mich als gewesenen Ministranten der Pfarre Mülln tatsächlich geprägt hat, die katholische Kirche. Und was die Maoisten betrifft, so waren sie mir von den vielen linken Gruppen, die sich damals an den Universitäten entwickelten und zumeist bald wieder zerfielen, gewiß die fernsten gewesen. Das hing schon mit dem glücklichen Zufall zusammen, daß ich, der ich mich als Gymnasiast um 1970 eher mit den Flower-Power-Hippies als mit disziplinierten Kaderrevolutionären identifizierte und leidenschaftlich pazifistische Lektüre las, gleich beim ersten Mal, als ich den legendären Hörsaal 311 betrat, in ein Teach-In geriet, bei dem ein aufgeregter Redner des Maoistischen Studentenverbandes die sofortige Volksbewaffnung verlangte. Das erschien mir, der ich in weltumarmendem Überschwang eher die vollständige Entwaffnung aller inklusive der Jägerschaft und Sportschützen verlangt hätte, wahrlich einschüchternd, und ich habe schon damals, als ich durchaus nach Anschluß im studentischen Milieu suchte, gewußt, daß diese da nicht die Meinigen waren. Als ich den publizistischen Urheber meiner maoistischen Vergangenheit wissen ließ, daß er eine Falschmeldung verbreite, wollte er es anfangs gar nicht glauben. Später entschuldigte er sich mit dem Einbekenntnis, ein paar meiner polemischen Arbeiten seien ihm so unnachsichtig erschienen, daß er wie von selbst auf den Maoismus gekommen sei. Jetzt wurde mir alles klar, und wenn ich seither, etwa in einem Buch von Walter Grond, immer mal wieder lese, daß ich als Student den Maoismus in Österreich eingeführt habe, weiß ich, daß das nicht politisch, nur persönlich gemeint ist.

Heute vor zweihundert Jahren wurde France Prešeren geboren. Der 3. Dezember ist für die europäische Kulturgeschichte also ein wichtiges Datum, kein Wunder, daß unsere Jubiläumsintellektuellen, denen bei nichtigem Anlaß der Mund schäumend vor europäischen Phrasen übergeht, heute schweigen und nirgendwo ein Sterbenswörtchen über den Heiligen des Tages zu finden ist.

France Prešeren war ein Dichter von weltliterarischer Bedeutung und hatte die Unverfrorenheit, ein Leben in provinzieller

Bedrängnis zu führen. Von seinem dichterischen Lebenswerk, der Sammlung »Poezije«, die 1846 erschien, waren drei Jahre später, als der Autor 49jährig an Leberzirrhose starb, gezählte 315 Stück verkauft. Er sei »in der slowenischen Welt verschollen«, klagte er in einem Brief, doch hinterließ er dem Dienstmädchen, das ihm drei Kinder gebar, die Versicherung: »Nach meinem Tode wird das Volk wissen, was ich für es getan habe!« Prešeren hatte recht. Er, dem zu Lebzeiten kaum Anerkennung zuteil wurde und der doch nie an seiner einzigartigen Bedeutung für die Literatur, mehr noch: für die Geschichte, ja die Nationswerdung der Slowenen zweifelte, wurde wenige Jahre nach seinem Tod zum Mythos. Generationen haben seither schon in der Volksschule vom bitteren Leben und den süßen Versen dieses Dichters gehört, der die Nation selbst zu repräsentieren scheint. Wenn der englische Historiker A. J. P. Taylor einmal meinte, in der Habsburgermonarchie seien einige slawische Nationen von ihren Dichtern erfunden worden, so trifft dies jedenfalls auf die Slowenen und Francé Prešeren zu.

Tatsächlich war es im ersten Drittel des 19. Jahrhunderts keineswegs ausgemacht, daß sich die Slowenen als eigenständige Nation entdecken und überleben würden. Das wird heute, da gerade den kleinen Nationen beschieden wird, ihr Beharren auf nationalen Besonderheiten sei reaktionärer Humbug, und der Fortschritt, die Entfesselung der wirtschaftlichen Kräfte, der Zwang zur Kommunikation in Echtzeit verlange nun einmal von ihnen, sich in die Entnationalisierung zu fügen, vielen herzlich gleichgültig sein. Und doch war auch die Nationswerdung einer kleinen Nation wie der Slowenen ein bedeutender Schritt der europäischen Kultur; die Nationswerdung wohlgemerkt, nicht die Staatswerdung, die sie im Jahr 1991 erreichten.

Nationswerdung, was heißt das bei kleinen Nationen wie den Dänen, Litauern, Slowenen? Es heißt, daß eine Gruppe, die sich in manchen kulturellen, sprachlichen, wirtschaftlichen, politischen Angelegenheiten als Gruppe innewurde, in die

Geschichte auch als diese Gruppe eintritt. Unzählige Gemeinschaften, die da und dort auftauchten, über ein paar hundert Jahre auf dem Wege zur Nationalität waren, haben die Nationswerdung nicht erreicht und sind in den größeren, den benachbarten, mächtigeren, reicheren Nationen aufgegangen. Zu Zeiten Prešerens war etwa auch die slowenische Intelligenz traditionell einerseits auf die deutsche Sprache, Kultur, Bildung und andererseits auf den österreichischen Staat, die Donaumonarchie bezogen. Über die Jahrhunderte zogen gerade die begabtesten Kinder der »Krainer«, wie sie damals noch genannt wurden, nach Wien, wo sie als Wissenschaftler, Künstler, Offiziere, Beamte, Unternehmer durchaus Karriere machen konnten. Ihren Nachfahren ging in der Regel gleich in der ersten Generation ihre slawische Sprache verloren, sodaß bald einzig der Familienname noch verriet, von wo sie einst gekommen waren.

Auch Prešeren schrieb seine ersten Gedichte in deutscher Sprache. Freilich, er schrieb auf deutsch Sonette, die von Wert und Ehre der slowenischen Sprache handelten!

»Deutsch sprechen in der Regel hier zu Lande
die Herrinnen und Herren, die befehlen,
slowenisch die, so von dem Dienerstande.«

Daß Prešeren, der 1822 nach Wien ging, um Jus zu studieren, der Sprache des Dienerstandes nicht entsagte, war keineswegs selbstverständlich; wie er die deutsche Kultur zeitlebens rühmte, Goethe, Matthias Claudius als seine Lehrmeister begriff, widerstand er, das Kind von Bauern, doch der Assimilation an die Sprache der »Herrinnen und Herren«.

In Wien, wo er es als Erzieher in einem katholischen Pensionat nicht lange aushielt, hat Prešeren vermutlich die Vorlesungen von Friedrich Schlegel gehört, der die Vielfalt der europäischen Sprachen rühmte und bei dem die Intellektuellen mancher noch unerweckten Nation lernten, sich für ihre Sprachen nicht zu schämen, sondern das Ihre zu tun, daß sie vom ungelenken Dialekt zur biegsamen Hochsprache würden, tauglich, alle Phänomene der Welt zu benennen und mit Nuancen der Deutung zu versehen. In seinen Wiener Vorlesungen zur »Geschichte der alten und neuen Literatur« schrieb Schlegel: »Eine jede bedeutende und selbständige Nation hat ... ein Recht darauf, eine eigene und eigenthümliche Literatur zu besitzen, und die ärgste Barbarei ist diejenige, welche die Sprache eines Volkes und Landes unterdrückt oder sie von aller höheren Geistesbildung ausschließen will; auch ist es nur ein Vorurteil, wenn man vernachlässigte oder unbekannte Sprachen sehr häufig einer höheren Vervollkommnung für unfähig hält.« 1826 kehrte Prešeren als Doktor der Jurisprudenz nach Laibach zurück und stand vor der zweiten großen Verlockung, seine Dienstbotensprache preiszugeben. Je dumpfer der Absolutismus Metternichs nämlich das geistige Leben in der Donaumonarchie reglementierte, desto mehr slowenische, kroatische, serbische Untertanen des Kaisers begannen sich statt für die deutsche Aufklärung für den »Illyrismus« zu begeistern. Dieser proklamierte, mit einem kühnen Griff in die Vorvergangenheit, eine gemeinsame Zukunft der südslawischen Völker, die zuerst ihre Sprache in eine gemeinsame Vereinigungssprache, das Illyrische, einschmelzen sollten. Die heutigen Propheten des Englischen, die den Weltfrieden auf die reibungslose Kommunikation in der einen Weltsprache gründen möchten und doch eher als an den Frieden, der nie ein reibungsloser sein kann, an das Geschäft denken, das wie geschmiert gehen soll, hatten in den Ideologen des Illyrismus begeisterte Vorläufer, und wie bei den Heutigen ging es auch bei den Gestrigen vorwiegend um das Große, das Machtvolle, um Mythos und Wirklichkeit der großen Zahl.

Der slowenische Schriftsteller Stanko Vraz, der zum Herold des Illyrismus wurde, schrieb etwa, verzweifelt über die aussichtslose Lage der von aller Welt mißachteten Slowenen, an seinen Freund Prešeren: »Die Kultur einer jeden Sprache, die etwas in der Welt bedeuten will, muß sich wenigstens auf eine Volksmasse von 5 bis 6 Millionen stützen.« So viel brachten die

Slowenen damals nicht auf die Waage, die die Völker mit Nationsberechtigung von jenen, denen sie abgesprochen werden muß, scheidet, und so viel bringen sie auch heute nicht. Darum träumte Vraz davon, daß Serben, Kroaten, Slowenen in der Schmiede der Geschichte eingeschmolzen und aus solchem Völkermaterial dann zur mächtigen Nation der Illyrer gehärtet würden. Prešeren, der dem Kult der Stärke abhold war und dem die Zugehörigkeit zu einer Nation der Dienstboten nicht den Geifer der Minderwertigkeit eingab, der ihn nach Macht und Größe hätte schreien lassen, erkannte, daß der Illyrismus die Slowenen, als die zahlenmäßig kleinste Gruppe der zu vereinigenden Nationalitäten, als einzige zudem, die kein nennenswertes städtisches Bürgertum hatte, binnen einer Generation verschwinden lassen würde. Vielsprachiger Weltbürger, der er war, empörte ihn das.

Daß sich Prešeren, ein Advokat ohne Kanzlei, ein Trinker ohne Ansehen, ein Autor ohne Leser, ja ein Nationaldichter ohne Nation, gegen den Sprachwechsel ins Deutsche auf der einen und ins Illyrische auf der anderen Seite entschied, war eine Tat von historischer Bedeutung. Es war eine Entscheidung, die aus dem von ihm selbst so genannten »slowenischen Stamm« eine Nation machte, die sich gerade in ihrer Sprache entdecken und durch sie definieren sollte. Nach der Revolution von 1848, die er erlebte, aber die ihn bereits entkräftet fand, wurde, was er zuvor einsam verfochten hatte, rasch Allgemeingut. Doch dauerte es noch sechzig Jahre, bis die Sprache der Diener und Knechte auch in den slowenischen Schulen unterrichtet und auf den Ämtern in Marburg, Laibach, Cilli gesprochen werden durfte. Man kann daher von Slowenien sagen, daß es dank Prešeren schon eine Nationalliteratur auf europäischem Niveau hatte, lange bevor es über nationale Institutionen verfügte.

In wenigen Jahren schuf Prešeren ein in jeder Hinsicht außerordentlich reiches Werk. Er beherrschte die schwierigsten lyrischen Formen, wandte Metrik und Reim als erster so virtuos, streng und doch frei an, daß sie für das Slowenische taugten, und schrieb Sonette, Madrigale, Ghaselen, Spottverse, Liebesgedichte, Trinklieder, Balladen, Epigramme, Verserzählungen, philosophische Gedankenlyrik ... Es gibt fast in jeder europäischen Nation einen Autor, der ihm im genialen Anspruch und grausamen Schicksal, in der Fähigkeit, in seinem eigenen, tragischen Leben das Geschick der Nation zu bündeln, verwandt ist. Man kann ihn also tatsächlich, wie das oft geschehen ist, mit Byron, Mickiewicz oder Puschkin vergleichen, mir fielen gleich noch der Tscheche Mácha, der Siebenbürger Lenau, der Ungar Petőfi oder der Ukrainer Ševčenko ein. Diese Nationaldichter avant la lettre sind meist jung, auf dem Schlachtfeld, im Wahnsinn oder Alkohol-Delirium gestorben, die meisten von ihnen völlig verarmt. Unangefochten wußte Preseren:

»Doch er hört nicht auf zu singen.
Wo der Himmel weit gespannt ist,
lebt und stirbt er bar des Geldes.«

Vielleicht fünfzehn Jahre ist es her, und Europa war noch vom Eisernen Vorhang geteilt, daß ich zu einem Festival »Dichtung an der Grenze« fuhr, den die italienische Minderheit in der slowenischen Teilrepublik der Föderativen Volksrepublik Jugoslawien organisierte. Damals erhielt ich in dem istrischen Badeort Portorož einen Anschauungsunterricht in Nationalismus, den ich bis heute nicht vergessen habe. Indes die litauischen oder kosovarischen Dichter vom Wert der Muttersprachen überzeugt waren und das Litauische, das in der Sowjetunion einen schweren Stand hatte, und das Albanische, das im mit Notverordnungen niedergehaltenen Kosovo die verdächtige Sprache war, begeistert rühmten, wurden sie vom französischen Teilnehmer des Kongresses dafür rüde des Nationalismus geziehen.

Der französische Autor, Angehöriger einer großen Sprachgemeinschaft, fand es schlichtweg borniert, daß die Litauer auf litauisch dichteten und sich nicht wenigstens des Russischen, das ihnen eine viel weiter reichende Wirkung sichern würde und das sie alle ausgezeichnet beherrschten, bedienten (wenn sie schon nicht den sinnvollsten Wechsel wagten und gleich auf Französisch, der Weltsprache von Vernunft und Dichtung, schreiben mochten). Auch ärgerte er sich, daß die babylonische Sprachenverwirrung, die auf diesem Kongreß herrschte, nicht amtlich dadurch beendet wurde, daß man sich auf eine Konferenzsprache geeinigt hätte. Zwar konnte sich jeder mit jedem verständigen, man hörte die verschiedensten Idiome und zumal das Englische und Französische dienten in wunderlichen Schattierungen der sprachlichen Begegnung zwischen Leuten, die aus ganz verschiedenen Richtungen angereist waren, aber das alles geschah ungeregelt, war dem guten Willen jedes einzelnen überlassen. Der französische Autor aber war beleidigt, am dritten Tag erschien er nicht mehr, es wurde gemunkelt, er sei mit abfälligen Worten über provinzielle Geister in der Nacht abgereist, angewidert, daß die versammelten Kleinhäusler der europäischen Peripherien sich nicht bereit gefunden hatten, das Französische zur gemeinsamen Tagungssprache, zur Sprache der europäischen Einheit zu machen.

Damals begriff ich, daß es den großen Nationen als widerlicher Nationalismus erscheint, wenn auch die kleinen Nationen tun, was bei ihnen selbst der Brauch ist. Ich begriff, daß die großen Nationen den Nationalismus für ein Laster der kleinen Nationen halten, denn den eigenen Nationalismus erkennen sie nicht, sondern halten ihn für angewandte Vernunft. Das war vor fünfzehn Jahren, Europa war ein geteilter Kontinent, und die Europäische Union zeichnete sich nicht als nahe gesamteuropäische Zukunft ab. Aber es war schon klar, daß die Großen, namentlich die beiden konkurrierenden Staaten Frankreich und (das damals noch nicht wiedervereinte) Deutschland, ihre nationalistischen Ziele für europäische Tugenden ausgeben und das Streben kleiner Staaten, ihre nationalen Interessen zu verfechten, als Rückschritt im europäischen Einigungsprozeß geißeln werden. Der Nationalismus der großen Staaten identifiziert sich nämlich mit der Zivilisation, dem Fortschritt, mit »Europa«, während ihm der Nationalismus der kleinen Staaten als Barbarei, Rückschritt, »Balkan« verhaßt ist.

Ein Kongreß der Europäischen Union hat in Nizza stattgefunden, und was ist er gewesen? Die Kommentatoren sind sich nicht einig, ob er eine »verpaßte Chance« war, wie die einen schreiben, oder eine »verhinderte Katastrophe«, an der ihn die anderen nur knapp vorbeischrammen sahen. Jedenfalls hat der Kongreß den Europäern eine »Grundrechtecharta« beschert, deren Artikel Numero zwanzig proklamiert: »Alle Personen sind vor dem Gesetz gleich.« Ja, vor dem Gesetz! Aber muß immer alles so furchtbar gesetzlich sein? Der Kongreß hat sich all die Tage bemüht zu zeigen, daß die Charta für ihn selbst nicht gilt, und sich in tage- und nächtelangen Verhandlungen eine Gewichtung erstritten, die keineswegs allen Staaten und Beitrittskandidaten gleiche Bedeutung zumißt. Vielmehr sind einige ein bißchen gleicher als gleich. Das ist nichts Neues. Und wie bisher werden jene als Nationalisten gescholten, die auf ihre allgemeinen und gleichen, von der Charta festgeschriebenen und von den Präsidenten der großen Staaten sogleich verletzten Rechte pochen. Daß Deutschland und Frankreich hingegen einen ganzen Kongreß der Union lahmlegen, nur weil sie sich nicht darüber einigen können, wie sie die Kompetenzen ihrer gemeinsamen Vormacht exakt verteilen, ist kein Nationalismus von gestern – sondern Politik im »Wissen um die Verantwortung für die Zukunft Europas.« Eben drum.

Der Nationalismus ist historisch nicht als Gegensatz zur Moderne aufgetreten, als der er heute oft gedeutet wird, sondern vielmehr als eine seiner ersten Dampflokomotiven. Daß der Fortschritt, in die Jahre gekommen, heute andere Lokomotiven benötigt, um zügig voran und durch die Welt bis in den hintersten Winkel zu kommen; daß mittlerweile Manager der führenden Profitunternehmen die Transnationalität propagieren und den Nationalismus, der ihren Konzernen noch gestern den Weg in die Welt geebnet hat, heute auf den Schrottplatz der Geschichte wünschen: darüber braucht man nicht vorschnell in Jubel auszubrechen. Der Nationalismus wird nämlich nirgendwo von einer geläuterten, menschenfreundlichen Übernationalität abgelöst, sondern von einem neuen Rassismus, von jenem ökonomischen Rassismus, der die Menschen nicht mehr nach ihrer Hautfarbe, sondern nach dem Rassemerkmal des Geldes unterscheidet. Der Generalmanager von Daimler-Chrysler, der seinen begeisterten Aktionären grenzenlosen Freihandel, unbegrenzte Gewinne und die rücksichtslose Selektionierung jener Masse Mensch verspricht, deren Schwächen er künftig nicht mehr durch alte Grenzen beschützt sehen will, ist ja nicht irgendwer, sondern eine Lichtgestalt der neuen, der post-nationalen Ära.

Den Balkan, der zum Bannbegriff des Rückständigen, zum Synonym für Nationalismus geworden ist, haben zuletzt viele als Region der Verdammnis gedeutet, die den Anschluß an »Europa«, dem sie geographisch zweifelsfrei zugehört, politisch noch nicht geschafft hat. In der Phase von Entwicklung, in der sich die Europäische Union derzeit befindet, kommt die Integration offenbar nur mehr voran, wenn die allgemeine Amnesie zur europäischen Tugend erklärt wird und der Kontinent sich über seine eigene Geschichte im unklaren bleibt. Was Europa über lange Perioden prägte, wird nun aus der eigenen Geschichte ausgestoßen und zum Merkmal des Fremden gemacht. Die durchaus rassistisch gefärbte Heiligengeschichte von den »europäischen Werten« möchte neben dem Faschismus, Rassismus, Kolonialismus auch den Nationalismus für die europäische Geschichte entsorgen, und wo er noch sein Unwesen treibt, etwa in den finsteren Schluchten des Balkan, kann folglich »Europa« nicht sein. Der Balkan wird so zur archaischen außereuropäischen Region, in der sich leider die europäischen Werte noch nicht so recht durchzusetzen vermochten.

Dabei ist der Balkan gerade umgekehrt erst zur explosiven Region geworden, als er sich europäisierte. Jahrhundertelang war über all die verschiedenen Religionsgemeinschaften, sprachlichen Identitäten, ethnischen Gruppen, Nationalitäten des Balkans die übernationale Ordnung des Osmanischen Reiches gestülpt. Erst als westliche Vorstellungen, bürgerliche Ideen wie die vom Nationalstaat verspätet auf den Balkan drangen, veränderte sich die über Jahrhunderte festgefügte Welt des Osmanischen Reiches – und wurde zum »krisengeschüttelten Balkan«. Die amerikanische Historikerin Maria Todorova spricht treffend von der »Erfindung des Balkan«, denn Europa muß sich ein düsteres Gegenbild erschaffen, um sich selber als »Europa«, als Reich der Zivilisation innezuwerden. Ausgerechnet der jugoslawische Zerfallskrieg, der im Westen nachgerade als Krieg gegen die europäische Zivilisation gedeutet wurde, stellt für Todorova folglich die »weitestgehende Europäisierung des Balkans« dar, insofern er die aus der Osmanischen Geschichte überkommenen übernationalen Traditionen endgültig zertrümmert. Freilich zu einem Zeitpunkt, da der Westen, von dem der Nationalismus einst ausgegangen war, seine beherrschende Rolle besser als mit dem alten Nationalismus mit einem neuen Transnationalismus behaupten kann.

Wenn nur die Bläser nicht wären! Wo immer ich durch meine Stadt gehe, verfolgen sie mich mit einem der drei Lieder, die das Ensemble beherrscht. Stille Nacht in dieser lärmenden Stadt, über deren Kaufhäusern der Kunstschnee rieselt und deren Auslagen nie dumper werden. Das ist es schon, drei Lieder, einen ganzen Monat lang an allen Ecken und Enden der Stadt gespielt, mit der innigen Blechigkeit von Posaunen. Um welche Kurve ich biege, in ihrer falschen Tracht stehen sie schon da und blasen seelenvoll wie Maschinen der Gemütlichkeit; blasen von morgens zehn bis die Geschäfte schließen und kein Anlaß mehr ist für Gemütlichkeit, blasen die Woche über und das Wochenende, bis endlich Weihnachten gekommen sein wird und das Geblase, die Gemütlichkeit wieder abgesagt werden.

Was für ein häßlicher Monat der Dezember in Salzburg ist! Im Sommer, der hier touristisch beiläufig sechs Monate dauert, obwohl das schöne Wetter selten für länger als drei Tage hält, sind es nur die Urlauber, die die Straßen verstopfen. Leeren Blicks sehen sie Häuser und Kirchen hinauf, vor die sie abgestellt wurden, aber selbst in den abgekämpftesten von ihnen kann man noch eine verschüttete Spur von Neugier oder Lebensfreude erkennen. Immerhin, sie kommen von weit her, sie haben Beschwerlichkeiten auf sich genommen, und sie werden dafür, daß sie ihr Geld in Salzburg lassen, von den Salzburgern oft kaltschnäuzig traktiert. Die Leute, die ihnen das Geld aus der Tasche ziehen, nehmen es ihnen übel, daß sie sich beim Konsumieren so täppisch anstellen, daß sie tatsächlich eine bestimmte Speise haben wollen und nicht einfach das hinunterwürgen, was man ihnen auf den Tisch geknallt hat, daß sie ein bestimmtes Erinnerungsstück erstehen möchten und nicht das, von dem letztens so viele übriggeblieben sind, ja daß sie überhaupt so verwegen sind, für das Geld, das sie ausgeben, auch etwas bekommen zu wollen und nicht bereit sind, es von sich aus auf den Tisch zu legen und sogleich wieder, ohne Bitte, Frage, Bestellung und Widerspruch, zu verschwinden. Der Massentourismus ist eine schlimme Sache, aber das Schlimmste, was einer Stadt angetan werden kann, verüben nicht die Touristen, sondern die Einheimischen, die die Fremden verachten, von denen sie leben, ja die sonst gar nicht wüßten, wovon sie leben könnten, und auch gar nichts können, womit es ihnen möglich wäre, ihre Existenz anders zu bestreiten.

Nie aber zeigt sich Salzburg so seelenlos, als wenn Salzburg ganz für sich feiert; seine schlimmsten Wochen hat das Jahr im Oktober, wenn der Rupertikirtag zu Ehren des Landespatrons abgehalten wird, und im Dezember, wenn Christkindlmarkt ist. Bei Kirtagen, auf Märkten geht es denen, die ihre Buden aufstellen, natürlich auch anderswo um den Verkauf, sie tun es, weil es ihr Beruf ist. Doch zählen zum Markt überall sonst auch die Muße, das Flanieren, Handeln, die besondere Atmosphäre, die ein Kirtag verbreitet. In Salzburg ist das nicht so, und wenige Orte gibt es, an denen so unverstellt die Aggression herrscht wie am Salzburger Domplatz, wenn der Christkindlmarkt die Besucher ins Heimelige lockt.

Da stehen sie, die Buden, hübsch aneinandergereiht, mit Tannengezweig verziert, innig beleuchtet im früh hereindunkelnden Abend, die glitzernden, süßen, felligen Waren griffbereit den Besuchern vor die Hände gelegt. Aber wehe, ein Kind griffe nach einem der lockenden Spielzeuge! Wehe, einer versuchte von drei Handschuhen, die da liegen, einen anzuprobieren. Wehe, hier möchte einer tun, was bei derlei Veranstaltungen getan zu werden pflegt, schauen, prüfen, gustieren, abwägen. Die einzige Haltung, die von den Besitzern der Buden und ihren Verkäufern geduldet wird, ist die Annäherung mit der bereits gezückten Brieftasche, tunlichst die Geldscheine schon abgezählt in der Hand, daß es beim Zahlen keine lästigen Umstände gibt. An den barschen Ton, mit dem am Christkindlmarkt jeder daran erinnert wird, was hier zu tun seine weihnachtliche Pflicht ist, nicht blöd herumzuglotzen nämlich, sondern in möglichst kurzer Zeit möglichst viel Geld auszugeben und dann wieder zu verschwinden und anderen Platz zu machen, damit sie Gleiches hinter sich bringen, sind die Salzburger von Kindheit an gewöhnt. Abends um sieben, wenn die Geschäfte schließen, stehen sie entkräftet, von den Ungetümen ihres Weihnachtsgepäcks fast erdrückt, um die Glühweinstände und trinken sich, von den fernen Bläsern befeuert, rasch jenen Glühweinrausch an, der angenehm anfängt, weil er in der äußeren Kälte des Winters innere Wärme verbreitet, und der unangenehm endet, weil er sich minderwertigem Wein verdankt und das langsame Erkalten des heißen Weines im Magen körperliches Unwohlsein verursacht. Was man am Christkindlmarkt daher abends beobachten kann, das ist der Advent von Mißmut und Aggression, der unaufhaltsam herankommende, hereinbrechende Rausch, der dann unvermittelt tatsächlich ausbricht, hochschießt und fast jeden Abend zu einer Schlägerei inmitten von weihnachtlichem Dekor, zu Schreiduellen auf dem festlich beleuchteten Domplatz führt.

Ach, Salzburg, vielleicht bin ich überhaupt nur geblieben, weil ich mich immer verteidigen mußte, es zu tun. Kaum daß einer der Schulkollegen, später der Studienfreunde einmal nach Wien, Berlin oder sonstwohin gezogen war, schon fragte er beim nächsten Wiedersehen, wie ich es nur aushalten könne in einer solchen Stadt, in der auch er so lange gelebt hatte.

Vielleicht bin ich in Salzburg geblieben, weil es in meiner Generation für verächtlich galt, in Salzburg zu bleiben. Und doch, wie viele noble Leute habe ich hier getroffen! Natürlich hätte ich sie auch anderswo gefunden, großzügige Menschen, empfindsame, witzige, weltoffene, kauzige, hilfsbereite, rebellische, warmherzige Menschen gibt es überall. Ich aber habe sie hier getroffen. Bravo also Euch, Ihr Salzburger Freunde!

Auf meinen Wegen durch Salzburg gelingt es mir auch jetzt noch manches Mal, innehaltend einer Schönheit gewahr zu werden, durch die ich mich ansonsten achtlos unter Achtlosen bewege. An einigen Stellen der Stadt sind vor ein paar Jahren Steintafeln angebracht worden, mit Gedichten von Georg Trakl, die diesen Punkt der Stadt zu benennen, die Atmosphäre der Gegend zu bannen scheinen. Von jenen Touristen, die sich abseits der großen Gruppen durch die Stadt aufmachen, halten manche vor diesen Tafeln inne, sie lesen die Gedichte und, wenn sie nicht zu den literarisch Gebildeten gehören, fragen sie sich, wer dieser Trakl war. Und sie wenden sich mit ihrer Frage an die Salzburger, die gerade vorbeikommen, doch die allermeisten Salzburger vermögen über ihren größten Dichter kein Wort der Aufklärung zu geben, sie wissen nicht, wer er war, warum sein Gedicht hier zu lesen ist, ja sie merken erst jetzt, von Besuchern darauf aufmerksam gemacht, daß eine Tafel angebracht ist, auf der ein Gedicht und der Name des Verfassers geschrieben stehen. Es ist dies keine Frage der literarischen Bildung, sondern der urbanen Identität: wie diese sich gebildet hat und wodurch sie sich heute als eine Salzburgische versteht. Die Kunst spielt in dieser Stadt sichtbar eine so große Rolle, daß sie den Bewohnern nicht das geringste bedeutet, sie hat aber auch zu jenen Zeiten, da sie bis heute sichtbar erschaffen wurde, der Stadt selbst nichts bedeutet, noch Mozart wurde mit dem bekannten Fußtritt des Erzbischofs verabschiedet. Ich rümpfe darüber nicht aus hochkultureller Verschnupfung die Nase, sondern weil es auffällig, ja, recht besehen, verblüffend ist, daß das Selbstbewußtsein der Bürger, das Selbstwertgefühl der Bewohner nicht von dem affiziert wird, was anderswo gerade als Salzburgs Größe gilt. Wir haben noch keine Putzfrau (»Aufräumefrau«) aus den Ländern Ex-Jugoslawiens gehabt, die nicht irgendwann mit mir über unsere Bücher jugoslawischer Autoren zu sprechen begonnen hätte, auf die sie beim Abstauben stieß. Keine Serbin hat auch nur die Pflichtschule verlassen, ohne zu wissen, wer Branko Radićevič ist, der im gleichen Alter wie Georg Trakl starb, 1851, an der Schwindsucht, der ewige Jüngling der serbischen Dichtung, und ich hatte den Eindruck, es schwinge ein persönlicher Stolz auf diesen Dichter, eine große Zuneigung für ihn in den Worten mit, die sie über ihn zu sagen wußten. Keinen Bosnier wiederum habe ich getroffen, gleich welchen Berufsstandes, der nicht dies und das über Mesa Selimović zu erzählen gehabt hätte, und das war keine Parade toter Bildungszitate, sondern die fast freundschaftliche, dankbare Würdigung eines großen Autors, der von der Sache aller Bosnier geschrieben hat, die sich daher alle auch in dem, was er geschrieben hat, entdecken können und, ja, ein wenig von ihm gehoben fühlen. Es ist keine bildungsbürgerliche Klage, sondern eine nüchterne Feststellung, daß in unserem Selbstbewußtsein – als Salzburger, als Österreicher – zwar die Mythen von Musik und Kunst eine Rolle spielen, aber keine konkreten künstlerischen Werke und schon gar nicht literarische; und daß anderswo, gerade bei den kleinen Völkern (zu denen auch wir zählen), die Literatur in großem Ausmaß das Selbstgefühl der Nation bestimmt, ja diese Nationen erst zu ihrem Selbstbewußtsein erweckt hat.

Vor ein paar Jahren hat Arno Kleibel, der Besitzer des Salzburger Otto Müller Verlages, in dessen Haus die große Georg-Trakl-Ausgabe veröffentlicht wurde, bei den Österreichischen Bundesbahnen nachgefragt, ob sie nicht einen ihrer Züge nach Georg Trakl benennen möchten. Daß die Züge eine große Persönlichkeit oder bedeutende Institution als Namenspatron haben, ist in unserem Kulturstaat nämlich der Brauch, sodaß nicht nur der Wiener Walzer und der Blaue Enzian, sondern auch der Robert Stolz oder die Wiener Philharmoniker durch Österreich brausen. Er hatte mit seinem Ansuchen keine Chance. Statt dessen wurde ein Zug nach einem anderen Autor des Verlags benannt, ohne daß dieser etwas dazu tun hätte müssen, und zwar nach Karl Heinrich Waggerl, diesem hochbegabten Kind der Armut, das, kaum daß es zu Geld gekommen war, die »Fröhliche Armut« zu preisen begann, an der es zuvor so bitter gelitten hatte; an Waggerl, der als hochdekorierter Autor des christlichen Ständestaates Nazi-Bürgermeister von Wagrain wurde; der, in höherem Alter, wie Aufzeichnungen, die ich selbst in der Hand hatte, bezeugen, Adorno las, Atheist war und doch alljährlich im Dezember vielumjubelt beim Salzburger Adventsingen vom »Heiland und dem Floh« erzählte und mit grandios modulierter Stimme allerlei Erzfrommes vor dreitausend ergriffenen Zuhörern zum Besten gab; der anschließend an die religiöse Erbauung mit dem Erzbischof speiste und anschließend an dieses fromme Abendmahl bei seiner Geliebten in der Stadt nächtigte, ehe er anderntags wieder in sein Dorf im Gebirge, nach Wagrain, zurückfuhr, wo er als Ehrenbürger und berühmtester Salzburger seiner Zeit die Nachmittage mit kräftigem Trinken von Schnaps und einer aller Welt höchst rätselhaften Verzweiflung zubrachte. So fährt also ein Zug namens Karl Heinrich Waggerl durch das Land. Ob es Trakl angemessen wäre, wenn ein Zug der Föhn- und Verzweiflungsstrecke Salzburg–Innsbruck, die auch die seine war, Georg-Trakl-Expreß hieße?

An einem Sonntag Mitte des Monats muß ich nach Linz, von wo ich abends mit einem Zug nach Salzburg zurückfahre, der tatsächlich »Hitradio Ö3« heißt. Nein, es ist gut, daß es keinen Trakl-Expreß gibt. Der Zug ist im übrigen sauber, flott unterwegs und gut geheizt. Allerdings fürchtete ich den Schaffner, der womöglich nach ausgelassener Moderatorenart ins Abteil springen und die Karte nicht ohne Bekundungen von sportivem Frohsinn zwicken würde. Aber der Zug hieß nur »Hitradio Ö3«, der Schaffner legte seine Tätigkeit ganz traditionell als Verkörperung österreichischer Amtsanmaßung und pragmatisierten Grants an. Leute wie er versehen ihren Dienst immer mit einem Überdruß, der sich vermutlich der Tatsache verdankt, daß auch sie zu Höherem als zur Existenz als Schaffner, Postbeamter, Busfahrer, Finanzkämmerer geboren sind und es als Demütigung erleben, Beamte mit Übergewicht und Schulden und nicht Arnold Schwarzenegger zu sein.

Wie oft habe ich mich über die Arroganz und den Grant von Beamten, Verkäufern, Dienstleistern geärgert, die einem in Österreich überall begegnen. Trafikanten, die einen am liebsten auffressen würden, weil man Zigaretten oder eine Zeitung kaufen möchte, Kellner, die sich die Zumutung verbitten, mit einer Bestellung gestört zu werden, Lehrer, die es den Schülern und Eltern übelnehmen, daß sie nicht gleich nach dem Studium in Pension gehen durften ... Als wir 1998 in die USA fuhren, eine Reise, zu der uns die Kinder mit ihrem beharrlichen Wunsch verpflichtet hatten, staunten wir sechs Wochen lang über die Höflichkeit, mit der wir dort überall begrüßt, bedient, verabschiedet wurden. Da bekam man es von früh bis spät mit Leuten zu tun, die einem bei jedem Schalter, vor jeder Theke, neben jeder Kasse wünschten, daß man noch einen netten Tag haben möge. Nach sechs Wochen des Erstaunens und der Dankbarkeit merkte ich, daß sich meiner inmitten höflicher Menschen eine eigentümliche Verdrießlichkeit bemächtigte. Was schert das College-Mädchen, das alle paar Minuten ein paar Kilo Müll in der Fließbandfreßanstalt zusammenkehrt, mein Tag, wie ich ihn weiter zu verbringen denke, und warum sollte es unbedingt ein »netter Tag« werden müssen?

Am vorletzten dieser netten Tage führte uns Brigitte, die Freundin, die uns in New York begleitete, ans äußerste Ende von Brooklyn, in ein Viertel hinaus, das wegen der vielen osteuropäischen Immigranten, die sich dort angesiedelt haben, Little Odessa heißt. Dort betraten wir nach einem langen Spaziergang ein kleines Lokal, das polnische Küche versprach und uns mit mitteleuropäischen Sitten bedachte. Anders als so oft in den USA wurden wir, als wir den Gastraum betraten, hier weder begrüßt noch an einen Tisch geführt, den das Personal aus unerfindlichen Gründen den Neuankömmlingen zugedenkt, sondern mit uns und unserem Zweifel alleingelassen. So taten wir, was in den USA gemeinhin als grober Regelverstoß gilt, setzten uns aus eigenem an einen der freien Tische und warteten, bis der Wirt nach geraumer Weile aus der Küche kam und uns, grußlos einverstanden mit unserem Tun, die Speisekarte auf den Tisch warf. Beim Versuch, über die Gerichte, die da angeführt waren, von ihm Näheres zu erfahren, schnauzte der Hüne uns das erste Mal hünenhaft an, was er bei jeder sich bietenden späteren Gelegenheit wiederholte. Das war, begriffen wir sogleich, ein Mann, wie wir ihn aus dem guten alten Europa kannten, ein Mitteleuropäer, den es in die USA verschlagen hatte und der es sich nicht hatte nehmen lassen, auch in der neuen Heimat ganz der alte zu bleiben.

Er war grantig, aufbrausend, aber seine Zähne bleckten nicht, und als ich, von des Wirtes Umgang mit uns in die Defensive gedrängt, ein freches Wort wagte, lächelte er nicht unverbindlich, sondern stieß ein merkwürdiges Knurren aus, das schon ewig in seinem Rachen gesessen und nur darauf gewartet zu haben schien, endlich einmal heraus zu dürfen, das Knurren eines Hofhundes, der mißmutig im Staub liegt und einmal am Tag doch furchteinflößend aufspringt, wenn ein Fremder vorbeikommt. Das Merkwürdigste an diesem Knurren aber war, daß es die Laune des Wirts erheblich besserte, und als er das nächste Mal an den Tisch trat, war aus ihm schon ein ungehobeltes Lachen geworden, mit dem er uns weniger als seine Kunden denn als Mitglieder seiner großen Familie bedachte, der alle angehörten, die in Amerika den Charakter und die Kühnheit bewiesen, polnisch essen zu gehen.

Das Jahr des Wolfgang Schüssel? Keiner mag ihn, das ist das Geheimnis seines Erfolgs. Der Boden, aus dem seine Siege wachsen, ist die Niederlage. Die Intellektuellen verachten ihn, weil er die Partei des Jörg Haider in die Regierung geholt hat, womöglich noch mehr als diesen selbst. Er gilt ihnen als Verräter. Was hat er eigentlich verraten? Gewiß, er hatte angekündigt, im Falle einer deutlichen Wahlniederlage, die die ÖVP hinter die FPÖ auf den dritten Platz würde fallen lassen, in die Opposition zu gehen. Das hat er nicht getan. Just als die ÖVP so wenig Rückhalt in der Bevölkerung hatte wie nie zuvor, eroberte er ihr die größte Macht im Staate zurück. Ich hatte das nicht erwartet. Weder daß Schüssel an den Urnen nur dritte Wahl sein wird, noch daß er ausgerechnet, wenn er es geworden ist, in der Regierung Erster wird. Das ist ungewöhnlich, aber alles in allem nur der übliche Bruch eines Wahlversprechens. Was also ist der Verrat des Wolfgang Schüssel?

Er hat in der Koalition mit der SPÖ für die Durchsetzung dessen, was man Neoliberalismus nennt, gekämpft, mit all dem, was das wirtschaftlich für die Großen und die Kleinen bedeutet, für den Schub, den es der Modernisierung, und den Schlag, den es dem Sozialsystem gibt. Und er kämpft heute für dasselbe in der Koalition mit der FPÖ. In seinem Drang, alterworbene soziale Sicherheiten zu demontieren, wurde er seinerzeit von der SPÖ, die sich die Demontage langsamer und, wie es heißt, sozial verträglicher wünschte, gebremst. In dem Drang wird er heute von dem einen Teil der FPÖ unterstützt, der mit dem feschen Finanzminister für modern und frei von nationalistischem Dünkel gilt, und von dem anderen Teil, dem unter dem demokratischen Mäntelchen immer wieder das autoritäre Futter herauskommt, gelegentlich mit populistischem Getön ein wenig gebremst. Was Schüssel verficht, ist dasselbe, nur hat er jetzt wesentlich günstigere Voraussetzungen, es auch durchzusetzen. Das war es ihm wert, sowohl die Rolle, die Österreich in Europa zugefallen war, aufs Spiel zu setzen, als auch jenen vielbeschworenen inneren Frieden aufzukündigen, den seit Jahren ohnehin jeder, der auf seine kritische Reputation Wert legte, als österreichisches Verhängnis geißelte. Ach, wenn die FPÖ sich darauf verpflichten ließe, das durch und durch EU-konforme Regierungsprogramm ohne diese fortwährenden Schlenkerer in die Vergangenheit durchzuziehen! Wenn sie sich beim Versuch, Österreich zu modernisieren, doch auf die soziale Verrohung von heute konzentrieren könnte, statt immer wieder unliebsam mit rhetorischen Anleihen bei der NS-Sprache aufzufallen. Das nehmen der Regierung die hiesigen und die internationalen Haudegen des Fortschritts natürlich übel, die sich einen weltoffenen Neoliberalismus Marke USA wünschten (wenn auch vielleicht ohne einen Amtsvorstand wie Doubleyou).

Das Tagebuch als Lebensform. Es gibt eine Literatur, die nicht veröffentlicht, sondern in Schubladen verstaut, auf Dachböden aufgehoben und, in der herzlosen Abfolge der Generationen, eines Tages ungelesen weggeworfen wird. Die imaginäre Literaturgeschichte der gescheiterten Werke, welche die abgebrochenen Romane, die insgeheim verfertigten Gedichte verzeichnen würde, hätte eine besondere Abteilung gewiß dem Tagebuch gewidmet. Denn daß sie unbemerkt verfaßt und der privaten Lektüre vorbehalten werden, ist vielen Tagebüchern von vornherein zugedacht. In ihnen wird die verschwiegene

Seelengeschichte einer Gesellschaft geschrieben, die sich im Tagebuch gewissermaßen ausspricht und zugleich verbirgt, sich selbst auf der Spur ist und doch ein Geheimnis bleiben möchte. Ehrlicher – um einen falschen Komparativ zu gebrauchen, denn ehrlicher als ehrlich kann keiner sein – als jene Tagebücher, die für eine Leserschaft geschrieben werden, brauchen die unzähligen, die nur für den privaten Gebrauch bestimmt sind, nicht zu sein. Die Lüge hat ihren Platz auch im Selbstgespräch, das sich unbelauscht weiß, und umgekehrt sollte man es nicht vorschnell für eine Lüge halten, daß Erfahrungen, Eindrücke, Stimmungen literarisch bearbeitet werden. Mit der Wahrheit nämlich ist es in der Literatur so eine Sache, stellt sie sich doch keineswegs automatisch ein, kaum daß einer nur einfach so hinschreibt, was ihm gerade durch denn Sinn geht.

Dem Diaristen kann alles zum Thema werden, Erlebtes und Erlittenes, Gehörtes, Gelesenes, Ausgedachtes; Politik, Geheimnisse, Spekulationen, private Affären und körperliche Beschwerden. Es ist die besondere Qualität von Tagebüchern, daß sie zwischen den verschiedenen Sphären, von denen sie handeln, keine Brücken errichten müssen, daß sie Privates und Öffentliches, subjektive Notizen und objektive Berichte aneinanderfügen, ohne sie zwingend miteinander zu verbinden. Ihr Verfasser hat die Freiheit, immer wieder neu anzusetzen, und der Leser die Gelegenheit, in den Abwegen des Autors seiner eigenen Spur zu folgen. In der Vielfalt der Stile, Textsorten, erzählerischen Formen sind manche Tagebücher so reichhaltig, daß man in ihnen jederlei Prosa begegnet. Als die »bequemste, zuchtloseste Form« hat Robert Musil das Tagebuch deswegen gescholten und gleichwohl selber eines geführt und den Verdacht gehegt: »Vielleicht wird man überhaupt nur noch Tagebücher schreiben, weil man alles andere unerträglich findet.«

Tagebuch und Unsterblichkeit. Friedrich Hebbel hatte 1835 als 23jähriger seine Aufzeichnungen mit dem selbstbewußten Anspruch begonnen: »Ich fange dieses Heft nicht allein meinem künftigen Biographen zu Gefallen an, obwohl ich bei meinen Aussichten auf Unsterblichkeit gewiß sein kann, daß ich einen erhalten werde. Es soll ein Notenbuch meines Herzens sein und diejenigen Töne, welche mein Herz angibt, getreu, zu meiner Erbauung in künftigen Zeiten, aufbewahren. Der Mensch ist anders als ein Instrument, bei welchem alle Töne in ewigem Kreislauf, wenn auch in den seltsamsten Kombinationen, wiederkehren; das Gefühl, welches in seiner Brust einmal verklingt, ist für immer verklungen …«

Hier macht sich einer im festen Zutrauen ans Werk, daß künftige Biographen ihm die Mühe danken werden. Und er geht die Sache zugleich für sich selber an, zur eigenen Erbauung in künftigen Zeiten. Der Verfasser, dem die Ewigkeit sicher scheint, denkt sich doch als seinen ersten Leser, der sich daran erbauen werde, im Notenbuch seines Herzens zu blättern und darin Gefühle und Gedanken wiederzufinden, die ihm ohne diese Aufzeichnungen unwiederbringlich verloren, entschwunden, auf immer verklungen wären. Das Tagebuch ist Hebbel also (wie später Schnitzler) zugleich eine Chance, der Nachwelt sein eigenes Bild zu übergeben, und eine Technik des Erinnerns, die zerfallende Einheit seines Ich in der Literatur zu retten.

In Hebbels Tagebüchern gibt es Berichte von alltäglichen Vorkommnissen, literarische Porträts, warmherzige Nachrufe, klirrend abstrakte Exkurse in die Philosophie, bedrängende Traumbilder, rührende Familienszenen, persönliche Zeugnisse bald von Hochmut, bald von Minderwertigkeitskomplexen, religiöse Spintisierereien, Geistesblitze, Aphorismen. Hebbel glaubte an seine Bestimmung als Dramatiker und litt an ihr. Stellen wir heute seinen Theaterstücken die Tagebücher gegenüber, in denen er so ausdauernd um sie und seine dramatische Sendung rang, ist unverkennbar, daß er sein Meister- und Lebenswerk nicht mit jenen, sondern mit dem Notenbuch seines Herzens vorgelegt hat. Es zeigt einen Autor in allen seinen Facetten und Widersprüchen, als könne es einzig in der täglichen, oft hastigen Niederschrift gelingen, die Persönlichkeit in ihrer Fülle zu entfalten.

Wie Hebbel haben auch André Gide oder Ernst Jünger ihr Bestes in ihren Tagebüchern gegeben, möglicherweise ohne es gewußt oder beabsichtigt zu haben. Vielleicht müßte man ihnen auch Elias Canetti zugesellen. Dessen Aufzeichnungen markieren einen Sonderfall, ist in ihnen doch alles getilgt, was Tagebücher sonst gerade ausmacht, das Flüchtige, Private, auf einen Tag und Ort Bezogene.

Hebbel, Gide, Jünger, Canetti: von ihnen allen unterscheidet sich der im Sommer 2000 verstorbene Pole Gustaw Herling, dem seine Aufzeichnungen weder ein Notenbuch des Herzens noch ein Ort für geheime Empfindungen und verbotene Gedanken waren, und auch nicht, im Sinne Canettis, das literarische Konzentrat der Existenz. Herling, der als politischer Flüchtling ein halbes Jahrhundert in Neapel lebte und dort fast ebenso lange an seinem »Tagebuch bei Nacht geschrieben« arbeitete, hat dieses vielmehr als Versuchsstation betrachtet, in der er probeweise mit neuen Theorien, künstlerischen Ideen, Plänen, Einfällen hantieren konnte. Fast sein gesamtes literarisches Schaffen, das kunsthistorische Studien und moralische Erzählungen, politische Glossen und Traktate, kritische Versuche über Sitte und Moral, lyrische Reisebilder und Porträts historischer wie fiktiver Gestalten umfaßt, hat er in sein Tagebuch integriert oder besser: aus ihm heraus entwickelt.

Sein Tagebuch entstand im Exil, erreichte auf intellektuellen Schmuggelpfaden aber zuverlässig sein polnisches Publikum. Die voluminösen Bände, zu denen es später gesammelt wurde, sind das Logbuch eines osteuropäischen Exilanten und eines der bedeutendsten Werke der diaristischen Literatur. Die politischen Kämpfe und geistigen Auseinandersetzungen, in die Herling schreibend durchaus eingreifen wollte, spiegeln sich im »Tagebuch bei Nacht geschrieben« in einem wundersam distanzierten Licht, als wäre die Nacht dazu da, daß man den

Streit des Tages noch einmal, aber ruhigeren Blutes und mit kühler Überlegung führen könne. Dazu paßt, daß Herling sich in seinen Aufzeichnungen immer wieder um so etwas wie eine Didaktik des richtigen Lebens und eine Moral der Zeugenschaft bemüht. Am 27. April 1987 notierte er: »Die Gabe der Aufmerksamkeit ist eine Tugend und ihr Fehlen mehr als nur ein angeborener Defekt: Er ist eine schwere Sünde. Jedes Unglück veranlaßt uns, in der Vergangenheit zu wühlen, und dabei kommt plötzlich zum Vorschein, für wie viele Zeichen und Signale man blind und taub gewesen ist und wie sehr die fehlende und erlahmte Aufmerksamkeit das langsame Reifen des Unglücks förderte. Manchmal glaube ich, daß die Lähmung, Abstumpfung und Tötung der Aufmerksamkeit einer der wichtigsten Beweise für die Existenz des Teufels ist.«

Was ich schreibe, ist kein Tagebuch. Ich weiß aber nicht, ob ich es ohne die Lektüre von Gustaw Herlings Tagebüchern zu schreiben begonnen hätte.

Weihnachten und Silvester. Warum brauchen wir unsere Kinder? Weil nur sie uns die Sorgen nehmen können, die sie uns bereiten. Und am Ende verzeihen sie uns sogar, daß wir ihnen damit lästig waren.

Jänner

DAS NEUE JAHR überrascht mich mit der Tatsache, daß ich ein Reaktionär geworden bin. Es ist, wie so vieles Wichtige im Leben, ganz schnell gegangen. Gewissermaßen von heute auf morgen passiert, ohne daß ich es selbst gemerkt hätte. Gestern noch lebte ich gewohnheitsmäßig gut als Kryptokommunist, heute schon lasse ich mich im Grandhotel Reaktion verwöhnen. Seit Tagen erhalte ich Post, die mir nahelegt, endlich der FPÖ beizutreten; im *Standard* erscheinen Leserbriefe, in denen ich als »Hofessayist des Schüssel-Regimes« bezeichnet werde oder Klage geführt wird, daß ich das »Appeasement« (nein, nicht gegenüber dem Faschismus von damals, sondern der österreichischen Regierung von heute) propagiere.

In der Silvesterausgabe des *Standard* hatte ich auf das verkehrte Jahr 2000 zurückgeblickt, in dem alle Dinge mit einer Mechanik geschahen, die der Logik als der vernünftigen Folgerichtigkeit (oder als der folgerichtigen Vernunft) zu widersprechen schienen. Der die Wahl verloren hatte, siegte bei der Bildung einer Regierung; seine Partei, die ÖVP, wußte ausgerechnet aus der größten Niederlage, die sie je erlitten hatte, den größten Triumph seit langem zu schlagen. Aus einer anderen Partei, der FPÖ, die historisch fest im deutschnationalen Terrain verwurzelt ist und in der die österreichische Nation als Mißgeburt angeschrieben war, sprang der neue österreichische Patriotismus; dessen Geheul wurde aus dem Parlament hinaus auf die Straßen, in die Fußballstadien gesandt, von wo es ins Parlament zurückschlug: »Wir sind stolz darauf, Österreicher zu sein.« Eine Bewegung, die mit dem Ausstreuen von Verdacht groß geworden ist, schreibt den patriotischen Kampf gegen die sogenannte Vernaderung auf ihre Fahnen. Der »Anschluß«, den kritische Historiker einst unter Anführungszeichen setzten, um klarzustellen, daß es kein friedlicher

Zusammenschluß zweier gleichberechtigter demokratischer Staaten war, wird eine Generation später von vermeintlich kritischer Seite wieder so gedeutet, wie ihn die Nationalsozialisten verstanden: als Ausdruck österreichischen Volkswillens.

Am Beginn des Jahres 2000 war ich in Sarajewo gewesen und an dem Abend, als die zu Recht empörte Weltpresse die Nachricht verbreitete, daß in Wien eine neue Regierung unter Einschluß der FPÖ gebildet worden sei, in einem Wirtshaus gesessen. Am Nebentisch hatte eine Gruppe deutscher Soldaten, die im Auftrag der UN in Bosnien für Frieden sorgten, ordentlich getrunken. Die Soldaten der IFOR und die mehr als zehntausend Angehörigen internationaler Organisationen taten in diesem Winter das Menschenmögliche, wenigstens der Gastronomie Sarajewos das Überleben zu sichern, und soffen generös zum Wohle des Wiederaufbaus. Nachdem er sich mit wachsendem Ingrimm trinkend über die Weltpolitik informiert hatte, beugte sich ein deutscher Soldat zu uns Österreichern und fragte in ehrlicher Empörung: »Werden wir wieder für euch Arschlöcher in den Krieg ziehen müssen?«

Ich dachte zuerst, der wackere Friedensschützer hätte mit dem betonten »wieder« auf den Ersten Weltkrieg angespielt. Der war zwar von allen Großmächten als die letale Lösung ihrer Konflikte angestrebt, aber doch durch das Attentat von Sarajewo und das unannehmbare Ultimatum, das die Wiener Kriegsfraktion an Serbien richtete, ausgelöst worden. Am Ende des Jahres 2000 aber hatten sich meine kritischen Kollegen in Österreich gegenseitig überzeugt, der deutsche Soldat könne genauso zutreffend auch den Zweiten Weltkrieg gemeint haben, in dem Österreich bekanntlich zuerst Deutschland überfiel, dieses dann zum Anschluß nötigte, um es schließlich in den Krieg gegen die Völker der Erde zu zwingen.

Ein verkehrtes Jahr eben: Niederlage wird Sieg, die FPÖ patriotisch, aus Observation dank des Fernsehens Kult und aus intellektueller Kritik Reklame. Und zwischen manchen Antifaschisten von heute und den Faschisten von gestern herrscht

Konsens über einige fundamentale Lügen, die österreichische Geschichte betreffend. (Jetzt wird wieder wer behaupten, ich hätte gesagt, Antifaschismus und Faschismus wären dasselbe.)

Als ich den Text in diesem Sinne abgeschickt hatte, wäre ich nicht auf die Idee gekommen, er würde irgend jemanden, der sich von autoritären Entwicklungen abgestoßen fühlt, zu Manifestationen der Empörung nötigen. Aber gerade das geschah: Elfriede Jelinek veröffentlichte eine Woche später eine Erwiderung, die zwar den Titel »Stramme Waden, roter Kopf« trug und diesen Unernst vom Titel bis zur letzten Zeile durchexerzierte, aber trotzdem eine sogenannte politische Kontroverse auslöste. Das Bemerkenswerte an derlei politischen Kontroversen ist, daß sie weder politisch noch kontroversiell sind, sondern drastisch vor Augen führen, wie aussichtslos es heute ist, in Österreich eine politische Debatte führen zu wollen. Was Jelinek eigentlich an mir zu kritisieren hatte, haben mir die vielen, die ihren Artikel gelesen haben, nicht zu sagen vermocht, und auch ich, der ich auf ihn antworten mußte, konnte es in mehrfacher Lektüre nicht herausfinden. Was unsere berühmteste Autorin da in der selbsttäuschenden Rage eines politischen Traktats vorgelegt hat, ist in verächtlichem Ton gehalten, aber gewissermaßen ins Leere gespien, ohne erkennbaren Zusammenhang von Argumenten und daher erschließbar nur mit dem Blick auf ihr literarisches Werk, nicht auf jenen politischen Text, gegen den sie sich zu wenden behauptete. Es war eine geradezu maschinell verfertigte Äußerung von Unmut und Empörung, und offenbar verfügt die Autorin mittlerweile über eine Empörungsmaschine, die weitgehend selbsttätig und selbstreferentiell arbeitet; wenn Jelinek empört ist, braucht man darum nichts mehr in Betracht zu ziehen, was außerhalb des Universums ihrer Sätze und Werke existiert, die alten Reaktionäre und die neuen Rechten nicht, die Regierung nicht und nicht die Opposition (und mich schon gar nicht), denn diese Empörung ist vollauf mit sich selbst beschäftigt und nimmt sich die beliebigen Anlässe, die sie braucht. Kurz, sie ist keine politische, sondern eine mediale Empörung; im Gestus der politischen Intervention trägt sie folglich zur Entpolitisierung bei, zu einer medialen Verwertung politischer Dinge, die weder auf Erkenntnis noch Kritik, sondern auf Skandal, Medientheater, Marketing zielt.

Diese Empörung muß sich zwar etwas finden, gegen das sie sich richten kann, weil das nun einmal das Wesen der Empörung ausmacht; vor allem aber ist sie nicht gegen, sondern für etwas, nämlich dafür, daß den Medien unablässig neues Spektakel zugeführt wird und der Betrieb, der aus Politik Unterhaltung macht, aufrechterhalten bleibt.

Die solcherart gründlich von politischer Substanz befreite »politische Kontroverse« wird unter reger Beteiligung eines demokratisch entschlossenen Publikums geführt, in dem sich vornehmlich jene zu Wort melden, die nicht einmal mehr einen Zeitungsartikel bis zum Ende zu lesen in der Lage sind, weil es sie spätestens bei der Hälfte dazu drängt, orgiastisch ihre moralische Potenz zu bekunden. Was da diverse »Initiativen WelserInnen gegen Faschismus« von sich gaben, müßte man eigentlich für ein höhnisches Spiel halten, das einige rechte Witzbolde mit vorgetäuschten Namen trieben, um linke Organisationen zu desavouieren, wüßte man nicht, daß die Rechte keine Witzbolde, nur blutig ernste Treubolde hat und es in Österreich die sogenannte Linke selbst übernimmt, die Linke zu desavouieren.

Der Bruch. Es scheint, die wortführenden Antifaschisten von heute hätten desinteressiert die Verbindung zu den Antifaschisten von gestern gekappt. Diese hatten noch bei Gefahr ihres Lebens den patriotischen Kampf für die Souveränität einer Republik gefochten, die jenen als Staat gewordene Niedertracht nur verächtlich ist. Kurioserweise war den Heutigen ausgerechnet der Antritt der rechten Regierung die Gelegenheit, den Bruch endgültig zu vollziehen und sich autonom, unabhängig von diesen blöden Wertkonservativen zu setzen, die, sei es als Kommunisten, Katholiken oder schlicht als Menschen, seinerzeit den Widerstand repräsentiert hatten. Dieser Bruch zwischen den Generationen trennt die Alten, die noch von sozialer Befreiung träumten, von den Jungen, die sich mit alltagskultureller Liberalität zufriedengeben. Widerstand heißt seit diesem endgültigen Bruch etwas anderes, Antifaschismus heißt seither etwas anderes. Widerstand kann seither alles sein, und sei es eine von der Freizeitindustrie gesponserte Love-Parade, und der Antifaschismus kann sich als durchaus ordinäre Misanthropie über die dummen, geradezu genetisch dem Faschismus verfallenen Proleten erhaben dünken.

In einem Aufsatz im *Standard* räumt Doron Rabinovici ein, daß es zwar tatsächlich österreichische Widerstandskämpfer gegeben habe, diese aber leider zum überwiegenden Teil keine Demokraten gewesen seien. Hhm. Vielleicht sollte man ja die paar Tafeln, die in Österreich an den katholischen Wehrdienstverweigerer Franz Jägerstätter erinnern, doch wieder abschrauben. Ich fürchte, der oberösterreichische Bauer war als Mann ein ziemlicher Chauvi, hat mit seiner Frau nicht wirklich partnerschaftlich zusammengelebt und überdies seine Kinder religiös borniert erzogen. Kurz: Im Vergleich mit den heutigen Helden des Widerstands kann er nie und nimmer bestehen. Nur diese dummen Nationalsozialisten haben es nicht begriffen und ihn trotzdem geköpft.

Eines Nachmittags mitten im Jänner ist es mit wirbelndem Schneegestöber doch noch Winter geworden. Aber das ist ein anderes Buch.

Die Riedenburg ist eine zentrumsnahe alte Vorstadt, die dem Mönchsberg an seiner westlichen Seite zu Füßen liegt. Seitdem wir vor sieben Jahren hierher gezogen sind, bin ich so oft auf dem Mönchsberg unterwegs, daß mir meine überwachsenen Spuren dort oben nicht mehr auffallen. Denn auch als Kind, als ich vielleicht fünfzehn Gehminuten von meiner jetzigen Wohnung entfernt im Aiglhof aufwuchs, war dies mein Berg. Auf ihm lernte ich Schifahren, hier lag wundersam im Schatten eines Felsens auf halber Höhe der Spielplatz, zu dem uns die Lehrerin aus der Volksschule Mülln für die Turnstunden entließ, dort oben habe ich als Heranwachsender, ins Gras einer sachte ansteigenden Wiese hingestreckt, Adalbert Stifter gelesen, um dann, nach Hause zurückgekehrt, an der E-Gitarre so laut »I get so excited« von den Equals zu üben, daß es das Kaufmannsehepaar Priester an der Ecke aus seinem nachmittäglichen Wachschlaf riß.

Als wir zum Mönchsberg zurückkehrten, fand ich nach über zwanzig Jahren die Wiesen wieder, auf denen wir im Winter unsere Sprungschanzen gebaut hatten, und die geheimen Pfade, die wir einst zu mancherlei sommerlichen Zwecken gegangen waren. Dann aber, dankbar über das Glück, mitten in der Stadt einen solchen Berg vor meiner Haustür zu haben und mit vierzig, gerade im richtigen Alter, auf die Spur der eigenen Kindheit einzubiegen, bin ich so oft auf dem Berg unterwegs gewesen, daß mir die Vergangenheit immer jünger wurde und ich nicht mehr auf die Spuren der Kindheit, sondern die der Spaziergänge in den letzten Wochen, im vergangenen Herbst, im vorigen Sommer stieß.

Es gibt kaum einen anderen städtischen Berg, der auf so kleinem Raum eine solche Vielfalt an Landschaftsformen böte wie der Mönchsberg, der auf der einen Seite ein hübsch gepflegter Stadtberg für Spaziergänger ist, auf der anderen gleich einer friedlichen Hochalm daliegt. Mitten in der Stadt, ist er doch unter der Woche, von gezählten Spaziergängern abgesehen, geradezu menschenverlassen. Auf den ruhigsten Plätzen, unter einer mächtigen Kastanie, die sich im Frühjahr wie ein flimmerndes Dach über die Pfade und Holzbänke schließt, oder im schwarz tropfenden Torbogen einer alten Befestigungsmauer, stieß ich jetzt, wenn ich über die Treppe in der Reichenhaller Straße für eine Runde auf den Berg stieg, fast alle Tage auf den

Herrn Professor, der in dieser Einsamkeit sommers wie winters seine Vorträge hielt.

Der Herr Professor war gegen sechzig, ein stämmiger Mann mit Bart und Brille im großflächigen, von der Sonne verbrannten Gesicht, der auch in den wärmeren Jahreszeiten eine Pelzmütze auf dem Kopf trug und seine Habseligkeiten in drei, vier Plastiksäcken immer bei sich hatte. Als Sandler mochte man ihn nicht bezeichnen, weil in diesem Wort die Not mitschwingt und die Verachtung, die man gegenüber Leuten aufbringt, die in Not geraten sind, und dieser war zwar offenbar ohne Wohnung und Einkommen, aber keineswegs elend oder hilflos, sondern wirkte vielmehr selbstbewußt, ja selbstherrlich; eher war der Professor noch das, was man früher mit einer Spur von Respekt einen Vagabunden genannt hat, aber für einen solchen war er wiederum zu seßhaft, denn den Mönchsberg hat er selten verlassen, scheute er doch nicht nur den Trubel unten in der Stadt, sondern auch die Abweichung von seinen täglichen, genau bemessenen Rundgängen. Besser würde also das französische Clochard gepaßt haben, das auch Menschen bezeichnete, die Wohnung, Familie, Beruf aus freier Entscheidung verlassen und dabei sogar einiges Vermögen zurückgelassen haben. (Das neue Elend, das im letzten Jahrzehnt zugleich mit neuem Reichtum mitten in die wohlhabenden Nationen gepflanzt wurde, hat den alten Stand des Clochards vernichtet und der Unterstandslosigkeit jedweden Glanz genommen.)

Als ich 1993 den Mönchsberg wieder für mich eroberte, war er bereits das Herrschaftsgebiet des Professors. Wann immer man bei ihm vorbeikam, war er gerade in einer weltpolitisch bedeutsamen Rede begriffen. Einmal, als ich im Winter einen der Torbögen passierte, in denen er bei schlechtem oder allzu heißem Wetter unterschlüpfte, fertigte er auf der Vollversammlung des Völkerbundes gerade souverän einen Antrag Italiens ab; ein anderes Mal legte er als Gesandter dem Genossen Stalin die territorialen Ansprüche Finnlands in großem Umriß dar. Der Professor verbat sich unwirsch jede Annäherung, er wünschte nicht angesprochen zu werden, Kinder, die sich spielend zu weit in sein Revier vorgewagt hatten, verscheuchte er mit einem tierartigen Fauchen, das sie zutiefst erschreckte. Kein Mensch hat hier oben mit ihm gesprochen, sieht man von zwei Patres der Pallottiner ab, denen er das Privileg gewährte, ihn beschenken zu dürfen. Zu bestimmten Feiertagen holte er sich von der Pforte des im Nordwesten des Berges auf einer Anhöhe liegenden Klosters einen Sack mit kleineren Geschenken ab, worunter nichts Luxuriöses sein durfte.

Eines Nachts vor vier Jahren wurde der autistische Fürst des Mönchsbergs auf seiner als sommerliches Nachtlager eingerichteten, über meiner Straße thronenden Bank erschlagen, nicht mit einem Hieb, so leicht ist das Morden nicht, sondern mit Aberdutzenden Schlägen und Stichen und in einem minutenlangen Kampf. Wie sich ein paar Tage später erwies, hatten zwei Burschen aus einem nördlichen Stadtteil ihre fünfzehnjährigen Freundinnen zu einem nächtlichen Abenteuer auf den Berg eingeladen: dort hause, in abgeschabten Kleidern, ein von niemandem geschätzter Mann im Freien, der in seinen Plastiksäcken gewiß große Mengen Bargeld verwahre. Die Täter hatten sich alles ganz genau ausgemalt: wie man mit dem Taxi nächtens unauffällig auf den Mönchsberg gelangen könne; wie sich in den Habseligkeiten des Unterstandslosen ein Vermögen befinde; wie man den Mann erschrecken und sich ganz leicht in den Besitz seiner Reichtümer setzen werde; wie man ihn dann sicherheitshalber abstechen und die Spuren verwischen müsse, indem man ihm mit dem Messer ein Kreuz ins Fleisch zeichne und so den Verdacht auf die Satanisten aus der Fernsehsendung lenke. Noch beim Prozeß, ein halbes Jahr später, schienen die Burschen, die ihre Tat nach kurzem Leugnen nicht abstritten, bis zur Einsicht in die Schuldhaftigkeit ihres Tuns nicht vorgedrungen zu sein, ja, nicht einmal begriffen zu haben, was sie getan hatten.

Nachdem der wunderliche Bewohner des Mönchsbergs ein so schreckliches Ende gefunden hatte, geschah etwas Sonderbares.

Er, der über die Jahre völlig für sich, in schroffer Distanz zu den Mitmenschen gelebt und sich mit einer Schutzmauer schlechten Geruchs umgeben hatte, wurde nach seinem Tod zum Objekt ungezählter Ehrenbezeugungen. Nachträglich mochte jeder, der um ihn seinen Bogen gemacht hatte, mit ihm herzliche Gespräche geführt haben. Die Anwohner des Berges wußten unzählige Anekdoten von ihm zu berichten, dieser eine unerwartete Begegnung, jener ein eigenartiges Vorkommnis, und fast hätte man denken können, der herrische Unterstandslose, der nur mit sich und seinen Traumbildern beschäftigt gewesen schien, sei in Wirklichkeit ein leutseliger Regent des Mönchsbergs gewesen, ein asketischer Philosoph mindestens, vielleicht der unglückliche Abkömmling des letzten Zaren. (Nach der Revolution hatten sich einige russische Aristokraten in Salzburg niedergelassen und, zeitweise, auf dem Mönchsberg residiert, wovon der Name für einen Hang unweit der Müllner Kirche, die Paschkow-Wiese, zeugt.)

Die Verehrung, die der ermordete Sandler, der kein Sandler war, nachträglich erfuhr, war kurios, aber sie ist nicht wohlfeil. Ein älterer Herr, der mit seinem Hund jeden Tag über den Mönchsberg spaziert war, zimmerte ein Holzkreuz, und ein paar alte Damen der guten Gesellschaft, denen es einen tiefen Schrecken verursachte, daß in die Gemeinschaft derer vom Mönchsberg so brutal die Gewalt eingedrungen war, veredelten das Kreuz und seine unmittelbare Umgebung mit mancherlei Tand und Devotionalien. Eine kleine Wallfahrtsstätte entstand. Auf dem Kreuz war ein Foto des Professors befestigt. Rundherum standen Blumenvasen, stets mit frischen Blumen bestückt. Ein Grablicht wurde jeden Abend entzündet. Der ältere Herr, die Damen, ein paar andere hatten den Ort, an dem der Professor ermordet wurde, und das Gedenken an ihn zu ihrem ureigenen Anliegen gemacht. Ohne sich abzusprechen, sahen sie nach dieser Stelle, und wer auf der Müllner und Riedenburger Seite über den Mönchsberg wanderte, der kam unvermeidlich daran vorbei.

Nach einem Jahr war das Kreuz das erste Mal niedergetreten. Es wurde wieder aufgestellt. Das nächste Mal waren die Blumen zertrampelt. Es wurden schönere gebracht. Dann lag das Foto des Ermordeten, vom Holzkreuz abgekratzt, zerfetzt auf dem Weg, anderntags war ein neuer Abzug am Holz befestigt. Von den Spaziergängern, die die Erinnerung an den Ermordeten hüten wollten, kam ja jeden Vormittag und Nachmittag einer auf seinem Weg hier vorbei und konnte, was nächtens beschädigt worden war, gleich wieder instandsetzen. Über zwei Jahre wurde so ein von der Stadt nicht wahrgenommener, für diese Stadt aber keineswegs unwichtiger Kampf, ein stiller, täglicher Kampf um die Erinnerungsstätte auf dem Stadtberg geführt. Wer die Leute waren, denen das Gedenken an den Professor teuer war, konnte jeder sehen, denn sie strebten mit Blumen oder Gießkanne, mit Hammer und Brettern zur Mordstätte; wer die Leute waren, die sich von solcherart Gedenken gestört fühlten und zerstörten, was jene errichteten, konnte man nicht sehen. Sie müssen jedoch genau so oft wie die anderen auf dem Berg gewesen sein und ihn, so wie diese, als den ihren empfunden haben, allerdings als einen, der ihnen alleine gehören soll und den sie nicht mit einem Sandler, und sei es ein ermordeter, teilen wollten.

Heuer ist die Gedenkstätte seit dem Herbst länger als sonst zerstört geblieben. Eine der alten Frauen konnte im Winter nicht mehr so häufig hierherkommen, und der ältere Herr war längere Zeit krank. Jetzt erzählte er mir, man werde die Sache im Frühjahr gründlicher angehen, er sei dabei, ein größeres Kreuz herzustellen und dieses werde man tief mit Zement in die Erde einlassen. Wenn es junge Rechtsradikale aus der Stadt sind, die die Stätte zerstörten, werden sie künftig mit schwerem Werkzeug heraufkommen müssen; wenn die Übeltäter sich aber aus der gezählten Schar von Spaziergängern oder Bewohnern des Berges rekrutieren, kriegen sie das Kreuz dann gar nicht mehr um. So erzählte es mir zukunftsfroh dieser ältere, stattliche Herr, der, gleich wie die Damen, die sich um den

Wallfahrtsort des herabgekommenen Heiligen kümmerten, mit seiner Kleidung so bodenständig aussieht, daß man ihn in seinen Loden und unter seinem Salzburger Hut nicht unbedingt für einen gehalten haben würde, der unbeirrt Gedenkdienst leisten möchte.

Thomas Bernhards siebzigster Geburtstag im Februar naht. Es muß einer nur lange genug wiederholen, daß ihm die Menschen zuwider sind, dann fährt er in Österreich unfehlbar als Moralist in die Grube.

Daß man Thomas Bernhard als virtuosen Stilisten achten, meinetwegen als großen Künstler verehren kann, leuchtet mir ein. Aber es muß ein Moralist sein, anders geht's nicht. Und als Moralist hat er sich denen, die einen solchen brauchen, gerade dadurch erwiesen, daß er es hundertfach wiederholt hat: Mich stört nicht nur ein bestimmter Menschenschlag, nein, mich widern die Leute selber an.

Es könnte ja einer ein guter Schriftsteller und trotzdem kein Moralist sein. Nicht bei uns. Wer viel verachtet, muß es bei uns am Ende immer aus verkappter Zuneigung, aus enttäuschter Liebe getan haben. Er hätte die Leute gehaßt? Ja, aber nur, weil er sie sich edler, reiner gewünscht hat! Verstehen Sie? Wären diese häßlichen Menschen prächtige Übermenschen gewesen, dann würde er sie auch nicht verhöhnt, sondern gepriesen haben. Dieses kleine Geheimnis des Moralisten zu verstehen, ist doch nicht schwer.

Sprache und Lüge. Auch wenn es sich hochgeschliffen virtuos oder exzellent gesellschaftskritisch gibt, ist das literarische Sprachspiel vielleicht doch nicht so anders als das Spiel, das die Politik mit der Sprache treibt. Das politische Sprachspiel geht bei uns so: Einer darf jeden Unsinn behaupten und weiß sich doch von Verantwortung dafür exkulpiert, weil, was er sagte, ja nur Worte waren. Treibt er es als Redner zu bunt, wird er entschuldigend als witziger, sprachschöpferischer Übertreibungskünstler gerühmt, der, was er sagte, nicht so gemeint hat, wie er es sagte, sondern nur ... Die Trennung von Wort und Wahrheit hat eine lange österreichische Tradition, die sich vermutlich aus der Gegenreformation herleitet, als ein weitgehend evangelisiertes Volk mit Feuer und Schwert wieder rekatholisiert wurde und es von einem Tag auf den anderen den Kopf kosten konnte, das zu sagen, was man die Tage davor gesagt hatte.

(Ich halte nichts von der mechanistischen Geschichtsbetrachtung, die die Reformation schematisch mit dem Fortschritt, die Gegenreformation mit Rückschritt verwechselt. Aber natürlich mußte die gewaltsame Rekatholisierung eine besondere Art von Verschlagenheit in den Untertanen hervorbringen, weil sie es jetzt für Jahrhunderte mit einer Obrigkeit zu tun bekamen, der man sich nicht als das zeigen durfte, was man jedenfalls für längere Zeit zweifellos noch war, nämlich als Protestant. Die Sprache mußte daher geschmeidig werden, tauglich, daß man sich, indem man sprach, zugleich in ihr verbergen konnte und sprechend nicht in Gefahr geriet, sich zu verraten. Daraus erwuchs – eine bemerkenswert widersprüchliche Sache, die von der List der Geschichte zeugt – jener spielerische Umgang mit der Sprache, dem die österreichische Literatur ihre besten Werke verdankt und aus dem viele Österreicher ihren Wortwitz und ihre Beredsamkeit beziehen. Aus denselben Voraussetzungen erwuchs aber auch die Verlogenheit, Dinge zu sagen und sich sprachlich gleichzeitig von ihnen zu distanzieren; also jene in der großen Politik und am Arbeitsplatz, in den Vereinen, der Familie und der Literatur geübte österreichische Technik, mittels witziger, gehässiger, verleumderischer, hinterhältiger Reden einzelne oder Gruppen verächtlich zu machen – und sich dann von dem, was gerade gesagt wurde, als von einem bloßen Witz, einer harmlosen Übertreibung wieder zu distanzieren.)

Wenige andere Nationen leben so sehr in der Sprache wie die Österreicher, und kaum woanders gilt das Gesagte zugleich so wenig. Die jetzige Regierung hat eine sprachliche Regelung gefunden, das bei uns besonders verfängliche Verhältnis von Sprache und Lüge auszutarieren. Anfallsweise dürfen die Mitglieder der Regierungsparteien gegen Ausländer oder Inländer sagen, was sie wollen, auf Kritik antwortet der für sie alle Verantwortliche stets mit dem Satz: An Taten, nicht an Worten wollen wir gemessen werden! Auf diese Weise wird die politische Sprache in Österreich immer brachialer und unwichtiger zugleich. Bald wird sie völlig barbarisiert und überflüssig in einem sein. So bringt der Kanzler es zuwege, daß die Sprache für nichts gilt und doch mit ihr die roheste Politik betrieben wird. Am Ende, wenn ungestüme Leute das verübt haben werden, was mit Worten jahrelang vorbereitet wurde, wird man sich beschweren müssen, an ihren Taten gemessen zu werden, wo es doch immer nur um unsere Worte gegangen ist.

War Franz Grillparzer ein Moralist? Hat er es immerhin für die Nachwelt werden müssen? Lese wieder in seinen Tagebüchern, nicht in der geschönten »Selbstbiographie«, die er im Auftrag der Akademie der Wissenschaften verfaßte, sondern in den nicht für die Veröffentlichung bestimmten Tagebüchern, die er mit siebzehn begann. Länger als zwei Jahrzehnte hat er sie regelmäßig, danach immerhin sporadisch geführt. »Bin ich ein guter Mensch oder nicht?« So einfach fragt er sich gleich zu Beginn, und so streng eröffnet dieser Jüngling einen Prozeß gegen sich, den er bis ins Alter führen und in dem er vorzugsweise als Ankläger auftreten und kaum Argumente der Verteidigung zulassen wird. Bin ich ein guter Mensch, fragt er sich, um dann seitenweise Gründe anzuführen, warum er es nicht sei: daß er nicht freigebig, dafür aber rachgierig sei, führt er gegen sich ins Treffen, daß ihm die Eifersucht nicht fremd und ein verderblicher Hang zur Wollust eigen, der ihn nicht zur wahren Liebe, sondern zur Lüge führe. Zwanzig Jahre und manche Liebschaft später muß er daher fragen: »Habe ich je geliebt?« und mit lapidarer Endgültigkeit antworten, daß er weder zu fürchten brauche noch hoffen dürfe, jenen Zustand jemals zu erreichen.

Der Schritt von den religiös-erbaulichen Tagebüchern, wie sie in den Generationen vor ihm geschrieben wurden, zur zerknirschten Selbstbezichtigung Grillparzers ist ein epochaler. Hier beschaut einer nicht in pietistischer Zuversicht sein Leben, um sich zu prüfen, sein Herz empfänglicher zu machen und sich an der verzeihenden Güte Gottes aufzurichten, nein, hier macht sich einer inquisitorisch selbst den Prozeß. So apodiktisch im Ton, so erbarmungslos in der Anklage mutet dieses Tagebuch an, daß ich es bisher als den unmittelbaren Ausdruck einer leidenden Seele zu lesen geneigt war. Doch dieses Mal stutze ich über eine Eintragung, die gerade das abstreitet, daß es nämlich das unverfälschte Leben selbst sei, welches hier verhandelt werde: »Alles, was ich bisher geschrieben, ist erlogen und bloß in der Absicht geschrieben, damit es einst jemand lesen und mich daraus günstig beurteilen möge!«

Selbst bei seinem Tagebuch hatte Grillparzer also einen Leser vor Augen – der zwar fiktiv war, denn er dachte nie daran, diese Aufzeichnungen zu publizieren –, der aber während der Niederschrift doch unsichtbar zugegen blieb und mitbestimmte, wie Grillparzer sein Charakterbild skizzierte. Auffallend, daß es just die fortgesetzte Selbstbezichtigung war, von der Grillparzer annahm, sie werde ihn dereinst in günstigem Licht erscheinen lassen. Von Selbstheilung, wie sie in vielen Tagebüchern angestrebt wird, kann bei seinem nicht die Rede sein. Das Ich, an dem er leidet, weiß sich keine Rettung, ein Vierteljahrhundert, nachdem er mit seiner großen Litanei der Zerknirschung begonnen hat, klingt es ganz wie am Anfang: »Von quälenden Gedanken wie von Hunden angefallen, weiß ich nicht, nach welcher Seite mich wenden.«

K. R., eine begabte junge Autorin, die vor zehn Jahren einen ihrer ersten Texte in *Literatur und Kritik* veröffentlichte, hat jetzt binnen zwei Monaten gleich drei große Preise erhalten.

Das ist eben so. Wenn einer genannt wird, dann wird er oft genannt. Wenn einer nicht genannt wird, wird er gar nicht genannt. Und in diesem Jahr gibt es eben keine andere begabte junge Autorin im deutschen Sprachraum.

Zumindest nicht für jene, die die Sieger machen. Unter den Juroren ist es aber gerade so wie unter den von ihnen Ausgezeichneten. Da gibt es welche, die sind fast nie Juroren, und welche, die sind es fast immer. Vielleicht wird Juror eines Tages ein Berufsstand wie Schiedsrichter beim Profitennis sein. Es wird dann Leute geben, die ihren Lebensunterhalt bestreiten, indem sie Preisträger benennen. Tennis hat allerdings den Vorteil, daß die Regeln des Spiels bereits festgelegt sind und der Schiedsrichter nur darüber zu wachen hat, ob sie eingehalten werden. Was gute Literatur sei, dafür gibt es hingegen keine verbindlichen Regeln, und deswegen setzen die Juroren immer ihre eigenen ein, um zu ihrem Urteil zu kommen, und da es immer dieselben paar Leute sind, die in Österreich als Juroren fungieren, erhält seit Jahrzehnten auch immer derselbe Typus von Autor alle Preise. Sieht man sich die Ehrentafeln der österreichischen Literatur an, muß man sich die Augen reiben, denn man glaubt es kaum. Da gibt es Schriftsteller, die haben ihr ganzes Leben lang überhaupt keinen Preis bekommen, und andere, keinen Deut besser, erhalten zuverlässig jedes Jahr einen.

Michael Guttenbrunner schreibt in seinem Brief, daß die Öffentlichkeit heute nur mehr zweierlei Künstler kennt: »jene, die genannt werden, und die toten. Star- und Kulikünstler, Erfolgsschriftsteller, Bombenerfolg.«

Es sind immer weniger, die genannt werden. Die wenigen dafür immer häufiger. Ein Prinzip der Ökonomie lautet heute: The winner takes it all. Das ist auch in der Literatur so. Selbst von zehn in Talent, Thema, Qualität gleichgearteten Autoren haben neun nichts und einer alles: Auflage, Aufmerksamkeit, Auszeichnungen. Die Zufälligkeit, warum einer ein Star ist und der andere ein Niemand, regiert nicht nur in der Unterhaltungsbranche, in den Serien des Reality-TV, in der Popmusik, sondern längst auch in der Hochkultur.

Spontan neige ich dazu, die erfolglosen für die wahren Schriftsteller zu halten, obwohl es natürlich nicht stimmt, daß erfolgreiche Schriftsteller immer schlecht schreiben und charakterlos und erfolglose stets gut schreiben und edelmütig sind. Hat aber jemand mit dem, was er tut, Erfolg, übt er einen Beruf aus, und es ist naheliegend, daß er sich auch noch länger in diesem Beruf betätige, zumal er einträglich ist und ihm Anerkennung bringt. Einen Schriftsteller, dessen Bücher beachtet werden, der Preise erhält, hohe Auflagen erzielt, brauchen wir nicht dafür zu bewundern, daß er bei der Sache bleibt und an seinem Werk beharrlich fortarbeitet. Das Geheimnis des Schreibens hütet nicht er, der Bewunderte, sondern jener Unbekannte, der schreibt, ohne Erfolg zu haben, und der doch immer weiterschreibt, sein Leben lang. Der seine Bücher in kleinen Verlagen publizieren muß, kaum Rezensionen erhält, den Juroren unbekannt ist und aus der finanziellen Misere niemals herauswächst. Und der weiter Novellen verfaßt, die keiner lesen will, Gedichte, für die er keinen Verleger findet, Romane, deren kompositorische Raffinesse nur er alleine bewundert.

Der Erfolglose ist es, der die wahre Existenz des Schriftstellers führt, denn er ist Schriftsteller, nicht weil das ein Beruf für ihn wäre, sondern weil er nicht anders kann; vielleicht auch, weil er nichts anderes kann. Egal, er schreibt, über Jahre, und langsam ist in ihm die Hoffnung niedergebrannt, irgendwann, eines fernen Tages gerechtfertigt, von Lesern entdeckt, von Kritikern gepriesen zu werden; und doch kann und will er nicht anders, als seine Existenz alle Tage wieder am Schreibtisch zu führen, ohne die Aussicht, daß die Texte, mit denen er sich quält und erfreut, öffentliche Beachtung erfahren werden. Er arbeitet für sich, und seine Beharrlichkeit ist rätselhaft, denn alles Schreiben ist doch auf Leserschaft bezogen; gleichgültig worum es sich handelt, nichts kann geschrieben werden, das nicht darauf zielte, gelesen zu werden. Der mißachtete Autor lebt kühn in einem Paradox, und darum ist immer ein Hauch von Rebellion um ihn, selbst wenn er ansonsten ein rechtschaffen biederer Mensch sein mag, die Aura von Verweigerung.

Aus London erreicht uns eine interessante Nachricht. Der 38jährige Künstler Michael Landy hat angekündigt, alles zu vernichten, was sich in seinem Besitz befindet. Das hätte natürlich keinen künstlerischen Sinn, würde ihn nicht seine Freundin dabei mit der Video-Kamera filmen. Erst der Film macht aus dieser Handlung, die man mutig oder blöde, interessant, rebellisch oder asozial empfinden mag, eine künstlerische Aktion. Wer nun vorschnell glaubt, es sei ganz einfach, seinen gesamten Besitz, also buchstäblich alles, was man sein eigen nennt, als Künstler zu zerstören, der irrt. Alleine die Vorarbeiten, zu denen vielleicht ein künstlerisch unerfahrener Amokläufer, der im Zorn die Einrichtung kurz und klein schlägt, die Familienfotos zerreißt, Benzin im Wohnzimmer ausschüttet und sich im brennenden Haus mit dem Brotmesser die Gurgel aufschlitzt, nur ein paar rasende Minuten braucht, haben bei Landy mehrere Monate gedauert. Insgesamt ist er auf 7066 Gegenstände gekommen, die er penibel mit einer Nummer versehen und in einer Inventarliste verzeichnet hat. (Die Inventarliste wird als gesonderter Teil des Kunstwerks publiziert werden.)

7066 Gegenstände, die bisher Landys Leben ausgemacht haben und künftig nicht mehr ausmachen sollen, ist das viel oder wenig? Die Zahl ist geeignet, daß wir uns erschreckt fragen: von so viel Zeug umstellt, sind wir da eigentlich noch die Herren oder schon die Gefangenen unseres Besitzes? Man muß aber bedenken, daß Landy wirklich alles, was ihm gehört, aufgezählt hat, und daß er auch wirklich alles vernichtet haben will: jedes Taschentuch und jedes Paar Socken, alle Briefe von der verstorbenen Frau Mama und alle Schulzeugnisse, jeden Band der Oxford-Bibliography of the Modern Arts im Buchregal und jede Kaffeetasse im Schrank, ja, die Buchregale natürlich auch, und die Schränke sowieso (abgesehen davon, daß sie keinen Sinn mehr hätten, weil nichts mehr da wäre, das man darauf stellen oder darin aufbewahren könnte).

Die britische Exekutive sieht Landys großem Tag, an dem seine 7066 Besitztümer zu einem kleinen Haufen Schrott werden sollen, mit interessiertem Mißbehagen entgegen. Zu den Dingen, die die Inventarliste anführt, zählen auch sein Reisepaß und ein paar hundert Pfundnoten. Der Reisepaß, wiewohl der Staatsbürger für ihn eine Gebühr zu entrichten hat und dieses Dokument habituell als *seinen* Reisepaß zu bezeichnen pflegt, gehört tatsächlich nicht ihm, dem Reisenden (oder Seßhaften), sondern dem Staat. Wer seinen Reisepaß absichtlich vernichtet, zerstört vorsätzlich etwas, was juristisch gar nicht ihm gehört, er vergreift sich also an fremdem, noch dazu staatlichem Gut, und das ist in unserer Rechtsordnung per Gesetz mit Strafandrohung verboten. Banknoten wiederum gehören zwar dem, der sie hat – immer vorausgesetzt, er hat sie sich nicht durch einen Überfall angeeignet –, aber sie verbleiben zugleich im Eigentum der Nationalbank, die sie in Umlauf gesetzt hat. An den Banknoten existiert eine Art von geteiltem Eigentum: Das, was sie an Tauschwert repräsentieren, gehört dem Eigner, im Besitz der Nationalbank verbleibt hingegen der Schein als materieller Wert. Wer Geld verbrennt, macht sich also strafbar, weil die Bank dann neue Scheine nachdrucken muß; selbst wenn ein einzelner beschließt, künftig kein Geld mehr zur individuellen Lebensführung zu benötigen, muß es im Staate nämlich eine bestimmte Anzahl von Geldscheinen geben, und diese darf nicht willkürlich reduziert werden, andernfalls es, wenn derlei Schule macht, zu einer sogenannten Geldverknappung mit absehbaren monetären und ökonomischen Folgen kommt. Das alles interessiert die britische Justiz, mich interessieren andere Dinge.

Mich interessiert Landy, wenn er sein Kunstwerk glücklich fertiggestellt hat, also wenn alle seine 7066 Dinge in die eigens dafür gekaufte Schreddermaschine gestopft und von dieser, seinem allerletzten Besitztum, zermahlen worden sind. Was macht Landy dann, wenn er, nach langer Vorarbeit, alles zerstört und seine Freundin perfekt auf Video dokumentiert hat, daß die Zerschredderung des heiligen Privateigentums als häretischer Akt vollbracht ist? War das die finale Befreiung für einen Menschen, der endlich ohne die Last des Besitzes, ohne die Demütigungen des Konsums, ohne den Zwang leben möchte, Werte anzuhäufen? Landy, davon kann man ausgehen, wird, allen Besitzes entledigt, natürlich wieder beginnen, Güter zu erwerben und Besitz zu bilden. Er wird es sich und seiner Freundin nicht zumuten, ewig aus derselben Wäsche in die Kamera zu gucken. Und auch nicht, ohne sich zuzudecken, auf dem harten Boden liegen wollen. Erst jetzt, wenn er nichts mehr hat, wird das eigentlich interessante Drama Michael Landys beginnen. Wie weit wird er mit dem Wiederaufbau seiner bürgerlichen Existenz gehen? Wird er nur ganz wenige Dinge des täglichen Bedarfs in Besitz nehmen, das andere aber künftig auf Tausch-, Miet- oder Leihbasis benützen? Wird er sich dann über seine eigene Existenz im unklaren sein und meinen, er würde sie frei von spießiger Besitzgier halten, während es ihm doch nur der Besitz von Geld ermöglicht, nichts zu besitzen und dennoch keinen Mangel zu leiden? Träumt er von der Unschuld Robinsons, der auf einer fernen Insel die Gesellschaft neu begründen und ganz von vorne aufbauen möchte? Wird er so irgendwann wieder beim Kapitalismus anlangen, in dem ein jedes Ding seinen Preis hat? Wer seinen ganzen Besitz, inklusive des Geldes, vernichtet, muß ja bereits am ersten Tag danach entweder beginnen, sich neu als Besitzer aufzubauen, oder seine Existenz vollkommen vergesellschaften, sodaß deren einfachste materielle Sicherung bereits gesellschaftlicher Aktivität bedarf oder staatlichen Instanzen übertragen wird.

Ein paar britische Künstler-Freunde haben Landy schon kritisiert, noch ehe er zur Zerschredderung geschritten wäre. Zu den Besitztümern, die er zu zerstören beabsichtigt, gehört eine hübsche Bildersammlung, denn der bildende Künstler Landy hat gelegentlich Bilder anderer Maler gekauft und manches Bild geschenkt bekommen. Nun zeigt sich, daß Radikalität wohlgelitten ist, solange es bei einer Kunstaktion um private Devotionalien (Briefe der Mutter), staatliche Dokumente (Universitätsabgangszeugnis) oder industrielle Produkte (Kühlschrank) geht; wenn sich die Kunstaktion aber Kunstwerke vornimmt, wird aus einem Befreiungsschlag, der achtbar gegen die Zwänge der Warengesellschaft gerichtet ist, rasch ein ordinärer Vandalismus, der kulturelle Werte gefährdet. Tatsächlich wurde ein Gutachten in Auftrag gegeben, das klären soll, ob Landy überhaupt das Recht habe, Kunstwerke, die sich in seinem Besitz befinden, zu zerstören. Darf man, beispielsweise, einen Picasso kaufen, nur um ihn dann zu zerschnipseln, zu verbrennen, zu übermalen – oder nimmt man damit der Welt etwas weg, was nicht einem Besitzer allein, sondern, ob sie Zugang zu diesem Werk hatte oder nicht, ein wenig auch der ganzen Welt gehörte? Und gesetzt, man dürfte es bei einem Picasso nicht, darf man es dann bei einem echten Bermoser machen? Bermoser? Sie kennen Bermoser nicht? Es kennt ihn fast niemand, aber er malt Hirsche und hat mir versichert, Picasso habe keine Hirsche malen können, weil er ein ganz miserabler Maler war, und um zu verheimlichen, daß er es nicht konnte, habe er den Kubismus erfunden. Darf man also gegebenenfalls einen Bermoser, aber keinen Picasso zerstören?

So hat Landy in britischen Künstlerkreisen eine interessante kleine Debatte provoziert, wie wir sie in Österreich auch schon oft hätten führen können, aber nie und nimmer führen werden. Die englische Debatte ging nämlich über nichts anderes als die Frage: Was darf die Kunst? Und im weiteren: Wie hängen Zivilisation und Kunst zusammen? Und was hat es mit der »Überschreitung« als dem vermeintlich aufrührerischen Wesen der Kunst zu tun?

Auf die Frage, »Was darf die Kunst?«, die bei uns höchstens schnaubende Verfechter des gesunden Volksempfindens stellen, antworten alle, die sich vage als liberal empfinden möchten, selbstverständlich überzeugt: »Die Kunst muß nichts. Die Kunst darf alles.« Der Satz wurde so oder ähnlich schon tausendfach geschrieben, gesagt, getrommelt. Im Original stammt er von Ernst Fischer, der in den frühen zwanziger Jahren als linksradikaler Feuerkopf begann, dann über 25 Jahre lang seine Zweifel am stalinistischen Gang der Dinge unterdrückte und im Alter zu einem geistig ungemein fruchtbaren Ketzertum durchstieß. Die zwei Sätze, wonach die Kunst nichts müsse und alles dürfe, sind von ihm Mitte der sechziger Jahre in den Ostblock hin gesprochen worden, in jene Welt des realen Sozialismus, auf die Fischer mit all seinen Hoffnungen und in all seinen Enttäuschungen bezogen blieb. Sie waren wider die Kulturpolitik eines Systems gerichtet, in dem die Kunst stets vieles müssen mußte und wenig dürfen durfte, weil die Gesellschaft unter die Kuratel einer Partei und diese unter die Aufsicht eines Zentralkomitees und dieses unter die Lenkung eines Pol-Büros gestellt war, das endlich genau wußte, was der Gesellschaft, in der auch die Kunst ihren Platz haben sollte, guttat. Aus dem Munde eines Kommunisten, der hinüber in die Länder des Ostblocks sprach, mochte die Formel »Die Kunst muß nichts. Die Kunst darf alles« einige Sprengkraft gehabt haben. In den bürgerlich entwickelten Ländern, in denen die Kunst nichts mußte, außer gut verkäuflich zu sein, hatte das Versprechen, daß sie nichts müsse, immer einen schalen Geschmack. Und was ist mit dem zweiten Teil der Formel? Daß sie in der bürgerlichen Gesellschaft nichts muß, heißt nicht, daß ihr immer alles erlaubt war. Versuche, Zensur zu üben, hat es in liberalen Gesellschaften immer gegeben, und auch wo sich diese neoliberal modernisiert, ist die Zensur keineswegs ein für allemal abgeschafft. Aber was soll es, davon abgesehen, heißen: die Kunst darf alles? (Was soll es also, unabhängig von staatlichen Versuchen, sie zu reglementieren, heißen?)

Als der Wiener Aktionismus noch jung und staatsfeindlich und nicht als offiziöse Kunst der Zweiten Republik approbiert war, sind in seinem Umfeld eine ganze Reihe von Konzepten veröffentlicht worden, die mit dem Gedanken an Mord und Massaker als ästhetischen Grenzüberschreitungen gespielt haben. Gewiß, diese Konzepte waren und sind Papier, sie sind weder Mord noch Anleitung dazu; aber sie waren andererseits doch als Konzepte verfaßt und haben Mord, Vergewaltigung, Blutorgie als Domäne einer sich künstlerisch definierenden Überschreitung denkbar gemacht.

Über den Maler Otto Muehl, der wegen Mißbrauchs Minderjähriger und Abhängiger zu einer Gefängnisstrafe verurteilt wurde, hat Hermann Nitsch bei einer Solidarisierungskampagne gemeint: »Er sitzt ja für uns alle, er wird bestraft für uns alle.« Warum? Kein Mensch käme auf die Idee, Nitsch des nämlichen Mißbrauchs von Kindern zu zeihen. Wenn Muehl für uns alle, also für uns radikale Aktionskünstler einsitzt, was kann das dann bedeuten? Entweder meint Nitsch, daß Muehl nicht wegen des Mißbrauchs von Kindern verurteilt wurde, sondern weil er anstößige Bilder malte (was Nonsens ist), oder daß Muehl seinen Mißbrauch nicht als Sexualstraftäter begangen hat, sondern als Künstler, bei dem der sexuelle Mißbrauch zum ästhetischen Akt geadelt wird, der die Ordnung per se verletzt und deswegen von der Staatsgewalt verfolgt wird. Und der doch, als künstlerische Überschreitung, prinzipiell legitimiert ist, weil die Kunst alles darf?

Am ideologischen Konzept von der »Überschreitung« als dem rebellischen, nicht kommensurablen Moment der Kunst haben viele mitgeschrieben, einer von ihnen war Michel Foucault. Die längste Zeit hat er die Kunst überhaupt nicht als Kunst wahrgenommen, sondern mit einigem Grimm behauptet, daß Kunstwerken kein anderer Rang zukomme als beliebigen historischen Dokumenten. Eine Sammlung von Gedichten des 18. Jahrhunderts sei so viel wert wie eine Sammlung amtlicher Dekrete derselben Ära, insofern beide gleich viel oder wenig über die Gesellschaft aussagten. Spät entdeckte Foucault die Kunst, dann aber gleich mit Knall und Fall. Nein, natürlich nicht »die Kunst«, sondern »die Avantgarde«, die ihm zur letzten unkorrumpierten Form widerständigen Denkens wurde. Die »Transgression« ist ihm jetzt das revolutionäre Geheimnis der Kunst, die »Überschreitung« gesellschaftlicher Tabus und Werte.

Hat er einmal die Überschreitung als künstlerische Qualität entdeckt, geht Foucault denselben Weg noch einmal, aber jetzt in die andere Richtung. Vorher war ihm die Kunst einzig als soziales Dokument etwas wert, jetzt gilt ihm die Kunst alles und folglich alles, was rebellisch ist, für Kunst. Die ästhetische Überschreitung glaubt er nun insgeheim überall am Werk, wo es schön skandalös zugeht und im Gebälk der bürgerlichen Gesellschaft kracht. Hat er früher die Kunst nur auf die sozialen Fakten hin betrachtet, die sich in ihr spiegeln, entdeckt er nun im Sozialen fortwährend Momente, die ästhetische Sprengkraft haben könnten. In den Bekenntnissen, die der 1835 hingerichtete Mörder Rivière hinterläßt, wähnt er dieselbe Überschreitung verwirklicht wie in den Aktionen surrealistischer Künstler. Es geht ihm weder um Mord, denn Foucault war alles andere als ein Gewalttäter, noch um die Kunst, denn er war auch kein feinsinniger Ästhet, sondern einzig um die »Überschreitung«, die sich einmal in einem Mord, das andere Mal in einer Performance manifestiert. Der Bruch des Tabus, gleich um welches es sich handelt, ist ein Zweck, der seinen Wert in sich hat. Ob Vatermord oder die Polizei im Theater, der Überschreitung ist das egal, sie hat sich autonom gesetzt, als Transgression rechtfertigt sie sich selbst.

Im Fernsehen der Bericht von einer Tanker-Explosion. In der Ferne stößt das Feuer in schwarzen Wolken pulsierend in den Himmel. Alle sind in Bewegung: Die einen laufen vom Feuer weg und an der Kamera vorbei, die anderen laufen in der Gegenrichtung an der Kamera vorbei und dem Feuer entgegen.

Auf halbem Wege treffen sich die Laufenden, von denen die einen das Unglück fliehen, an das die anderen näher heranwollen. Bei jedem Unglück ist es dasselbe: hektische, gegenläufige Bewegung – Fliehen und Vordrängeln. Panik und Neugier.

Zusammengenommen sind der deutsche Kanzler Schröder und sein Außenminister Fischer achtmal verheiratet gewesen und sechsmal geschieden worden. Schwer zu sagen, ob das für ihren aufgeklärten Umgang mit sog. Partnerschaften spricht, die eben nicht mehr fürs Leben, sondern nur für einen bestimmten Lebensabschnitt zu halten brauchen, oder für eine befremdliche Abhängigkeit von der konservativen Institution Ehe. Der einzige, der es beantworten könnte, wird Schröder selber sein, der mir heute übers Radio zurief: »Ich bin der Ansicht, und davon bin ich überzeugt«. Da muß ich ihm aus Gründen, die ans Philosophische grenzen, grundsätzlich widersprechen.

Nur wegen der Gerechtigkeit. Der österreichische Arbeits- und Wirtschaftsminister Bartenstein, der früher Familienminister war und ein Privatvermögen von einigen hundert Millionen Schilling hat, erläßt eine neue Verordnung, kraft der den rund 50 000 Beziehern von Notstandshilfe ab sofort ein paar hundert Schilling im Monat weniger ausbezahlt werden. Er tut dies nur der Gerechtigkeit halber, wegen der Gleichheit gewissermaßen, die ihm ein hohes Gut ist. Weil in einem Gesetz vor elf Jahren einer bestimmten Gruppe wohlverdienender Leute die sogenannte »Werbekostenpauschale«, ein sicherer Steuerabzugsposten, gekürzt wurde, zieht er den Notstandshilfe-Beziehern verspätet die nämliche Summe von ihrem Bettel ab. Die meisten der Betroffenen sinken wegen der Kürzung unter ein Einkommensniveau, das ihnen noch die automatische Krankenversicherung garantiert, und man kann es sich ausmalen, wie es in manchen der Familien zugehen wird, wenn künftig für die arbeits- und einkommenslose, zudem um ihre Notstandsbeihilfe gebrachte Frau der Ehemann von heute auf morgen auch noch eigens Beiträge für die Krankenversicherung entrichten muß.

Der ehemalige Familienminister mit dem ausgeprägten Gerechtigkeitssinn, der sich gerne für die Fotografen ein paar fesche junge Mütter mitsamt ihren Kleinkindern greift, erhofft durch die Verordnung, die die Ärmsten in Österreich um rund 4500 Schilling jährlich stärker ins gerechte Elend niederdrückt, eine Einsparung von rund 100 Millionen Schilling. Das ist zwar nicht ganz so viel, wie er und seine Frau in den letzten Jahren mit Geschäften im europäischen Osthandel verdient haben, aber immer noch genug, daß man nicht darauf verzichten möchte und lieber ein paar tausend Stückzahl Leben ruiniert, als von diesem Plan zu lassen. Ja, wir haben schon die Minister, die wir verdienen, es sind gerechte Millionäre, die Sonntags mit ihren Kindern in die Kirche marschieren und sich während der langweiligen Predigt des Pfarrers überlegen, wie sie Österreich noch ein wenig näher an das himmlische Reich der Gerechtigkeit heranführen können.

Ein Autor, der in seiner Vita noch immer anführt, daß er von 1953 bis 1957 »Buchhalter und Sachbearbeiter in der Konsumgenossenschaft Taubenheim und Coswig« war und 1962 »Mitarbeiter am Wörterbuch der obersächsischen Mundarten« wurde, ist wahrscheinlich nicht zu retten. Die Preise, die ihm zustehen, werden andere erhalten, und jeder, der einen Urlaubsaufenthalt in New York vorweisen kann, wird sich dem Mann aus der Provinz überlegen wissen. Wulf Kirsten ist der merkwürdige Fall eines Dichters, der die Weltliteratur studiert, in seiner legendären Bibliothek gesammelt, als Herausgeber kundig ediert und kommentiert hat – und der doch der Provinz, einem bestimmten Landstrich treu geblieben ist: jener »Erde bei Meißen«, die sein bekanntester Gedichtband im Titel führt. Man hat ihn mit Peter Huchel und Johannes Bobrowski verglichen, er selbst, der Seßhafte, bezog sich oft auf den unsteten Vagabundendichter Jakob Haringer; doch keinem ist der ostdeutsche Dichter näher als dem Österreicher Theodor Kramer, mit dem er die Leidenschaft für die verlorenen Dinge, ausgestorbenen Berufe, überkommenen Lebenshaltungen teilt, die dem Fortschritt zum Opfer fielen.

Wie Kramer ist auch Kirsten ein Chronist des verschollenen Alltags, penibel notiert er, was seit seiner Kindheit alles an Gerätschaften und Gewohnheiten verschwunden ist, gewissenhaft erstellt er einen Kataster, der die außer Gebrauch geratenen Wörter verzeichnet und Dinge, Gewohnheiten, Träume einer kleinen Welt bewahrt. »Stimmenschotter« heißt einer seiner Gedichtbände, und den Schotter, der vom großen Bauwerk übrigbleibt, hebt er auf, die Redewendungen einer abgelebten Epoche, die Wörter einer Region, für die es die Dinge und die Gefühle, die sie bezeichnet haben, nicht mehr gibt. Auch im Buch seiner Kindheit, das der 66jährige jetzt veröffentlicht, »Die Prinzessinnen im Krautgarten«, zeigt sich Kirsten als fleißiger Wörter-Retter. Eine Greisin wird als »ausgebrackt« bezeichnet; das Grimmsche Wörterbuch belehrt mich darüber, daß ausbracken so viel wie »altes, unzuchtbares Vieh aussondern« heißt; und von interessanten Tätigkeiten wie dem »Vermaulieren«, »Schlurksen«, »Vertobaken« und »Zuscheln und Ruscheln« erfahre ich, sowie von Kerlen, die man nur als »Büttler«, »linkische Runks« oder »Benimmse« bezeichnen kann. Dabei beschwört Kirsten die kleine nicht als die heile Welt, er sucht mit seinen schmerzend genauen Erinnerungen kein literarisches Heimatmuseum zu errichten. Wie er Unterdrückung, Knechtschaft, Gewalt jener Kindheitsjahre nicht verschweigt, spürt er im Abgelegenen, an der Peripherie doch die Spuren von Trotz, Revolte, Widerständigkeit auf.

Widerständigkeit. Früher hätte ich gesagt: Widerstand. Aber es gibt Worte, die büßen ihre Widerstandskraft ein. Über ein paar Generationen mögen sie kerzengerade gestanden sein; dann knicken sie ein, ausgesogen, ihrer Lebenssäfte beraubt. Wie Vogelscheuchen stehen sie dann noch eine Zeitlang herum, traurige Helden von früher, denen jetzt jeder Aufschneider den Arm um die Schulter legen und eine lange Nase zeigen kann.

Februar

Der kubanische Boxer Félix Savón tritt ab. Dreimal hat er bei Olympischen Spielen die Goldmedaille im Schwergewicht gewonnen. Allgemein herrscht bei den Fachleuten die Überzeugung, daß er der beste Boxer seiner Zeit war. Und daß er dumm ist. Denn er lebt in Kuba; zwar nicht gerade in Armut, aber auch nicht reich oder gar saureich. Hätte Savón hingegen Kuba während eines der internationalen Wettkämpfe, die er allesamt siegreich beendete, verlassen und in den USA um Asyl angesucht, er wäre noch im selben Jahr vielfacher Millionär geworden.

Fünfzehn Millionen Dollar hat ihm der Promoter Don King für einen einzigen Schaukampf angeboten, doch der dumme Savón hat ihm mit der Begründung, er kämpfe nicht für Geld, eine Abfuhr erteilt. Die Summen, die ihm geboten wurden, daß er, der sich nicht für Geld prügeln wollte, es doch tue, stiegen immer höher. Als würde man jemanden, der keinen Alkohol mag, zum Trinken verlocken können, indem man ihm einen schweren Rausch anträgt, dachten die amerikanischen Manager ihm die Aversion gegen den Dollar mit einer gewaltigen Überdosis davon auszutreiben. Félix Savón, zu dumm für die Berauschung mit Geld, blieb in Kuba bei seinen zahlreichen ehelichen und unehelichen Kindern, ließ bekanntgeben, daß es nirgends auf der Welt so schön sei wie in Havanna im Kreise der Freunde, rühmte Fidél, der ihn zum verdienten Sportler des Vaterlandes erklärte, und widmete jeden neuen Sieg wieder der Revolution, der er alles verdanke.

Die Nachrufe, die die freie Presse auf seine makellose Sportkarriere hält, geraten unverhohlen hämisch. Der einfältige Kerl wird sich mit Frau und Kindern in seinem kleinen Haus zusammendrängen, eine mickrige Ehrenpension verzehren und sonntags stolz seine Pokale polieren; statt dessen könnte er in

Miami ein Fitneßstudio betreiben, sich am Swimmingpool seiner Villa wie im Film eisgekühlten Whiskey servieren und seine Kinder alle Tage von hünenhaften Leibwächtern zur Schule bringen lassen. Nicht so sehr die Tatsache, daß er Kommunist ist, hat die internationalen Sportreporter von der Dummheit Savóns überzeugt; es ist vielmehr sein Widerwille, in die USA zu übersiedeln und dort das Leben eines Millionärs zu führen, der ihnen so unverständlich erscheint, daß sie ihn nur als Idioten zu sehen vermögen. Ist es nicht Pflicht wie Glück, seine Talente in Geld zu verwandeln?

»Es existiert keine Alternative mehr zur amerikanischen Lebensart«, hat Präsident George W. Bush bald nach seinem Amtsantritt verkündet. Natürlich, nicht alle Menschen der Erde können in den USA leben; aber es darf keine mehr geben, die es nicht wollten, nicht anstrebten und davon nicht träumten. Nur Savón, der Idiot des Boxens, will nicht, und dafür verdient er die Verachtung derer, die ihm im Ring nicht ankonnten und die nun den schalen Triumph genießen möchten, daß er, der so viel mehr Geld als sie hätte verdienen können, bis ans Ende seiner Tage viel weniger davon haben wird. Bravo also, Félix Savón!

Diesmal kein Übermensch. Es sind Schiweltmeisterschaften, und alles geht schief. Das Wetter tut, was zu dieser Jahreszeit von ihm zu erwarten ist, und die Organisatoren der Rennen erklären, was von ihnen zu erwarten ist, nämlich daß dieses Wetter nicht zu erwarten war. Wer rechnet im Winter schon mit Schnee in den Alpen! Im allgemeinen Durcheinander scheint nur auf die Betrunkenen Verlaß zu sein, die zuverlässig schon am Vormittag durch den Ort grölen, der in eine einzige Barimbißsnacksouvenierbude umgebaut wurde. Die arroganten Delegierten der verschiedenen Nationalmannschaften keppeln so kleinlich an den Veranstaltern herum, daß ohne die weltumarmenden Betrunkenen schon fast ein Hauch von Ungemütlichkeit durch den Ort zöge. Fänden diese Weltmeisterschaften in Japan, den USA oder Norwegen statt, die österreichischen Sportreporter würden von einem organisatorischen Desaster sprechen, da sich dieses aber in St. Anton am Arlberg ereignet, handelt es sich um die beste Weltmeisterschaft aller Zeiten; in der besten Formulierung der Schiwoche bezeichnet ein Fernsehreporter sie als »Weltmeisterschaft mit menschlichem Antlitz«, als würde im Winter in Vorarlberg der Prager Frühling über hundert Jahre stalinistischen Schisports triumphieren.

Ein Triumph des Austropop sind die Weltmeisterschaften jedenfalls, denn alle Tage feiert sich eine neue Elite im Zeichen popkultureller Verschmelzung selbst. Unentwegt umarmen Minister vor zahllosen Kameras Schlagersängerinnen, die unentwegt Schifahrer küssen, sobald sich ein Publikum dafür eingefunden hat. Die Sanktionen, die die Vierzehn der EU einst gegen die österreichische Regierung verhängt und bereits vor einigen Monaten außer Kraft gesetzt hatten, hier erst werden sie triumphal verabschiedet, und darüber umarmen sich die, die sie verursachten, gleich wieder. Es ist ein allgemeines Umarmen und Küssen, in welchem die Verschlingung der Branchen Politik, Sport und Unterhaltung sinnfällig wird. Umgeben werden die neuen Prächtigen, die sich auf Kosten der Allgemeinheit prächtig amüsieren, von einer großen Menge zahlender Proleten, die die exorbitanten Preise, die sie für Bratwürste und alkoholische Mischgetränke zu entrichten haben, damit rechtfertigen, daß sie sich dieses Mal auch in Sichtweite der Prominenten besaufen und womöglich aus der Kulisse sogar in eine Kamera winken dürfen.

So gerät alles vorzüglich, gerade weil es schiefgeht. Nur Hermann Maier siegt nicht und nicht und fährt statt dreier goldener Medaillen nur eine silberne und eine bronzene herunter. Das kann sich keiner erklären, nur er selbst: »Es ist mir diesmal nicht gelungen, übermenschliche Kräfte freizusetzen.«

Die Moderatorin verspricht 1000 D-Mark dem, der die folgende Frage beantworten kann: »Wo kann man schwitzen, ohne sich bewegen zu müssen: a) in der Sauna, b) beim Lauftraining, c) beim Holzhacken?« Sie fragt das mit verkniffenem Lächeln, denn es ist nicht leicht, den Anforderungen ihres Berufes gerecht zu werden, und man merkt, wieviel Kraft es sie kostet, all die Kränkungen, die sie sich täglich zufügt, locker hinzunehmen und sich den Kübel der Blamage vor der Kamera stets gutgelaunt überzustülpen. Der Chancengleichheit wegen schickt sie ihrer Frage noch ein paar Hinweise hinterher: »Denken Sie mal, beim Holzhacken – ja, da kommt man schon ganz schön ins Schwitzen, aber bewegt man sich dabei überhaupt nicht? Und beim Laufen? Die Antwort ist wirklich nicht so schwer. Stellen Sie sich nur vor, die Sauna, da sitzt man ganz faul in der Ecke, und es wird ordentlich Hitze gemacht. Also, probieren Sie es einfach und rufen Sie an, es kann nicht viel schiefgehen.«

Das war am Vormittag. Am Abend ließ sich das Salzburger Landestheater etwas Ähnliches einfallen. Dieser Bühne waren im Laufe der Zeit die jungen Besucher abhanden gekommen, vermutlich weil sie älter geworden und keine jüngeren nachgekommen waren, seitdem der Theaterbesuch für Gymnasiasten nicht mehr obligatorisch ist. An diesem Abend präsentierte der Intendant, der über die Jahre so hilflos geworden war, daß ihm einzig die Kopflosigkeit noch Rettung versprach, den Max von Österreich als neuen Star des Ensembles, jenen kahlgeschorenen Jüngling, der die erste Serie von »Taxi Orange« als Sieger absolviert hatte. 700 folgsam kreischende Pubertierende fanden sich tatsächlich ein, ihren Max zu begrüßen, der Intendant versicherte ihnen, er werde neue Wege gehen, um die Jugend wieder für das Theater zu gewinnen, und deswegen sei er diesem Idol der Heranwachsenden dankbar, daß es sich bereit erklärt habe, Schauspieler werden zu wollen, was ihm demnächst in einem Stück von Lessing auch gewiß gelingen werde. Daß die begeisterten Jugendlichen sich nicht morgen für »Minna von Barnhelm« interessieren werden, bloß weil es ihnen das Theater heute ermöglicht, ihren Star einmal nicht vor dem Fernseher anzuhimmeln, ist nicht schwer zu verstehen. Doch wie sich die Verlage abschaffen, indem sie Literatur für Analphabeten produzieren und meinen, sich so für die Ära des Analphabetismus zu wappnen, gerade so schaffen sich auch die Theater selber ab, indem sie sich freiwillig dem Fernsehen als Probebühne zur Verfügung stellen. Gewinnt das Theater auch keinen einzigen dazu, der sich für das Schauspiel begeistern wird, hat es immerhin Propaganda für die konsequente Barbarisierung des Fernsehens gemacht, also endlich wieder einen gesellschaftlichen Auftrag erfüllt.

Seit ein paar Jahren gibt sich das reiche Bundesland Salzburg große Mühe, das Theater, das seinen Namen trägt und einst das bürgerliche Selbstbewußtsein im Lande wider die Willkür des geistlichen wie weltlichen Oberhauptes, des Erzbischofs, und seiner feudalen Bande stärken sollte, gnadenlos auszuhungern. Die Subventionen werden von Jahr zu Jahr gekürzt, sodaß ein professioneller Betrieb in allen Sparten kaum mehr möglich ist. Das geschieht nicht etwa aus dem politischen Kalkül, eine mißliebige kritische Bühne an die Kandare zu nehmen, denn so kritisch war das Landestheater nie und mißliebig ist es bis heute nicht einmal denen, die ihm nun die Subventionen bedenkenlos kürzen. Die Politiker haben bloß erkannt, daß mit dem Theater, daß mit dem ganzen Spektrum traditioneller kultureller Institutionen heute nichts mehr zu gewinnen ist: weder kunstfreundliches Ansehen noch paternalistisches Renommee.

Die bürgerliche Gesellschaft alter Prägung, der Museen und Theater einen Wert repräsentierten, in dem sie sich selbst erkannte, ist in einem Maße zerfallen, daß mit jenen altehrwürdigen Institutionen kein Staat mehr zu machen ist. Folgerichtig setzen die Politiker allerorten auf publicityträchtige Großereignisse, die man, seitdem der Kulturbegriff in der sozialdemokratischen Ära ins Uferlose ausgeweitet wurde, der Kultur zurechnet. (Außer dem bewußtlosen Rackern und bewußtlosen Schlafen ist alles zur Kultur geworden; nein, auch das Schlafen ist Kultur, wie das Möbelhaus weiß, das mit dem Slogan »Die neue Kultur des Schlafens« in seine »Schlafschauräume« lädt. In seiner ganzen kulturindustriellen Bandbreite ist diese »Kultur« der größte Gegensatz, ja Feind der Kunst; und, übrigens, auch der Demokratie. Die vollständige Kulturalisierung der Gesellschaft, die für alles, was sich regt, die passende »Kultur« als soziales Präservativ bereitstellt, ist ein Phänomen der radikalen Entpolitisierung.)

Solange die breit ausgefächerte Kulturindustrie auch ihre regionalen Fertigungsstätten hat, die Events in Serie auswerfen, können getrost Theater geschlossen und Museen privatisiert werden, ohne daß es größere Schichten der Bevölkerung noch stören würde. Während das Theater alten Typs darbt, schreitet die Privatisierung der Museen nicht nur in Salzburg zügig voran. Die Politiker, die sich der Öffentlichkeit als sparsame Verwalter präsentieren müssen, ziehen die öffentlichen Gelder aus den teuren Museen ab und stellen gleichzeitig Sammlern große Repräsentationsbauten bereit, damit diese, solange es ihnen paßt, ihre private Sammlung ausstellen können. Das läßt sich populistisch gut verkaufen, gerade weil es in seinem Kern geradezu antidemokratisch ist und die Kunst einerseits mittels einer massenwirksamen Kultur der Zerstreuung marginalisiert und sie andrerseits just dort, wo sie auf Öffentlichkeit zielt, privatisiert. Der neue Sammler hat mit dem überkommenen Mäzen wenig zu tun, er hat sein Geld mit Tretminen oder Beinprothesen gemacht, sich seine private Sammlerleidenschaft steuerlich begünstigen lassen und stellt sich nun in den Werken, die er gehortet hat, öffentlich selber aus.

(Unverkennbar hat der neoliberale Reichtum allenthalben vorbürgerliche, feudale Züge hervorgebracht, denn an der Herrsch- und Repräsentationssucht der neuen Fürsten des Geldes kann keiner mehr rütteln. Es ist bezeichnend, daß zuletzt zwei in ihrer Gegensätzlichkeit merkwürdig verwandte Gestalten in Salzburg pseudomäzenatischen Ruhm erwarben: Francesca von Habsburg, die sich ihre medienwirksamen Aktivitäten als Retterin alter Kulturdenkmäler stets von der Allgemeinheit, also auch von Arbeitslosen, ledigen Müttern, Mindestrentnern, finanzieren läßt und vermutlich deswegen im Rufe karitativer Wohltätigkeit steht; und dieser Steuerberater aus Liechtenstein, dessen kompliziertes Firmenimperium so unübersichtlich angelegt ist, daß die Schweizer Zeitung WOZ ungestraft von einer Geldwaschanlage sprechen durfte, was deren Betreiber zweifellos dafür prädestiniert, für seine private Kunstsammlung ein eigenes Museum auf den Salzburger Stadtberg gestellt zu bekommen.)

Auf die unbestreitbare Tatsache, daß ihre Institutionen an Einfluß, Ansehen und in der Folge auch an Subventionen verlieren, müssen die Direktoren von Museen, die Intendanten der Theater irgendwie reagieren. Das Landestheater Salzburg lud kürzlich zu einem Tanzabend, bei dem die Versteigerung eines Sportwagens der Marke Porsche in das Ballett integriert war. Wohlgemerkt, es ging nicht darum, nach der Vorstellung oder in der Pause einen Porsche zu versteigern, um dem vorzüglichen Ensemble die Weiterarbeit zu erleichtern; der Wagen wurde vielmehr als Teil der Inszenierung auf die Bühne gerollt, von den Tänzerinnen und Tänzern hübsch umtanzt und schließlich vom Intendanten, der die Auktion als Kasperl im Frack leitete, unter dem Premierenpublikum für eine halbe Million Schilling versteigert. Dem Vernehmen nach sollen alle zufrieden gewesen sein: das Theater, die Firma Porsche, der neue Besitzer eines Sportwagens, die Kulturpolitiker. Ich aber möchte erstens, wenn ich ins Ballett gehe, keiner Autoversteigerung beiwohnen. Zweitens soll ein Theater den Betrieb besser einstellen, als seine Angestellten zu Lakaien der Werbeabteilung internationaler Konzerne zu degradieren. Drittens braucht ein Land, dem sein Theater so wenig wert ist, daß es dieses in die öffentliche Prostitution drängt, sich auch nicht mit einem eigenen »Landes-Theater« zu schmücken. Und viertens: Ein Intendant, der glaubt, das Theater retten zu können, indem er es wechselweise der Dummheit und dem Kommerz, dem Reality-TV und der Auktion ausliefert, soll sich weder in Jeans leutselig unter das jugendliche Publikum mischen noch im Frack vor der guten Gesellschaft herumjammern, sondern einfach nach Hause gehen, eine Flasche Cognac aus dem Schrank holen, einen Abschiedsbrief schreiben und sich ... ins Privatleben zurückziehen.

70. Geburtstag von Thomas Bernhard. Ich habe ihn in den hochmütigen Krisen der Jugend früh für mich entdeckt, und das Erlebnis, das er mir bedeutete, kann ich heute noch daran ermessen, daß mir nicht nur die Bücher selbst, sondern auch die Umstände, unter denen ich sie las, sehr deutlich in Erinnerung sind. Die Vormittage in der siebten Klasse des Gymnasiums etwa, als ich unter einer Ausrede den Unterricht verließ und in jenem Schluff, der den Rauchern einigen Schutz bot, zehn Minuten lang, statt Chemie zu hören, in der »Verstörung« weiterlas. Oder die eisigen Wintertage im Jahr darauf, als ich mich an »Frost« wärmte und mit lauter Zitaten aus dem Roman um den Maler Strauch durch die Stadt lief.

In meinem Bücherregal finde ich alle frühen Bücher Bernhards, aber kaum eines, das nach 1975 erschienen ist, von denen ich wohl einige noch erworben, aber nach Lektüre leichterdings weggeschenkt habe. Damals war die Verzweiflung Bernhards routiniert geworden, was seine Bücher ungemein langweilig machte, und die Rhetorik hat sie in aller ausrechenbaren Virtuosität auch stilistisch ruiniert.

Dann aber, 1992, erschien wieder ein Buch von ihm, das mich fesselte. »Aus dem Gerichtssaal« versammelte eine Auswahl aus den vielen Gerichtsberichten, die er in den fünfziger Jahren für eine Salzburger Tageszeitung verfaßte. Es dauerte eine Weile, bis ich damals begriff, was ich las: Vermutlich sind dies die einzigen Gerichtsreportagen der Weltliteratur, die konsequent aus der Perspektive der Staatsmacht, des öffentlichen Anklägers, des urteilenden Richters geschrieben sind und ohne jede Sympathie für die Angeklagten auskommen. Das Genre der Gerichtsreportage scheint es sonst zu gebieten, daß der

Autor die Perspektive des Angeklagten einnehme, um ihn, der ohnehin angeklagt, von aller Welt verachtet und vom Gericht verurteilt wird, vor einer höheren Instanz zu rechtfertigen. Die großen Kriminalberichte der Weltliteratur entdecken allesamt in der Bestie den Menschen wieder – das macht ihre Lektüre zuweilen so beklemmend, denn wir wollen die Bestie als Bestie geschildert bekommen und nicht als Menschen; das erinnert uns nämlich daran, daß ungekehrt in jedem Menschen auch eine Bestie und in uns ein Verbrecher stecken könnte. So scharf wie den Verbrecher fassen literarische Prozeßberichte, die etwas taugen, auch die ins Auge, die dem Verbrecher gegenübersitzen und über ihn richten. Verhandelt muß nämlich immer beides werden: die Ordnung selbst und der verbrecherische Verstoß gegen sie. Alles andere ist Propaganda für den Staat oder Sentimentalität, die im Verbrecher den »wahren Menschen« zu entdecken hofft.

Bernhards gutgelaunte Gerichtsberichte hingegen begnügen sich damit, die Delinquenten, in der Regel kleine, nicht besonders helle Ganoven, die für einen ungeschickten Diebstahl ein paar Jahre einfangen, in ihrer ganzen Lächerlichkeit vorzuführen. Nachdem sie die Strenge des Gerichts erfahren haben, werden sie an den literarischen Pranger gestellt und dem öffentlichen Gespött preisgegeben. (Später kam bei Bernhard zur Verachtung der dummen Leute da unten auch die Attacke auf die geistlosen Mächtigen da oben. Das hat seinen Ruf, ein radikaler Gesellschaftskritiker zu sein, bei denen gefestigt, die ihren allgemeinen Weltekel gerne ästhetisch legitimiert und als politische Widerstandshaltung gewürdigt haben möchten.)

Was Bernhards Gerichtsberichte in der Literaturgeschichte einzigartig macht – daß der Autor, vom Dünkel gegen die Machtlosen vergiftet, über diese noch einmal unerbittlich zu Gericht sitzen möchte –, ist in der Journalistik heute allgemeiner Brauch. Auch das war früher anders, und zwar weniger, weil früher die Verbrecher anders waren (sonderlich sympathisch waren Gewalttäter, Zuhälter, Totschläger, Räuber, Erpresser, Notzüchtler nie), sondern weil von den Gerichtsreportern anderes als heute erwartet wurde: sei es moralische Belehrung im Dienste von Staat und Vaterland oder Aufklärung über die Gesellschaft, die jene Verbrecher hat, die sie verdient. Da es aber so weit gekommen ist, daß der rückhaltlose Egoismus als soziale Tugend verfochten wird, hat der Gerichtsreporter heute weder als staatstreuer Diener der Ordnung noch als Kritiker der Gesellschaft mehr eine Nachfrage. Das Diktat, unter dem er steht, heißt Unterhaltung, und insofern sind ihm spektakuläre Fälle und überlebensgroße Verbrecher lieb; wo diese fehlen, weil auch das Verbrechen zumeist eine lähmend alltägliche Tätigkeit ist und der Verbrecher eine langweilige Existenz führt, muß er das Unterhaltsame, das er zu liefern hat, anderswo finden, in der Sprache, der Charakterisierung, dem Tratsch, der Groteske. Und er tut es, das ist sein Job.

In Hamburg ist der Prozeß gegen den Entführer Thomas Drach zu Ende gegangen. Der Autor, Mäzen, Millionär Jan Philipp Reemtsma war 1996 von ihm entführt und 33 Tage lang in einem Verlies festgehalten worden. Was zur Situation eines Menschen zu sagen ist, der gekettet liegt, über den die Angst verhängt ist und dessen Persönlichkeit sich zu destruieren beginnt, hat Reemtsma in seinem beklemmenden Bericht »Im Keller« selbst gesagt. Verständlich, daß er sich alle Tage des Prozesses den noch in der Gefangenschaft gehegten Wunsch erfüllte, seinem Entführer, der einst sein maskierter Herr über Leben und Tod war und nun in Handschellen vor ihm sitzt, stundenlang ins Gesicht zu starren. Reemtsmas Anwälte haben angekündigt, sie würden für den Tag, da der Entführer aus der Haft entlassen werde, »Sicherheitsverwahrung« begehren, also unbegrenzte Inhaftierung über den Zeitpunkt der regulären Haft hinaus. Man kann selbst diesen Antrag billigen, denn der Haß, wenn er dem Opfer guttut, ist ein legitimes Gefühl bei einem, dem das Weltvertrauen so brutal zerstört wurde wie Reemtsma (und der Rechtsstaat braucht nicht jedem autoritären Ansinnen zu willfahren).

Daß Reemtsma dem Mann, der ihm so Schlimmes angetan hat, Schaden zuzufügen wünscht, braucht nicht kritisiert zu werden; der Prozeß aber schon, denn er geriet zum Manöver, in das lärmend die Presse zog, um sich auf die hereinbrechende Ära des latenten Bürgerkriegs vorzubereiten, auf eine Ära, in der die Städte unwirtlich sind, weil in ihnen überall die Gewalt hochschießt, und der Reichtum gefährlich ist, weil in Millionen auf Wohlstand dressierten Staatsbürgern zuverlässig ein paar hundert Desparados reifen, die sich auf jede Weise in den Besitz dessen zu setzen trachten, was allen verheißen, aber nur wenigen beschieden ist. Die von solchen Aussichten tief erschrockenen Reporter hielten mit ihren Aggressionen so wenig zurück, daß in liberalen Zeitungen erstmals unverhohlen gefordert wurde, der Staat möge endlich kräftig dreinschlagen und Schluß mit dem Gefasel von humanem Strafvollzug, Resozialisierung und dergleichen machen. Denn diesmal hatte es keinen gesichtslosen Bürger, sondern einen Mann getroffen, der sein Geld für vielerlei gute Projekte einzusetzen pflegt. Einen solchen darf man nicht entführen, nicht drangsalieren und quälen. Einen beliebigen anderen, meinetwegen, irgendeinen Spießer, wenn´s denn sein muß. Aber nicht diesen; wer sich an diesem vergreift, der braucht nicht mehr darauf zu hoffen, daß in seinem Falle noch die Vernunft bemüht werde, auf die sich die Gerichtsreporter jahrelang abonniert wähnten.

Die Zeit begann ihren Bericht vom Prozeß so: »In der Person Reemtsmas hat ein Opfer in seiner reinsten Form auf der Bank der Nebenklage Platz genommen.« Diesen Satz muß man auch erst einmal schreiben können, denn bevor man ihn schreiben kann, hat man sich als unfähig erweisen müssen, ihn denken zu können. (Hätte man ihn denken können, wäre man nicht fähig gewesen, ihn zu schreiben.) In der Person eines Menschen nimmt hier ein Opfer Platz, das sich in seiner reinsten Form befindet und dabei, wie es Opfer und Form gebieten, als Kläger auftritt. Dann wird der Täter hereingeführt: »Drach ist bloß ein mittlerer Mann mittleren Alters mit ausgedünntem Haar und dreistem Blick.« Schwer zu sagen, was schwerer wiegt, das ausgedünnte Haar oder der dreiste Blick. Vielleicht die Koinzidenz; mittlere Leute in mittleren Jahren sollen gefälligst nicht dreist blicken, wenn sie schon glauben, uns mit ausgedünntem Haar ärgern zu müssen.

Ich bezweifle, daß es die Menschenpflicht gibt, jeden Gewalttäter zu verstehen. Ja, ich weiß nicht einmal, ob es daran, daß sich ein Kleinbürger auf brutale Weise in den Besitz jener Millionen setzen möchte, die zu erwerben die Familie Reemtsma ein paar Generationen gebraucht hat, überhaupt etwas zu verstehen gibt. Vielleicht ist das Geschehen, das mir rätselhaft, unbegreiflich anmutet – daß einer nämlich unbedingt dreißig Millionen Mark haben will; daß er davon träumt, in Brasilien mit gekauften Geliebten am Strand zu liegen; daß er dafür einen Menschen über einen Monat lang ankettet und ihm jeden Tag den Fraß in den finsteren Kotter wirft –, vielleicht ist das mir rätselhafte Geschehen gar nicht zu verstehen. Nicht zu verstehen, weil das Rätsel geheimnislos offenkundig ist: Das Geld ist alles, der eine hat es schon, der andere will es auch. Der eine hat es ererbt, der andere will es erpressen. Der eine macht mit dem, was er geerbt hat, vernünftige Dinge, der andere will damit unvernünftige Dinge tun. Der Entführer Drach sagt bei der Verhandlung aus, er hätte die Information, daß Reemtsma Multimillionär sei, nicht recht glauben können, als er sein Opfer auszuspionieren begann und feststellte, daß dieses nur einen alten Volvo fuhr. Mit einem solchen Vermögen, wird sich der Entführer gedacht haben, würde ich mir schon einen blitzenden Ferrari leisten. Warum reich sein, wenn man sich dann erst keinen Ferrari leistet? Um sich ihn zu leisten, eben deswegen muß man ja reich werden!

Der Presse genügen zwei Charaktere: das Opfer in seiner reinsten Form, der Täter mit seinem dreisten Blick. Noch vor zehn Jahren hätte das Feuilleton einem Angeklagten nur dann einen »dreisten Blick« attestiert, wenn es in den Lesern Sympathie für ihn wecken wollte. Heute wird der dreiste Blick dem Verbrechen als verwerfliches Detail hinzugefügt, um dieses noch heimtückischer erscheinen zu lassen. »Jetzt grinse nicht so aufsässig«, höre ich nach vierzig Jahren die Stimme des Lehrers durchs Klassenzimmer schallen, und was immer einer angestellt hatte, erst die Frechheit, vor der Obrigkeit weder zu winseln noch zu zittern, sondern ihr dreist und selbstbewußt zu begegnen, machte die Handlung zum Skandal.

Man muß, was gegen Thomas Drach im Feuilleton vorgebracht wurde, im Zusammenhang mit den Debatten sehen, die in Deutschland neuerdings über die Generation von 1968 geführt werden. Dieser Gewalttäter bietet günstige Gelegenheit, nicht nur mit den Illusionen aufzuräumen, die mancher von einem humanen Strafvollzug oder vom Kriminellen als Opfer der Gesellschaft haben mochte, sondern endlich wieder Vorstellungen salonfähig zu machen, die aus der Geschichte überkommen sind, Sicherheitsverwahrung etwa, bis daß die Knochen modern. Schon beklagen, die noch gestern von der gefängnislosen Gesellschaft schwadronierten, daß dieser Unmensch nach ein paar Jahren, genau gesagt nach läppischen vierzehneinhalb Jährchen, wieder auf freiem Fuß sein werde. Dabei gäbe es doch Beispiele, wie man es besser machen könnte. In Pittsburg ist eben ein Mann für den Diebstahl eines Autos zu 240 Jahren Gefängnis verurteilt worden; er hatte schon vorher ein paarmal Autos gestohlen, jetzt, fand der Richter, sei der Zeitpunkt für 240 Jahre Sicherheitsverwahrung gekommen. Man sollte ihn einmal nach Deutschland zu einem Vortrag einladen.

Ehrliche Presse-Empörung über ein Attentat: »Das sind Untaten von Unmenschen.« Ja, wenn's nur so wäre!

Im Winter führt Deutschland eine Debatte, die man sich im Sommer damit erklären würde, daß die Öffentlichkeit auch in den Ferien mit der Simulation von Politik unterhalten werden muß. Es ist aber Winter, wichtige Konferenzen, Tagungen, Budgetdebatten, Gesetzesbeschlüsse, Rentenreformen stehen zur Verhandlung an. Und doch streiten sich die Leute mit inbrünstiger Bekenntniswut über das, was ihnen »1968« bedeutet; offenbar wissen sie nicht, daß sie so, wie sie sind, allesamt nicht denkbar wären ohne die Reformbewegung, die von dieser Jahreszahl symbolisch markiert wird.

Diese Reform hatte alle gesellschaftlichen Bereiche erfaßt, ja die Nation in einem Maße durchformt, daß sie heute nicht mehr ist, die sie vorher war. Das ist das Einfache, das für manche so schwer zu begreifen ist, die mit 1968 Prügeleien zwischen anarchistischen Studenten und Polizisten, radikalsozialistische Losungen und ein ordentliches sexuelles Durcheinander in der Wohngemeinschaft assoziieren. Der Sozialismus, der sich bald, nachdem er von den Studenten neu entdeckt wurde, in diversen sektiererischen und dogmatischen Grüppchen verlor, war zwar die Fahne, unter der sich anfangs viele sammelten; doch das Ergebnis von 1968 war bekanntlich nicht die Einführung des Stalinismus auf deutschem Bundesgebiet, sondern eine kulturindustrielle Revolution, die auch jene erfaßte, denen sie ein Greuel war, und die dem Kapitalismus Bereiche des Konsums erschloß, die es vorher gar nicht gegeben hatte, die er sich gewissermaßen selber erfand (von den Kindern als Konsumenten bis zu den Senioren, die nicht mehr alt sein wollen, sondern mobil). 1968 war ein Erneuerungsschub des Kapitalismus, der im Alltag von Millionen alte Regeln und Zwänge lockerte und diese Millionen zugleich zu Konsumenten jenes Zweiges der Industrie machte, der seither boomt und nicht aufhört zu boomen, weil er sich alles einverleibt, was es an Abweichung, Aufbegehren, Sehnsüchten geben mag, der Kulturindustrie.

Im Fernsehen tritt ein junger liberaler Politiker auf, der zu seriöser Stunde in ein knallbuntes Hemd gezwängt ist, mit dem er vor 1968 in kein Provinztheater Einlaß gefunden hätte, und der sich seinem Interviewer so lässig in den Stuhl gegenüber gefläzt hat, daß man glauben könnte, jeden Augenblick werde er die Beine auf den Tisch legen oder, wie bei seinem vorletzten Auftritt, seinem Gegenüber öffentlich anvertrauen, er entspanne sich am liebsten in seinem mit indischen Räucherkerzen ausgestatteten Luxusbad in der vollen warmen Wanne. Der junge Liberale Westerwelle aber flegelt sich stattdessen in den Studiostuhl und verkündet staatstragend überzeugt, 1968 sei eine totalitäre Versuchung gewesen, vor der Leute wie der jetzige Außenminister und einstige Radaubruder Fischer sich leider nicht bewahrt hätten; und indem er das sagt und seine große historische Schelte absolviert, weiß er offenbar nicht, daß die Art, wie er sich körperbewußt präsentiert, wie er Optimismus, gute Laune, Gesundheit gemäß einer symbolischen Kleiderordnung am Leibe trägt, wie er sich dem Publikum nicht als ernster Informationsgeber, sondern als Spaßbereiter bietet, ihn als Produkt gerade der Ära ausweist, gegen die er eloquent zu Felde zieht. Ein Produkt jener Liberalisierung des Alltags, jener Ausfächerung der Kultur in die Sphären von Sport, Lebensstil, Unterhaltung, die damals initiiert wurde, glaubt er »1968« nachträglich mit einem Bann belegen zu können, ohne sich selbst für nichtexistent erklären zu müssen.

Natürlich, jetzt wollen die neuen, weltläufigen Spießer alle Freiheiten, alle diese lächerlichen und wichtigen Freiheiten haben, die erst dank und nach 1968 möglich geworden sind; aber sie wollen sie am liebsten ohne die schrägen Vögel, anarchischen Witzbolde, sozialistischen Dogmatiker, ohne all das Gelichter, die Helden und Hampelmänner von 1968 haben, die diese Freiheiten überhaupt erst entdeckt, auch für Deutsche beansprucht und gegen Widerstände nach und nach in der Gesellschaft etabliert haben. Sie wollen sich kleiden und geben dürfen, wie es ihnen paßt und die Mode gebietet, aber mit dem Gesindel, das damals Skandal erregte, weil es in bunt wallendem Gewand vor der Stellungskommission und in Sandalen vor Gericht erschien, nichts zu tun haben. Sie möchten gerne sexuell so befreit sein, wie sie glauben, daß sie es sich und ihrem Ansehen schuldig sind, aber die Wohngemeinschaften tadeln, in denen die Freizügigkeit damals diszipliniert als Tabubruch erprobt wurde. Sie wollen überhaupt schrecklich aufgeklärt und modern sein, nur möchten sie es gerne auf die alte Weise geworden sein: irgendwer, vermutlich Konrad Adenauer, muß ihnen das Recht auf Libertinage geschenkt haben, denn in denen, die es einst verfochten, als es noch nicht im Supermarkt zu kaufen war, vermögen sie sich nicht zu erkennen.

Dabei gibt es in diesem schauerlich primitiven Generalprozeß keinen, der hinter das zurück möchte, wofür der Angeklagte, die Modernisierung von »1968«, steht. Nicht die schärfsten Bußprediger möchten auf Schulen zurück, in denen die Schüler strammstehen mußten, auf Universitäten, in denen die Ordinarienherrlichkeit regierte, auf Ämter, in denen bis zur untersten Charge des Konzipienten lauter kleine Despoten im Abglanz der großen Staatsherrlichkeit regierten ... Keiner will das, doch halt: Eine will das schon. Eine gewisse Frau Merkel bemüht sich, als ihre eigene Mutti aufzutreten und Kanzlerin von Deutschland mit dem Gehaben einer Hausfrau der fünfziger Jahre zu werden. Vielleicht geht das sogar, schließlich wird auch Amerika, das uns in allem voraus ist, von einem schlichten, ja einem überaus schlichten Mann regiert. Und die überaus schlichten Leute, das weiß man, erweisen sich oft als sehr gewitzt, wenn es darum geht, weniger schlichten Dingen zum Durchbruch zu verhelfen. Im Unterschied zu Leuten, die nicht schlicht sind und dasselbe verfechten, gehen sie aber zuverlässig zur Kirche und beten für jeden, dem sie per Erlaß Schaden zufügen, zum Himmelvater; auch halten die überaus schlichten Leute, im Unterschied zu denen, die nicht schlicht sind und ähnliches bewirken, die Familie im allgemeinen hoch, so viele besondere Familien sie im einzelnen auch ruinieren.

Irgendwann, vielleicht schon vor 1968, ist die politische Revolte, die »1968« auch bedeutete, eingedämmt worden. Auf der einen Seite endete das libertäre Aufbegehren vorzeitig in der

Disziplin von Kadern, die sich an der Gewalt berauschten und so (zumal in der RAF und ihren Sympathisanten) als die getreuen Kinder ihrer nazistischen Väter erwiesen. Auf der anderen Seite wurde das libertäre Aufbegehren kulturindustriell befriedigt, und zweifellos hat die Kulturindustrie sich als erfindungsreicher, phantasievoller, kräftiger erwiesen, als es die politischen Ideologen mit ihrer antikapitalistischen Rhetorik waren.

Die hellen Köpfe dieser Kulturindustrie waren nicht aus den traditionellen Kaderschmieden des Kapitalismus gekommen, sondern aus der Subkultur, wie sie im Umfeld der Universitäten aufgeblüht war. (Orchideenzucht abschaffen!) So hat der Neomarxismus, wie er genannt wurde, paradoxerweise mehr zur Amerikanisierung Europas beigetragen als jene Politiker, die wie Franz Josef Strauß stramm antimarxistisch und proamerikanisch waren. Es ist eine abgefeimte Ironie der Geschichte, daß der Neomarxismus keine Änderung der Besitzverhältnisse, sondern eine Revolutionierung des bürgerlichen Lebensstils bewirkt hat. Seither gehören die Banken zwar immer noch den Bankiers, dafür aber gibt es Polizisten, die lange Haare, Volksschullehrerinnen, die uneheliche Kinder, und Minister, die einen schwulen Lebensabschnittspartner haben. (Man sage nicht, daß das nichts ist.)

Unverdrossen kämpfen in Deutschland die Zeitungen gegeneinander, und vereint bringen sie Bilder, die den Außenminister Fischer als jugendlichen Schläger mit Helm zeigen, wie er sich gerade über einen wehrlosen Polizisten hermacht. Es sind die Bilder, die schockieren und das erzeugen sollen, was keine Rede, keine Argumentation vermag, ein diffuses Gefühl der Angst vor diesem Außenminister, der womöglich schon morgen aus dem Anzüg schlüpfen, den Helm wieder aufsetzen und den obligatorischen Straßenkampf einführen könnte. (Fürchtet euch nicht: Der wird die Maske des Biedermanns nicht abnehmen, er weiß, daß das Gesicht mitgehen würde.)

Für das, was jetzt in Deutschland aufgeführt wird, ist neuerdings der Begriff »Vergangenheitsbewältigung« in Anwendung gekommen. Das Wort, gemeinhin auf die Ära von 1933 bis 1945 bezogen, war nie gut. Wie sollte auch eine Vergangenheit »bewältigt« werden, in der Menschen, Millionen Menschen überwältigt worden waren? Dieses unglückselige Wort aber so wie zuvor auf die Verbrechen des Nationalsozialismus jetzt auf die Reformen von 1968 anzuwenden, zeigt immerhin eines: daß die »Vergangenheitsbewältigung« so glücklich gelungen ist, daß der Nationalsozialismus mittlerweile für entsorgt gelten und mit einer gesellschaftlichen Reformbewegung 25 Jahre später in eins gesetzt werden kann.

In Österreich hat es, wie die Legende sagt, die Revolte von 1968 kaum gegeben, nur ein Viertelstündchen, und dann sei sie flugs gänzlich ästhetisch geworden, dafür aber auch absolut radikal. Tatsächlich gilt die Aktion im Hörsaal 1 der Wiener Universität, in der ein paar zuerst polizeilich gemaßregelte, später heiliggesprochene »Aktionisten« sich ihrer Kleider entledigten und öffentlich ein wenig herumsauten, als orgasmische Spitzenleistung der österreichischen Revolte. Die Aktion, die strafrechtliche Verfolgungen nach sich zog und einige der Protagonisten über Jahre ins Ausland verjagte, wird heute gemeinhin schon deswegen falsch bewertet, weil sie polizeilich beendet und strafrechtlich verfolgt wurde; immerhin ist es naheliegend, etwas für aufrührerisch zu halten, dem die Polizei ein Ende bereitet, und etwas als avantgardistisch zu rühmen, was die Gerichte beschäftigt hat. Tatsächlich markierte der Abend, an dem die politisierten Studenten auf die ästhetische Avantgarde trafen und die Vernunft theatralisch abdankte, eher das Ende als den Gipfel der rebellischen Ära. Mit den Aktionisten wurde die Revolte sprachlos, anti-intellektuell und auf überspannte Weise katholisch.

Um den Wiener Aktionismus und seine verschiedenen Akrobaten, Hohepriester und Fleischbeschauer ranken sich zahllose Legenden, die mittlerweile so häufig zitiert werden, daß sie für historische Wahrheiten gelten. Da Gerüchte nur lange genug weitergegeben werden müssen, bis aus Fiktionen Fakten werden, haben die Verfechter der einstigen Avantgarde von sich und ihrem Tun so viele Deutungen in den Kunstbetrieb gestreut, daß diese in der Zwischenzeit halbamtliche österreichische Kunstgeschichte geworden sind. Zu den gängigen Behauptungen, die eine bereits selbsttätig surrende Legendenmaschine auswirft, zählen auch diese zwei: die Wiener Aktionisten wären angetreten, auf ästhetisch-radikale Weise einen semifaschistischen österreichischen Kulturbetrieb der fünfziger und sechziger Jahre zu entlarven; und der Wiener Aktionismus hätte als österreichische Variante jener Protestbewegung, die man heute mit der Schlagzahl »1968« verbindet, für eine befreite Gesellschaft optiert.

Wie ist das nun? Verhalten sich die theatralischen Selbstverstümmelungen, Geißelungen, Ritzungen und Blutverschüttungen, die das Markenzeichen des Aktionismus wurden, zum Faschismus tatsächlich so konträr? Oder herrscht zwischen dem faschistischen Menschenbild und jenem, mit dem der Wiener Aktionismus reüssierte, nicht vielleicht doch eher eine verschwiegene Verwandtschaft?

Sieht man von der Ästhetisierung des Politischen, von den Bildern einer gebändigten Masse und ihres einsamen Führers ab, hat der Faschismus keine spezifische, ihm adäquate Kunst hervorgebracht. Was künstlerisch gefördert wurde und für große Kunst galt, das war von den Höhen Richard Wagners bis zu den Niederungen, in denen der Hirsch röhrte, der nämliche Kitsch, von dem sich der Kleinbürger schon lange vor Hitler erhoben und getröstet fühlte. Radikale Versuche, eine genuin faschistische Ästhetik zu erproben, die künstlerisch dem entsprechen sollte, was der Faschismus politisch bedeutete, waren den faschistischen Machthabern hingegen verdächtig, ein

Greuel, fluch- wie zensurwürdig. Die ästhetischen Konsequenzen aus ihrem ureigenen politischen Programm – etwa das Ekelgefühl im lyrischen Herrenmenschentum eines Gottfried Benn – haben sie stets für Schmutz und Schund, für gefährlich und destruktiv gehalten. Man könnte sagen, sie wollten in der Kunst nicht sehen und nicht hören, was sie selber bewirkten, und nicht sinnlich vorgeführt bekommen, was sie bürokratisch verfügten. Indes sie Millionen im Dreck krepieren ließen, wollten sie eine saubere Kunst. Ihre verleugnete Orgie aus Massaker und Blut konnte sich künstlerisch daher erst ein paar Jahrzehnte später austoben, und zwar unter durchaus modernistischem Vorzeichen und sehr zur Empörung derer, die den guten alten Zeiten des Völkermords nachtrauerten und das Verbrechen seltsamerweise nicht in der Wirklichkeit von gestern, sondern in der Kunst von heute entdeckten.

Natürlich ist es nicht dasselbe, ob in der Realität strenggläubigen Juden der Bart von grinsender SS abgeschnitten oder auf der Bühne ein religiöses Symbol rituell geschändet wird. Und natürlich ist es ein Unterschied, ob Menschen in der Wirklichkeit gefoltert oder ob Schauspieler in einem masochistischen Bühnenritual für ein darob erregtes Kunstpublikum erniedrigt werden. Aber da die Erregung, die sich des Publikums bemächtigt, gewiß kein humanistischer Reflex ist, der gegen die augenscheinliche Grausamkeit zuckt, bleibt die Frage, ob zwischen der Faszination, die ästhetisch genossen, und der anderen, die politisch genutzt wird, nicht eine heimliche Homologie besteht.

Keineswegs hatten die Aktionisten ja die »befreite Gesellschaft« (was immer die ist) visionär im Auge gehabt, es sei denn, man verstünde Befreiung in einem so reduzierten Sinne, daß mit ihr die autistische Befriedigung jedweden Bedürfnisses gemeint ist. So wird gerne behauptet, die Aktionisten hätten ihr eigenes Blut nur spritzen lassen, um mit öffentlicher Selbstverletzung wider die Enge bürgerlicher Moral aufzubegehren. Als wäre die körperliche Integrität des Menschen ein besonders verächtliches Moment bürgerlicher Repression und nicht eine historische Errungenschaft, die, wie man periodisch beobachten muß, so unwiderrufbar leider keineswegs ist! Als wäre die Verletzung eines Tabus per se ein demokratischer Akt, bleibt in der Auseinandersetzung mit den Aktionisten völlig außer Betracht, welches eigentlich die Grenzen sind, die überschritten zu haben sie so heftig gerühmt werden. Das letzte Heiligtum der Avantgarde: die »Überschreitung«, von der schon Foucault schwärmte, gleichgültig was und wohin es überschritten wird.

Rasch kann einer in Zeiten wie diesen hoch hinaus, rasch geht es mit ihm wieder hinab. Beeindruckend war die Karriere, die Walter Maria Stojan hingelegt hatte. Noch jung an Jahren, wußte der adrette Diplomat sich schon als Kulturattaché an der österreichischen Botschaft in Kroatien zu profilieren. Durchaus vernünftige Dinge hat er gefördert oder immerhin ermöglicht und das, was man den kulturellen Austausch zwischen zwei Staaten nennt, entschieden betrieben. Darum haben nicht wenige gestaunt, daß dieser junge Mann ausgerechnet von Jörg Haider ausersehen wurde, Leiter des Kulturamtes in Kärnten und somit höchster Kulturbeamter des Landes zu werden. Man wunderte sich, daß Haider diesen Mann ausgewählt hatte, und man wunderte sich, daß dieser Mann sich für diesen Posten auswählen hatte lassen.

Noch mehr zu wundern gab es, als Stojan seinen Posten in Klagenfurt antrat, denn da zeigte sich, daß eine Karriere so seriös gar nicht angelegt sein kann, daß nicht ein einziger Tag ausreichte, sie zunichte zu machen. Stojan verließ Zagreb, übersiedelte nach Klagenfurt und ging in sein Amt. Er ging hin am Montag, am Dienstag war er daraus schon wieder entfernt, und als er am Mittwoch dagegen aufmuckte, wurde er am Donnerstag in die Nervenklinik verfrachtet, weil sein Landesherr meinte, er würde die ereignisreiche Woche sonst womöglich aus lauter Gehässigkeit am Freitag mit einem spektakulären

Selbstmord beenden. Die Kärntner Woche faßt in fünf Tage, wofür andere Länder Monate brauchen.

Am Montag dachte Stojan vielleicht noch, er werde in Klagenfurt amtieren, wie er es aus Zagreb gewohnt war, Akten durchsehen, ein paar Leute empfangen, deren Ideen diskutieren, Pläne schmieden ... Doch wurde er gleich am ersten Arbeitstag zum Rapport bestellt, wo ihm beschieden wurde, was sein Landesherr von ihm erwarte. So prompt an seine Grenzen gestoßen zu werden, hatte Stojan nicht erwartet. Entweder war er so weltfremd, wie man es von einem Diplomaten nicht erwarten zu müssen glaubt, oder er fand sich mit Anforderungen konfrontiert, die schlimmer waren, als es der Landeshauptmann je öffentlich zugeben würde. Jedenfalls weigerte er sich, dem, was ihm aufgetragen wurde, prompt zu entsprechen. Anderntags verfügte der Landeshauptmann die Entlassung des von ihm gerade noch hochgepriesenen Mannes, mit der Bemerkung, es habe dieser eine problematische Natur, in die er das nötige Vertrauen nicht mehr aufzubringen vermöge. Aus Obsorge legte die Klagenfurter Polizei den bedauernswerten Mann zwei Tage später in Ketten, um ihn in der geschlossenen Abteilung der Landesnervenklinik abzugeben, denn offenbar muß wahnsinig oder ein Selbstmordkandidat sein, wer in Kärnten noch glaubt, es sei ein Beamter amtlich nicht zum Lakaiendienst verpflichtet.

Nun muß man wissen, daß in Klagenfurt viele Polizisten sich weder dem österreichischen Gesetz verpflichtet noch dem Innenminister im fernen Wien unterstellt fühlen, sondern Lehenstreue (unsere Pflicht heißt Unterordnung) einzig gegenüber ihrem Landeshauptmann üben. Die Kärntner Gewaltenteilung besteht darin, daß sich die Polizisten die Aufsicht über das Land gerne mit den Taxifahrern teilen; darum kommt es vor, daß Leute, die im Taxi unanständige Dinge gegen den Landeshauptmann äußern, statt an ihr gewünschtes Ziel gleich zur nächsten Polizeidienststelle gefahren werden, und nur manchmal, wenn einem unaufmerksamen Taxifahrer entgangen ist, daß es sich bei dem solcherart zu seinem verdienten Bestimmungsort umgeleiteten Fahrgast um einen Prominenten wie den Rocksänger Blixa Bargeld handelt, erfährt davon auch die Öffentlichkeit.

Immerhin in der Nervenklinik, bei den Verrückten, arbeiten noch Leute, die tollkühn genug sind, nicht den Diagnosen von Landeshauptmann und Polizei zu vertrauen, sondern dem Augenschein und der eigenen Ausbildung. Darum kehrte Stojan auch bald wieder in die Kärntner Freiheit zurück. Aus allem, was ihm widerfahren ist, hat er, weil es sich bei ihm um einen Kauz aus dem Tarockanien Herzmanovsky-Orlandos handelt, flugs ein kleines Theaterstück gebastelt, mit dem er, der österreichische Diplomat, der für einen Tag höchster Kulturbeamter Kärntens war und mittlerweile vogelfrei ist, nun als Schauspieler aller Rollen über Land tingelt.

Vor ein paar Tagen war er auch in Salzburg. Sein Stück ist so gut und schlecht, wie das bei Hobbykünstlern, die von ihren Ideen mitgerissen werden, eben üblich ist. Und er spielt es auch mit dem gleichen schwankenden Ausdruck des Amateurs, der bald begeistert darüber ist, sich vor Publikum darbieten zu können, bald darüber erschrickt. So dilettantisch Stojan sein dilettantisch verfertigtes Stück spielt, so faszinierend ist die Aufführung trotzdem, denn schauerlich läßt sie die Zuseher erleben, daß sich die große Politik (zumindest in Österreich) genau so abspielt, wie sich das der kleine Mann insgeheim schon immer gedacht hat. Die Intrigen, die da geschmiedet und exekutiert werden, sind wie aus dem Fernsehen geborgt, und in seinem altbackenen Versuch, die Wirklichkeit kenntlich zu machen, zeigt Stojan, daß diese gar keine satirische Zuspitzung mehr verträgt. So geht eine hoffnungsvolle österreichische Karriere zu Ende. Der so tief gefallen ist, zeigt im Sturz eine Größe, zu der er sich als in Ehren wesender Diplomat niemals hätte erheben können. Er hat die Größe, seine eigene Tragödie als Farce zu deuten; das ist immerhin etwas in einem Land, in dem es die Schurken sind, die Staatstheater mimen.

Salzburg–Berlin, Schurkenstück–Staatstheater. Die Zeitungen vermelden, daß Castorfs Salzburger Inszenierung, der die Erbengemeinschaft nach Tennessee Williams den Titel »Endstation Sehnsucht« verweigert hatte, zum Berliner Theatertreffen der zehn besten Inszenierungen des Jahres eingeladen wurde. Wenn ich mir vorstelle, auch die anderen neun anschauen zu müssen, wird in mir eine Religionsstunde der Volksschule Mülln wach. Pater Petrus, den ein paar Jahre später der frühe Herztod hinwegraffen würde, hatte uns Anfang der sechziger Jahre das Fegefeuer erklärt. Wir dürften uns nicht ausmalen, daß wir ein paar Millionen Jahre in einem Kessel gesotten würden, sondern sollten uns vielleicht ein großes Kino vorstellen, in dem wir voller Vorfreude auf den Film Platz genommen hätten. Das Licht gehe aus, und auf der Leinwand beginne ein witziger Film zu laufen, doch wir, die wir wegen schwerer Sünden ins Fegefeuer gezwungen worden seien, müßten mit dem Rücken zur Leinwand sitzen und könnten uns, so heftig wir es versuchten, niemals umdrehen. Wir würden nur sehen, daß sich die anderen amüsierten, und hören, wie sie lachten, wären aber von der Teilnahme an dem Spaß rettungslos ausgeschlossen. So müßten wir ein paar hunderttausende Jahre immer nur im Kino sitzen, ohne je einen Blick auf den Film werfen zu dürfen.

Das Berliner Theatertreffen muß so ein Fegefeuer sein. Nur zwingt es die Sünder, alle zehn Aufführungen anzuschauen, ohne daß sie es je zuwege brächten, sich von der Bühne und dem öden Geschehen abzuwenden. Ein grausam strafender Gott hält ihnen das Genick steif und die Augen offen, und so müssen sie alle diese Stücke anschauen, ohne aus dem sengenden Feuer, das ihr ästhetisches Empfinden wegbrennt, entfliehen zu können; und dabei wäre es doch schon eine unverhältnismäßige Strafe, auch nur einmal noch durch Castorfs Stück von Anfang bis zum Schluß hindurch zu müssen.

Die Geschichte einer Enteignung. Die Zauberer auf dem Theater kommen heute fast ohne Text aus. Nein, ein bißchen Text brauchen sie schon, aber er ist nur Rohmaterial, das sie benötigen, an ihm ihre eigene Kunstfertigkeit unter Beweis zu stellen. Ihre Bühnenphantasie braucht den Text als Sprungbrett, doch all die bestaunten Überschläge, sehenswerten Kapriolen und extravaganten Loopings, die sie vor dem begeistert akklamierenden Publikum vollführen, entfernen sie immer weiter von ihm. Der Stolz des Turners ist es, elegant und möglichst weit durch die Luft zu segeln, ja, so schwerelos möchte er wirken, daß wir das Sprungbrett vergessen, von dem er abgefedert hat, wie wir die Gesetze der Physik vergessen, wenn wir staunend einen Zauberer sein Kunststück vollführen sehen.

Die Theaterautoren leisten dem mehrheitlich längst ihren Tribut. Sie wissen, was sie abliefern, ist dem Regisseur, dem Magier, dem Despoten nur Material, aus dem er sein optisches Zauberwerk, seine Mordsgaudi, seine Riesenaction auf dem Theater machen wird. Liest man die Biographien von Theaterautoren des 19. Jahrhunderts, sieht man sie fast alle in einer lebenslangen, zermürbenden Auseinandersetzung um ihre Texte. Noch Ibsen, der ein König auf dem skandinavischen Theater war, mußte darum kämpfen, daß seine Stücke vollkommen wortgetreu aufgeführt wurden, daß jeder Beistrich mitgespielt, jeder Gedankenstrich ausgesprochen, jedes bedeutsame Verstummen vorgetragen wurde. Es hat Epochen gedauert, bis dem Autor die Autorenschaft zugebilligt wurde, will sagen: bis er, von dem das Stück stammte, als Urheber anerkannt war und als Herr über seine Sätze gebieten konnte.

Diese autoritative Urheberschaft ist den Autoren längst entrissen, der Herr, der über alle Sätze gebietet, ist der Regisseur, dem auch alle Sätze gleich viel gelten, nämlich so viel, wie er mit ihnen anfangen kann, um sie in überwältigendes, schockierendes oder akrobatisches Theater zu verwandeln.

Zu diesem Zweck benötigt er keine Texte, deren Qualität hoch, sondern Autoren, deren Selbstbehauptungswille gering ist. Nicht weil die poetische Kraft seiner Sätze unbezwingbar ist, wird heute einer zum gefeierten Theaterautor, sondern weil er das, was er geschrieben hat, bereitwillig dem Theatermann zur beliebigen Verwendung überläßt. Fern die Zeiten, da Ibsen um einen Gedankenstrich gekämpft hat. Heute wird der Text als Ganzes hingeworfen, ziehe jeder seine Striche durch, wo es ihm beliebt.

Aschermittwoch. Weil die Zeit der Narren vorbei ist und Ostern naht, wo die Juden unseren Heiland ans Kreuz genagelt haben, wird der Witz bedrohlich. Im oberösterreichischen Ried haut Jörg Haider auf den Tisch, daß das Publikum aus lauter Freude die Zähne bleckt. Wie es möglich wäre, grübelte der Redner über den Vorsteher der Jüdischen Gemeinde von Wien, Ariel Muzicant, daß jemand Ariel heißen und so viel Dreck am Stecken haben könne. Die Stimmung im Saal wurde darüber so ausgelassen, daß die Rieder am liebsten einen Kaftan-Juden aus der Wochenschau der Reichsfilmstelle herbeordert hätten, nur um sich mit ihm zu verbrüdern oder ihn aus lauter Hetz spaßeshalber zu erwürgen. Der Urheber der Ausgelassenheit, die eine starke Sehnsucht zeigt, sich zur Tobsucht zu steigern, wird es morgen nicht gesagt oder anders betont und jedenfalls ganz harmlos gemeint haben; was die Rieder Bierkrüge begeistert ausprusteten, war nur die harmlose Freude am famosen Sprachwitz, und der Kanzler Schüssel wird morgen beginnen, alles zu überschweigen und allenfalls verlangen, man solle seine Regierung nicht an Worten, sondern an Taten messen. (Solange er niemanden totschlägt, ist alles nur ein Mißverständnis. Wenn einer totgeschlagen wird, hat man ihn dann richtig verstanden?)

Die philosophische Tafelrunde und der Tod. Vor elf Jahren, Ende Februar 1990, wurde der weltberühmte Soziologe Roland Barthes, von einem Essen mit Präsident Mitterand, Kulturminister Jacques Lang und anderen Politikern, Beamten und Intellektuellen des innersten Machtzirkels vorzeitig aufgebrochen, unmittelbar vor dem Restaurant beim gedankenverlorenen Überqueren der Straße niedergefahren. Was hat den strengen Deuter der Mythen, den eckigen Gelehrten, der im akademischen Betrieb zwar reüssierte, aber in der Gesellschaft immer am Rande, genau gesagt: bis ins Alter bei seiner Mutter gelebt hatte, veranlaßt, sich so weit außerhalb seiner Sphäre zu begeben? Hat ihn nach reichlichem Mahl ein jäher Überdruß gepackt, der nicht mit dem Essen, wohl aber mit dem Tafeln zu tun hatte und ihn in die überstürzte Flucht trieb? Was waren das für Gedanken, in die er sich so versenkt hatte, daß er, des Verkehrs nicht achtend, blindlings ausschritt?

Roland Barthes erlag nach einigen Wochen in einem Pariser Hospital seinen schweren Verletzungen. Gerade er mußte es doch gewußt haben: Wer sich mit den Mächtigen einläßt, sucht den Tod; wer an ihren Tischen tafelt, stirbt.

März

DEUTSCHE LITERATUR WIRD mittlerweile auch von Autoren geschrieben, die Sherko Fatah, Galsan Tschinag, Ilija Trojanow, Rafik Schami, Rumjana Zacharieva, Rajvinder Singh, Giwi Margwelaschwili ... heißen. Daß sie als Deutsche aus dem Fundus von Familientraditionen schöpfen, die sie mit entlegenen Weltregionen verbinden, beginnt die deutsche Literatur unverkennbar zu bereichern.

Sherko Fatah wuchs als Sohn eines Kurden in der DDR auf und lebt heute in Berlin. Sein Roman »Im Grenzland« spielt im Dreiländereck von Iran, Irak und der Türkei. Schon daß die Region nicht mit den bekannten Termini bezeichnet wird, ist keine literarische Verdunkelung, mit der Fatah Eindruck schinden will, sondern ein richtig gesehenes Detail. Die Leute, die dort in den abgelegenen Dörfern des Grenzlandes siedeln, gehören nämlich Stämmen an, denen ein nationales Bewußtsein, durch das sie sich als Türken, Iraner oder Iraki empfinden würden, durchaus fehlt. Fatah erzählt vom Leben eines Schmugglers, der durch Minenfelder kriecht und sich als Fährtengänger stets am Rande des Todes bewegt. Doch ist er zugleich einer der Gewinnler des Krieges in seinem Grenzland, denn sein Gewerbe blüht so richtig erst in der Mangelwirtschaft auf, wenn wichtige Waren des täglichen Bedarfs und erst recht des Luxus legal nicht zu erstehen sind. Da die Wirtschaft zusammengebrochen ist, regieren jene, die nichts herstellen, aber vieles beschaffen können, die großen Händler, die sich ein Heer kleiner Schmuggler halten.

Der Schmuggler, für den ein unvorsichtiger Schritt im verminten Gelände schon der letzte sein könnte, benötigt zum Überleben eine geschärfte Wahrnehmung. Er kennt den Boden über viele Kilometer genau, erkennt jede Veränderung, kann die eigenen Fußspuren von den Tritten anderer unterscheiden, er weiß, welche Unebenheit verdächtig ist und welche nur vom Wind stammt, er erinnert sich an die Lage und die Farbe von Steinen und Pflanzen. Der Boden ist ihm eine riesige Tafel, deren Zeichen er schreitend, kriechend entziffern muß. So liest er die Landschaft, und lesend gewinnt er ein Land zurück, das die fremde Obrigkeit mit dem Befehl, es flächendeckend zu verminen, der eigenen Bevölkerung entzogen hat.

Sherko Fatah schreibt natürlich Provinzliteratur. Was er literarisch exakt erkundet, ist ein provinzieller Landstrich, von dessen Beschaffenheit in unserem Reich des Wohlstands allenthalben ein paar militärische Fachleute Genaueres wissen. Sein Held ist ein enger, verstockter Charakter, geprägt von der Armut der Region, der kargen, steinigen Landschaft, den unverrückbaren religiösen und sozialen Traditionen. So ensteht Provinzliteratur, Literatur einer wenig anziehenden, in schiere Verdammnis gedrückten Provinz. Aber nur, indem er sich zu ihr bekennt, kann Sherko Fatah das Seine zur deutschen Literatur, ja zur Weltliteratur beitragen. Er scheint das zu ahnen und hat sich jedenfalls souverän dem Zwang widersetzt, beliebig Zeitübliches, austauschbar Metropolitanes zu verfertigen.

Während es dem popliterarischen Orchester mit seiner zur Hundertschaft angewachsenen Besetzung nie und nimmer gelingt, irgend Welthaltiges zu erzählen, bringt es dieser kurdische Berliner gleich mit seinem ersten Roman zuwege. Es ist unausweichlich: Die schnittigen Burschen der Popliteratur mögen über die Kontinente jetten, sie kommen über ihre Borniertheit doch nie hinaus. Wohin immer sie fahren, schleppen sie ja als die allergrößte Last sich selber mit, sodaß sie in Asien, Amerika, an all den exotischen Schauplätzen, die sie sich vom Reisebüro vermitteln lassen, stets die nämlichen, vorgefertigten Bilder sehen. Sie wollen die große Welt in ihre Literatur zwingen und schneiden sie doch nur kurios auf ihr eigenes Maß zurecht. Autoren hingegen, die wie Sherko Fatah nicht mit der prächtigen, exotischen Welt kokettieren, sondern sich auf die mißachteten Provinzen am Rande beziehen, der sie oder ihre Familien entstammen, vermögen eine Ahnung davon zu vermitteln, was unsere Welt tatsächlich ist.

So ein trotziger, weltkundiger Hinterwäldler, der seit einigen Jahren die deutsche Literatur verstärkt, ist auch Irgit Schynybajoglu Dsurukuwaa, der in den vierziger Jahren in einer Jurtensiedlung des Altai-Gebirges geboren wurde. Jurten? Altai? Die Jurten dienen den Tuwa-Nomaden, deren Lebensraum das mongolische Altai-Gebirge ist, als Behausungen, die rasch in ihre Bestandteile aus Holz und Filz zerlegt werden können. Tuwa? Die Tuwa sind eine turkstämmige Minderheit in der Mongolei, und Dsurukuwaa ist der Chronist dieses Volkes. Aber er ist nicht nur das, sondern zugleich ein deutscher Schriftsteller, der seine Bücher unter dem Namen Galsan Tschinag veröffentlicht.

In den sechziger Jahren war er aus der Mongolei zum Studium in das befreundete sozialistische Ausland der DDR geschickt worden, wo er sich die deutsche Sprache so rasch aneignete, daß er gleich seine ersten Romane auf deutsch schrieb. Das ist umso irritierender, als sie nur ein einziges Thema haben: die Selbstbehauptung der Tuwa, die Identität dieses Nomadenstammes in der unendlich fernen Mongolei. 1995 rief Galsan Tschinag die unter Stalin umgesiedelten, weit verstreut lebenden Tuwa zusammen und führte eine Karawane der Tiere, Güter, Träume und Menschen über 2000 Kilometer in das Altai-Gebirge zurück. Einen Teil des Jahres verbringt er heute bei den Tuwa im Altai, einen anderen unter den Mongolen in deren Hauptstadt Ulan Bator und den dritten in Deutschland.

Man könnte sagen, Galsan Tschinag schreibe deutsch-mongolische oder mongolisch-deutsche Literatur, aber so einfach ist die Sache nicht. Er schreibt nämlich deutsch-mongolische Tuwa-Literatur, und das ist etwas anderes und für die Literatur in deutscher Sprache eine höchst unerwartete Bereicherung. Eine Bereicherung ist es zweifellos, denn was für Fußball, Wissenschaften und Gastronomie gilt, hat auch in der Literatur seine Gültigkeit: Wenn es den Zuwanderern gelingt, sich zu entfalten, dann heben sie das Niveau selbst zum Nutzen derer, denen sie als Fremde verdächtig sind.

Das haben in England, Frankreich oder den Niederlanden mehr Menschen begriffen als in Deutschland und Österreich. Die vielen Kariben, Inder, Afrikaner, die heute in England leben, vermochten die englische Kultur stärker zu verändern, als das den Millionen türkischer oder jugoslawischer Gastarbeiter in jenen mitteleuropäischen Ländern gelang, in die sie zur Arbeit gekommen und in denen sie vielfach geblieben sind. Während angelsächsische Politiker fast einmütig die verändernde Kraft der Zuwanderer rühmen, besorgen bei uns viele ihr Geschäft erfolgreich damit, vor der »Flut« von Einwanderern zu warnen und zu fordern, die bereits Eingewanderten müßten sich noch rigoroser an die vorgefundene Lebensweise anpassen, als sie es von sich aus ohnehin tun. Ohne es zu wissen, fürchten die Unsrigen offenbar, daß von der Kultur der Gastarbeiter und Flüchtlinge ein gefährlicher Reiz ausgehe, dem die Deutschen und Österreicher eines Tages erliegen könnten.

In England hingegen hat selbst die Literatur, die stolze Hüterin der Nationalität, ihre stärksten Impulse in den letzten Jahrzehnten von den Zuwanderern erhalten, von den V. S. Naipaul, Salman Rushdie, Benjamin Okri, Hanif Kureishi … Ebenso ist der segensreiche Einfluß von Nordafrikanern und Westindern auf die französische Literatur der Gegenwart unverkennbar. Ohne Autoren wie die gebürtigen Marokkaner Driss Chraibi oder Tahar Ben Jelloun, die Algerier Rachid Boudjedra oder Assja Djebar, die Libanesen Amin Maalouf oder Adonis, ohne die von den Antillen stammmenden Patrick Chamoiseau, Raphaël Confiant oder Edouard Glissant hätte die französische Literatur längst nicht mehr jene Strahlkraft, die ihr immer noch in aller Welt Beachtung sichert. Freilich, Frankreich, England, Holland waren Kolonialmächte, der Zustrom von Menschen, die aus der Peripherie der einstigen Kolonialreiche in deren

Metropolen zogen, hat auch historische Ursachen. Die Verhältnisse in Deutschland, der Schweiz, Österreich sind andere, aber auch wieder nicht so anders, daß sie erklären würden, warum Zuwanderer hier so oft vor der Zwangsalternative stehen, sich entweder widerspruchsfrei einzufügen oder im ethnischen Ghetto ihrer Einwanderungsgruppe zu bleiben; gering geschätzt werden bei uns jedenfalls die reizvollen Übergänge, die die Teilhabe an mehreren Kulturen ermöglichen, die Vermischungen, die sich nicht zur starren Identität verfestigen.

Der gebürtige Bulgare Ilija Trojanow hat in den letzten Jahren leidenschaftlich dafür votiert, daß die mehreren Millionen von Migranten, die aus der Türkei, vom Balkan, aber auch aus dem arabischen Raum nach Deutschland gekommen sind, sich selbstbewußter daran machen sollten, Deutschland zu verändern. Und zwar sollten sie das als türkische, arabische oder bosnische Deutsche tun, als Menschen, denen Deutschland zur Heimat wird und die »das Deutsche« um ihr eigenes Erbteil ergänzen. Ihm schwebt ein Deutschland vor, in dem die Migranten nicht wie bisher als kulturelle Gefahr gesehen werden, die es des ökonomischen Nutzens wegen in Kauf zu nehmen gilt, sondern als Chance, das »Deutsche« fortwährend mit Elementen anderer Kulturen zu versetzen. Daß solcher Einfluß wirksam werden kann, bedarf es allerdings einer Bevölkerung, die um ihre Identität nicht bangt, sondern ihrer sicher ist und sich deshalb nicht panisch gegenüber Fremdem, Neuem, Ungesichertem abzuschotten braucht.

Die meisten Franzosen haben offenbar größeres Zutrauen in die Kraft ihrer nationalen Traditionen und Kultur als die meisten Deutschen. Sie fürchten nicht, gleich überflutet oder überfremdet zu werden, wenn sie den Zuwanderern das Recht zugestehen, mitten in Frankreich ihre eigenen Lebensformen zu pflegen. Umso eher sind die Franzosen zu solcher, ihnen selber nützlichen Toleranz befähigt, als sie in ihrem Nationalbewußtsein unangefochten sind. Auf die Idee, daß sie sich ihres

Franzosentums schämen müßten, sind ihre kritischen Köpfe selbst in der blutig zu Ende gehenden Kolonialära nicht gekommen, als die französischen Sondereinheiten in Algerien oder Indochina Blutbäder anrichteten. Es scheint, ein sicheres Nationalgefühl könne eine günstige mentale Voraussetzung dafür sein, in der eigenen nationalen Identität nicht zu erstarren, sondern diese immer wieder neuen Einflüssen zu öffnen und auf diese Weise zu verändern.

Dem würde entsprechen, daß umgekehrt die Deutschen mit ihrem brüchigen, historisch belasteten Nationalgefühl sich zwar einerseits hüten, sich in der Welt allzu forsch zu ihrem Deutschtum zu bekennen, weil sie wissen, daß derlei außerhalb Deutschlands nicht mehr wohlgelitten ist, sich aber andererseits gegenüber ihren Zuwanderern geradezu verschließen. Die vier Millionen Türken haben ein einziges Wort in die deutsche Sprache zu bringen vermocht; einzig »Döner« ist in das Deutsch der Gegenwart, wie es der Duden kodifiziert, eingegangen, und das in einer Ära, in der viele hundert aus dem Amerikanischen stammende Wörter germanisiert wurden. Daß das Gegenwartsdeutsch vom Türkischen gar nicht, vom Amerikanischen aber gravierend beeinflußt wird (obwohl so viele Türken, jedoch kaum Amerikaner unter den Deutschen leben), hat Ilija Trojanow zu sympathischen Tiraden der Wut veranlaßt – daran ändern könnten freilich nur die Millionen etwas, die die deutsche Sprache sprechen und durch den Gebrauch dieser Sprache bestimmen, was künftig als Deutsch zu gelten hat. Die aber wollen amerikanische Musik hören, Filme sehen, Lebensziele verfolgen und überhaupt mehr und mehr als Amerikaner leben – und allenfalls nur auf den Döner nicht verzichten.

(In derselben Zeit hat sich das Englische als höchst lebendig erwiesen, weil es eben kein stehendes, sondern ein fließendes Gewässer der Sprache ist. Das Englische nimmt unaufhörlich Worte aus anderen Sprachen auf, der Strom dieser Sprache ist gerade wegen der unzähligen Zuflüsse so stark geworden, und wie die Sprache der Literatur speist sich auch die des Alltags in

England und den USA seit langem von den Zuwanderern, den verschiedenen ethnischen Gruppen, selbst von Minoritäten, die ansonsten nicht hoch im Kurs stehen mögen.)

Und Österreich? Die Österreicher haben ein historisch spät entwickeltes, schwaches und ungesichertes Nationalgefühl, darum äußert es sich häufig so hysterisch. Hysterisch entweder im stieren patriotischen Überschwang, der es am liebsten mit der ganzen Welt aufnehmen möchte und, wo sich diese ungerührt gibt, empört vermeint, alle wären gegen uns, sodaß wir wenigstens in der Feindschaft, die wir erdulden müßten, immer noch eine Weltmacht darstellten; oder hysterisch in der Selbstaufgabe, in die sich gerade kritische Geister flüchten, denen vor dem österreichischen Chauvinismus graut und die es schon für einen nationalistischen Exzeß halten, wenn auch die Österreicher auf dem Fußballplatz tun, was man überall auf der Welt tut, nämlich über die Siege der eigenen Mannschaft jubeln.

Die Österreicher haben in ihr Deutsch, das dadurch farbenreicher, melodiöser und nuancierter wurde, über die Jahrhunderte Wörter aus dem Türkischen, Italienischen, Ungarischen, Jiddischen, Slawischen aufgenommen. Doch da sich bei uns jedes Geschichtsbewußtsein verflüchtigt hat, sodaß allenfalls die Operette noch etwas von unserer Herkunft erzählt, ist diese Tatsache den allermeisten Österreichern unbekannt. Wenigen Ländern ist die sprachliche Monokultur so unangemessen wie Österreich, das vielsprachig war und mehrsprachig immer noch ist und in dessen Deutsch die Untertöne anderer Sprachen reizvoll mitschwingen. Wie Millionen Österreicher familiengeschichtlich von Tschechen, Ungarn, Kroaten, von Slowenen, Slowaken, Polen abstammen und heute gerade gegen das Pack aus dem Osten beachtliche Ressentiments hegen, so haben sie auch vergessen, was ihre Sprache ausmacht, woher der Reichtum an Nuancen und die Melodik stammen, auf die sie so stolz sind und mit der sie sich von den bewunderten Nachbarn, den verhaßten Piefkes, unterscheiden möchten.

Diese Geschichtsvergessenheit, zu der die Unkenntnis der eigenen Familiengeschichte und der Unwille gehören, sich mit ihr auseinanderzusetzen, ist beileibe nicht nur ein Phänomen der politischen Rechten oder einer einzigen Partei. Nicht nur in der FPÖ heißen sie Hojac und kämen nicht auf die Idee, daß in ihren deutschen Adern rotes Slawenblut rollt. Auch in der SPÖ heißen sie gerne Cap und glauben doch, die Wiege ihrer Großeltern sei näher bei Cap Canaveral als bei Kežmarok gestanden.

Ich hatte ein paar Tage in Wien zu tun, und wie immer kehre ich mit der bestätigten Erfahrung zurück, daß Österreich ohne Wien nicht Österreich wäre. Die Schweiz bliebe ohne Bern immer noch die Schweiz, Spanien ist auch fern von Madrid ganz Spanien, sogar ein Italien ohne Rom kann man sich vorstellen, und Deutschland, war es nicht auch ohne Berlin ein vollständiges Deutschland? Aber Österreich! Ohne Wien wäre Salzburg ein bayerischer Gau, Tirol ein Freistaat, Vorarlberg ein Schweizer Kanton, und Kärnten hätte vermutlich das dazwischenliegende Gebiet staatsrechtlich übersprungen und längst den Antrag auf Aufnahme in die Bundesrepublik Deutschland sowie auf die amtliche Bezeichnung Südmark gestellt. Was Österreich zusammenhält, das ist Wien, erst Wien macht aus der disparaten Geschichte all dieser Bundesländer, einstigen Grafschaften, geistlichen Fürstentümer, Kirchenbezirke die Geschichte einer Nation, die zu einem gemeinsamen Staat nicht gänzlich zufällig oder nur wegen des Ränkespiels der Großmächte gekommen ist.

(Weil ich in der sogenannten Provinz, noch dazu im »katholischen«, »reaktionären«, »deutschnationalen« Salzburg lebe, wurde ich da und dort seltsamerweise zum Gegner Wiens erklärt. Wie sollte das gehen, wo ich doch oft genug für ein Österreich plädiert habe, das sich seiner osteuropäischen Komponenten bewußt wird, für ein Land, das sich von seiner mittel- und osteuropäischen Vergangenheit nicht panisch abkoppelt, sondern aus ihr eine vernünftige Perspektive für die

Zukunft gewinnt – wie sollte ich da ernstlich »gegen Wien« sein können? Alles, was mir Österreich bedeutet, wäre ohne Wien völlig undenkbar. Selbst dem flüchtigen Besucher kann nicht entgehen, daß Wien seinen urbanen Reiz und seine Lebenskraft immer noch aus der Tatsache bezieht, daß es unübersehbar – und entgegen dem Wunsch mancher seiner Bewohner – eine offene Stadt ist; eine offene Stadt, in die begabte Menschen aus allen möglichen Richtungen strömen, um vorwärts zu kommen, ihr Glück zu machen und mit den Ihren in einer offenen Stadt zu leben.

Was ist aus dem vielbeschworenen Haß auf Wien geworden? Vom Ressentiment der katholischen Bundesländer gegen das rote, atheistische, verjudete, halb bereits dem Balkan zugehörige Wien ist zwischen Vorarlberg und dem Burgenland nicht mehr viel vorhanden. Der Austrofaschismus hatte sich noch als Bewegung bodenständiger Christen verstanden, die gegen die sündhafte Großstadt ziehen, um wieder eine vermeintlich natürliche und gesunde Ordnung aufzurichten. Das gesellschaftliche Ideal des Austrofaschismus war der große Bauernhof, bei dem jeder, vom Bauern zum Altknecht, seinen festen Platz hat und der ewige Jahreskreislauf das Maß ist. Natürlich war schon zu Zeiten von Engelbert Dollfuß kein Bauernhof mehr so, wie er nun das Modell für den ganzen Staat abgeben sollte; Österreich war damals längst ein Industriestaat, der sich gerade diese Tatsache zu verschweigen trachtete und die Arbeiter der großen Industriezonen gewissermaßen als verlorene Kinder des Bauerntums verstand.

Die Angst vor Wien, die so folgenreich in Haß kippen konnte, spielt längst keine Rolle mehr. Mehr denn je bezieht die Metropole ihren Reichtum heute nicht nur aus dem Zuzug von Menschen, die es aus allen möglichen Weltregionen hierher verschlägt, sondern auch aus dem geregelten Nachschub mit Provinzlern. Fortwährend stößt man in Wien auf Kärntner, Salzburger oder Vorarlberger, die zum Studium, aus Liebe oder wegen des Berufes nach Wien gezogen, dort geblieben und die begeistertsten Wiener geworden sind. Kaum haben sie sich ein Jahr eingewöhnt, versichern sie, daß sie es sich nicht mehr vorstellen könnten, je wieder, außer zum Besuch oder Begräbnis der Eltern, in die finstere Provinz zurückzukehren. Der Verdacht, der einst gegen Wien erhoben wurde und zum Untergang der Demokratie das Seine beigetragen hat, er geht heute eher in die andere Richtung. Die erste Frage, die mir in Wien gestellt zu werden pflegt, lautet: Warum leben Sie immer noch in Salzburg? Gemeint ist: Wie kann man nur! Wo man doch auch die Möglichkeit hätte, hierher zu übersiedeln.)

Mitten im Winter ist der Frühsommer hereingebrochen. Mittags strömen sie aus den Büros heraus, um eine halbe Stunde die Sonne zu genießen. Im Mirabellpark sitzen dicke Mädchen, die hingebungsvoll Äpfel und Birnen vertilgen, und magere Mädchen, die es angewidert mit Schokoriegeln und Cremeschnitten versuchen.

Der Sommer hält, sodaß wir am Wochenende aufs Land fahren. Das Trumer-Seengebiet im Flachgau ist eine schöne Gegend, und in ein paar Orten, die der unbarmherzigen Siedlungspolitik von Raiffeisen und Wüstenrot ihre Bausubstanz entgegenzuhalten vermochten, kann man sogar noch alte Bauernhöfe, unzerstörte dorfbürgerliche Plätze entdecken, in die noch nicht die Betonblöcke der Fußgängerzonen gerammt wurden. Das 770 gegründete Benediktinerstift Mattsee liegt mitten im gleichnamigen Ort, umgeben von einigen Bauernhäusern, denen man es noch ansieht. Nach Mattsee hat mich diesmal Leo Federmair verlockt, der in seinem Erzählband »Kleiner Wiener Walzer« eine Geschichte erzählt, die in diesem Ort spielt, an den ich mich von ein paar Besuchen vor zwanzig Jahren kaum mehr erinnern konnte.

Die Geschichte hat mit Arnold Schönberg zu tun, dem es in Mattsee so gut gefiel, daß er hier einen Wohnsitz für die Sommermonate erstehen wollte. Die Gemeindehonoratioren von Mattsee waren bereits in den frühen zwanziger Jahren nationalsozialistisch aktiv. Es gab, zumal in den Flachgauer Gemeinden, den Typ des Dorfhonoratioren, der als Tierarzt, Schuldirektor, Notar eine respektierte, von den eingesessenen Bauern aber nicht wirklich akzeptierte Gestalt war, und der noch Auszeichnungen und Ehrungen der Republik empfing, als er bereits unverhohlen auf deren Ruin hinarbeitete. In Mattsee hatte dieser auch anderswo anzutreffende nationalsozialistische Ehrenmann den Namen Dr. Franz Hueber. Am 27. Juli 1934 schlugen seine Gefolgsleute zu, das waren vornehmlich Söhne verarmter Bauernfamilien, rohe, ungeschulte Burschen aus dem Dorf, die im Elend auf dem Lande festsaßen, keine Studierten aus der Stadt, die wie der Dr. Hueber vom gesunden Bauernstand schwärmten. Der sogenannte Flachgauer Putsch lief in etlichen Gemeinden nach dem Mattseer Beispiel ab. Die jungen Schläger besetzten den Gendarmerieposten, entwaffneten die Gendarmen, nahmen die Repräsentanten des klerikalen Regimes gefangen und verprügelten sie. Am Ende ist alles nach wenigen Stunden zusammengebrochen, rund zwanzig Tote bleiben in Mattsee, Seekirchen, Lamprechtshausen zurück, deklassierte Burschen von der SA, die ein paar Jahre zu früh losgeschlagen haben und 1938 zu Märtyrern erklärt werden (und zwei Gendarmen, die dem Ständestaat als Helden galten).

Heute summt Mattsee träge im Frieden eines sommerlichen Wintertages und weiß von gar nichts. Ein Ortschronist führt jeden Sommergast auf, der eimal im Biergarten den schönen Mattseer Abend gerühmt hat; Arnold Schönberg erwähnt er nicht. Der hatte 1921 mit seiner Familie hier Urlaub gemacht und wollte gerne jedes Jahr wiederkehren, weil ihm der Flachgau, der in sanften, weitgeschwungenen Hügeln zu den Seen hin abfällt, so gut gefiel und das alte Mattsee ein so angenehmer Ort war, den Sommer zu verbringen. Da beschloß der weltberühmte Komponist, der sich dem Ort als Dauergast verbinden wollte, einen Walzerabend für die Mattseer geben. Die Mattseer Bauern wußten von dem gelehrten Mann aus Wien nicht viel, aber die Honoratioren, diese kleine bürgerlich-städtische Gruppe, hatten sich kundig gemacht. Statt daß der Walzerabend am Brett vor dem Gemeindeamt angekündigt wurde, schickte der Gemeinderat seinem Gast einen Brief. Darin wurde Schönberg rüde aufgefordert, entweder unverzüglich Dokumente beizubringen, die bewiesen, daß es sich bei ihm um keinen Juden handle, oder den schönen Ort nicht länger durch seine Anwesenheit zu beschmutzen. Schönberg verließ Mattsee, das ihm so gut gefallen hatte, daß er gerne jedes Jahr sechs Wochen hier verbracht hätte, im Sommer 1921, und seither wurde in Mattsee nichts mehr von ihm gehört.

Abends, im Fernsehen, zeigt sich Haider gekränkt, daß man ihm den Witz von Ariel, der Dreck am Stecken hat, als antisemitisch auslegen möchte, ausgerechnet ihm, der einmal Viktor Frankl mit dem Auto heimgefahren hat!

In Mazedonien geschieht, was mir alle Leute, mit denen ich auf meiner Reise zu den Aromunen Mazedoniens im Vorjahr gesprochen habe, als unausweichlich angekündigt hatten (und was mir stets als antialbanisches Ressentiment erschienen war): albanische Nationalisten suchen das Land in einen Bürgerkrieg zu treiben.

In Mazedonien lebt ein Dutzend verschiedener Volksgruppen. All die Tage, die ich zwischen Skopje und Stip, Bitola und Struga unterwegs war, hat mich ein Landesbrauch erschreckt: der Brauch, daß offenbar ein jeder den anderen, der ihm über den Weg läuft oder den er vor einem Haus stehen sieht, nach seiner ethnischen Zugehörigkeit taxiert. Der ist ein Albaner, dieser ein Türke und jener ein Roma. Fortwährend ging das so, bis ich schon selbst anfing, Vermutungen darüber anzustellen, welcher zufällige Passant welcher der mazedonischen Volksgruppen zugehöre. Bravo, lobten mich meine Begleiter, wenn ich eine ethnische Zuordnung in ihrem Sinne zutreffend vorgenommen hatte, Neinnein, schüttelten sie lachend über mich

Tölpel den Kopf, wenn ich wieder einen bulgarischen Staatsbürger Mazedoniens mit einem türkischen verwechselt hatte.

Jede der Volksgruppen, mit denen ich es in Mazedonien zu tun bekam, hat von diesem Staat ihr eigenes Bild, aber alle hatten sie einen gemeinsamen Feind: die Albaner. Das seien Verbrecher, Drogenhändler und Autoschieber, die ihre Kinder medienwirksam vor ein Gewehr hielten, wenn es der albanischen Sache nütze. Schon den Kosovo-Krieg hätten sie selbst provoziert, indem sie beschlossen, einen Teil der Bevölkerung von den serbischen Garden massakrieren zu lassen, um die internationalen Medien für den Kampf der Albaner einzunehmen. Die unglaublichsten Dinge bekam ich über die Albaner zu hören. Eine reizende junge Staatsanwältin, die perfekt Englisch und Französisch sprach und den kultiviertesten Eindruck machte, antwortete auf meine Frage, woran sie denn die von ihr so verachteten Albaner erkenne, nach langem Nachdenken geradezu grüblerisch: »They use to be ugly.« Ein langhaariger Student, der an eine deutsche Universität gehen wollte und wie ein sanftmütiger, zu spät gekommener Hippie wirkte, erklärte mir lang und breit, was er, ein Angehöriger der aromunischen Minderheit, gegen die Albaner habe: »Du lädst sie ein in dein Haus und sagst ihnen, bitte, fühlt euch wohl hier. Aber die sind nicht zufrieden, daß du ihnen dein Wohnzimmer zur Verfügung stellst, die gehen in dein Schlafzimmer und sagen: Hier wollen wir bleiben.« Ich glaube nicht, daß der liebenswürdige Kerl ahnte, was er mir da von sich selbst offenbarte, aber die Vorbehalte gegenüber den Albanern hatten immer eine untergründig sexuelle Konnotation. Mazedonische Kinderfreunde, die mich eingehend nach meinen eigenen Kindern befragt hatten, stupsten mich an, sobald wir an einer albanischen Siedlung vorbeifuhren, und deuteten auf die Kinderscharen vor den Häusern: »Schau sie dir an, wie sie ihre Frauen zwingen, ein Kind nach dem anderen zu werfen.«

Tatsächlich, immer wenn eine Familie mit mehr als zwei Kindern daherkam, waren es Albaner. Die Albaner wiederum, mit denen ich sprach, waren mir sympathisch, weil sie ganz offenkundig mißachtet wurden und benachteiligt waren; und sie waren mir unsympathisch, weil sie bei der von ihnen geforderten politischen Gleichberechtigung ebenso offenkundig ausschließlich an sich und ihre eigene Volksgruppe dachten. Sie alle verlangten, im Staat neben den slawischen Mazedoniern als die zweite Staatsnation anerkannt zu werden, aber empört wiesen sie meine Frage ab, ob nicht auch die griechischen, serbischen, aromunischen, türkischen oder bulgarischen Staatsangehörigen kulturelle Rechte beanspruchen sollten. Was wollen denn die, wir sind doch viel mehr als sie, ging dann die albanische Rede, und die Roma, die an den ausfransenden Rändern jeder größeren mazedonischen Stadt im schmutzigen Elend hausen, die Roma hielten sie ohnehin für Abschaum. Niemals, versicherten mir die Albaner, würden sie in Mazedonien zu den Waffen greifen, um sich ihr Recht mit Gewalt zu nehmen, und Tetovo, wo die Regierung endlich die dort seit langem existierende albanische Universität anerkannt hatte, Tetovo sei eine Stätte spiritueller Geistigkeit, keine Schmiede des politischen Nationalismus.

Jetzt berichtet das Fernsehen, daß albanische Freischärler den Untergrundkampf in den Bergen hinter Tetovo begonnen hätten. Und der Rektor der albanischen Universität von Tetovo, ein Geistlicher von hoher spiritueller Kraft, hat verlauten lassen, die Albaner seien genetisch anders verfaßt als die Mazedonier und es könne ihnen daher nicht zugemutet werden, mit den ihnen wesensfremden Slawen zusammenzuleben. Nicht Gleichberechtigung aller wollen sie, sondern die Aufteilung des Staates zwischen ihnen und den Mazedoniern; Mißachtete, die andere Mißachtete mißachten, Unterdrückte, die ohne Sympathie für andere Unterdrückte sind.

Abends, an diesen warmen Mai-Abenden des Jahres 2000, sind wir in Bitola in den Straßencafés gesessen, und ich habe über mich unwissenden Europäer den Kopf geschüttelt, der ich von dieser Stadt vorher nicht einmal den Namen gekannt hatte und nun den abendlichen Corso bestaunte, der hier, im tiefen

Mazedonien, schicke Mädchen wie in einer eleganten italienischen Stadt flanieren ließ. Die Leute, mit denen ich dort saß und trank und mich stundenlang aufs angeregteste unterhielt, erzählten von Paris, wo sie vor ein paar Jahren waren, von dem Internet-Café um die Ecke, das ein Freund betrieb, und von Cincinnati, wo ein Cousin in der High-Tech-Branche arbeitete. Und davon, daß Blut eben Blut sei. Wenn ein Mann grüßend vorbeiging, raunten sie mir unverzüglich zu: ein Grieche, und der jungen Frau auf hohen Schuhen, der ich nachblickte, schickten sie ein endgültiges »Bulgarin« hinterher. Es war, als wäre hier jeder Mensch auf eine einzige, ihn bestimmende Eigenschaft reduziert. Noch bevor einem auffällt, daß dieser Mensch groß, schön, alt, zierlich sei, noch bevor man sich darüber Gedanken macht, was sein Beruf, Charakter, Schicksal sein möge, ist er schon ein für allemal dadurch festgelegt, daß er ein Albaner oder Mazedonier, ein Aromune oder Bulgare ist.

So saß ich mit liebenswürdigen, großzügigen, hilfsbereiten, aufgeschlossenen Menschen zusammen, sie führten mich in ihre Häuser, stellten mich ihren Eltern und Kindern vor, zeigten mir ihre Obstgärten und Firmen, und sie lehrten mich das Schaudern darüber, wie aufgeschlossen und verbohrt zugleich sie waren, wie weltoffen und engstirnig, wie friedlich und unduldsam. Sie erkennen einander, sie wollen einander erkennen, an unmerklichen Gesten, an der Kleidung, Haltung, der Sprache, und sie wissen genau, wer wo in welchem Haus wohnt. Noch gebrauchten sie die zwanghafte Fähigkeit, den anderen ethnisch zu fassen, gewissermaßen nur zur Unterhaltung, wie bei einem Gesellschaftsspiel. Heute aber berichtet das Fernsehen, daß der Krieg begonnen hat, ein Krieg, von dem mir damals alle sagten, daß er kommen werde, und alle sagten, daß sie selbst ihn gewiß nicht suchten. Aber durch ihre freundlichen Reden waren schon damals böse Worte, Unheilsworte, gezuckt, und mitten im Frieden blitzte in manchem Blick der Bürgerkrieg.

Das Tagebuch und der Krieg. Am 2. August 1914 beginnt der Erste Weltkrieg, und ein Dichter der Angst geht in die Schwimmschule, wo er die Scheu vor dem tiefen Wasser abzulegen hofft. Franz Kafkas Tagebuch, in dem nicht nur die Erschütterungen der Kindheit nach-, sondern auch kommende Katastrophen vorausbebten, hält von diesem Tag lapidar zwei Dinge fest: »Deutschland hat Rußland den Krieg erklärt. – Nachmittag Schwimmschule.«

War er ein Autor, der am Leid der vielen, das der Krieg bringt, kein Interesse hatte? Seine Tagebücher verzeichnen an anderer Stelle gestochen scharfe Bilder sozialen Elends, bieten Porträts von Ausgebeuteten, von Fabrikarbeiterinnen, die so präzise sind, daß ihnen die soziale Anklage nicht erst plakativ angeheftet werden muß, sondern aus der Genauigkeit des Sehens und Beschreibens wächst. Mit dem Krieg hat er sich in seinen Tagebüchern gleichwohl kaum beschäftigt. Erschrekkend ist, wie das allgemeine Völkerschlachten zugleich mit dem Programm der persönlichen Leibesertüchtigung in sein Tagebuch tritt. Kriegserklärung und Schwimmschule, diese Gleichzeitigkeit verstört; man muß sich darüber aber nicht entrüsten, sondern begreifen, daß Geschichte, nicht nur von Kafka, gerade so, als diese Gleichzeitigkeit, erlebt wird.

Ein anderes Tagebuch, das die politischen Ereignisse des Tages ungleich wichtiger nahm und ausführlicher verzeichnete, kündet von derselben Gleichzeitigkeit. Arthur Schnitzler suchte sich in ihm als Zeitgenosse zu behaupten, doch nimmt auch er die großen Ereignisse, die geschichtliche Wirkung entfalten werden, gleichwertig mit jenen Dingen auf, die nur ihn und seine persönliche Existenz betreffen. Im Juli 1914 schreibt er: »Es telefonirt uns Julius dass Franz Ferdinand und Gemahlin in Sarajevo erschossen wurden; näheres dann die Hofrätin und Salten. Schöner Sommertag; im Garten spielen Heini, Lilli, der kleine Waage.«

Aber dann geschieht etwas. Schnitzler merkt nämlich, daß sich im vergangenen Juli, als Österreich an Serbien ein Ultimatum stellte, eine verhaltene Erregung der Gesellschaft bemächtigte, und als Seismograph solcher Erregungen, in denen sich Unheil ankündigt, reagiert er auf sie. Mancher Spaziergang mit diesem oder jenem Bekannten findet sich im Tagebuch nun durch das Wort »politisirt« näher gekennzeichnet. Schnitzler ist bald verärgert, bald entsetzt über das, was die führenden Schichten, denen auch er zugehörte, dem Lauf der Dinge entgegenzusetzen hatten. Heimgekehrt von einem Besuch nach Mariazell, schreibt er wie für heute: »Schlimme Zeit, in der die Worte Freiheit und Aufklärung für die Snobs lächerlich geworden sind und die halbe Welt aus Snobs besteht.«

Irritiert muß er nun von »Kriegsaussichten«, von »Kriegs- und Beunruhigungsnachrichten« berichten, und dann, Anfang August, ist er da: »Der Weltkrieg. Der Weltruin. Ungeheure und ungeheuerliche Nachrichten.« Schnitzler weiß sofort, daß dem, was er als angewiderter Zeuge erlebt, epochale Bedeutung zukommt: »Wir erleben einen ungeheuren Moment der Weltgeschichte. In wenigen Tagen hat sich das Bild der Welt völlig verändert. Man glaubt zu träumen! Alle Menschen sind rathlos.« Zwei Wochen später träumt er schon vom Krieg; träumend befindet er sich mit Franz Joseph in einem leeren Zimmer, und sie beide, Schnitzler und der Kaiser, erwarten »die drei ersten gefallenen Offiziere«.

So dringt der Krieg in das Tagebuch ein, Schnitzler berichtet, mit wem er tagsüber diskutierte und was er nächtens träumte, und er weiß, daß dieser Krieg die Welt, also auch sein eigenes Leben verändern wird. Doch hält er, der aufzeichnend ein umfassendes Bild seiner selbst im Auge hat, weiterhin daran fest, einen schönen Ausflug, ein interessantes oder auch nur enervierendes Gespräch beim Abendessen, die Aufführungen im Theater und die Krankheiten der Kinder getreu zu vermerken. Es war Krieg, aber es war eben nicht nur Krieg; man wurde über dem Krieg auch langsam älter, die Kinder wuchsen heran, man traf sich abends, man lachte und ärgerte sich, nicht nur über wichtige, ach, auch über schrecklich viele unwichtige Dinge.

Am Tag, als der Zweite Weltkrieg beginnt, schreibt Doderer in sein Tagebuch: »Ich setze dies erst heute fort, da ich mich einige Tage weniger wohl befand; es mag auch der starke Andrang erotischer Kräfte, die mich morgens jetzt immer überfielen (und meine sehnsüchtigen Vorstellungen auf Dich, liebe, schöne, keusche Maria lenkten!) sein Teil beigetragen haben. Indessen hat man übrigens den Krieg erklärt ...« Dabei bleibt es für ihn im wesentlichen, bei »indessen« und »übrigens«, sein Tagebuch weigert sich, den Krieg zur Kenntnis zu nehmen. (Dafür wird die Erotik kriegerisch als Andrang von Kräften erlebt, als morgendlicher Überfall, dem der Heimgesuchte wehrlos ausgeliefert ist und von dem er offenbar geschwächt wird.)

Solange er es führt, wird Doderer sein Tagebuch mit etwas verquälten Versuchen füllen, philosophische Begriffe für sein eigenes Werk zu definieren. Das ist, was die Konzentration auf sein Schaffen anbelangt, von einer grandiosen Borniertheit, und zwar in der buchstäblichen Doppelung des Wortes: Es ist grandios, und es ist borniert. Ich fürchte, es sagt mehr über meine Verfassung als über Doderers Tagebuch aus, wenn ich lesend bald mehr das Grandiose, bald mehr das Bornierte darin empfinde.

Man kann über Doderer, der sich gerade noch die Mühe machte zu vermerken, daß »übrigens« der Krieg erklärt worden sei, die Nase rümpfen. Sein Tagebuch mag eng, ja geradezu autistisch verengt sein, aber es ist ohne berechnende Selbstverleugnung verfaßt. Es war eben so, daß Doderer sich auch von etwas Unangenehmem wie einem Weltkrieg nicht in der Entwicklung seiner Gedanken und in der Komposition seiner Romane stören lassen wollte. Darin war er konsequent und um üble Nachrede nicht besorgt. Andere, die sich ähnlich auf sich, ihre persönliche Gedankenwelt, das eigene Schaffen konzentrierten, waren zu solcher Konsequenz nicht bereit. Julien Green etwa, von dem das am meisten überschätzte Tagebuch des 20. Jahrhunderts stammt, verstreute periodisch seine humanistische

Besorgnis in die vieltausendseitige Selbstbespiegelung. Monatelang schrieb er von nichts als der Aufnahme in die Académie Française und der Rede, die er dort halten würde. Aber alle paar Tage überkam ihn vorhersehbar das soziale Gewissen, sodaß er über einen Unglücksfall klagte, der sich irgendwo in der Welt zugetragen hatte, oder Meldungen solcher Art einfügte: »In Vietnam geht der Krieg weiter.« (»Unterdessen« und »übrigens« müßte man noch hinzusetzen, aber für verräterische Füllsel war Green, im Unterschied zu Doderer, auch im Tagebuch ein zu beherrschter Stilist.) Dabei ist offenkundig, daß der Krieg für ihn keinerlei konkrete Bedeutung hatte, nicht einmal, daß er ihn nötigte, aus der Ferne mit der einen oder der anderen Seite zu sympathisieren; er nahm ihn als Gelegenheit, sich und seinen späteren Lesern zu zeigen, daß ihn stets auch das Schicksal der ganzen Menschheit bekümmerte.

Es ist unangenehm, aber angebracht, einzuräumen, daß gegen Julien Greens allgemein gehaltenes Entsetzen, diese Freiübung in folgenloser Moral, die von moralischem Empfinden penibel gesäuberten Kriegstagebücher Ernst Jüngers geradezu ein Aufschrei der Wirklichkeit sind. Zwar bleibt der Offizier Jünger auch in den »Strahlungen« der Herrenreiter, der die Dinge von oben, wenn schon nicht als Olympier, so wenigstens vom Rücken eines Pferdes herab betrachtet; aber er hat, vielleicht auch weil er durch den Anblick des Elends so leicht nicht zu erschüttern war, genau hingesehen und genau beschrieben, was er sah. Man kann ihm daher vieles vorwerfen, nicht aber, daß er den Krieg nicht bemerkt oder ihn verklärt hätte. Den Schrecken mag er mitleidlos eingefangen haben, aber er hat ihn eingefangen.

Der Krieg hatte noch gar nicht recht begonnen, schon beschrieb Jünger minutiös, was er alles mit sich bringen wird: »An der Kolonne entlanggehend, sah ich zum ersten Mal ein erfrierendes Ohr – die Muschel war, als ob ihr ein Ring von Fischfleisch angeheftet wäre, weiß gesäumt. Wie es sich für den aufmerksamen Chef gehört, war ich der erste, der den Schaden entdeckte, eher als die Nebenmänner und auch der Betroffene.« Es ist keinerlei Sympathie darin, wie Jünger diesen Verletzten beschreibt, ja eigentlich ist es gar nicht der Verletzte, der leidende Mensch, den er erfaßt, sondern nur der »Schaden«. Als kalter, präziser Schadensmelder aber ist Jünger ein weit besserer Chronist des Schreckens als Julien Green, der sich diesen mit einer rhetorisch verfaßten Betroffenheit in Distanz hält und Anteilnahme gerade heuchelt, um in Ruhe gelassen zu werden.

Krieg und Frieden. »Deutschland sollte jetzt, nachdem es friedlich und zivil geworden ist, all das, was ihm Europa, ja die Welt in zwei großen Kriegen erfolgreich verwehrt hat, nämlich eine Art sanfte Hegemonie über Europa, bekommen. Eine Übermacht, die ihm aufgrund seiner Größe, seiner wirtschaftlichen Stärke und seiner Lage auch zusteht.«

Hat diesen Satz geäußert a) ein alter Deutschnationaler; b) ein neuer Geopolitiker; c) Joschka Fischer?

Einige der besserverdienenden österreichischen Schriftsteller grübeln im Feuilleton, ob sie, nein, nicht aus politischen, sondern aus steuerlichen Gründen ins Exil gehen sollten. Als Sitz der »Free Austria Kunst GesmbH.« ist das Fürstentum Liechtenstein im Gespräch, das mit dem Höchststeuersatz von 18 Prozent bisher weniger österreichische Künstler als internationale Geschäftsleute und Finanzspekulanten ins Land zu locken versuchte. Ein gutes Bild von ihrer neuen Steuerheimat könnten die Autoren aus der Thronrede gewinnen, mit der Fürst Hans-Adam II. von Liechtenstein jetzt den Landtag in Vaduz eröffnet hat. In seiner Rede ging der Fürst auf die unfaßbaren Forderungen ein, die die OECD gegenüber Liechtenstein erhoben hat. Da die Millionäre der Entwicklungsländer ihr Geld selbstredend nicht in ihrer Heimat veranlagen wollen, wo damit womöglich Schulen und Krankenhäuser gebaut werden könnten, sind sie den Anlegern von Schwarzgeld und Mafiavermögen gefolgt und mit ihrem steuerpflichtigen Geld nach Liechtenstein gezogen. Der Freiheit in ihrem höchsten Sinne als freiem Steuermarkt sucht die OECD mit dem Vorschlag, Liechtenstein möge sich den fiskalischen Gegebenheiten seiner Nachbarländer anpassen, den Garaus zu machen. Fürst Hans-Adam II. erkannte klar, daß solche Forderungen nur eine neue »Leibeigenschaft« begründen würden und wies, als heftiger Kritiker feudaler Mißstände bekannt, darauf hin, daß ein Mensch, der die Hälfte des Jahres für Sozialabgaben und Steuern arbeite, zweifellos »Frondienst für den Staat« abzuleisten habe. Aus Gründen der Menschenwürde werde Liechtenstein das Banner des freien »Steuerwettbewerbs« auch weiterhin hochhalten. Niemand hindert ja Burundi daran, mit einem Höchststeuersatz von, sagen wir, elf Prozent den Wettbewerb um die afrikanischen Millionäre, die britischen Hersteller von Tretminen, die russischen Mädchenhändler und die kolumbianischen Drogenbarone aufzunehmen. Am heißesten umkämpft werden aber nicht sie, sondern die österreichischen Autoren sein.

Öffentlichkeit und Liebe. Seit einigen Wochen informiert mich die Zeitschrift, in der ich mir Übersicht über die 34 Fernsehkanäle zu verschaffen versuche, die wir seit letztem Jahr empfangen können, über ein wunderliches Paar. Dreimal waren sie schon auf dem Titelblatt, in den anderen Heften sind sie mit jeweils mindestens zwei Seiten und sieben Fotos präsent. Blättert man nur eine Ausgabe der Zeitschrift durch, wird man nicht recht verstehen, was die Präsentation dieses Paares überhaupt soll und warum es aufgeboten wird. Sie ist eine junge Frau, heißt Barbara und moderiert im Fernsehen eine nachmittägliche Talk-Show, er ist ein netter Blonder, heißt Walter und war in einer Staffel von Reality-TV dabei. Barbaras Markenzeichen scheint eine gewisse körperliche Drallheit bei gleichzeitiger Willenskraft zu sein, Walter steht eher für umfassende Nettigkeit im Sinne der Leib-Seele-Harmonie. Vor ein paar

Wochen teilten die beiden in einer großen Fotoreportage mit, daß es »gefunkt habe« und sie überlegten, ob sie nicht ein Paar werden sollten. In der Woche darauf sahen sie einander auf großen Fotos in die Augen und bekannten, bereits miteinander geschmust zu haben. In der dritten Woche leugneten sie, miteinander geschlafen zu haben, doch wären sie nun an dem Punkt angekommen, wo aus Spiel Ernst werden könnte. So ging das über Monate, und momentan stehen wir dabei, daß die beiden durch eine Trennung von fünf Tagen, die sie kürzlich erlitten, erst so recht erkannt hätten, wie viel sie einander mittlerweile bedeuteten. Die Dralle formuliert offensiver, der Nette macht gelegentliche Anstalten, sich in die Defensive aus dem Staub machen zu wollen, aber das hat nichts zu bedeuten, sie können ja nicht dauernd beide dasselbe sagen. (Obwohl sie es natürlich tun.) Wöchentlich wird der Stand des Hochwassers in dieser Beziehung amtlich mitgeteilt, und tut sich auch wenig zwischen den beiden, stellen sie doch das Wenige bereitwillig aus. Die Liebesnachrichten klingen wie bürokratische Vollzugsmeldungen (ja, wir haben letzte Woche auf der Party kurz und heftig geknutscht), und interessant sind sie nicht für sich, sondern nur als Teil des Projekts, das auf Serie zielt.

Aber was ist das für ein Projekt? Das Projekt Barbara könnte man als das Projekt einer öffentlich begehbaren Frau bezeichnen, die das Publikum von den minimalen Schwankungen ihres Begehrens (ich glaube, ich liebe ihn; ich bin mir sicher, daß er mir viel bedeutet; ich weiß nicht, ob er der Mann fürs Leben ist) informiert und sich bis in die verborgenen Falten ihrer Seele öffnet und selbst entblößt. Das Projekt Walter ist das Projekt des virtuellen Stars, der für sein Startum nicht einmal eine eigene Talk-Show zur Verfügung hat und folglich unentwegt mit jemandem im Bild sein muß, der eine solche hat. Walter kann sein Startum nur sichern, indem er mit jemandem, der ein Star ist, regelmäßig zusammen erscheint, und indem eine Prominente, die ihre Prominenz durch eine tägliche Fernsehsendung festigt, öffentlich überlegt, ob sie mit ihm ins Bett gehen, auf

Urlaub fahren oder vor den Traualtar treten solle, ist auch er prominent. Seine Prominenz ist aber ungesichert, da sein Ruhm vollständig von der Frau an seiner Seite abhängig ist, von ihrem verehrenden Blick und beider Ehrgeiz, ihre traute Zweisamkeit vor Publikum auszuleben.

Weil das Private so zwanghaft öffentlich wird wie im Falle dieses Liebespaares, das sich für die Zeitschrift *TV Media* gefunden hat und sich für deren Käuferschaft liebt, werden unsere Vorstellungen sowohl vom Öffentlichen als auch vom Privaten zuschanden. Wo die hormonellen Schwankungen wie die Kurse der Börse notieren und ebenso hysterisch ausgerufen werden, dort wird die Öffentlichkeit nicht informiert, sondern zerstört. Nichtige Allerweltsgeschichten erhalten den Rang von Nachrichten, indes bedeutsame Dinge aus den Nachrichten verschwinden, unter Ausschluß der Öffentlichkeit entschieden, also gewissermaßen als Privatangelegenheiten der Mächtigen geregelt werden. Umgekehrt aber wird das Private durch Gestalten wie die öffentlich begehbare Frau zunichte: Am Ende ist vom Privaten nichts übriggeblieben als eine von Kameras umstellte Existenz – und von der Öffentlichkeit nur die öffentliche Beichte, mit der Menschen, die keine Privatheit mehr haben, ihre genormten Erfahrungen aus der Intimzone vor das Publikum tragen.

Obwohl es mit den Menschenrechten in vielen Ländern schlecht steht, haben sie die Tendenz, immer mehr zu werden. Das zeigt schon ein kursorischer Überblick über die Menschenrechte, die in den letzten Jahren dazugekommen sind:

* das Menschenrecht auf Gesundheit (nicht nur das Menschenrecht auf medizinische Behandlung);
* das Menschenrecht auf Kinder (darum ist es ein Menschenrecht, zur künstlichen Befruchtung Zugang zu erhalten);
* das Menschenrecht auf gesunde Kinder (darum ist es ein Menschenrecht der werdenden Eltern, kranke Embryonen abzutreiben);

* das Menschenrecht auf gesunde Kinder, die auch alte Frauen jenseits der fruchtbaren Jahre gebären können (darum das Menschenrecht von Frauen, sich zuerst kinderlos auf den Beruf zu konzentrieren und dann im Pensionsalter, wenn ihre Eierstöcke keine Eizellen mehr produziert, mittels der Eizellen anderer Frauen fortzupflanzen);
* das Menschenrecht gestorbener Väter auf nachgeborene gesunde Kinder (darum die vielen Samenzellen in den Gefrierkästen der Samenbanken, die darauf warten, zum günstigen Zeitpunkt und womöglich Jahrzehnte nach dem Ableben des Spenders verwendet zu werden);
* das Menschenrecht Homosexueller auf genetisch einwandfrei aus ihrem Zellmaterial erzeugte Kinder, ohne daß sie deswegen sexuell aktiv werden müßten;
* das Menschenrecht auf gesunde gleiche Ersatzkinder (darum das Menschenrecht trauernder Eltern, anstelle des tödlich verunglückten Kindes ein aus dem Genmaterial des Verstorbenen erzeugtes neues Kind zu bestellen);
* das Menschenrecht auf gesunde Kinder mit bestimmten Merkmalen (darum das Menschenrecht auf die Dienste eines gentechnischen Ingenieursstandes, der blauäuge, großwüchsige, robuste und hinreichend grausame Kinder der kaufenden Elternschaft zur liebenden Verfügung liefert);
* das Menschenrecht auf genetische Gerechtigkeit, die der amerikanische Philosoph Allen Buchanan genauer definiert hat.

Genetische Gerechtigkeit? Daß die Menschen verschieden sind, der eine kleiner als der andere, der dritte schwarzhaarig statt blond, der vierte ein Nichtschwimmer noch mit zwölf, wo dem Nachbarsbub schon mit sieben die Schwimmhäute zwischen den Fingern gewachsen sind, der fünfte ohne musikalisches Gefühl … ist natürlich eine himmelschreiende Ungerechtigkeit; eine Ungerechtigkeit, die gentechnisch zu beseitigen, einer Gesellschaft, die das wollte, kein großes Problem wäre. Interessant ist aber, in welcher Gesellschaft das Bedürfnis nach genetischer Gerechtigkeit wächst und wächst.

Es ist eine Gesellschaft, in der von sozialer Gerechtigkeit kein Mensch mehr zu sprechen wagt, weil er sich sonst als eine Art reaktionärer Utopist zu erkennen gäbe, der sich noch eine Zukunft vorstellen mag, die doch bereits in der Vergangenheit abgeschafft wurde. In einer Gesellschaft, die sich um die Lungenentzündungen von Hunderttausenden nicht schert, die unfreiwillig obdachlos wurden, zugleich aber jene reglementiert, die sich ihre Lungen durch freiwilliges Rauchen schädigen. In einer solchen Gesellschaft wächst der Traum – von der genetischen Gerechtigkeit. Da wird es dann hart hergehen. Das Mitleid mit denen, die versagen, hält sich heute schon in Grenzen, obwohl wir immerhin noch wissen, daß nicht alle die gleichen Chancen hatten und mancher den Weg in den Daseinskampf von einem ungünstigen Ausgangspunkt antreten mußte. Was aber erst, wenn es gar keine Ausreden mehr gibt, weil die immerwährende genetische Gerechtigkeit herrscht? Wenn jeder von seiner genetischen Substanz her mindestens ein solcher Millionär, Weltrekordläufer, TV-Moderator hätte werden können wie all diese Millionäre, Weltrekordläufer, TV-Moderatoren? Was dann? Mein lieber Jolly, da wird's aber sauber zugehen, und die Ungerechtigkeit, die heute herrscht, wird noch gar nichts gewesen sein gegen die, die mit der Ära der genetischen Gerechtigkeit über uns kommt.

Schon gibt es eine »Gesellschaft für Zell- und Gewebszüchtung«, doch fühle sich keiner an die Zuchtanstalten erinnert, die das Gesunde zu gesünderer Gesundheit, das Kräftige zu kräftigerer Kraft züchten und es mit dem Tod der Kranken und Schwachen nähren wollten.

Den Nationalsozialisten ging es nämlich wahnhaft um die Verbesserung der sogenannten arischen Rasse, den Meistern der Zellzucht heute jedoch philanthropisch um die Verbesserung der menschlichen Gattung. Der deutsche Arzt Mengele hat bis ans Ende seiner Tage behauptet, daß Gewaltpolitik, Antisemitismus, völkervernichtender Rassismus nicht das Wesen des Nationalsozialismus, sondern allenfalls dessen brachiale Mittel gewesen seien; Mittel, die eingesetzt wurden, um die Menschheit vor der Degeneration zu bewahren. Mengele mußte sich zuletzt als gescheitert betrachten, hielt er sich doch keineswegs für einen Verbrecher, der seiner Strafe zu entrinnen vermochte, sondern für einen Humanisten, der die Menschheit hatte retten wollen und dafür sogar bereit gewesen war, Dinge zu tun, die seinem musischen Charakter durchaus widersprachen. Weil er schließlich besiegt wurde, konnte der Nationalsozialismus sein eigentliches Ziel nicht erreichen, das Ziel nämlich, dem sich Mengele verpflichtet wähnte: den genetischen Niedergang aufzuhalten, in den die Völker geraten waren, weil die unreglementierte Fortpflanzung die Rassen durchmischte und deren Erbmaterial verluderte.

Die negative Auslese der unerwünschten Merkmale im Erbmaterial zu verhindern – diesem Wahn »arischer« Züchtung fielen Millionen zum Opfer. Wird es aber jetzt gelingen, nicht die arische Rasse, sondern die Menschheit selbst mitsamt ihren Kranken und Schwachen zu veredeln, indem die genetische Zuchtwahl die wünschenwerten Merkmale des Erbmaterials potenziert? Die Menschheit wird gesund, sie wird glücklich, sie wird stark, sie wird blond, äh, das paßt jetzt nicht hierher, auf alle Fälle wird sie besser.

Beim Zusammenräumen fällt mir der »Augsburger Aufruf« in die Hände, den die Frau eines Politikers, eine einstmals erfolgreiche Schirennläuferin, vor längerem der Öffentlichkeit vorgelegt hat. Der Aufruf war von ihr und einer Anzahl besorgter Eltern verfaßt worden, die auf die tägliche Nachricht von Kindesmißbrauch und Kinderpornographie reagierten. Der erste Paragraph des Aufrufs lautet: »Kinder sind unser höchstes Gut.« Als wären sie eine Frage des Eigentums, werden die

Kinder, die es vor Mißbrauch zu schützen gilt, in der nämlichen Sprache von Profit und Besitz gewürdigt, die auch die Sprache jenes Mißbrauchs ist. So sehr hat sich alles Denken auf seine Tauglichkeit verengt, Besitz zu sichern und zu mehren, daß noch die Verteidigung der Menschenwürde klingt, als gälte es, deren Schändung in Angriff zu nehmen.

Nicht genug, daß der erste Paragraph die Kinder als Gut, also als Teil des Besitzstandes faßt, rühmt sie schon der zweite als Mehrer dieses Besitzes, gewissermaßen als Kapital, das sich bei sorgsamer Anlage weiter- und weiterverzinst: »Kinder sind eine Bereicherung.« Was immer diese durch und durch ans ökonomische Prinzip verlorenen Erwachsenen zum Schutz ihrer Kinder sagen, es verrät, daß es ihre ureigene Welt ist, in der der Mißbrauch von Kindern ein Erwerbszweig werden konnte.

Es geht um die tiefsten Gefühle der Eltern. Doch selbst ihrer liebenden Sorge können sie nur im Jargon der Börse innewerden, und indem sie ihre Kinder preisen, bekräftigen sie doch zugleich, daß in ihrer Welt eben alles seinen Preis hat.

April

IRGENDWO IST IMMER Krieg, in Afrika, Asien, Lateinamerika, sogar in Europa, und die nette Reporterin von CNN ist meistens dabei. Täglich werden wir mit Bildern aus diesen Kriegen beliefert, von denen doch kaum jemand weiß, daß es sie wirklich gibt, geschweige denn, worum es in ihnen geht, wer da gegen wen kämpft und auf wessen Seite wir uns stellen sollen, damit wir auf der Seite des Guten stehen (die die unsere ist). So nehmen wir fleißig Nachrichten aus den entlegensten Regionen der Welt auf und bleiben völlig unwissend. In den Reportern von CNN, deren Markenzeichen es ist, mitten aus dem Gefechtslärm heraus zu kommentieren, nimmt dieser Widerspruch eine vertraute Stimme, eine bekannte Gestalt, das sympathische Gesicht dieser jungen Frau an, die schon vor den zerstörten Häusern so vieler namenloser Städte gestanden ist. Während sie das Mikrophon in der feingliedrigen Hand hält und wie unbesorgt um ihre Sicherheit in die Kamera blickt, sieht man im Hintergrund die Leuchtspuren von Granatwerfern oder Raketen, die in ein unbekanntes Dorf ein paar Kilometer weiter einschlagen.

Ob die Reporterin sich gerade in Algerien oder Aserbeidschan befindet, ist unerheblich, der Bericht ist eigentümlich ortlos, es ist die übliche Kulisse der Verwüstung, die er bietet, obwohl seine Glaubwürdigkeit gerade darin gründet, daß er nicht in einem klimatisierten Büro zustande gekommen ist, sondern in Echtzeit unmittelbar vom Schauplatz des Krieges in alle Welt übertragen wird. Bezieht die Reporterin ihre Autorität auch aus der Tatsache, daß sie sich, um ihre Arbeit professionell zu erledigen, persönlich gefährdet, hat ihre Präsenz am Ort des Geschehens doch die filmische Tendenz, nicht diesen Ort konkret zu machen, sondern umgekehrt ihre eigene Präsenz zu fiktionalisieren. Die Nachrichten werden zur Familienserie, deren Hauptdarstellerin uns den Klatsch des Tages erzählt und mit ihrem zuversichtlichen Katastrophengesicht in uns den Eindruck verfestigt, daß die Welt, in der es an allen Ecken und Enden brennt, so friedlich sei wie schon lange nicht.

Seitdem er nicht mehr die atomare Vernichtung der Erde zu bewirken droht, läßt es sich mit dem Krieg ganz gut leben. Offenbar hat er sich verändert, man weiß nicht mehr so genau, wann er anfängt und ob er, gegebenenfalls, schon wieder aufgehört hat. England ist seit über einem Jahrzehnt fortwährend in einen Krieg verstrickt, periodisch laden die Maschinen der Royal Air Force ihre Bomben auf irakischem Gebiet ab; aber in England selbst kümmert das niemanden, und vermutlich wissen die meisten Engländer nicht einmal, daß es so ist. Denn die allgemeine Wehrpflicht, die früher die Bevölkerung selbst den Krieg in den fernen Kolonien fürchten ließ, ist abgeschafft; daß Freunde, Kinder, Enkel eingezogen, an die Front verschickt werden und dort womöglich fallen, muß niemand mehr fürchten. Kein junger Mann aus der Nachbarschaft, der auf einem fremden Flecken der Erde verblutet wäre, keine Lebensmittelmarken, die den Konsum einschränken würden, keinerlei Propaganda, die die Bevölkerung auf Entbehrung und Begeisterung einstimmen müßte – England führt Krieg, aber die Engländer merken es nicht.

Der Krieg beginnt, ohne daß er mit patriotischem Hurra zuerst der eigenen Bevölkerung und dann formell dem Kriegsgegner erklärt werden müßte; das macht es für kriegswillige Politiker und ihre militärischen Strategen ungleich leichter, ihn zu wagen. Weil Kriege beginnen, als hätten sie gar nicht begonnen, werden sie manchenorts schier endlos weiter geführt, und niemand weiß zu sagen, wann der unerklärte Krieg nur mehr eine reguläre Truppenübung ist und wodurch er gegebenenfalls wieder zum irregulären Krieg wird. Einige verdammte Regionen der Welt muten bereits wie Schauplätze von immerwährenden Manövern an, in denen die Vorposten der Demokratie es ihren Elitetruppen ermöglichen, sich im Dienste der Menschheit an den jeweils neuesten Waffen zu erproben und dies abwechselnd als notwendige Strafaktionen und nicht minder notwendige Übungsfälle auszugeben.

So ist der Krieg für die zivilisierte Welt etwas Unwirkliches geworden, wenngleich es natürlich immer noch wirkliche Menschen aus Fleisch und Blut sind, die ihm zum Opfer fallen. Der Eindruck des Unwirklichen, bloß Experimentellen, ja Filmischen entsteht aber nicht nur, weil der Krieg mittels Kameras, Radar, ferngesteuerter Flugkörper geführt und mit der überlegenen Macht von Computern gewonnen wird; sondern auch, weil die mediale Berichterstattung uns zu Zuschauern macht. Wir sind gezähmte, keine fanatischen Zuschauer, jedes Fußballspiel schafft größere Emotionen als ein übers Fernsehen übertragener Krieg, an dem die Luftwaffe des eigenen Landes beteiligt ist. Der Ausgang eines Fußballspiels ist nämlich ungewiß, der Ausgang des Krieges aber vorbestimmt; überflüssig, dort leidenschaftlich Partei zu ergreifen, wo persönliche Teilnahme, Aufopferung, Mut oder auch nur lauthals geäußerte Unterstützung und begeistertes Schlachtengeschrei nichts mehr zu bewirken vermögen. (Der Krieg braucht keine erregten Massen mehr, die dem Feind den Tod wünschen und es für süß und heldenhaft halten, ihn selber auf dem Schlachtfeld zu erleiden.) Der Krieg ist unwirklich, weil er mit der Bevölkerung des einen Landes nichts mehr zu tun hat. So zerfällt die Welt in Regionen, für die der Krieg unwirklich bleibt, auch wenn die eigenen Spezialtruppen in ihn verstrickt sind, und Regionen, in denen die Bewohner dazu verdammt sind, als Menschen eines anderen Zeitalters den Krieg noch als alltägliche Wirklichkeit zu erleben. (Es ist der blutrünstige Ehrgeiz aller Attentäter aus den Regionen der Verdammten, den Krieg in jene fernen Metropolen zu tragen, die den Krieg längst vergessen haben.)

Die nette Reporterin von CNN in dem khakifarbenen Overall, in dem früher die Männer im Abenteuerfilm auf Safari fuhren, steht irgendwo in einer Region der Verdammten, über die noch die Wirklichkeit verhängt ist, aber sie spricht zu uns herüber, denen schützend die Unwirklichkeit beschieden ist. Sie spricht über den Krieg, dessen Zeugin sie ist, doch indem sie es tut, bestätigt sie uns in unserem Frieden. Was sie vermittelt, ist die Gewißheit, daß die Teilung der Welt festgelegt ist und wir immer dort sind, wo nicht die Barbarei ist.

Österreich, Zionismus. Auch in Israel ist längst wieder Krieg. Während in Israel Krieg ist, der aber nicht so genannt wird, grübeln in Salzburg die klügsten Köpfe von Gemeinderat und Magistrat, ob Theodor Herzl, der hier 1885 als Gerichtspraktikant tätig war, eine Tafel auf dem öffentlichen Gebäude, in dem er wirkte, erhalten solle oder nicht. Und sie grübeln, vermutlich ohne den Krieg, der heute in Palästina brandet, mit dem Österreich von gestern in Verbindung zu bringen und folglich die Tafel, über deren Berechtigung gestritten wird und deren Text umstritten ist, auf das Österreich von heute zu beziehen.

Dabei ist es kein Zufall, daß der moderne, für die Geschichte der Juden und Palästinenser so folgenreiche Zionismus in Österreich entstanden und von Theodor Herzl erfunden wurde. Von Joseph Roth stammt das Aperçu: »Ein österreichischer Journalist hat den Zionismus begründet. Kein anderer hätte ihn begründen können.« Das akzentuiert einerseits die Bedeutung des einzelnen im historischen Prozeß, der singulären Persönlichkeit Theodor Herzls, und reklamiert andererseits die österreichische Vaterschaft an dem so kräftig sich entwickelnden Kind Zionismus. Herzls geistige Konturen zeichnen sich tatsächlich am schärfsten ab, wenn man sie vor ihrem Wiener Hintergrund beleuchtet; und die frühen Jahre des Zionismus sind sicher besser zu verstehen, wenn man sie nicht mit uralten religiösen Traditionen, sondern mit jenem zeitgenössischen Nationalismus überschneidet, der Ende des 19. Jahrhunderts überall im Riesenreich der Donaumonarchie die Völker in Bewegung setzte und den Tschechen, Polen, Ungarn, Südslawen ihre »nationalen« Staaten bringen sollte. Ob der Zionismus einzig in Österreich begründet werden konnte, mag man bezweifeln (und seine Herzl vorangegangenen Denker wie Leon Pinsker oder Moses Hess wuchsen auch nicht in Österreich heran), aber daß es Österreich war, wo aus der vagen Sehnsucht vieler ein wirkungsmächtiges Programm wurde, und daß es ein charismatischer Wiener Journalist war, der es verfaßte, darin waltet mehr als nur Zufall.

Herzls Anspruch, dem Judentum nationale Selbstbesinnung zu vermitteln und es zu einen, indem es seiner gemeinsamen Wurzeln und verschollenen Traditionen innewerde, kam innerhalb der nationalen Bewegungen Europas eher spät. Vorausgegangen waren die sogenannten großen europäischen Nationen, etwa die Franzosen, deren Weg in den Nationalstaat heute gerne für den glückhaften Normalfall ausgegeben wird. Der Gedanke, daß gemeinsame Sprache und Religion, Tradition oder Geschichte eine Gemeinschaft begründen, die sich selbst als »Nation« faßt, war das eine; das andere, daß diese sich künftig als »Nationen« begreifenden Gemeinschaften dazu übergehen, einen eigenen Staat als den ihnen gemäßen, gewissermaßen natürlichen Lebensraum zu verstehen. Die Existenz von Nationen anzuerkennen, erzwang indes zu keiner Zeit die Folgerung, daß den Nationen die Existenz nur gesichert werden könne, wenn eine jede von ihnen auch ihren eigenen Staat habe. In gewissem Sinn ist die Identifikation von Nation und Staat sogar ein Sündenfall der europäischen Geschichte, der bis heute verheerende Folgen zeitigt.

Nun war der Nationalismus keine Erfindung der ost- und mitteleuropäischen Nationen, die sich hierin vielmehr als gelehrige Schüler des Westens zeigten. Es stimmt schon, der Zerfall der Donaumonarchie war besiegelt, als sich die Tschechen, Serben, Italiener von dem Wunsch nach einem eigenen Staat nicht mehr abbringen ließen; aber dieser Wunsch hatte nur ins Übermächtige wachsen können, weil die vorgeblich übernationale Monarchie in Wahrheit ihr eigenes übernationales Prinzip fortwährend verraten hat. Wo die Übernationalität nicht als

Alltag aller Völker eines Reiches gelebt wird, sondern den bevorrechteten Nationen als Waffe dient, ihre Stellung zu sichern, dort wird sie den nationalistischen Sturm der Zuspät- oder Zukurzgekommenen hervorrufen. So gedacht, ist der Nationalismus der Slowaken oder Polen gerade von denen erzeugt worden, die ihn so bitter beklagten: von den herrschenden Schichten in Österreich und in Ungarn, die sich die Herrschaft über die »österreichisch-ungarische« Monarchie teilten.

Auch Herzl ist auf die Idee, daß die Juden ihren eigenen Staat gründen sollten, erst gekommen, als er schmerzlich erkannt hatte, wie prekär die Assimilation der Juden, wie ungesichert ihr Status in Österreich geblieben war – und wie rasant ein politisch entfesselter Antisemitismus alles wieder zunichte machen konnte, was Generationen aufgebaut hatten.

In den meisten Nachfolgestaaten der Donaumonarchie sollte der einst gebannte, später staatsbegründende Nationalismus rasch seine eigenen Konflikte hervorrufen, fanden sich doch auf den Territorien aller dieser »Nationalstaaten« etliche andere nationale Gruppen, ethnische Minderheiten, religiöse Gemeinschaften. Von Gott oder einem blinden Geist der Geschichte ist es nun einmal auf die Völker gekommen, daß sie nirgendwo in so sauberer Abgeschiedenheit leben, wie sich das die Propagandisten des Nationalismus ausdenken. Wo der Staat als Nationalstaat entworfen, mehr noch: ersehnt, verherrlicht wird, negiert er immer eine Anzahl von Menschen, die der staatstragenden Nationalität nicht angehören und deren Grundrechte daher in einem solchen Staat nicht von vornherein geschützt sind.

Wenn es richtig ist, daß der Zionismus nur von einem österreichischen Journalisten namens Herzl begründet werden konnte, dann hat der Staat Israel von diesem Kind der Donaumonarchie genau jenes Problem geerbt, das bis heute in allen vormals habsburgischen Ländern Europas immer wieder aufbricht: von den Ländern des Balkans, aus denen keine ethnische Säuberung je national einheitliche Gebilde wird formen können, über Ungarn, wo die Roma nicht wohlgelitten sind, zur Slowakei, in der die Ungarn um ihre Rechte kämpfen müssen, und zu all den anderen Ländern, in denen es nationale Gruppen gibt, die nicht zum Staatsvolk gehören und deren Lage überall schwierig, hier redlich geschützt, dort schimpflich bedroht ist.

Geradezu unbeschwert hatte Herzl einmal von einem Staat der Juden geträumt, in dem der »Spottruf Jude zu einem Ehrenwort wird wie Deutscher, Engländer, Franzose«. Das ist ganz in den Werten seiner Zeit gedacht, die sich daranmachte, fast alle Werte national zu fassen und, beispielsweise, aus der Pünktlichkeit plötzlich eine »deutsche Pünktlichkeit« werden ließ. Für wen aber ist die schlichte Bezeichnung Deutscher, Engländer, Franzose, Serbe, Tschetschene heute noch ohne weiteres ein »Ehrenwort«? Wer sähe seine persönliche Ehre darin, daß er Portugiese oder Litauer und sonst gewissermaßen gar nichts ist? Wer begreift sich so sehr als Teil eines Ganzen, daß es seinen persönlichen Stolz nicht ausmacht, selbst etwas zuwege gebracht zu haben, sondern einem ethnischen oder religiösen Kollektiv anzugehören? (So zu fragen heißt Herzls Denken von heute aus zu kritisieren, da die Nationen nicht mehr für des Weltgeists letzte Errungenschaft gelten.)

Sowenig die slawischen Völker den Nationalismus erfunden haben, dessen sie oft geziehen wurden, sowenig war er eine Erfindung von Juden. Wenn einzelne Juden am Phänomen des Nationalismus Anteil hatten, dann die längste Zeit darin, daß sie sich flammend für den französischen oder deutschen Patriotismus, für den Nationalismus jener Staaten also begeistern ließen, deren Bürger sie waren und in denen sie als Gleichberechtigte unter Gleichberechtigten leben wollten.

Gerade Herzl kommt zum Zionismus nicht über ein Erlebnis nationaler Erweckung, sondern über eine Serie deprimierender Erfahrungen, und er ist sich auch ganz klar darüber. Die meisten dieser Erfahrungen waren spezifisch österreichiche, wenn man nur an den Konflikt mit seiner Studentenverbindung Albia denkt, der er als einer ihrer brillantesten Köpfe verbunden war und von der er sich brüsk abwandte, als sie ihre antisemitische Kehre zog. Auch war Herzl, der politische Kommentator, aufmerksam genug, daß er die tolerante Haltung, wie sie in den enggezogenen Kreisen der Künstlerschaft und eines liberalen Bürgertums herrschen mochten, nicht für eine nationale Tugend der Österreicher hielt, und überhört hätte, was im Parlament gegeifert und auf der Straße gefordert wurde. Zu den österreichischen Erfahrungen trat die französische des Dreyfus-Prozesses, den er als Korrespondent aus eigener Anschauung mitverfolgte. Und natürlich wußte Herzl, welch antisemitische Exzesse zumal im zaristischen Rußland dank staatlicher und kirchlicher Hetze möglich waren.

Herzl wurde mitnichten vom Pathos einer wiederentdeckten jüdischen Identität emporgehoben. Was ihn ergriff und wofür er andere zu ergreifen wußte, das war eine Art von Nationalismus der Errettung, ein Selbstbewußtsein in der Zurückgewiesenheit. Solchem Nationalgefühl müßte der Dünkel der Überlegenheit eigentlich fremd sein, wie es auch kaum für nationale Berauschung tauglich scheint. Wo Herzl doch einen Dünkel zeigt, ist es nie ein jüdischer, vielmehr ein spezifisch europäischer Dünkel, der vermeint, daß die Araber keiner Sache so sehr bedürftig wären wie der europäischen Zivilisation. Nach Lage der Dinge würde ihnen diese von den Juden vermittelt werden, die sich nach Palästina aufmachten. Was daran hochmütig ist, das ist der unreflektierte, seiner selbst gänzlich unbewußte Hochmut des Mitteleuropäers.

National-jüdischer Hochmut war Herzl auch deswegen fremd, weil er die noch nicht assimilierten Juden in Österreich wie in Frankreich als durchaus peinlich empfand. Seine Tagebücher sind voll von Ausfällen gegen ein vermeintlich kulturloses, lautes Volk, das sich im Zug oder auf der Straße, im Gasthaus oder im Kurbad nicht zu benehmen weiß. Sogar dieses ist von ihm überliefert: »Ich begreife den Antisemitismus ... Wir Juden haben im Ghetto eine Anzahl gesellschaftswidriger Eigenschaften angenommen. Unser Charakter ist durch den

Druck verdorben und muß durch einen anderen Druck wiederhergestellt werden.« Die Aversion gegen die jüdischen Zuwanderer, die in ihrem Verhalten noch stark von Zwang und Enge des Ghettos geprägt waren, ist nirgendwo bei den assimilierten Juden so stark gewesen wie in Österreich. Gerade Herzl scheint diese Aversion aus der alltäglichen Beobachtung bezogen zu haben, daß die Zuwanderer jenen Kanon von äußeren Formen noch nicht beherrschten, der zumal in der österreichischen Gesellschaft so wichtig war. (Die fortwährende Verletzung bestimmter Konventionen, wie sie für Assimilanten, Aufsteiger, Zuwanderer typisch ist, hat Ferdinand von Saar mit unerbittlicher Genauigkeit thematisiert: in der Novelle »Seligmann Hirsch«, die vielleicht die eindringlichste Darstellung eines Juden in der österreichischen Literatur des 19. Jahrhunderts ist.)

Herzl war in seiner Verfeinerung äußerer Formen ein geradezu archetypischer Österreicher der guten Gesellschaft. Die Geschmeidigkeit, mit der er sich auf gesellschaftlichem Parkett zu bewegen wußte, war bekannt. Bekannt ist aber auch, wie sehr es ihn verletzte, wenn ihm die aristokratisch-großbürgerliche Ehrenbezeugung verweigert wurde. Als sich die deutschnationalen Studentenverbindungen in Wien der Reihe nach »Arierparagraphen« zulegten und Juden für nicht satisfaktionsfähig erklärten, hat der selbstbewußte Arthur Schnitzler das geradezu erleichtert aufgenommen. Er, der sich innerlich von den Vorurteilen anderer zu befreien wußte, begrüßte diesen Paragraphen, weil er ihn künftig davor schützte, von dahergelaufenen Mensuridioten fixiert und aus nichtigem Anlaß womöglich zum Duell gefordert zu werden. Anders Herzl, der diese Ausschließung als empörendes Unrecht erlebte, als persönliche Demütigung erlitt. Noch in den Berichten vom Dreyfus-Prozeß bebt seine Empörung am heftigsten in den Passagen, wo es um die öffentliche Degradierung des Offiziers Dreyfus geht. Wie dem Kapitän die militärischen Abzeichen von der Uniform gerissen werden, ihm der Säbel abgenommen und zerbrochen, er am Truppenspalier zur Beschimpfung entlanggeführt wird, das alles schildert Herzl auf so dichte, beklemmende Weise, daß es noch heute unmittelbar zu Herzen geht.

Kein Zweifel, Herzl hat die Form nicht als leere Konvention, sondern als zivilisatorische Errungenschaft empfunden, die dem Menschen nur zugleich mit seiner Würde vorenthalten werden kann. Man denke hier an den abstrusen Plan, den er noch 1893, zwei Jahre vor der Niederschrift des epochalen »Judenstaates«, gewälzt hat. In seinen Tagebüchern berichtet er, daß er über Vermittlung österreichischer Bischöfe den Papst dafür gewinnen wolle, ihn, Herzl, eine große »Bewegung des freien und anständigen Übertritts der Juden zum Christentum« in die Wege leiten zu lassen. Was ihm vorschwebte, war ein kakanisches Staatsfest von der allergrößten Noblesse. An Sonntagen um zwölf Uhr sollte »in feierlichen Aufzügen unter Glockengeläute der Übertritt stattfinden in der Stephanskirche. Nicht verschämt, wie es Einzelne bisher getan, sondern mit stolzen Gebärden.«

So komisch die Vorstellung heute ist, sie zeigt doch, wie stark es Herzl um Kernvorstellungen der österreichischen Gesellschaft gegangen ist, wie österreichisch er geprägt war. Was er forderte, das war vollendete Form, feierlicher Aufzug, stolze Gebärde – Würde und gekonnte, edle Inszenierung der Würde. Und er forderte es zugleich von den Juden, vom österreichischen Staat, von der bürgerlichen Gesellschaft. Von den Juden, die er sich allesamt zivilisiert, geläutert, selbstbewußt wünschte, forderte er es anfänglich mit unduldsamer Schärfe, später mittels eines politisch-religiös-nationalen Programms, des Zionismus. Dazu kam er aber erst, als er erkannte, daß weder der österreichische Staat noch die bürgerliche Gesellschaft auch den Juden jene Formen, jene Würde garantieren mochten oder konnten. In einer Gesellschaft, die ihren jüdischen Mitgliedern den Anspruch auf Würde und Form gesichert hätte, würde Herzl geblieben sein, was er bis in sein dreißigstes Jahr war – ein Österreicher jüdischer Herkunft, der vollständig assimiliert schien.

Der Antisemitismus, der nach und nach die gesellschaftlichen Organisationen eroberte und auch die Straßen zu seinem Exerzierfeld machte, sodaß kein Jude, gleich welchen Alters und Standes, davor sicher sein konnte, öffentlich insultiert zu werden, hat Herzl die Assimilation als Illusion verwerfen lassen. Im Juni 1895 erkennt er: »Aber wie der Antisemitismus die flauen, feigen und streberischen Juden zum Christenthum hinüberdrückt, so hat er aus mir mein Judenthum gewaltig herausgepresst.«

Klara Blum/Zhu Bailan. Im russischen Exil, fern dem unerreichbaren Geburtsort Czernowitz, in dem unter dem Schutz der faschistischen Besatzer die rumänischen Eisernen Garden wüten; verstoßen aus dem geliebten Wien, wo sie aufgewachsen war und jetzt Jagd auf die letzten Juden gemacht wird, im russischen Exil schreibt Klara Blum die Verse:

»Ich bin nicht heimatlos.
Ich bin zuhaus
In Ost und West in jeder Judengasse.«

Das doppelte Leben, das sie geführt hat, ist der Stoff, aus dem das große Kino gemacht wird. Aber noch hat der Film sie nicht entdeckt, und auch ihr literarisches Werk, ein Roman, sechs Gedichtbände, Novellen, Reportagen, Nachdichtungen aus dem Chinesischen, ist nahezu unbekannt geblieben. Klara Blum stammte aus der Bukowina, wurde in Wien zur Schriftstellerin, ging für zwei Monate nach Rußland, um elf Jahre dort zu bleiben, und wirkte ein Vierteljahrhundert in China als Universitätsprofessorin. Für das schlechteste Gedicht, das sie in ihren Wiener Jahren verfaßte, wurde sie 1934 mit dem Preis der »Internationalen Vereinigung revolutionärer Schriftsteller«, einer Reise nach Moskau, ausgezeichnet. In der Welthauptstadt der Revolution lernte sie den chinesischen Theaterregisseur und Berufsrevolutionär Zhu Xiangcheng kennen, und die Liebe zu ihm hat ihr Leben bis zu ihrem letzten Tag bestimmt.

Nur wenige Wochen waren die beiden zusammen, dann

erschien der Geliebte eines Tages nicht zum vereinbarten Treffen. Klara Blum wähnte ihn in geheimer Mission unterwegs, und an dieser Fiktion hielt sie bis zu ihrem Tod fest. Um ihn zu suchen und am Aufbau des neuen China mitzuhelfen, kehrte sie 1945 aus Rußland nicht nach Österreich zurück, sondern ging nach Shanghai. Als sie dort eintraf, waren die Tausenden Europäer, die sich vor dem europäischen Faschismus hierher geflüchtet hatten, gerade dabei, die Stadt wieder zu verlassen. Klara Blum wanderte quer durch China den siegreichen Truppen Mao Tse-tungs entgegen, um endlich ihren Geliebten wiederzufinden. Doch sie fand nicht ihn, sondern im von den revolutionären Wirren erschütterten Land fast den Hungertod.

Unverdrossen blieb sie davon überzeugt, daß Zhu lebe und wichtige Aufgaben im revolutionären Kampf zu erfüllen habe. Sie nahm mit Zhu Bailan seinen Namen an, wurde nach einigen Jahren chinesische Staatsbürgerin, schrieb in deutscher, unverkennbar österreichisch geprägter Sprache Novellen über die Streiks chinesischer Hafenarbeiter und baute in Fudan, Nanjing und Guangzhou Universitätsinstitute für Germanistik auf. All die Jahre hoffte sie, Zhu werde irgendwann durch die Türe hereintreten und ihr erklären, welche unaufschiebbaren Aufgaben im Dienste der Weltrevolution ihn so lange von ihr ferngehalten hatten. Ohne ihn wiedergesehen zu haben, starb sie 1971 in Guangzhou, einsam, doch ungebrochen, obwohl sie in den Jahren der Kulturrevolution zeitweise geächtet war. Damals war Zhu bereits seit 28 Jahren tot. Als er an jenem Tag in Moskau nicht zu ihr gekommen war, hatte ihn die Geheimpolizei gerade verhaftet; in einem Geheimprozeß wurde er als vermeintlicher Spion abgeurteilt und in ein sibirisches Lager verschleppt, in dem er 1943 verhungerte.

Im selben Kriegsjahr, in dem ihr Geliebter im stalinistischen Lager verhungerte, schrieb Klara Blum ihr großes Gedicht, in dem sie jene Welt des Ostjudentums beschwor, die im faschistischen Völkermord eben vernichtet wurde. Sie schrieb vom Wunderrabbi von Sadagura, dem alten Czernowitzer Ghetto, den Frommen von Braila, und trotzig, zuweilen ehrfürchtig beschwor sie den mißachteten Rand Europas, von dem sie einst aufgebrochen war:

»Geboren auf Europas Hintertreppen ...
Wuchs ich heran als Kind des Pulverfasses,
Vom Zündstoff voll der Liebe und des Hasses.
Die Judengasse ist mein Ahnenschloß,
Mein Vaterland ein bunter Völkertroß,
Der rastlos wilde Eigensinn mein Erbe.«

Klara Blum wurde 1904 in Czernowitz als Tochter eines Großgrundbesitzers geboren, dessen Despotie sie mit ihrer Mutter bald nach Wien entlief, wo die beiden in drückendem Elend landeten. Czernowitz, die Bukowina, das Land der vielen Völker hat sie später in Balladen besungen, die von ukrainischen Landarbeitern, rumänischen Bäuerinnen und immer wieder von den Juden erzählen, von den ins Ghetto gedrängten, in die Untertänigkeit gezwungenen und eines Tages doch stolz sich erhebenden Ostjuden. In Wien wurde sie Feministin und Kommunistin, zugleich aber hielt sie den zionistischen Idealen des verhaßten Vaters die Treue: Judentum, Frauenfrage, Sozialismus – das waren die drei Themen ihres Leben.

Drei Themen, drei Regionen, drei Epochen! Durch drei Reiche führte sie ihr Lebensweg, der in einer entlegenen Provinz des alten Österreich begann und in einer entlegenen Provinz des neuen China endete. Drei Epochen überschneiden sich in ihr, der Untergang der Donaumonarchie, die stählernen Jahre des sozialistischen Aufbaus in der Sojwetunion, der Sieg des Kommunismus in China. Alle drei Regionen und Epochen spiegeln sich in ihrem Werk, das von den jüdischen Mythen der Bukowina erzählt und von den stalinistischen der Sowjetunion, von den letzten Jahren im Vielvölkerreich der Habsburgermonarchie und den ersten im Vielvölkerreich der chinesischen Volksrepublik. Als Österreich 1938 zur Ostmark wurde, lebte Klara Blum in den ungesicherten Verhältnissen einer Emigrantin in Moskau. In einer großen Ballade beschwor sie jetzt das

»Ringstraßencafé«, das ihr nicht Abglanz einer bürgerlichen Epoche, sondern ein Ort der österreichischen Identität und ein Versprechen des Widerstands war. Ihr Held ist der Kellner Ferdl, der seinen Beruf seit jeher widersetzlich angelegt hat. Jetzt muß der aufmüpfige Wiener Nazioffizieren die Melange servieren und sich jeden Witz verkneifen:

»Deine flinke Rede, oft verpufft im Spiel,
Härtet sich im Flüstern und erhält ihr Ziel.«

Vor manchem Antifaschisten von heute hätte Klara Blum in ihrem Patriotismus einen schweren Stand, hält sie im Exil doch daran fest, daß Österreich von den Truppen Nazideutschlands überfallen worden sei und dieses nicht perfide zum »Anschluß« verlockt habe:

»Finstre Jahre kamen,
Stramme Horden nahmen
Frech das schöne Land
als Sieger ein.«

Und doch kehrte sie in das schöne Land nicht zurück, als die Sieger, die sich der Scharen österreichischer Helfer und Helfershelfer kaum erwehren konnten, 1945 endlich doch zu siegen aufhörten. Statt nach Wien ging sie nach China, in die Heimat Zhus, der damals bereits tot war. In ihrem einzigen Roman, »Der Hirte und die Weberin«, rühmt sie die Liebe zu ihm als das Beste, was ihr im Leben beschieden war. 1951 konnte dieser Roman noch in der DDR erscheinen, nach dem Bruch Chinas mit der Sowjetunion war ihr dieser Weg, zu deutschsprachigen Lesern zu gelangen, versperrt, denn in Österreich zeigte niemand Interesse an dem Werk der österreichischen Dichterin, wie sich auch niemand dafür interessierte, was aus ihr geworden war.

(Und dabei wäre es geblieben, hätte es nicht eine junge Chinesin gegeben, die auf das Schicksal dieser Österreicherin in China aufmerksam wurde: Zhidong Yang, von einer großen Leidenschaft getrieben, hat in mehr als zehnjähriger Arbeit alles herausgefunden, was über Klara Blum und ihren ewigen

Geliebten nur herauszufinden war; sie hat in China in universitären und staatlichen Archiven gestöbert, in Moskau die »Protokolle der Plenarsitzung der Deutschen Sektion des sowjetischen Schriftstellerverbands« in russischer Sprache gelesen – eine erschütternde Lektüre von Verrat –, in Wien die frühen Schriften Klara Blums zusammengetragen und im Stadt- und Landesarchiv des mittlerweile ukrainischen Czernowitz im Tauf- und Melderegister nachgesehen. Dann hat sie, die darüber zu einer profunden Kennerin der habsburgischen Geschichte geworden war, der österreichischen Literatur eine verschollene Autorin zurückgegeben, mit einer monumentalen Ausgabe der Werke Klara Blums und einer glänzenden Studie über jene verstockte, hochmütige, aufrührerische Dichterin, die eine verstoßene Österreicherin war und ihr Leben unter dem Namen Zhu Bailan beschloß.)

Viel Aufruhr zieht neuerdings durch die Straßen, doch es braucht sich niemand zu fürchten. Das Bildnis Che Guevaras wird auf zahllosen T-Shirts durch die Städte getragen, aber das hat nichts Ungesetzliches, sondern nur zu bedeuten, daß die Modebranche auf die Mythen der Revolte gekommen ist. Die Kulturindustrie hat sich die Revolution als Bild gesteigerten, intensivierten Lebens angeeignet, das verändert nicht die Welt, aber deren Aussehen. Selbst eine bestimmte Marke von Schuhen zu tragen wird seither als rebellischer Akt beworben und vom Käufer auch als solcher empfunden. Erst recht die neuen Industrien, die sich in den letzten Jahren ihren eigenen, gewaltig wachsenden Markt erschaffen haben, präsentieren sich denen, die sie zu Käufern oder Nutzern machen, nicht als gediegene Unternehmungen, die solide Waren herstellen, sondern als umstürzlerische Kräfte. Ja, das Internet als Ganzes wird schon als Revolution bezeichnet und mit einer Revolution identifiziert, die endlich keine sozialen Ziele mehr hat, sondern sich als Suggestion der Beschleunigung verwirklicht.

Damit das Immergleiche reüssiert, muß es sich als rasante

Veränderung ausgeben, und folglich haben die alten Bilder von Harmonie und Zufriedenheit in der Werbung ausgedient, die sich vielmehr daranmacht, aus der Geschichte zu holen, was immer in dieser an Legenden des Aufbegehrens verfügbar ist. Denn der Konsum selbst hat ja nichts Bequemes, Gemütliches, im alten Sinne passiv Konsumistisches mehr. Was er verheißt, ist nicht Befriedigung, sondern Aktivierung, er muß die Leute aus der Lethargie reißen, in die sie stets zurückzufallen drohen, und die Zufriedenheit, die er früher versprochen hat, ist mittlerweile sein größter Feind geworden, der Feind, der in der trägen Seele jedes Konsumenten sitzt und diesen verführen könnte zu sagen: Es ist genug, ich will meine Ruhe, behelligt mich nicht! Begriffe, die früher gebannt, Symbole, die einst verboten, Begierden, die lange verpönt waren, jetzt muß die Werbung sie einsetzen, weil verkaufsfördernd nur mehr die Sehnsucht nach Unruhe, Verwegenheit, Abenteuer, »Überschreitung« ist. Selbst öde Broschüren, die den neuen Methoden der Betriebsführung oder der Technik des Laufens gewidmet sind, führen das früher Verbotene, Gefürchtete, die Revolution schon im Titel, und noch die Produkte, die für alte Menschen konzipiert werden, versprechen diesen nicht Ruhe, sondern Mobilisierung. Wir sind von Ikonen, Zeichen, Namen, Wörtern des Aufruhrs umstellt, die nicht zum Ungehorsam aufrufen, sondern dazu, daß wir das Glück der Selbstverwirklichung außerhalb von uns, im hektischen Konsum, erjagen. Um den Rassismus brauchen wir uns unterdessen nicht mehr zu kümmern, denn Benetton schafft ihn für uns ab. Die Ware, mit der Benetton das gelingt, heißt Antirassismus, wenn wir für diesen sind, müssen wir jene erstehen. (Die Ware Antirassismus ist jedermann zugänglich, nur denen nicht, die das Pech haben, der neuen Rasse der Armen anzugehören.)

Kritik am Pop, an der Kulturindustrie, am Neoliberalismus ist nicht Kulturkritik, sondern die zeitgemäße Form von Religionskritik: Kritik an den Heilsversprechen der herrschenden, alle beherrschenden Religion, an ihren Strategien der Missionierung, ihren Fetischen und am zentralen Dogma des immerwährenden Verschleißens als der einzig zulässigen Frömmigkeit. Wer solche Religionskritik übt, dem ist die Feindschaft Unzähliger sicher, die sich über die Borniertheiten der alten Religion weit hinaus wissen und sich doch glücklich den Geboten der neuen fügen.

Die wichtigste Meldung des Tages. Bernie Ecclestone, der Feudalherr im Reich des Autorennsports, hat die Lizenzen für die Übertragung der Formel-1-Rennen um eine sagenhafte Summe an eine bestimmte Fernsehgesellschaft verkauft. Der exorbitante Preis wird damit begründet, daß die Fernsehgesellschaft sich die Übertragungsrechte immerhin gleich auf hundert Jahre gesichert hat. Das erinnert mich an den Autodieb aus Pittsburgh, der zu 240 Jahren Gefängnis verdonnert wurde. Ob der Richter in seinem Furor der Gerechtigkeit vergessen hatte, daß Menschen nicht so lange leben, weiß ich nicht; ich weiß aber, daß in hundert Jahren sicher kein Mensch mehr Autorennen fahren, geschweige denn solchen zuschauen wird. Denn entweder gibt es dann keine Autorennen mehr oder keine Menschen. Eins von beiden muß untergehen: der Mensch – oder seine geistige Trägheit, diese schwere Krankheit der Phantasielosigkeit, die ihn für Autorennen und das Übertragen von Autorennen und das Kaufen der Lizenzen für die Übertragung von Autorennen und das Betrachten von Autos, die schnell und laut die vorgegebene Bahn ziehen, prädestiniert. Ich bin Optimist, es wird keine Autorennen mehr geben, aber noch Menschen, die in historischen Seminaren staunend erfahren, womit sich ihre Vorfahren amüsierten.

Vielleicht aber kommt es anders, und es werden immer noch Autos vor Zuschauern im Kreis fahren, dann allerdings selbsttätig und per Computer aus der Zentrale gesteuert, und die ihnen dabei gespannt zusehen, werden Roboter sein, einzig entwickelt, um den Autofirmen als sachkundige Zuschauer von

Autorennen zu dienen. Wer aber wird die Autos konstruieren und die Rennen planen, wer das Management der Autofirmen leiten, die wem gehören werden? (Kann der Kapitalismus, der radikale Revolutionär, die Abschaffung des Menschen überleben?)

Einmal wöchentlich abends im Fernsehen der kleine Lehrgang des Totalitarismus: »Die witzigsten Überwachungsvideos«. Gezeigt werden liebestolle Paare, die nicht wissen, daß sie gerade dabei sind, ihrem sexuellen Notstand vor der Kamera der Tiefgarage abzuhelfen, tollpatschige Ladendiebe, denen das Diebsgut polternd aus der Tasche fällt, erboste Angestellte, die dem aus dem Zimmer gegangenen Chef hurtig in die Thermoskanne urinieren, überdrehte Sekretärinnen, die ihre entblößten Brüste auf die Platte des Kopiergerätes legen und kaum erwarten können, was für ein Kopierblatt so zustandekommt … Witzig sind diese Geschichten zumeist nicht, doch handeln sie noch von Menschen, von erbosten Menschen nah am Durchdrehen, von ungeschickten, dummen, boshaften, schadenfrohen Wesen, die beschädigt werden von der Kamera, die sie nicht sehen. Unverkennbar ein synthetisches Kunstprodukt ist einzig der Präsentator der Sendung, ein netter junger Mann, bar jeder besonderen Kennzeichen, mit einem leeren Grinsen im Gesicht, im Labor entwickelt und mit den einzigen zwei Attributen: jung und nett ausgestattet. Seine Aufgabe ist es, jung und nett zu sein und Filme zu präsentieren, die lehren, daß es lustig ist, überwacht zu werden.

Auf die Frage, ob die Computer eines Tages intelligenter als die Menschen sein werden, antwortet der Computerwissenschaftler Ray Kurzweil: »Das hängt davon ab, was man unter einem Computer versteht und was unter einem Menschen.«

Weiter befragt, prognostiziert er, daß es ab Mitte des 21. Jahrhunderts nicht mehr sinnvoll sein wird, zwischen dem einen und dem anderen zu unterscheiden. Denn einerseits wird die geistige Kapazität der Menschen gewaltig wachsen, sobald man ihrem Gehirn Kleinstcomputer implantiert, und andererseits werden die Computer künftig komplexe Prozesse des menschlichen Gehirns nachahmen und gerade dadurch wesentlich leistungsfähiger sein. Bemerkenswert, daß Kurzweil zwar noch von einerseits und andererseits spricht, den schönsten Fortschritt aber darin sieht, diesen Gegensatz eines nahen Tages aufzuheben. Vielleicht braucht man sich davor einerseits nicht zu viel zu fürchten und andererseits davon nicht zu viel zu erwarten. Ob leistungsfähigere Menschen oder menschlichere Computer – worauf es ankommt, ist doch die alte, seit der Bronzezeit in jeder Epoche neu gestellte Formel-1-Frage: Wird der menschlichere Computer bei Autorennen zuschauen wollen oder der leistungsfähigere Mensch sich von diesen abwenden? Das würde mich interessieren, Herr Kurzweil!

Paul Parin hat mir den »Traum von Segou« geschickt, sein neues Buch mit fünfzehn Erzählungen. Jede einzelne Erzählung, die er in seinem 85. Jahr fertigstellt, ist der Resignation abgetrotzt und ein Schnippchen, das er dem Tod geschlagen hat. Dem Tod, an den er 1997 seine Frau Goldy Matthéy verlor, mit der er 58 Jahre zusammen war, und dessen Lockungen zu widerstehen für ihn nicht selbstverständlich ist. »Als Goldy am 25. April 1997 gestorben war, beschloß ich weiterzuleben. Schon seit einigen Jahren hatten wir uns aus dem tätigen Leben zurückgezogen und lebten – glücklich wie früher – mit Lesen und Schreiben beschäftigt in einer Welt der Literatur. Was folgt, ist ein Epilog.«

So beginnt er dieses Buch, in dem er das Leben ohne Goldy als Epilog auf das Leben mit ihr bezeichnet. Solange er lesen und schreiben kann, wird er leben: Das ist der Pakt, den er mit dem Tod und wohl auch mit der Verstorbenen geschlossen hat. Was immer er schrieb, er hat es zuerst für sie geschrieben und ihr vorgelesen, und ob er eine Geschichte fortführte, verbesserte, neu gestaltete, das hing davon ab, wie sie Goldy gefiel. Gerade so, als unerschütterliches Paar, habe ich die beiden kennengelernt; sie bat ihn fortwährend, noch dies und jenes zu erzählen, und er machte ihr, sich und uns die Freude und erzählte leidenschaftlich von Dingen, die sie gemeinsam erlebt hatten. Und es gab genug, das sie zusammen gesehen und erfahren hatten, diese zwei Kinder aus begütertem Hause, die sich während des Zweiten Weltkrieges den Partisanen angeschlossen hatten, nach 1945 in Zürich Psychoanalytiker wurden, jahrelang bei den Dogon, einem Stamm in Westafrika, lebten und in der reichen Schweiz ihren libertären Sozialismus verfochten!

»Ich würde nicht schreiben«, sagte er 1993, »wenn Goldy meine Texte nicht gerne lesen oder hören würde.« Nun hat er zum ersten Mal ein Buch schreiben müssen, ohne daß sie ihn mit ihrer Neugier an den Schreibtisch gebracht und mit ihrer Kritik unterstützt hätte. Und es ist ihm schwergefallen, ohne sie wieder Freude am Schreiben zu finden; mehr noch, als der Mensch, für den er all die Jahre geschrieben hatte, tot war, entdeckte er, daß ihn mit diesem Menschen auch die Fähigkeit verlassen hatte, Geschichten zu erzählen. Ein Freund, Karl Markus Michel, brachte ihn darauf, wie er diese verdrießliche, schlimmer: lebensbedrohende Blockade brechen könnte, und ermunterte ihn, über Menschen zu schreiben, die Goldy nicht gekannt hatte. Die erste Geschichte, die Paul nach Goldys Tod wieder zu schreiben vermochte, war tatsächlich einer solchen Gestalt gewidmet, und er hat sie mir damals zur Veröffentlichung in *Literatur und Kritik* überlassen. »Die Flöte des Herrn von Kasarek« ist die merkwürdig in der Schwebe gehaltene Geschichte eines abgedankten k.u.k. Offiziers, der in dem Ort, in dem Paul als Sohn des Gutsbesitzers aufwuchs, abends betörend schön die Flöte spielte.

Der Arzt Parin ist der geborene Erzähler, doch wurde er erst mit fast siebzig Jahren, wozu er bestimmt ist: ein Autor, der nicht nur erzählt, um seine Frau und seine Freunde zu unterhalten oder in gelehrte Studien ein wenig Sinnlichkeit und lebendige Anschauung zu bringen, sondern um genuin erzählende

Werke zu schaffen. Wenn sich Paul und Goldy aus Zürich mit ihrem alten Peugeot aufmachten, um nach Slowenien zum Fischen oder auf einen Kongreß nach Budapest zu fahren, kamen sie immer durch Salzburg, stiegen in einem wunderlich verlotterten Hotel an der Salzach ab und luden meine Frau und mich zum Abendessen ein. So ein Abendessen war für die beiden zwar auch eine gute Gelegenheit, wohlschmeckende Nahrung aufzunehmen, eine bessere jedoch, zur Speise reichlich Wein auffahren zu lassen; am meisten schätzten sie aber, daß man zu Tische lange sitzen bleiben kann, um kurzweilige Gespräche zu führen.

Wurde eine Geschichte erzählt, die es wert war, leuchteten die Augen Goldys auf, und wenn sie gut erzählt wurde, hielt sie mit anerkennenden Zurufen nicht zurück. Auch als sie in ihren letzten Lebensjahren nahezu erblindet war, bewegte sie sich, ob im Restaurant oder auf der Straße, mit der eleganten Selbstverständlichkeit des Kindes, und je weniger sie von der Welt sah, desto begieriger war sie, von ihr zu hören, in neuen Geschichten und in den alten, die immer wieder neu erzählt werden mußten: »Erzähl es doch, Paul!« So dauerten die Abende immer lange, und je später es wurde, desto jünger wurden die beiden Greise, die, vom Rauch ihrer Zigaretten umwölkt, gegen Mitternacht noch gerne Schnaps kommen ließen, bestaunt von uns, den vierzig Jahre Jüngeren, die wir uns das Rauchen vor langem schon abgequält hatten und nun den beiden Alten dennoch an Ausdauer und Kondition unterlegen waren.

Als junges Ärztepaar hatten sich Paul und Goldy auf unsicheren Wegen zu den jugoslawischen Partisanen durchgeschlagen und auf dem Balkan verschiedene Behelfsspitäler aufgebaut. 1991 veröffentlichte Parin über diese Jahre, die Hoffnungen, die sie damals hatten, und die Enttäuschungen, die nach dem Sieg über den Faschismus bald folgten, als sich auch in Jugoslawien der Kommunismus als Obrigkeitsstaat etablierte, den Erinnerungsband »Es ist Krieg und wir gehen hin«. Ihm ist die Bemerkung vorangestellt: »Wir beide, Goldy und ich, mußten dieses Buch schreiben; da sie nicht gerne schreibt, habe ich es für sie geschrieben.«

Die Innigkeit, mit der die beiden einander über ein halbes Jahrhundert zugetan blieben, wurde hinter vorgehaltener Hand von manchem ihrer Schüler und jüngeren Freunde ein wenig bespöttelt. Durfte das denn sein – zwei Rebellen, die so traut zusammenlebten, zwei Psychoanalytiker, die wider die sexuelle Zwingmoral votierten und denen die übel beleumundete »Zweierbeziehung« doch kein Verhängnis, die Ehe kein Gefängnis war? Die Aura einer unerschütterlichen (und, natürlich, unergründlichen) Liebe war um sie, und das hat gerade in ihren Kreisen irritiert, denn das Unerschütterliche (und Unergründliche) steht bei allen aufgeklärten Leuten in Verdacht, im Dunklen, Irrationalen zu wurzeln und womöglich eine gefährliche Macht zu sein. Und doch hat Paul Parin seine neuen Erzählungen nicht nur wider den Tod geschrieben, sondern wiederum für Goldy, die ihm offenbar das Leben selbst verkörperte, sodaß es keine schöne Geste, sondern schlichter Wirklichkeitssinn ist, wenn er auf dem Vorsatzblatt statt von sich, dem Autor, ein Bild von ihr, der Leserin abdruckt.

Zwischen die schönen Familiengeschichten, in denen er in die k.u.k. Vergangenheit seiner Familie hinabtaucht, und den traumscharfen Erzählungen aus Afrika hat Paul Parin in »Der Traum von Segou« einen bekenntnishaften Text gestellt, der lehrreich und, in seiner Illusionslosigkeit, ermutigend ist. »Fünfzig Jahre Widerspruch«, so überschreibt er diese doppelte Lebensbilanz, die Bilanz zweier Partisanen, die ins zivile Leben zurückkehrten, zweier Sozialisten, die keine Partei hatten, zweier Kritiker der bürgerlichen Gesellschaft, die sich nicht puritanisch dem immerwährenden Kampf verschrieben, zweier Oppositioneller, die sich hüteten, zähneknirschend durch ihr Jahrhundert zu gehen. »Wir waren Protagonisten«, resümiert Parin ihr notwendiges Scheitern, »deren Taten nichts bewirkt haben.« Immer wieder waren Paul und Goldy mitten im

Gefecht, doch haben sie sich stets das Recht genommen, sich aus dem Lärm, dem Streit, dem Gefecht auch wieder zurückzuziehen: »Wir hatten eine besondere Fähigkeit, uns zurückzuziehen, wenn wir an Umständen, die uns unerträglich schienen, nichts ändern konnten.« Dieser Rückzug ist weder Versöhnung noch Verrat, sondern ein rettender Akt; er ist notwendig, damit die Persönlichkeit nicht an dem Unrecht zerbricht, gegen das sie revoltiert. »Die Illusion, durch unseren Widerstand eine Änderung der unerwünschten Verhältnisse herbeizuführen, hatten wir nicht ... Mit aller Kraft haben wir gegen die gesellschaftliche Ordnung gekämpft, ohne an den Erfolg zu glauben.« Dies unterschied Paul und Goldy von den vielen, die sich ihrer Illusionen wegen in den Kampf gewagt hatten und an diesen Illusionen festhielten, ja ihnen ihre besten Talente und die Fähigkeit zur Kritik, zum Mitgefühl darbrachten; oder die stets nur das ferne politische Ziel im Auge hatten und darüber verbitterten, vertrockneten, das Leben (und damit auch ihr Ziel) verrieten.

Als Psychoanalytiker weiß Paul Parin natürlich um die Abgründe, die sich im einzelnen auftun und bei manchen so tief schneiden, daß sie die Persönlichkeit spalten. Gerade darum rühmt er die Fähigkeit, in Widersprüchen zu leben und den Widerspruch in der eigenen Persönlichkeit nicht zu verwischen, sondern zu ertragen. Vielleicht ist die Fähigkeit, in Oppositon zu den herrschenden Mächten und doch in tiefer Zustimmung zur Welt zu leben, ja nichts anderes als das Talent zum Glück.

Die rehhaft scheue Moderatorin ist stolz, einen exklusiven Bericht über einen »öffentlichkeitsscheuen Autor« anzukündigen. Der Film zeigt den Öffentlichkeitsscheuen, wie er in Hollywood im Smoking herausgeputzt über einen roten Teppich schreitet, an der Seite seiner ebenfalls öffentlichkeitsscheuen Frau, die wie ein Sternchen hergerichtet ist, dem ein Ölmagnat einen Film finanziert hat. Der Öffentlichkeitsscheue hat seine

Öffentlichkeitsscheu mittlerweile in Hunderten Interviews dargetan und wird es öffentlichkeitswirksam noch ein paar Jahrzehnte tun. Was immer er im Blitzlicht tut, er macht es nur aus Öffentlichkeitsscheu. Aus lauter Unwille, das Spiel der Medien mitzuspielen, wird Paul Auster demnächst zum schüchternsten Dichterschauspieler gekürt werden. Was er schreibt, ist einerlei, seit der »Manhattan-Trilogie« ist nichts von Belang mehr dabei, aber das ist auch nicht notwendig, denn er ist als Markenartikel weltweit bestens eingeführt. Jetzt kann er schreiben und sagen, was er will, es wird immer aufs selbe hinauskommen – es wird auch bei Durchschnittsware immer bedeutende Literatur sein, und er wird, indem er diese geschickt propagiert, doch ewig öffentlichkeitsscheu bleiben. Ein Eremit von Weltruf, den jedes Mikrophon aus der Einsiedelei lockt.

Was Stand, Anspruch, gesellschaftliche Rolle betrifft, hat der Intellektuelle ein Jahrhundert der Hybris und Verachtung, der Verherrlichung und Zerknirschung hinter sich. (Ach, der »organische«, »spezifische«, »universalistische«, »heroische« Intellektuelle als Partisan, Funktionär, Instanz, Volksfeind, Verräter, Repräsentant, Märtyrer ...) Diese grandiose Ära des Intellektuellen (in der Bataillone von Intellektuellen an die Wand gestellt wurden und Bataillone von Intellektuellen begründeten, warum sie den Tod verdienten) hat mit einem Prozeß begonnen, und sie ist in einer Talk-Show zu Ende gegangen. Sie begann mit dem alles andere als brillanten, aber unbeugsamen Zola, der als Ankläger der öffentlichen Anklage gegen Dreyfus auftrat, und endet mit aalglatten, doch brillanten Selbstdarstellern, die als Unterhalter der Medien um die goldene Palme der größten intellektuellen Geschmeidigkeit konkurrieren.

Am Ende dieser Ära benennt der amerikanische Soziologe Michael Walzer drei einfache Tugenden, die er bei einem Intellektuellen nicht missen möchte: Mut, Mitleid, Augenmaß.

Oje! Wer, außer mir natürlich, hätte sie in Österreich alle

drei? Augenmaß? Wo es doch das edelste Standesabzeichen ist, keines zu haben. Mitleid? Bitte, mit wem denn! Mut? Sowieso, wenn mir der Beifall meiner Gruppe dafür sicher ist.

Mai

Das Verschwinden des Augenscheins. Anfang des Monats mußte ich nach Ljubljana und somit eine Außengrenze der Europäischen Union überqueren. Bei der Rückfahrt geschah an der österreichisch-slowenischen Grenze etwas Merkwürdiges, genau gesagt, wurde es mir erst später, als wir die Grenze schon passiert hatten und die Fahrt im Auto langweilig dahinging, bewußt, daß hier etwas Merkwürdiges geschehen war.

Die Zollwachebeamten hatten nämlich unsere Pässe genommen, uns dabei aber nur flüchtig angesehen. Sie nahmen die Pässe und taten nicht, was Grenzwächter früher immer taten, das Bild im Paß mit der Person zu vergleichen, die den Paß als Legitimation überreicht hatte. Wie viele Leute wurden früher unruhig, wenn sie sich einer Grenze näherten und die Differenz bedachten, die zwischen dem Bild im Ausweis und ihrem Aussehen in der Wirklichkeit bestand. Als der Paß ausgestellt wurde, da hatte man längere Haare, eine andere Brille, einen kürzeren Bart, schlaffere Hamsterbacken als jetzt. Der prüfende Blick des Zollbeamten ging damals vom Bild im Paß mehrfach zur Person hin und her, bis der Paß, in der glücklichen Regel, mit einem Stempel versehen und zurückgereicht wurde, womit der Grenzwächter anerkannte, daß die Person, die vor ihm stand, mit jener, die im Paß abgebildet war, identisch und damit berechtigt war, das Land zu betreten oder zu verlassen.

Nichts davon ist heute mehr üblich. Das Dokument ist durch eine Vielzahl von technischen Neuerungen absolut fälschungssicher geworden, und was der Zollbeamte überprüft, das ist das Dokument, weniger der Zusammenhang, der zwischen Bild und Person besteht. Er schiebt das Dokument in einen digital hochgerüsteten Leseapparat, in dem Millionen von Daten gespeichert sind, und wartet darauf, daß ihm sein mit allen möglichen Datenbanken verbundener Apparat sagt, ob dieses Dokument gefälscht ist oder nicht und ob gegen den, der sich mit diesem Dokument legitimiert, ein Haftbefehl, das Verbot der Einreise oder was immer vorliegt. Das dauert nur ein paar Augenblicke; nein, der Name Augen-Blick ist falsch, es ist ein Wort, das falsch geworden ist, weil es nicht mehr benennt, was geschieht.

Der Grenzbeamte traut ja seinen Augen nicht mehr, und er ist durch seine Dienstvorschrift angehalten, nicht seinen Augen zu trauen, nicht dem Augen-Schein, sondern der digitalen Kennung. In den allermodernsten Zeiten kehren so Verhältnisse wieder, wie sie vor der Moderne herrschten. Woran erkannte die Obrigkeit früher ihre Untertanen, als es weder Fotografien gab noch der Fingerabdruck als identifizierendes Merkmal entdeckt war? Natürlich hatten Leute, die über die Grenze wollten, auch damals eine Legitimation mit sich zu führen, ausgestattet mit einem Wappen, das von dem Erzherzog, Kurfürst oder Königshaus stammte, dem der Betreffende untertänig war. Aber damals gab es allein in dem, was später Deutschland wurde, rund 350 Staaten mit eigenen Wappen, und kein noch so grimmiger Grenzsoldat kannte alle Wappen der Welt so gut, daß man bei ihm nicht auch mit gefälschten passieren hätte können. Das wußte die Obrigkeit, und so mußte die Legitimation, das persönliche Dokument nicht nur amtlich mit Siegel und Wappen versehen sein, sondern auch eine ins Detail gehende Personenbeschreibung enthalten.

Der Rebell Joss Fritz, der in Süddeutschland die Obrigkeit, die die Bauern aussaugte, das Fürchten lehrte, mit Brandschatzung, Überfall und aufrührerischen Reden, in denen er sich gotteslästerlich auf Gottes natürliche Ordnung berief, Joss Fritz wurde damals steckbrieflich überall als ein Mann gesucht, der einen schwarzen französischen Mantel und extravaganterweise dazu rote Hosen trug. Diese Beschreibung war es, die zu seiner Verhaftung und Hinrichtung führte. Nun wird man fragen, warum der Vortreffliche nicht Mantel und Hose gewechselt hat, aber so fragen heißt mit heutigem Bewußtsein fragen. Joss Fritz wechselte seine Kleidung nicht, weil sie für ihn, für seine Kumpanen, für die Bauern, die er in den Aufstand mitreißen wollte, und für die Obrigkeit, die ihn fürchten sollte, nicht nur ein äußeres Kennzeichen, sondern vielmehr ein Teil seiner Persönlichkeit war. Die Kleidung war keine beliebige Zutat, sondern ein Attribut des Menschen, das zu ihm gehörte wie sein Wuchs, die Haltung, das Gesicht.

So wird von den Kreuzzügen erzählt, daß mancher hohe Herr dabei den Tod erlitt und von den bösen Sarazenen, die er überfallen hatte, auf dem Schlachtfeld seiner Rüstung beraubt wurde. Wenn sich nach der Schlacht die Ritter und Knappen auf das Feld begaben, um die Toten zu bergen, haben sie ihren Fürsten, der nackt unter Nackten lag, nicht zu erkennen vermocht. Der Fürst war ihnen nämlich weniger von seinem Gesicht her als Fürst bekannt, sondern von der Kleidung, die er trug und in der sein Anspruch auf Herrschaft sinnfällig wurde, sowie von den Insignien seiner Macht, die er bei sich hatte, Schwert, Szepter, Kreuz, Ring, Kette. Nur der persönliche Leibknappe erkannte unter den vielen Toten, die da ohne Standesunterschied lagen, gleichermaßen hingemetzelt und zu verwesendem Fleisch zerhauen, seinen Herrn, den er so oft an- und ausgekleidet hatte. Der Herr mußte erst gewaschen, in herrschaftliches Gewand gesteckt, mit Ring und Kette versehen werden, daß er seinem Gefolge und den Untertanen zur trauernden Verabschiedung dargeboten werden konnte. Wäre er ohne den Mantel des Fürsten, ohne seine Insignien aufgebahrt worden, seine Leute, die ihn täglich sahen, hätten ihn nicht erkannt. Denn sie waren es nicht gewohnt, ihren Augen und dem Augen-Schein zu trauen.

Der Augen-Schein ist gewissermaßen ein demokratischer Akt, der den ideologischen Zusammenhang von Verboten, Anweisungen, Lehren, Legenden zerschlägt. Der Kaiser ist ja nackt, ruft das Kind aus, und dieser Ausruf ist eine Revolution. Denn das Kind traut seinen Augen, traut dem, was es sieht, traut also sich selbst und der eigenen Vernunft und nicht dem, was ihm gesagt, gelehrt, erklärt, verordnet wurde. Wenn der Augen-Schein anerkannt wird und die persönliche Überprüfung der Dinge es ist, die darüber entscheidet, ob diese richtig oder falsch sind, dann wankt die Herrschaft der weltlichen und geistlichen Autoritäten, die diese auch auf einem Gebäude abstrakter Ideen und Gebote, die allesamt keinem Augen-Schein standhalten, gebaut haben.

Vor Gericht ist der Augen-Schein, daß jemand also versichert, er habe dies oder jenes ganz bestimmt mit eigenen Augen gesehen, erst spät als Beweis anerkannt worden. Mit der Fotografie wurde der Augen-Schein dann als demokratische Errungenschaft gewissermaßen vervielfältigt. (Natürlich begann sich ihrer auch die Herrschaft zu bedienen.) Heute wird der Augen-Schein abgeschafft und, so wie einst durch die höhere Wahrheit kirchlicher Lehren, durch die höhere Fälschungssicherheit digitaler Identifizierung ersetzt. Der freundliche Beamte an der österreichisch-slowenischen Grenze brauchte nicht seinen schwachen Augen, nicht der täuschenden Wirklichkeit, nicht sich selber zu trauen, er konnte auf die Unfehlbarkeit seines Lese-Apparates vertrauen.

In Finnland wiederum werden selbst die fälschungssicheren Pässe bald überflüssig geworden sein. Ohne daß es die Öffentlichkeit in der Europäischen Union sonderlich interessierte, hat die finnische Grenzpolizei nämlich eine Datenbank mit Fingerabdrücken aufgebaut. Das Ziel des so genannten »Schengen-Abdrucks« sind zwei Datenbanken, in denen die Fingerabdrücke aller Menschen der Erde gespeichert sind, die das Land nicht betreten dürfen, und die Fingerabdrücke jener, die es schon einmal betreten haben und auch weiterhin betreten dürfen. Der Vorgang der Erkennung dauert keine zehn Sekunden. Wer die Grenze passieren will, muß nicht seinen Paß vorzeigen, sondern seine Finger auf die Glasplatte einer Art von tragbarem Kopiergerät legen, das der Grenzwächter bei sich trägt wie früher der Busschaffner seine Tasche, und sogleich erscheint auf dem Bildschirm alles, was er von dieser Person zu wissen braucht: ob sie schon einmal als Asylwerber abgeschoben wurde oder verdächtig ist, einer estnischen Bande von Autoschiebern anzugehören, oder auch nur, ob sie aus Spanien kommt, schon öfter in Finnland war und immer brav die Rechnung für die Minibar des Hotelzimmers bezahlt hat.

Auch dieses System, das einen großen Fortschritt darstellt, ist noch verbesserungswürdig. Und am besten wäre jener Chip, an dem ein kanadisches Forschungsteam arbeitet und den man bei der Geburt jedem, der sich legalerweise in der Welt als neuer Weltbürger anmelden möchte, implantiert. Wer diesen Chip hat, braucht nicht zu fürchten, daß er irgendwann in seinem Leben mit jemand anderem verwechselt werden könnte. Er braucht auch die lästigen Wartezeiten an der Grenze nicht zu erdulden, denn mittels einfacher Datenübertragung wird ihm der Weg, wenn er freie Fahrt dank seiner tadellosen Lebensführung verdient, überall sogleich blinkend freigegeben werden. Auch kann man ihn, wenn etwa der traurige Anlaß eintritt und die Oma zu Hause gestorben ist, binnen wenigen Sekunden finden, gleich in welcher Ecke der Welt er sich aufhält. Vor der Aussicht solcher Vorteile werden die aufgeklärten Bürger der zivilisierten Welt gewiß bald kapitulieren und sich dankbar in den Fortschritt fügen.

Ich war in Slowenien, weil der erste Auswahlband mit Schriften von Karl Kraus in slowenischer Übersetzung erschienen ist. Mit dem Nachwort und der Auswahl hatte ich große Schwierigkeiten. Wie kann man Karl Kraus in eine andere Sprache übersetzen lassen? Man kann, wenn man einen genialen Übersetzer wie den über achtzigjährigen Janez Gradišnik findet (ein schmaler, großer Mann, mit fein geschnittenen Zügen, feingliedrigen Fingern, der sich sehr aufrecht hält und auf gute Umgangsformen, Höflichkeit, Konversation großen Wert legt). In seiner mit Büchern und Bildern vollgeräumten Wohnung an der langen Einfahrtsstraße von Ljubljana, über die man vom Norden, von der Krain und Kärnten kommend, in die Stadt fährt und in der nicht die reichen Leute wohnen, hatte er mir vor zwei Jahren, als er mit der Übersetzung begann, aus seinem Leben erzählt. Er spricht, als wäre er im alten Österreich zur Schule gegangen und übersetzt, ein ungemein gebildeter und an materiellen Gütern sichtlich desinteressierter Herr, auch aus dem Französischen und Englischen. Schon Musils »Mann ohne Eigenschaften«, den er vor ein paar Jahren ins Slowenische gebracht hat, muß eine übersetzerische Titanenarbeit gewesen sein; aber Kraus? Und angenommen, man hätte Kraus übersetzt, wie läßt er, der einen literarischen Lebenskampf gegen längst vergessene Journalisten, gegen die Zuhälter des Wortes und die Helden des Tages kämpfte, sich einem Publikum vermitteln, das von diesen gar nichts weiß? Freilich, auch bei uns kennt kaum jemand mehr die Békessy, Lissauer, Karlweis, Servaes oder Chlumetzky, die kleinen und großen Korruptionisten, Literaten, Kriegsräte. Die meisten von ihnen leben in und dank der *Fackel* weiter. Namen und Orte durch drei Sternchen zu ersetzen, wie das in Romanen des achtzehnten Jahrhunderts üblich war, das hat Kraus selbst für ein praktikables Verfahren gehalten, mit dem seine Satire dereinst, wenn die angemaßten Autoritäten längst vergessen sein werden, den Tratsch, die Kämpfe und Krämpfe der Epoche überleben sollte: als Sprache.

»Trottel« ist das letzte Wort, das die *Fackel* ihrer Leserschaft im Februar 1936 mitzuteilen hatte. 31 Jahre vorher, am 1. April 1899, war die erste Nummer der Zeitschrift mit dem charakteristischen roten Umschlag erschienen. Der 1. April fiel in diesem Jahr auf einen Karsamstag, und die literarische Energie, mit der da ein 25jähriger antrat, seiner Epoche den Prozeß zu machen, brachte ganz Wien um den österlichen Frieden. Als die *Fackel* entzündet wurde, war die österreichisch-ungarische Monarchie gerade in ihr letztes, ihr agonales Stadium übergegangen, aus dem die führende Schicht um das Herrscherhaus ihre Ausflucht in den Weltkrieg suchte, eine Ausflucht, die man einmal als »Selbstmord aus Todesangst« bezeichnet hat. (In Jugoslawien ist vor ein paar Jahren auch ein Reich, das der Theorie nach übernational konzipiert war, in blutigen Kriegen auseinandergebrochen. Und in allen Ländern des ehemaligen Jugoslawien war ein großer Teil von Intelligenzija und Presse willig auf dem literarischen Appellplatz angetreten, das Schlachten mit patriotischem Pathos zu feiern.) 1936, als im Februar die letzte *Fackel* erscheint und Kraus zur letzten von 700 öffentlichen Lesungen antritt, steht Europa wieder am Abgrund. In den 37 Jahren, in denen sich Europa gründlich veränderte, waren 922 Nummern der *Fackel* erschienen, das gigantische Œuvre einer Zeitgenossenschaft, die Kraus als durchaus unangenehm empfand, wie er die »Gegenwart« denn auch »Widerwart« nannte. Sein abschließendes Urteil über die Mitlebenden plazierte er an exponierter Stelle, sodaß man geneigt ist, es als Botschaft an die Nachwelt zu verstehen. Jedenfalls bringt es ein Programm zur Pointe, denn von der ersten bis zur letzten Ausgabe seiner Zeitschrift hat Kraus unzählige Weise im Höhenflug ihrer Phrasen gefangen und als wahre Trottel kenntlich gemacht.

Die *Fackel* ist das größte Gerichtsprotokoll der Weltliteratur und gibt noch den Lesern von heute jenes Gefühl, von dem einst die Zuhörer von Kraus' Vorlesungen massenhaft ergriffen waren: das Gefühl, hier verteidige der letzte Unbestechliche die Menschheit gegen sich selbst. Der dem unerbittlichen Strafgericht als Ankläger und Richter zugleich diente, hat zu Lebzeiten wie nachher fast nur Verehrer und Verächter gehabt, bedingungslose Anhänger und blinde Feinde. Elias Canetti erzählt in seinen Erinnerungen einprägsam davon, wie Kraus die Menschen schied, wie sehr sein Wort für die einen gültiges Urteil, für die anderen der Gewaltakt eines Parvenus, eines überspannten Journalisten, eines »jüdischen Bengels«, eines Amokläufers der österreichischen Literatur war. Canetti selbst hatte im Banne von Kraus gestanden, noch Jahrzehnte später wird er den zweiten Teil seines autobiographischen Werkes

»Die Fackel im Ohr« nennen. Im Aufsatz »Karl Kraus, Schule des Widerstands«, sucht er zu begründen, warum er sich von seinem Idol entfernte. Offenbar war es sein ausgeprägter Wille, über die Dinge der Welt zu einem eigenen Urteil zu gelangen, der ihn an Kraus zweifeln ließ, denn dessen Sprache schien ihm aus lauter ehernen Urteilen gemeißelt: »Es wäre einem vermessen erschienen, selber an eine Nachprüfung zu gehen, und so nahm man keinen der Autoren je in die Hand, die von Kraus verdammt worden waren.«

Canetti zeichnete Kraus als eine Autorität, unter deren pädagogischer Despotie man vieles lernen konnte: daß Kritik der Sprache auch Kritik an der Macht ist, die sich mittels ihrer Sprache behauptet. (Janez Gradišnik hat mir versichert, daß Kritik der Sprache in der einen Sprache sich in die Kritik der Sprache in der anderen Sprache übertragen läßt; denn es sind die Dummheit und die Macht, die in der einen wie der anderen Sprache als Dummheit und Macht kenntlich werden müssen.) Weiters zu lernen von Kraus: daß die Kritik radikal sein muß und falscher Versöhnung zu widerstehen hat. Man darf auch dort nicht schweigen, wo es die eigenen Leute, verdiente Ehrenmänner, wohlmeinende Menschenfreunde sind, die sich schuldhaft verstrickt haben. (Schnell ist es gegangen in all den sogenannten Reformländern: Aus Helden des Widerstands wurden Großaktionäre des neuen Unrechts.) Schließlich daß Kritik kein Stillhalteabkommen kennt und man sich weder durch Zuspruch noch durch Ablehnung davon abbringen lassen darf zu sagen, was zu sagen ist.

(Noch die Art, wie Canetti sich von Kraus trennt, scheint er durchaus von diesem gelernt zu haben. Und Canetti selbst, wenn man den vielen Weggefährten und all den verstoßenen Freunden trauen darf, die darüber Zeugnis ablegten, hat die Menschen schroff geschieden. Wer sein Feind war, und er konnte es aus nichtigem Anlaß werden, der blieb es ein Leben lang, mochte er im übrigen zur Versöhnung streben wie bemüht auch immer, für Canetti war er, wie Hilde Spiel berichtet, nicht mehr dem Reich der Lebenden zugehörig, sondern für den Rest seiner Jahre den Toten zugewiesen. Seinem einstigen Freund Ernst Fischer hat er in der Autobiographie gar das Namensrecht, das Grundrecht des Individuums, entzogen und ihn, wiewohl er ihm viel verdankte und persönlich einst herzlich verbunden war, auf das Kürzel F. reduziert, nicht zu sagen: dehumanisiert.)

Kraus hatte von Anfang an Jünger um sich und gefallene Jünger gegen sich, die ihm als Feinde treu ergeben blieben. Noch im selben Jahr, da die *Fackel* gegründet wurde, erschien *Der Pinsel*, die erste von vielen Unternehmungen, die ihr Konkurrenz machen wollten mit einer ihr abgeschauten Technik; die meisten dieser Gegengründungen waren plump und in ihrer Fixierung auf Kraus geradezu pathologisch. Sie haben aber das Ihre dazu beigetragen, daß Kraus, kaum daß die *Fackel* zu leuchten begonnen hatte, zur Instanz wurde, anfangs nur in Wien, nach einer Serie aufsehenerregender Fehden, etwa mit den Publizisten Maximilian Harden und Alfred Kerr, auch in Deutschland, und schließlich im ganzen deutschen Sprachraum, der sich damals mit den Sprachräumen anderer Völker und Staaten durchdrang und bis Prag und Posen, Czernowitz und Lemberg, Marburg und Triest reichte. Im Gebiet des heutigen Slowenien hat es unter den Bürgern von Kranj, Ljubljana, Maribor jedenfalls Abonnenten gegeben, die die *Fackel* aus Wien erwarteten, um den eigenen, den lokalen Autoritäten heimzuleuchten.

Das Gespräch im schönen Vortragssaal von Slovenska Matica, dem ältesten slowenischen Verlag, leitet Drago Jančar, der immer begierig ist zu erfahren, wie Slowenien in »Europa« gesehen wird, was Slowenien von der EU zu erwarten hat … Ich kann ihm keine Auskunft geben, die ihn zufrieden machen wird. Slowenien wird im Europa der Union gar nicht »gesehen«, niemand kennt dieses kleine Land, niemand interessiert sich dafür, wie aber auch kaum jemand besondere Aversionen gegen Slowenien hegt, das einfach dem Komplex Osteuropa zugeordnet ist, einem Schlund, in dem Völker und Nationen verschwinden und aus dem paradoxerweise laufend neue Völkerschaften und Nationalitäten herausgeschleudert werden, die zum Entsetzen der zivilisierten Welt dieser vermelden, daß es auch sie gibt und daß sie sich künftig stärker bemerkbar zu machen gedenken. Indigniert reagieren die Europäer der Union auf diesen gräßlichen Pallawatsch mit den Osteuropäern, die alle Tage mehr werden, und bei denen man wirklich nicht wissen kann, woher sie alle kommen, diese Slowenen, Slowaken, Slawonier, Serben und Sorben, die es vermutlich ohnehin nur in ihrer eigenen Einbildung und als Spottgeburten des Nationalismus gibt.

In seinem glänzenden Roman »Luzifers Lächeln« läßt Jančar seinen Helden, einen slowenischen Schriftsteller, der eingeladen wird, ein Jahr lang als Writer in Residence in Amerika zu verbringen, schon bei der Einreise eine dramatische Erfahrung machen. Der amerikanische Grenzbeamte läßt es sich nicht nehmen, in das Visum als Heimat des Schriftstellers »Pennslovenia« einzutragen, weil er von Slovenia noch nie etwas gehört hat und glaubt, dem unbedarften Fremden mit der klärenden Bestimmung etwas Gutes zu tun. Nicht nur in den USA stoßen die Slowenen auf große Schwierigkeiten, sich verständlich zu machen, schon ihren europäischen Nachbarn mitzuteilen, wer sie eigentlich seien, ist ihnen verwehrt. Die elektronische Grenze, die den Eisernen Vorhang ersetzt hat, ist neu, die Mauer des Hochmuts, der Ignoranz und des Mißtrauens, die durch Europa schneidet, hingegen steht schon seit unvordenklichen Zeiten, so alt ist sie, daß sie zur ehrwürdigen Tradition des heiligen Europa gehört. Selbst Schriftstellern wie Drago Jančar oder Dane Zaic, zwei Autoren, die zweifellos zum Besten gehören, was die europäische Literatur heute aufzubieten hat, gelingt es folglich kaum einmal, mit ihrer Literatur in den französischen, englischen, spanischen Raum hinaus zu wirken, ja dort überhaupt wahrgenommen, übersetzt, gelesen, besprochen zu werden. Das Gefälle ist zu groß, denn unser Kontinent befindet sich auch kulturell in dramatischer Schieflage.

Während noch die seichtesten Novitäten eines Bernard-Henri Lévy oder Alain Finkielkraut binnen Jahresfrist auch auf deutsch vorliegen, wird etwa kaum noch deutschsprachige Literatur ins Französische übersetzt. Wer mit dem bei Deutschen und Österreichern weitverbreiteten Gefühl der Inferiorität wähnt, darin würde sich eben die Überlegenheit der französischen Literatur spiegeln, der irrt. Es ist dies keine Frage der Qualität, sondern der kulturellen Hegemonie. Und wie es den Deutschen nicht gelingt, den kulturellen Austausch mit den Franzosen einigermaßen ausgeglichen zu halten, so klagen die Franzosen darüber, auf keine ausgeglichene Bilanz mit dem angelsächsischen Raum zu kommen. Dafür sind sie auf dem für sie weiter östlich gelegenen deutschen Buch- und Meinungsmarkt präsent, während die deutschsprachige Literatur ihrerseits langsam ostwärts treibt, zu den Slowenen oder Bulgaren, die sich fleißig zeigen, dem nationalen Publikum auch diese (für sie westliche) Literatur näherzubringen. Die Bulgaren und Slowenen schließlich vermögen fast gar nichts mehr aus ihrer geistigen Produktion auf jenen gemeinsamen europäischen Markt zu bringen, der ihnen die Teilnahme am internationalen Diskurs ermöglichen würde. Der Weg des osteuropäischen Intellektuellen nach Europa führt immer noch über den Sprachwechsel, die Preisgabe der Nationalität. Sobald Tzvetan Todorov oder Julia Kristeva keine bulgarischen Intellektuellen, sondern französische Universitätsprofessoren sind, ist es ihnen möglich, das, was sie Europa zu sagen haben, auch zu Gehör zu bringen. Vorher nicht. Auch Emil M. Cioran, Mircea Eliade, Eugen Ionescu mußten, um europäische Größen zu werden, vorher aufhören, Rumänen zu sein.

Was den deutschsprachigen Markt von Geistesproduktion betrifft, so wird er weniger von feiner französischer als von fließbandgrober angelsächsischer Ware beherrscht. Darüber ist das deutsche Verlagswesen in eine bedrohliche Krise geraten. Jahr für Jahr erscheinen amerikanische Romane in bedeutenden deutschen Verlagen, die, hätten sie Deutsche verfaßt, nie und nimmer gedruckt worden wären (und schon gar nicht von bedeutenden Verlagen). Da sie aber aus Amerika kommen und jenen Erfolg verheißen, der niemals eintritt, wird dieses Zeug, das die Fließbandanstalten der Creative Writing Schools verläßt, um teure Lizenzgebühren erstanden, übersetzt und stoßweise in die Buchhandlungen ausgeliefert. Und von dort eines Tages stoßweise retourniert. Das Verlagswesen ruiniert sich so gleich auf doppelte Weise, es kommt nämlich nach und nach mit dem ununterscheidbaren, doch teuer erstandenen Schrott geschäftlich so weit herunter wie literarisch.

Die osteuropäischen Schriftsteller, die Autoren aus Slowenien oder Bulgarien wissen, daß sie auf diesem Markt, auf dem nicht literarische Qualität, sondern kulturelle Macht zählt, noch weniger Chancen haben als ihre deutschsprachigen Kollegen. Enttäuscht über das Desinteresse, das ihren Versuchen, sich in europäische Debatten einzublenden, entgegenschlägt, lassen sie sich in der Regel doch nicht dazu verleiten, das Glück in der Abschließung zu suchen. Und die Slowenen zögern nicht, in ihrem ehrbarsten, für ihre Geschichte so bedeutsamen Verlag Karl Kraus zu publizieren und diese Veröffentlichung als großes Ereignis zu feiern. Die Presse berichtete ausführlich, das Fernsehen zu bester Stunde; hingegen war es dem slowenischen Verlag und dem rührigen österreichischen Kulturattaché in Ljubljana gleichermaßen unmöglich, mit einer ganzen Serie von Presseaussendungen auch nur in einer einzigen österreichischen Zeitung eine Notiz unterzubringen, daß der österreichische Klassiker nun auch auf slowenisch gelesen werden kann. So wenig ist Österreich an Karl Kraus, so wenig an Slowenien interessiert.

Was Walter Benjamin von den Verehrern wie Gegnern des Karl Kraus schrieb, daß nämlich nichts »trostloser ist als seine Adepten, nichts gottverlassener als seine Gegner«, gilt heute noch. Das Werk dieses Autors, der zugleich ein strenger Sprachkritiker und ein leidenschaftlicher Spracherotiker war, findet nur selten abwägende Deutung, noch immer überwiegen Bekenntnisse, sei es daß sie für oder gegen ihn abgegeben werden. Über dem Streit, ob Kraus immer recht hatte oder nie, ob er mit der Unbarmherzigkeit seines Witzes stets gerecht oder meist nur selbstgerecht war, wird übersehen, daß Kraus sich selbst zwar als Instanz der Wahrheit setzte, daß dies aber kein juristischer oder religiöser, sondern ein literarischer Akt war.

Nur die ersten Jahrgänge der *Fackel* waren auch für Leser, die sich weniger für Sprachkunst interessierten, von Interesse: Kraus trat als Entlarver an, der die Korruptionisten in Staat und Gesellschaft bloßstellt. Schon um 1905 vollzog er seine »ästhetische Wende«. Nicht als Aufdecker, sondern als Sprachkünstler wollte er gelesen werden, als Sprachkünstler, der sich für seine Arbeit Stoffe griff, die allerdings zuweilen von großem öffentlichen Interesse waren, Prozesse, Skandale, politische und gesellschaftliche Entwicklungen. Von der Mitwelt nahm Kraus stets aus der Perspektive des Pressefeindes Kenntnis, die liberale Sensationspresse war ihm der Zerspiegel, in dem er die Weltgeschichte entdeckte. (Uns wird die Weltgeschichte ebenfalls medial vermittelt, es sind neue Medien hinzugekommen, die die Welt zugleich unerhört vergrößerten und sie auf die Maße eines Fernsehapparats verkleinerten.) Das trübte seinen Horizont, und manches Mal hat er sich vehement gegen eine gute Sache ausgesprochen, nur weil die liberale Presse sich für sie engangiert hatte – doch hat es andererseits sein sprachkritisches Sensorium verfeinert und seine sprachlichen Waffen ungemein geschärft. Ein Engel sei ihm erschienen, schrieb er einmal, der ihm sagte: »Gehe hin und zitiere sie.« Die Zeit in ihrer eigenen Sprache, den Verfall in seinen Phrasen zu fangen, das war die Absicht des Satirikers Kraus, der die Presse durchforschte nach den Zeichen jenes Unterganges, den sie nach seiner Überzeugung betrieb: »Mein Amt war, die Zeit in Anführungszeichen zu setzen.«

Als Satiriker nahm sich Kraus dabei alle künstlerischen Freiheiten, die sich die Gattung nehmen darf, und noch einige dazu, die durchaus bedenklich sind. Den Konservativen negiert die Kraussche Satire mit Argumenten, die gut sozialdemokratisch klingen; dem Sozialdemokraten kommt sie linksradikal und gibt ihn als zweiten Bürger der Lächerlichkeit preis; den Linksradikalen kanzelt sie ab mit Gedanken, die aus einem vorbürgerlichen Gesellschaftsverständnis stammen; den Elfenbeinturm, in dem sie den Ästheten aufspürt, legt sie in Trümmer mit den Ansprüchen der Gesellschaft, und auf den engagierten Autor schießt sie aus dem Elfenbeinturm.

Wer Kraus und der *Fackel* als chronologischer Fortsetzungssatire gedankliche Brüche, ideologische Wandlungen, Widersprüche nachweisen will, findet reiche Beute. Er hat sich nicht nur im Laufe eines schriftstellerischen Lebens verändert, sondern auch in rascher Abfolge kraß selbst widersprochen. Das müßte jenen, die ihn als Zitatengoethe des 20. Jahrhunderts benutzen, indem sie bei ihm stets die besten Pointen für die eigenen Thesen suchen (und finden), zu denken geben. Mit Kraus kann man vortrefflich für oder gegen den Sozialismus, die Pressefreiheit, die Demokratie, den Feminismus, die Prügelstrafe fechten; bei ihm findet sich für fast alles, und auch das Gegenteil davon, die endgültige Formulierung, die tödliche Pointe. Diese bedenkliche Qualität des Autors hat erheblich dazu beigetragen, ihn noch nachträglich in Kämpfe zu zerren, die im politischen Unterholz geführt wurden und nicht die seinen waren. So wurde Kraus gleich nach 1945 nicht nur zu einem umkämpften Autor, sondern auch zu einem, mittels dessen gekämpft wurde. Es ist weniger schlimm, daß sich, vereinfacht gesagt, die Linken und die Rechten bemühten, ihn als ihren Vorkämpfer zu beanspruchen, als daß sie es nur taten, um ihre Bastion im Kalten Krieg zu stärken und mit Zitaten von ihm ins Gefecht zu ziehen. Kommt noch die autoritative Geste des Autors hinzu, die sich jene von ihm borgten, die ihn benutzten, und schon war aus Kraus, dem Kritiker der falschen Sprache, fast ein Ideologe, ein Behaupter des Falschen, gemacht. (Die Übersetzung in eine andere Sprache ist auch die Chance, ihn aus der österreichischen Sphäre des Mißbrauchs herauszuholen und wieder Sprache werden zu lassen.)

Irgendwann, Ende der siebziger Jahre, waren die roten Bände auch bei mir angekommen. Sie waren da, gleich alle zwölf, in denen die *Fackel* von der ersten bis zur letzten Nummer in einer Dünndruckausgabe, die mehr als zehn Kilo wog, gesammelt war. Die zierliche Frau, die sich schwer tat, ihr eigenes Fahrrad aus dem Keller über die Stiege heraufzutragen, hatte sie damals zu unserer Wohnung am südlichen Stadtrand von Salzburg geschleppt und mir mit erwartungsvollem Blick auf den großen Küchentisch gelegt. Was für eine klopfende Erwartung, als ich, der ich damals vielleicht 25 Jahre alt und Besitzer einer wachsenden Bibliothek war, diese gewichtigen Stücke in die Hand nahm. Ich glaube, es ist nicht übertrieben zu sagen, daß dieses Geschenk mein Leben verändert hat, und nicht etwa deswegen, weil die Überbringerin seit zwanzig Jahren mit mir verheiratet ist, dazu mußte uns nicht Kraus verhelfen.

Kaum daß ich mir in der *Fackel* erste Orientierung verschafft hatte, wußte ich, daß ich mich für lange in ihr verlieren würde. Ich war damals in die Arbeit an meiner Dissertation vergraben, die die ästhetischen Schriften Ernst Fischers zum Thema hatte. Ihn hatte Kraus »meinen Perlenfischer« genannt, weil er sich ungeniert die Pointen aus der *Fackel* holte. Je mehr Kraus ich las, desto deutlicher wurde mir, daß ich mich seiner nur würde erwehren können, wenn ich ihn zur Gänze las. Tatsächlich habe ich ein ganzes Jahr mit der *Fackel* gerungen, ich vergaß darüber meine Dissertation, vernachlässigte meine akademischen Pflichten und setzte mich fanatisch auf alle Fährten, die die *Fackel* mir wies. Die letzte wissenschaftliche Arbeit, die ich verfaßte, war eine Studie über eine Gruppe österreichischer Expressionisten, die Kraus als »kosmische Schlieferl« in die Nichtigkeit abgetan hatte. Gegen ihn, der mich auf sie gebracht hatte, entdeckte ich Albert Ehrenstein, Hugo Sonnenschein, Georg Kulka als rebellische Geister, mit denen ich mich identifizierte. Das erste Buch, das ich 1984 herausgab (mit Josef Haslinger, der ihn unabhängig von mir zur gleichen Zeit für sich entdeckt hatte), sammelte die Gedichte Hugo Sonnenscheins, den Kraus als literarischen Hochstapler dem Gespött preisgegeben hatte. Und das erste Buch, das ich selber schrieb, war eine biographische Annäherung an den bitteren Wiener Dichter Albert Ehrenstein. Es erschien 1986, zum ansonsten kaum bemerkten hundertsten Geburtstag Ehrensteins, in einem kleinen Schweizer Verlag. Als ich nach zwei Jahren Post vom Verlag bekam, wurde mir mitgeteilt, daß insgesamt 287 Exemplare verkauft worden waren, was ein schöner Erfolg wäre, daß der Verlag jetzt aber seine Unternehmenslinie geändert habe und nur mehr Comics produzieren werde. Meine Hommage an Ehrenstein endete mit lauter Anklängen an Ehrensteinsche Gedichte in den Sätzen: »Er war nie sentimental. Ein Vorträumer der Menge, dem noch keine nachgeträumt hat. Er bevorzugte das Bittere und das Scharfe. Aber mitten im Kriechenland blitzte hellenische Sonne auf. Ich liebe ihn. Er war kein Resignationsrat.« Als akademisch zulängliche Biographie taugt solche mit der Feder der Empörung verfertigte Prosa natürlich nicht, und es war mir während des Schreibens klar geworden, daß ich mit diesem Erstling meine wissenschaftliche Karriere für immer beenden und anderes, Andersgeartetes schreiben werde.

All die Monate, die ich in der *Fackel* las, habe ich über diese Lektüre Buch geführt, zwei umfängliche Broschüren, handschriftlich randvoll beschrieben, sind es geworden, »F. F.« steht auf der ersten, und ich glaube, ich kürzte damit meinen individuellen »Fackel-Fahrplan« ab, »K. N.« auf der zweiten, »Kraus-Notate«. Als mir der belastende Auftrag zuteil wurde, die erste slowenische Ausgabe der Schriften von Karl Kraus zusammenzustellen, haben mir die beiden Broschüren gute Dienste erwiesen. Ich habe die neue Auseinandersetzung mit Kraus begonnen, indem ich als erstes im F. F. und in den K. N. zu blättern begann. Und siehe, ich fand alles, was ich brauchte: die exakten Hinweise darauf, was wo in welchen Texten von Kraus steht – und die Leidenschaft, mit der ich sie damals gelesen habe.

Alle laufen, es laufen die Rechten und die Linken, es laufen klassenübergreifend die Chefs und die Angestellten, es laufen die Hedonisten, weil es lustig, und die Antihedonisten, weil es eine Qual ist. Joggen ist zur Volksreligion geworden, kein Spaziergang in und um die Stadt ist mehr möglich, ohne daß man den Läufern ausweichen müßte, die keuchend ihre Sünden des Wohlstands abbüßen. Nach den Hunden sind die Jogger die größte urbane Plage geworden. Aber ich bin ein toleranter Mensch, soll jeder, der will, seinen Hund haben oder seinen inneren Schweinehund durch die Gassen hetzen. Mir persönlich rechtfertigt weder ein wartender Bus noch ein pflichteifrig zu wartender Körper, sondern einzig ein Ball das Laufen, und nur so dahinzulaufen, ohne einem Ball hinterherzujagen, erschien mir immer als freudlose Schinderei. Die jährliche Wallfahrt, die die weit verstreute Herde der Jogger in großer Zahl vereint, ist der Wiener Marathon. Einer, der sich den Wiener Marathon nie entgehen läßt, ist der Minister Bartenstein, der den Notstandsbeziehern so gerne den Bartl zeigt. Der Minister Bartenstein ist der medizinisch sensationelle und sozial bezeichnende Fall des schwer gebrechlichen Extremsportlers, des absolut wehruntauglichen Marathonläufers. Als Fanatiker der Gerechtigkeit hat er sich, als er so wie alle jungen Männer den Heeresdienst (oder den Zivildienst) hätte ableisten müssen, eine Kommission bestellt, die ihn für körperlich untauglich befand, dieses zu tun. So konnte er den anderen, den richtigen Lauf, der ihn an die Spitze bringen, zum Minister und Millionär machen und mit der Macht ausstatten sollte, seinen fanatischen Gerechtigkeitssinn ehebaldigst an Beziehern von Notstandshilfe auszutoben, um ein Jahr früher als seine Jahrgangskollegen antreten. Und das ist nur gerecht, denn Leute, die Großes im Sinne haben, sollen sich ruhig den Vorsprung nehmen, der ihnen zusteht.

Eine Kapitalgesellschaft namens Bayern München hat die deutsche Fußballmeisterschaft gewonnen – und halb Deutschland trauert. Ein paar Tage später siegt das Unternehmen auch in der Champions League, in der der beste europäische Fußballclub des Jahres gekürt wird – und ganz Europa trauert. Daß Bayern München die erfolgreichste Fußballmannschaft unserer Zeit ist, kann als doppelter Beweis gelten, sowohl nämlich dafür, daß der Kapitalismus triumphiert, als auch, daß er die Menschen unglücklich macht.

Der Kapitalismus triumphiert in der Fußballmannschaft Bayern München, weil er alles, was den Fußball früher ausgemacht hat, als lästiges Beiwerk eliminiert und am Ende auch im Sport, im Spiel den puren Nutzen, den Zwang zur Effizienz, die freudlose Berechnung, die rücksichtslose Ausrichtung alles Menschlichen auf seine Verwertung hin durchgesetzt hat. Niemand, nicht einmal der verblendete Fan von Bayern München, den ich mir nicht anders als einen enthemmten Spießer vorstellen kann, der in der Firma die Kollegen anstachelt, gefälligst nicht zu trödeln, liebt diese Mannschaft, weil sie so schönen Fußball spielte; niemand schätzt an ihr die Eleganz, mit der die Spieler den Gegner auszutricksen suchen, den Spielwitz, die Phantasie, die überschäumende Freude. Bei Bayern München gehen hochqualifizierte Spezialisten zu Werk, ihre vorher berechnete Arbeit zu tun, und da sie es unter allen Fußballern der Welt am weitesten gebracht haben auf dem Weg vom fehleranfälligen Fußballer zum fehlerfreien fußballtretenden Roboter, sind sie es, die die neue Ära triumphal beherrschen. Diese Spieler sind vermutlich passabel intelligent, denn ein ganz dummer Kerl kann die komplexen taktischen Vorgaben, die der Trainer als ihr Programmierer heute ausheckt, nicht erfüllen; sie sind aber auch wieder nicht zu intelligent, denn ein intelligenter Mensch läßt sich auch für noch so viel Geld nicht zur seelenlosen Maschine umerziehen, deren Qualität es ist, keine subjektiven Eigenschaften, sondern vorhersehbare und vorbestimmte Fertigkeiten zu haben. Die Spieler des FC Bayern sind perfekt, also sind sie keine Spieler mehr, sondern Erfüller, Erfüller vorgegebener Pläne, Spielzüge, taktischer Anordnungen. Ihnen ist das Ziel alles, der Weg nichts; Bayern München steht für die lebensfeindliche Lehre, daß einzig der Erfolg zählt.

Die dümmsten Sportreporter, die österreichischen, bestätigen es ihnen mit jedem zweiten Satz und versichern den Zusehern ein ums andere Mal, daß es eben auf das »Ergebnis« ankomme. Warum schauen wir dann zu? Sehen wir so gerne Fußball, weil wir hoffen, daß am Ende ein Ergebnis steht? Oder weil es so schön wäre, die Effizienz dabei zu beobachten, wie sie effizient ist? Deren Vergottung ist genau das Gegenteil von dem, was das Wort »Spiel« ausdrückt, denn im Spiel ist nicht das Ergebnis das Entscheidende, sondern die Vielzahl an Wegen, Varianten, Einfällen, Erfindungen, zu ihm zu gelangen. Und auch wenn Fußball schon vor Jahrzehnten ein riesiges Geschäft geworden ist, hatte er sich doch jenen Funken bewahrt, der das Spiel zu einem Fest werden lassen konnte. Mit den Erfolgen von Bayern München ist es damit vorbei. Ohne Scham, mit dem Selbstbewußtsein dessen, der Sieger ist und sonst gar nichts, geben es die Mannen von Bayern München jedem kund: Wir wissen, daß wir nicht den schönsten, den besten, den witzigsten (ja, es gibt ihn, den witzigen Fußball), den mutigsten (ja, auch das), den phantasievollsten Fußball spielen, wir können und wollen das gar nicht, wir spielen bloß den effektivsten. Und sind darum die erfolgreichsten.

Jeder Ideologe, der die Menschen danach bewertet, was sie als Material für die große Verwertungsschlacht bieten, muß angesichts des FC Bayern jubeln. Der nackte, unverstellte Kapitalismus, der es nicht mehr für nötig befindet, schöne Phrasen von Freiheit oder Menschenwürde zu finden, sondern schlicht verlangt, daß die Menschen funktionieren, auf daß der Profit noch größer werde und noch größere Investitionen in das Unternehmen zurückfließen, damit der Profit noch größer werde ... der nackte, unverstellte Kapitalismus ist es, der im Fußball der Firma FC Bayern triumphiert. Der nackte Kapitalismus kann es sich leisten, sich allenthalben als der häßliche Kapitalismus zu erweisen, das ficht seine Herrschaft nicht mehr an. Niemand liebt diesen Fußballclub, aber er siegt, und er will den Leuten als der zur Fußballmannschaft gewordene nackte Kapitalismus gar nicht mehr weismachen, daß er schön, liebenswürdig, bewundernswert sei. Nein, sie sagen es, vom Trainer bis zum Ersatztormann, vom Präsidenten bis zum linken Torstangenbewässerer alle selbst: Wir sind nicht schön, wir sind nicht gut, wir sind nur effizient; wir wecken keine Begeisterung, wir bringen keine Freude, wir haben nur Erfolg.

Daß der FC Bayern im eigenen Land und überall in Europa so unbeliebt ist, ja daß die Leute allenthalben hoffen, nicht dieser Verein möge siegen, egal wo, egal gegen wen, hat damit zu tun, daß der Kapitalismus zwar triumphiert, daß er aber die Menschen nicht glücklich macht, ja daß sie ahnen, er wäre es, der sie unglücklich mache. Zwar hat der Kapitalismus auch darin gesiegt, daß er die Leute davon zu überzeugen wußte, er wäre gewissermaßen die natürliche Entwicklung der Gattung, die Selbsttätigkeit des Ökonomischen; aber die Sehnsucht, daß wir mehr sind als Rädchen der großen Maschine, daß wir zu Besserem geboren sind als dazu, unentwegt zu funktionieren, ist noch nicht erloschen, sie wächst in vielen, die fast alles haben, von Tag zu Tag. Und erst recht die, die längst noch nicht alles haben, sind dem Kapitalismus nicht so verfallen, daß ihnen eine Welt unvorstellbar wäre, in der nicht die Effizienz, sondern die Freude das Maß gibt und nicht das Resultat, sondern der Überschwang zählt. Deswegen wird der Fußball, wie ihn die Südamerikaner aus den armen Ländern spielen, auch im wohlhabenden Europa geliebt, und der Fußball, den der FC Bayern spielt, selbst im reichen Deutschland verachtet. Dieser langweilige, berechnende, nur auf den Endzweck des Sieges orientierte Fußball weckt die Sehnsucht nach einer Welt, in der die Menschen wieder ihre Begabungen entfalten dürfen und diese nicht darauf reduzieren müssen, das Ihre zum vorberechneten Erfolg beizutragen. Freilich ist der internationale Spitzenfußball in einem Ausmaß kommerzialisiert, daß sich diese auf der Börse notierten Milliardenunternehmen den »Mißerfolg« kaum mehr leisten können. Der Sieg ist in diesem Sinne eine ökonomische Notwendigkeit, und darum muß er erreicht werden, wenn darüber auch das Spiel, der Fußball, zerstört wird. Und der FC Bayern ist der Markenname dieser Zerstörung.

Silvio Berlusconi hat bei der italienischen Parlamentswahl gesiegt, und die Sonntagsprediger der europäischen Werte beeilen sich zu versichern, daß diese dadurch nicht in Frage gestellt werden. Davon bin auch ich überzeugt. Die europäischen Werte, auf denen die Union aufbaut, werden durch Berlusconi nicht erschüttert; er hat seine Karriere vielmehr auf ihnen errichtet und repräsentiert sie, auf die karikaturistisch zugespitzte Weise eines Mannes, der von seinem Erfolg berauscht ist und sich gar nicht mehr darum schert, sein Anliegen noch hinter schönen Phrasen zu verbergen. Was heißt sein Anliegen? Seine kriminellen Geschäfte.

Besorgt haben manche Kommentatoren und einige Politiker der EU in den Wochen vor der italienischen Wahl gefragt, ob es wohl mit den Idealen der Union zu vereinbaren sei, daß Parteien wie die postfaschistische Alleanza Nationale oder die Lega Nord mit ihrem Programm eines Rassismus des Wohlstands Italien regierten. Gefliessentlich wurde dabei vertuscht, daß die Gefahr für die Demokratie nicht die leidlich gezähmten Postfaschisten und auch nicht die Legisten mit ihrem bizarren Führer Bossi, sondern Berlusconi und seine Bewegung selber sind; die »Forza Italia« ist schon vor Jahren, als ihre kriminellen Machenschaften offenkundig waren, zum renommierten Mitglied der notabene christlichen Fraktion im Europäischen Parlament geworden. Und Berlusconi ist bestens geeignet, dieser Internationale anzugehören; allerdings auch, den mit so vielen Phrasen verstellten Blick auf die »europäischen Werte« endlich freizugeben.

Jahrelang haben wir uns eingeredet, in einer stetig von Barbarei bedrohten Welt würde die Europäische Union das Modell von Freiheit, Internationalität, Demokratie verkörpern. Der Feind war immer draußen. Europa konnte historisch niemals ein Bewußtsein seiner selbst entwickeln, ohne zugleich ein dunkles Gegenbild von sich zu erschaffen, gegen das es sich strahlend abhebt und in dem es die Gefahr erkennt, vor der es sich schützen möchte. Erst dieses Gegenbild, in das Europa imaginiert, was ihm an der eigenen Geschichte unheimlich oder im nachhinein peinlich ist, schafft die »europäische Identität«. Die Barbarei brandet immer draußen, vor den Toren, und sie sorgt dafür, daß sich Europa im dauernden Wandel stetig als das Bessere empfinden kann.

Wie sich Europa historisch mit höchst verschiedenen Werten identifizierte, an denen allenfalls gleich war, daß sie als »europäische Werte« begriffen wurden, hat auch das dunkle Gegenbild stets Verschiedenes gezeigt: den Barbar, der sich europäischer Kultur nicht zugänglich erweist, den Heiden, der sich christlicher Belehrung verschließt, den Juden, der als fremder Parasit unter uns sitzt, den Kommunisten, der asiatische Gleichmacherei in Europa einführen möchte ... Der Anti-Europäer hat viele Namen gehabt und mußte immer neu entdeckt werden, weil der Europäer ihn braucht, um sich als der Mensch zu entwerfen, der er sein möchte. Doch was für ein merkwürdiges Geschöpf er ist, dieser Europäer! Einst kämpfte er als christlicher Fundamentalist gegen die gottlosen Heiden und die den wahren Gott verleugnenden Mohammedaner. Heute weiß er sich wiederum gerade deswegen als Europäer geadelt, weil er sein aufgeklärtes Wort gegen den religiösen Fanatismus erhebt. Das eine wie das andere Mal fühlt er sich aber nicht etwa bloß als Mensch, nein, vielmehr als wahrer Europäer zu seinem moralischen Tun beflügelt und ganz im Einklang mit den von ihm entdeckten, abgeschafften, neu definierten, verratenen europäischen Werten.

Die europäischen Werte haben schon vielerlei und von allem auch das Gegenteil bedeutet. Tatsächlich exorziert Europa periodisch seine eigenen Dämonen, um sie dann als teuflischen Wesenszug an anderen zu entdecken. Die europäischen Werte von gestern werden so zur akuten Bedrohung Europas, gegen die naturgemäß wieder nichts als die Besinnung auf neu entdeckte europäische Werte von heute Schutz bieten kann (von denen so getan wird, als wären sie in Europa immer anerkannt gewesen und nicht gerade hier mißachtet und verfolgt worden).

Dieses Gerede von den »europäischen Werten« ist implizit rassistisch, weil es insinuiert, bestimmte Anliegen der ganzen Menschheit wären spezifisch europäische Errungenschaften. So kann man selbstbewußt gegen den Rassismus auftreten und ihn gleichzeitig als europäischen Dünkel weiterhin pflegen. Das Gerede von den »europäischen Werten« ist zudem verlogen, weil es vergessen macht, was in der Geschichte alles schon als gut europäischer Wert geachtet war: von der Lehre, daß Heiden massakriert gehören, über die koloniale Praxis, Menschen anderer Hautfarbe in ihrer Heimat zu überfallen, mit der Peitsche aufs Feld zum Arbeiten zu jagen und gegebenenfalls zu verkaufen, bis zum sogenannten Verteidigungskrieg, den der Faschismus nach eigener Definition bekanntlich führte, um Europa vor den asiatischen Horden des Bolschewismus zu beschützen (der naturgemäß auch eine europäische Erfindung war).

Und nun die bange Frage: Ist Berlusconi mit diesen Werten vereinbar? Gleich kommt Entwarnung, ob vom französischen oder belgischen Außenminister, allenthalben nichts als das große Rauschen der Beschwichtigung. (Aus Österreich hat Berlusconi mit Kritik ohnedies nicht zu rechnen: Den einen ist er gerade recht, die anderen wollen sich auch durch ihn nicht aus der Überzeugung aufschrecken lassen, wir Österreicher wären die unbestrittenen Europameister im Reaktionär- und Bösesein.) Berlusconi, klingt die neue europäische Sprachregelung, sei kein Glücksfall, aber auch kein Unheil, denn er hat die europäischen Werte flagrant noch nicht verletzt.

Die Europäische Union ist als Zollfreihandelszone gegründet worden und nicht als moralische Anstalt. Sie war notwendig geworden, weil der europäische Kapitalismus von den alten, nationalstaatlichen Grenzen gehemmt wurde und zu seiner freien Entfaltung größere Räume, transnationale Konzerne, grenzenlose Innovationen brauchte. Das ist weder ein moralischer Fortschritt noch eine europäische Gefahr, das sind nur neue Bedingungen, unter denen manches leichter gehen, anderes es schwerer haben wird. Etliche alte Borniertheiten sind gefallen, andere sind entstanden. Nationale Ressentiments, die aus Italienern, so fesch sie im Urlaub auch anzuschauen waren, noch in den siebziger Jahren unfehlbar »Katzelmacher« machten oder Deutsche in Frankreich unbesehen mit »boches« gleichsetzten, sind überall in der EU im Schwinden begriffen. Dafür ist im Reich der Europäischen Union ein zuvor unbekannter Rassismus erwachsen, der sich nicht mehr hinterwäldlerisch aus alten Blutsmythen speist, sondern durchaus weltmännisch aus dem Wohlstand, der zur europäischen Festung ausgebaut wird. Wer diesen Wohlstand zu gefährden scheint, sei es als Flüchtling, der nach Europa möchte, oder als Arbeitsloser, der in Europa, seiner Heimat, zum Fremden wird, fällt einer Verachtung anheim, die nicht auf eine bestimmte Hautfarbe, sondern auf das Rassemerkmal des Geldes bezogen ist. An diesem Rassismus, der mitten in den zivilisiertesten Ländern hochschießt, ist die Europäische Union nicht so unschuldig, wie sie meint und wie sie durch ihren Kampf gegen den Rassismus alter Prägung unter Beweis zu stellen sucht. Schließlich war sie es, die das soziale Leben in allen Mitgliedstaaten auf ein von der Wirtschaft vorgegebenes Maß ruinierte und überall jene Traditionen zerschlug, welche die große Maschine, die unermüdlich Gewinn zu erwirtschaften hat, behinderten. Daß es neben dem Profit keinen anderen Götzen geben darf, ist der Zweck des ansonsten schwer zu verstehenden, auch ökonomisch oft geradezu sinnwidrigen Kampfes, den die Wettbewerbskommissare der EU führen, damit aus Europa gegen den Wunsch der Bevölkerung ein großes Einkaufszentrum wird, das sieben Tage die Woche 24 Stunden geöffnet halten muß.

Der ökonomische Fanatismus, diese dogmatische Theologie eines ungezügelten Marktes, der sich einverleibt, was immer er braucht, und ausstößt, was er nicht mehr benötigt (und dazu können ganze einst wohlhabende Regionen gehören), dieser ungehemmte, wahrlich revolutionäre Kapitalismus hat nach einer neuen staatlichen Form verlangt, und die Europäische Union ist diese Form. Berlusconi aber ist nichts anderes als deren fratzenhafte Karikatur; er verkörpert den europäischen Wert der Raffgier so schamlos, daß er diesen ohne das übliche Festtagskleid, nackt und roh, präsentiert, und stolz stellt er sich, der neue Europäer schlechthin, der gar keine anderen Ideale als materielle mehr hat, seinen Medien zur Schau. (In der lächerlichen Eitelkeit, mit der er posiert, ähnelt er unverkennbar Mussolini.)

Trotzdem ist Berlusconi eine Chance für die Europäische Union. Mit ihm ist offenkundig geworden, daß der Barbar nicht draußen vor den Toren wartet, Europa zu zerstören, sondern immer schon herinnen war und auf den Stufen zum Thron gesessen ist. Berlusconi verkörpert zwar einige europäische Werte, aber, kein Zweifel, durch die Bedenkenlosigkeit, mit der er das tut, gefährdet er die europäische Einigung. Die vielen Millionen, die sich von Europa mehr als das Wachstum von Konzernen erwarten, fordern von der Union, deren Bürger sie sind, inzwischen mehr und Besseres als nur jene gigantische Zollfreihandelszone, die das erste Ziel der EU war. In seiner unersättlichen Gier, alle Dinge des Lebens dem Profit zu unterwerfen und allen Dingen des Lebens Profit abzupressen, arbeitet Berlusconi vehement auf die Selbstzerstörung der bürgerlichen Gesellschaft hin.

Seine leidenschaftlichsten italienischen Kritiker im vergangenen Wahlkampf sind nicht etwa linke Ideologen gewesen, sondern die großen alten bürgerlichen Intellektuellen, die wie Indro Montanelli ihr halbes Leben lang gegen den Sozialismus und erst recht gegen den Kommunismus gekämpft haben. Sie sehen jetzt, daß die bürgerlichen Werte, die sie verfochten, daß Pressefreiheit, Meinungsvielfalt, kulturelle Entwicklung nicht im Ansturm eines linken Totalitarismus zuschanden wurden, sondern einem bürgerlichen Extremismus zum Opfer fallen, der von allen Werten nur mehr den des Gewinns übriggelassen hat. Die Selbstzerstörung der bürgerlichen Gesellschaft, das ist eine reale Gefahr, die dem System Berlusconi innewohnt, eine Gefahr, die über seine Person hinausgeht und die seine Medien natürlich als Fortschritt preisen. Und darin ist der Geschäftsmann, der in die Politik nur gegangen ist, damit er seine Geschäfte politisch absichern kann, ein echter Schößling der Europäischen Union. Auch wenn der Schoß, aus dem das kroch, sich in diesem aufdringlichen, gefährlichen Kind vielleicht nicht gerne mehr erkennen möchte.

Daß Berlusconi die Selbstzerstörung der bürgerlichen Gesellschaft bewirkt – und somit eine reale Gefahr für die Europäische Union darstellt –, haben viele Konservative bemerkt. Entsetzt sehen sie, wohin die vollständige Ökonomisierung aller Lebensbereiche führt: zu einer Gesellschaft, die als Karikatur von bürgerlicher Zivilisation erscheint.

Während es vielen Konservativen in Europa vor der Selbstzerstörung der bürgerlichen Gesellschaft schaudert, wittern andere jetzt die Chance, das Gespenst des Sozialismus endgültig zu verscheuchen. Bezeichnend, daß die Generalsekretärin der Österreichischen Volkspartei, Rauch-Kallat, mutmaßlich als einzige Vertreterin einer konservativen europäischen Partei Berlusconi schon vor seinem Wahlsieg die Honeurs gemacht hat und unverhohlen auf den Triumph seines rechten Bündnisses gesetzt hat. Daß die Tendenz zur bürgerlichen Selbstzerstörung ausgerechnet bei der bürgerlichen Partei Österreichs so großen Beifall findet, paßt erschreckend gut zu dem, was diese Partei in den letzten Monaten angerichtet und zugelassen hat. Die Wende muß vollzogen werden, auch um den Preis des eigenen Ruins.

Bedenkenlos hat die Volkspartei, um am Triumph Berlusconis was zu naschen zu haben, die ihr früher so teuren Südtiroler verraten. Die Südtiroler wissen, was sie von einem rechten Bündnis in Italien zu erwarten haben, und darum ist auch ihre konservative Partei, die Bruderpartei der ÖVP, über ihren Schatten gesprungen und hat sich mit dem linken Ulivo verbündet. Das ist ein nicht nur für die Geschichte Italiens bedeutsamer Schritt. Noch vor einigen Jahren konnte ich die Vorurteile vieler italienischer Linker gegen die vermeintlich rechten Tirolesi in Südtirol studieren. Jetzt zeichnet sich ab, daß Europa tatsächlich eine Zukunft jenseits des Nationalstaats, ja, jenseits des Nationalitätenprinzips haben könnte. Erstmals nach 1945 hat eine österreichische Regierung eine Partei unterstützt, die die berechtigten Anliegen der altösterreichischen Minderheit in Südtirol ignoriert und populistisch in jeder Frage und in jeder Region nach dem Ressentiment der Mehrheit agiert. Der bisher selbstverständliche nationale Schulterschluß ist von jenen zerhauen worden, die diesen, wenn er ihnen konveniert, ansonsten geradezu brachial zu verlangen pflegen. Darin keimt womöglich sogar ein echter Fortschritt: daß nämlich in Europa die Dinge künftig nicht unbesehen und von vornherein nach nationalen Kriterien verhandelt werden, sondern sich andere Bündnisse, Zusammenschlüsse ergeben. Das wäre eine listige Dialektik der Geschichte: Die es national gerne wallen lassen, versetzen den nationalen Belangen in Wahrheit einen schweren Schlag.

Besuch aus der Vergangenheit. Gerhard Schröder hat Österreich einen Besuch abgestattet und ist mit dem Kanzler Schüssel nur kurz zusammengetroffen. Daß er die freiheitlichen Minister gar nicht treffen wollte, kann ich gut verstehen. Ich will sie auch nicht treffen. Ich will aber auch Schröder nicht treffen, den seltsamerweise alle treffen wollen: die beleidigten Freiheitlichen und deren heftigste Kritiker, die jetzt jubeln, denn ihnen hat Schröder die Aufwartung gemacht.

Natürlich nicht den namenlosen Jungen, die jeden Donnerstag aus Protest gegen die Regierung durch Wien marschieren, auch nicht den namenlosen Alten, die dabei mithatschen, weil sie manche Propaganda von heute unlieb an eine erinnert, die vor vielen Jahren geradewegs ins Verderben geführt hat. Nein, Schröder hat sich eine festliche Begegnung mit dem »Widerstand« ausrichten lassen, zu der nicht alle geladen waren, aber viele gekommen sind: Wenn die deutsche Macht antritt, sich geistvoll zu zeigen, dann kann der österreichische Geist nicht anders als machtvoll kellnern, um sich der Huldigung würdig zu erweisen. Uralt ist die Sehnsucht der österreichischen Intellektuellen nach der guten, der fortschrittlichen Macht. Uralt ist auch die Sehnsucht vieler Österreicher nach Erlösung aus Deutschland. Historisch hat sich die Gestalt der guten Macht, die ersehnt wurde, so oft gewandelt wie der Charakter der Erlösung, die mit dem großen deutschen Vaterland verbunden wurde. Beides ist verständlich: Daß sich die Intellektuellen nach einer Macht sehnen, die ihren Fähigkeiten einen sinnvollen gesellschaftlichen Auftrag geben könnte; und daß die Österreicher, denen seit Jahrhunderten gelehrt wird, daß sie aus Eigenem gar nichts zuwege bringen, auf den entscheidenden Anstoß, die huldvolle Förderung, die siegbringende Hilfe aus Deutschland hoffen. Beides ist verständlich, beides ist gefährlich. Besonders gefährlich aber wurde es immer, wenn sich die eine Sehnsucht mit der anderen verquickte, wenn sich die Sehnsucht der Intellektuellen nach der guten Macht mit der Sehnsucht des Volkes nach deutscher Erlösung vereint.

Die gute Macht, das war einmal der Kaiser Josef II., der Sohn Maria Theresias, der den Staat endlich mit entschlossenen Reformen zu modernisieren begann und zu diesem Zweck die Schriftsteller zu sich rief: Sie, die dichtenden Beamten, waren die Bannerträger seiner Reform, und als der Kaiser vorzeitig starb und seine Nachfolger das Reformwerk Stück für Stück wieder zurücknahmen, da blieben die revolutionären Beamten, diese Jakobiner der Bürokratie, mit ihren Idealen, ihren schönsten Hoffnungen, ihrem polemischen Talent verwaist zurück. Die Hoffnung auf einen Kaiser, der den Staat von oben revolutionieren und zu diesem Zwecke auch den Schriftstellern ihre aufklärende Rolle zuweisen würde, ist niemals erloschen; viele Generationen später schien sie der Reformkanzler Bruno I. endlich zu verwirklichen. Auch dieser Traum währte nur kurz. Seitdem Bruno Kreisky Simon Wiesenthal öffentlich dem Gespött der Antisemiten preisgegeben hatte; erst recht seitdem Kreisky tot war und seine Nachfolger moderat einlösten, was die rechte Opposition rabiat verlangte, drängte die Sehnsucht nach der guten Macht wieder ins Leere.

Und die Erlösung aus Deutschland? Die schien einmal 1848 gekommen zu sein, als Revolution angesagt war, in allen deutschen Staaten, und sich nicht die Schlechtesten unter Österreichs Revolutionären von den rückschrittlichen Slawen der Monarchie abwandten und entschlossen auf die Einheit der fortschrittlichen deutschen Staaten pochten. Wiewohl daraus nichts wurde und Preußen Deutschland nicht eben zur demokratischen Vormacht Europas einte, war es um die großdeutschen Sehnsüchte vieler Österreicher nicht geschehen. War er in der Generation davor revolutionär getönt, wurde unser Deutschnationalismus jetzt willig reaktionär: Seine Propaganda erklärte Österreich zu einem Staat, der verjudet war, obendrein von den Slawen beherrscht wurde und in dem schließlich die katholischen Söldlinge Roms dem Volk die germanisch-protestantische Substanz aussaugten.

In der Generation darauf schlug das Pendel des Deutschnationalismus wieder nach der fortschrittlichen Seite aus. 1918 forderten zumal die Sozialdemokraten den großen deutschen Staat, in dem das österreichische Proletariat sich mit der mächtigen deutschen Arbeiterklasse vereinen und den Sozialismus begründen sollte. In der Generation darauf wurde der »Anschluß« bekanntlich unter ganz anderen Vorzeichen vollzogen, und man hätte meinen können, 1945 würde auch insofern eine neue Ära für Österreich beginnen, als die Sehnsucht nach Erlösung aus Deutschland über dem Schlachtfeld Europa endgültig zerstört worden sei. Aber dem ist nicht so.

Daß kein Zweifel aufkomme: An der Sehnsucht nach Erlösung aus Deutschland waren und sind nicht die bösen Deutschen, sondern ganz bestimmte Österreicher schuld. Schuld sind sie deswegen, weil ihre zum politischen Programm gewordene Hoffnung, die eigenen Probleme werde für uns schon ein anderer lösen, von vorneherein borniert ist (sie ist es in jedem Falle und in jedem Land, gleichgültig, ob Rettung vom großen deutschen Vaterland der Aufklärung, der überlegenen preußischen Militärmaschinerie, der brüderlichen Vormacht der Sowjetunion oder, meinetwegen, der zivilisierenden Kraft der Europäischen Union erhofft wird). Mit ihrer verwinkelten, gebrochenen, widersprüchlichen, ärgerlichen Geschichte muß jede Nation für sich fertig werden, und, wo sie es nicht wird, die Ausflucht in ein größeres Reich zu nehmen, sei es das großdeutsche oder das der Europäischen Union, ist so feige wie vergebens. Die ungelösten Probleme, wenn sie nicht erkannt und zu Ende gearbeitet werden, kehren nämlich wieder, das sollte man im Land Sigmund Freuds eigentlich wissen.

Es ist bezeichnend, daß die Sehnsucht nach Erlösung aus Deutschland immer dann besonders stark wird, wenn in Österreich eine Ära der Reform zu Ende gegangen ist oder eine Revolution niederkartätscht wurde. In solchen Zeiten schlägt der Wahn, daß wir Österreicher unfähig wären, unsere Geschicke zu lenken, besonders heftig aus; eine antidemokratische Legende, die den allermeisten Österreichern tief ins Unbewußte eingesunken ist, lehrt uns, daß wir selber gar nichts vermögen und dringend der Hilfe von außen bedürfen, damit wir mit uns selbst im reinen und mit den anderen im Frieden bleiben. Die große Macht, die uns helfen soll, jene Krisen zu bewältigen, die wir aus Eigenem nie und nimmer zu bewältigen vermöchten, haben die meisten Österreicher, die aus einsichtigen Gründen an Österreich leiden, zuletzt eher in der EU gesehen. Die »Sanktionen« haben viele von ihnen gerade deswegen begrüßt, weil sie hofften, die Österreicher würden über eine Art von schockhafter Erziehungsdiktatur jene Moral lernen, der sie sich aus freien Stücken und bei freien Wahlen verweigert haben. Aber wenn die Vierzehn der EU zurückzaudern und der Glücksfall eintritt, daß ein deutscher Kanzler wieder einmal zufällig Sozialdemokrat ist und noch dazu huldvoll durch Wien zieht, dann muß man ihn erhaschen, den Glücksfall und den Kanzler aus dem Nachbarland des Fortschritts.

Als die rechte Koalition gebildet wurde, ging eine mächtige Woge durch das Land. Überall empörten sich die Leute, aus dem durchaus patriotischen Motiv, daß sie sich Österreich nicht rauben lassen wollten. Sie mochten es nicht hinnehmen, daß »Rechtspopulisten«, die mit ausländerfeindlichen Parolen vehement nicht nur gegen den Humanismus, sondern auch gegen unser geschichtliches Erbe wüten, künftig Ministerämter versehen. Die ersten Wochen, die auf die Bildung der Koalition folgten, waren von diesem patriotischen Widerstand geprägt, und seine hoffnungsvollen Träger waren die Namenlosen, die sich überall im Land zu Wort meldeten. Eine demokratische Bewegung schien sich anzukündigen, die dem Appell an die Wohlstandsverwahrlosten sozialen Widerstand und ein Österreich entgegenhält, das sich zu seinem geschichtlichen Erbe bekennt.

(Dieses Erbe ist widersprüchlich genug: zu ihm gehört das Österreich der vielen Völker, von denen die heutigen Österreicher abstammen, auch wenn sie ihre slawische Familiengeschichte gründlich vergessen haben und nur mehr ihre Namen davon zu wissen scheinen; und zu diesem Erbe gehört die Ära des Nationalsozialismus, als so viele Österreicher an rassistischen Verbrechen beteiligt waren und so viele begeistert von der faschistischen Vorherrschaft über Europa schwärmten.)

In den ersten Wochen wurde gegen die neue Regierung der doppelte patriotische Wunsch aufgeboten, das enge, einst nationalsozialistisch verstrickte, heute fremdenfeindliche Österreich selbstkritisch anzuklagen und diesem ein anderes, das von der Kultur vieler Völker mitgeprägte, das weltoffene Österreich entgegenzusetzen. Von diesem doppelten Impuls der ersten Wochen ist nicht mehr viel zu spüren. Wie so oft in unserer Geschichte haben wieder die das Wort okkupiert, die Rettung für Österreich immer nur von wechselnden Herren erwarten (oder gut austromarxistisch: von der dynamischen Kraft anonymer Mächte, wirtschaftlicher Prozesse ...) Da wir es nicht selbst vermöchten, zivilisiere du uns, Europäische Union!

Und jetzt ist endlich der Schröder da. Der richtige Mann für unseren Widerstand. Er kam, wie es sich für einen Retter gehört, mit einer Maschine der deutschen Luftwaffe. Man darf sich zwar wundern, aber offenbar ist er für die, die sich in seinem Schatten sonnen, die gute Macht, die man so lange entbehren mußte, und zugleich das erlösungsmächtige Deutschland, das sich Gott sei Dank derzeit eitel europäisch definiert. Auf dieses Deutschland dürfen wir mindestens so zukunftsfroh bauen, wie einst der Kanzler Renner auf die unbesiegbare humanistische Kraft der deutschen Arbeiterbewegung bauen durfte. Diesmal aber sei es das europäische Wesen Deutschlands, an dem Österreich genesen möge. Darum gab es großes Gedränge, als er in Wien erschien, und die kritischen Köpfe, statt zu tun, was von ihnen verlangt werden darf, nämlich peinlich Distanz zu halten zu jedweder Macht, drängelten sich, ihn zu sehen und mit ihm gesehen zu werden.

Der Schröder ist wieder weg. Zurückgekehrt nach Berlin, hat unser Held des Wiener Widerstands, der den Arbeitslosen in

Deutschland kürzlich beschied, daß es kein Recht auf Faulheit gebe, an Berlusconi telegraphiert, um ihm zur Bildung der Regierung zu gratulieren (in der etliche Faschisten auf etliche gerichtsnotorische Korruptionisten treffen). Unser Widerstand aber steht noch immer beglückt, denn es war einer da, der mächtig und gut schien, und es war etwas angekündigt, für das wir, wenn es nur ein Film gewesen wäre, den Titel gewählt hätten: Das große Hineinkriechen.

Juni

Ich bin in Glockenweite dreier Kirchen aufgewachsen und war ein frommes Kind und fleißiger Ministrant. Von der Kirche und dem christlichen Glauben habe ich mich so weit und, fast möchte ich sagen, in bestem Einvernehmen entfernt, daß ich jene nicht grimmig schelten und mit diesem nicht ewig hadern muß. Am unangenehmsten sind mir über die Jahre daher die vielen ungläubigen Leute geworden, die sich fürchterlich über die Kirche echauffieren und dabei wie religiöse Eiferer aufführen. Die vielen Christen, die mit ihrer Kirche unzufrieden sind, an der Sturheit der Kirchenoberen leiden und viel Kraft darauf verschwenden, ihre Kirche so zu verändern, daß es sie nicht verzweifelt, sondern ermutigt, Christen zu sein, kann ich respektieren (und muß ich oft bedauern). Wen ich aber als Atheist partout nicht aushalten kann, das ist der Typus des vermeintlichen Freigeists, der längst aus der Kirche ausgetreten ist, sich aber fortwährend über sie beschwert. Es ist nicht mehr sein Club, aber er ärgert sich unverdrossen, daß dieser Club nicht seine freigeistigen Regeln hat, sondern eigene, christkatholische. Es ist nicht mehr sein Pfarrer, aber er findet es schlicht unmenschlich, daß dieser sich weiterhin weigert, schwule Paare zu trauen. Es ist nicht mehr sein Bischof, aber jede Woche wieder findet er Anlaß, sich zu entsetzen, daß der Bischof noch immer nicht zum Fürsprecher liberaler Angelegenheiten geworden ist. Ja, es ist nicht einmal mehr sein Gott, denn er glaubt nicht an ihn, aber er hält es für eine Frechheit, daß die Kirche den Gott, an den er nicht glaubt, nach ihrem Maß versteht. Kurz, er ist der Typ des atheistischen Spießers, der liebend gerne für sein Dogma der Vorurteilslosigkeit auf Kreuzzug ginge.

Dem Salzburger Erzbischof Georg Eder wird man nicht unrecht tun, wenn man ihn als einen Mann bezeichnet, den

Gott nicht übermäßig mit geistigen Talenten ausgestattet und der durch seine Lebenserfahrung auch nicht gerade zur sanftmütigen Menschenliebe gefunden hat. Intellektuelle Debatten kann man mit ihm so wenig führen, wie er sich zum gutmütigen Opa mit Bischofsmütze eignet, der den lieben Kinderlein was gar Nettes vom Himmelvater erzählt. In allem, was er verkörpert, wie er auftritt, sich zu seinem Wort meldet, macht er den Eindruck eines verunsicherten, mißtrauischen Menschen, der seine tägliche Arbeit nur unter Aufbietung der allergrößten Disziplin bewältigt. Vom Land gekommen, sieht er in der Stadt nur Feinde, zumal in den eigenen Reihen, weltgewandte Theologen, die sich in Gesellschaft als geschmeidige Causeure erweisen, urbane Priester, denen alles Mögliche zuzutrauen ist, und natürlich: das sündhafte Stadtvolk, das einzeln zu seiner alten Pfarre in den Pongau hätte pilgern müssen, daß er ihm den rechten Weg hätte weisen können.

Der Erzbischof Eder, durch den heiligen Ratschluß des unerforschlichen Papstes von einer kleinen Dorfpfarrei auf den von alters her besonders hoch geachteten Bischofsstuhl von Salzburg gesetzt, ist ein einsamer Mann. Niemand mag ihn, wahrscheinlich mag er sich auch selbst nicht. Für die schlechte Nachrede, die er in der Öffentlichkeit hat, sorgt er zuverlässig selbst. Wenn er zu Fragen der Sexualität das Seine verlauten läßt, wünscht man ihm einen Erzengel, der ihm hilfreich den Mund versiegelt. Und doch habe ich in den letzten Jahren eine heimliche Zuneigung zu dem spröden, engherzigen Mann gefaßt, der den Christen seiner Diözese eine schwere Prüfung ihrer Glaubensstärke und eine unversiegbare Quelle ihrer Kümmernisse sein muß. Wenn schon seine eigenen Leute ihn kaum ertragen, muß dem glaubensstrengen Bischof dann nicht wenigstens ich, der Atheist, Gerechtigkeit widerfahren lassen? Gegen meinen Erzbischof läßt sich nämlich vieles vorbringen, aber nicht, daß er sich opportunistisch um die öffentliche und die veröffentlichte Meinung schert und bereitwillig tut, was ihm Applaus sichert.

Ob die Kirche eine Zukunft hat, ist nicht mein Problem, ich gehöre ihr nicht an. Aber mir leuchtet ein, daß sie nur dann eine Zukunft haben wird, wenn sie sich nicht in den Wettstreit mit therapeutischen Selbsterfahrungsgruppen, esoterischen Heilslehren, alltäglichen Konsumphilosophien begibt. Ob es ihr gelingt, den Leuten auch morgen etwas zu sagen, was diese bewegt, weiß ich nicht. Aber die Leute werden ihr sicher nur zuhören, wenn sie sich nicht willfährig beeilt, ihre Lehren stetig den neuesten Moden der Meinung anzupassen, sondern auf einigen Wahrheiten beharrt, die ihr für unveränderbar gelten, eben weil sie ihr Wahrheiten und nicht Meinungen und Moden sind. Daß sie sich bescheiden als eine von vielen Angeboten präsentiert, die Welt zu verstehen und den Menschen Orientierung zu geben, paßt nicht zu einer Religion. Daß sie aufs Ganze geht, macht sie nämlich erst aus. Eine Religion, die von sich aus sagt, es könnte auch alles anders sein, als sie es lehrt, ist keine Religion, sondern eine, mag sein: sympathische, Anstalt für Lebensberatung. Das ist ja das Problem mit den Religionen, daß sie eine Gewißheit vermitteln, die sie wiederum unsympathisch, überheblich, anmaßend, gefährlich erscheinen läßt.

Der Erzbischof Eder ist bei der Weltoffenheit konfessioneller Laien- und Reformgruppen noch nicht angekommen. Das ist bedauerlich, denn diesem Hirten und seiner Diözese täte es gut, wenn er bei seinen Schäfchen ein wenig in die Lebenslehre ginge. Andererseits hat die Intransingenz des Erzbischofs auch etwas Gutes, sie schützt ihn davor, auf jeden Ramsch der Psychoindustrie hereinzufallen. Für ein christliches Eheseminar braucht er immer noch keine Yogagruppe (Decken bitte mitnehmen!), für die Zehn Gebote keine Schulung in Körpersprache, für die Vorbereitung auf die Erstkommunion keine Pokemonrunde. Das hat ihm den Ruf eines verbissenene Traditionalisten eingebracht, der er auch ist. Aber es könnte sein, daß nicht nur er und seine gezählten Anhänger eines verbissenen Katholizismus, sondern auch seine liberalen Kritiker sich irren und an einem Christentum, das sich marktgängig zu modernisieren trachtet, kein Bedarf ist. Genau das aber verlangen viele, daß sich die Kirche fortwährend dem anpasse, worüber sich in der Gesellschaft gerade ein neuer Konsens gebildet hat. Was soll nur aus unserer Kirche werden, wenn wir den Anschluß an den Zeitgeist verpassen, fragen sie verzweifelt. Und was wird aus der Kirche, wenn sie den Zeitgeist nicht verpaßt? Mein Erzbischof, glaube ich, weiß gar nicht, was der Zeitgeist ist, und er versteht nicht, warum es Leute geben kann, die sich von der Kirche abwenden, und so schimpft er ohne Rückversicherung drauflos: auf Kommerz und Radau, die das ganze Jahr über um seinen Dom sind, auf die Trivialisierung religiöser Gebräuche, auf die Tendenz, die christlichen Feste unabhängig von ihrer christlichen Bedeutung zu feiern, auf ein Christentum, das es halb mit der überkommenen Religion, halb mit neuer Spiritualität und insgesamt ziemlich unentschieden hält.

Und jetzt hat mein Erzbischof eine Ungeheuerlichkeit begangen. Er hat eine Gruppe kecker Firmlinge, die er hätte mit dem Sakrament versehen sollen, wieder nach Hause geschickt. Mitsamt ihren herausgeputzten Eltern, Großeltern, Geschwistern. Und mit all den Onkeln und Tanten, die sich schon auf Leberknödelsuppe, Schweinsbraten, Mohr im Hemd und vier Halbe Bier samt abschließendem Obstler im Gasthaus gefreut hatten. Die Jugendlichen seien ihm auf seine ersten Fragen zur Sache frech gekommen, sagen Kenner des Erzbischofs, die wissen, daß er eines gar nicht mag: Frechheiten. Auf die Frage, was er sich von der Firmung erwarte, habe einer der Buben dem Erzbischof geantwortet: »Daß sie kurz dauert.« In dem Knaben steckt ein gesunder Rebell, der sich vielleicht trefflich entfalten wird, wenn ihm der Erzbischof nicht verzeiht. Denn der Knabe hat zu sagen gewagt, was sich die meisten von der Firmung erhofften: daß sie vorher keinen Streß hergibt und nachher einen Spaß. Das kann man, wenn man sich in die Situation eines fünfzehnjährigen Firmlings versetzt, dem die ganze Sache altersgemäß schon ziemlich peinlich sein muß, durchaus verstehen. Besonders cool ist es wirklich nicht, in einer strammen Reihe anzutreten und per symbolischer Ohrfeige zum Soldaten Gottes geschlagen zu werden. Der Erzbischof aber hat festgestellt, daß die meisten Firmlinge gar nicht wüßten, was der religiöse Zweck der Firmung sei, und daß sie überhaupt nur angetreten seien, weil es in den Salzburger Familien eben immer noch üblich ist, die Kinder firmen zu lassen.

Die christlichen Sakramente, von der Taufe bis zum Begräbnis, sind längst ihres religiösen Gehalts entleert, aber mit ihren prächtigen Ritualen so sehr in der Tradition verankert, daß auch unreligiöse Leute auf sie kaum verzichten wollen. Sie lassen ihre Kinder selbstredend taufen und legen sich selbstredend unter frommer Begleitung des Pfarrers und innigem Glockengebimmel in die Grube. (Das Begräbnis können Pfarrer einfach besser gestalten als zivile Friedhofsangestellte. Das ist auch kein Wunder. Der Katholizismus hatte Hunderte Jahre Zeit, sein Zeremoniell auszubilden; Atheisten, die sich lieber ohne kirchliche Verabschiedung verabschieden würden, gibt es erst ein paar Generationen, und Formen brauchen ihre Zeit, damit sie formvollendet werden.)

Daß der Katholizismus zur Brauchtumsveranstaltung verkommen und die Religion äußere Form ist, die man sich anlaßgemäß gerne borgt, gerade das hat der Erzbischof mit seinem rüden Akt der Firmverweigerung bloßgestellt und attackiert. Wenn mir der katholische Glauben ein Anliegen wäre, müßte ich ihm vermutlich recht geben. In der Öffentlichkeit ist er jedoch heftig kritisiert worden, weil er so wiederum ein paar Dutzend Gläubige (die aber gar nicht wissen, was sie glauben) kaltherzig aus der katholischen Gemeinschaft vertrieben habe. Diese Sorge äußert besonders erregt mein atheistischer Spießer, der der Kirche unentwegt Ratschläge gibt, wie sie sich mit den Leuten besser stellen und diese in der kirchlichen Gemeinschaft halten könnte. Und doch hat der Erzbischof recht, wenn er meint, die Stärke einer Kirche liege nicht darin, daß ihr möglichst viele unreligiöse Leute zugehören, sondern daß sich einige zu ihr bekennen, der sie mehr als ein verläßlicher Zulieferbetrieb von Brauchtum ist. In dieser Sicht auf die Kirche ist der Herr Erzbischof Eder übrigens nahe bei einem Herrn namens Lenin, der von der Kommunistischen Partei sagte, ihre Stärke beruhe nicht auf der Anzahl, sondern der Entschlossenheit ihrer Mitglieder.

Die meisten, die ihn im Laufe der achtziger Jahre besuchten, fanden, daß Lenin schlecht aussehe. Wiewohl die besten Fachleute des Instituts für Biochemie in Moskau unermüdlich damit beschäftigt waren, dem Verfall mit überlegener sozialistischer Balsamierung zu trotzen, wirkte der Held der Ewigkeit grau und verfallen, im wächsernen Gesicht wuchsen die Flecken, und die Farbe hatte etwas unerverkennbar Fauliges angenommen, dem weder Schminke noch Injektionen mehr abhelfen konnten. Die Haut und was nach all den Flickereien noch dafür gelten konnte, war an einigen Stellen porös, brüchig, sodaß man fürchten mußte, es würde das Stroh aus Lenins Hirn herausbrechen, an anderen Stellen war sie wie Kautschuk, so oft war ihr dort in mißlicher Situation Klebestoff appliziert worden. Nein, Lenin sah nicht gut aus, und die Hunderttausende, die in sein Mausoleum und an seiner in Formalin gebadeten, ausgeweideten, mit Füllmaterial vollgestopften Hülle, einem grotesken Körpersack, vorbei geführt wurden, bemerkten es auch.

Waren die Saboteure, von denen in den dreißiger Jahren etliche enttarnt wurden, immer noch nicht besiegt? Hatte sich, obwohl der Trupp der Balsamierer mittels Inhaftierungen mehrfach gesäubert wurde, eine Clique von bezahlten Agenten halten können, die es darauf abgesehen hatte, die Sowjetmacht zu stürzen, indem sie ihren unbeugsamen Gründer so hinfällig und vergänglich zeigte? Über die letzten Tage der Sowjetunion hinaus war das Laboratorium, das direkt unter dem Mausoleum auf dem Roten Platz errichtet worden war, ein Ort strenger wissenschaftlicher Analyse und hingebungsvoller Pietät, an dem die Geheimnisse eines bedeutenden, im Verborgenen wirkenden Berufsstandes gewahrt wurden. Wer hier arbeitete, mit nichts als Lenins sich stetig zersetzender, dem Werk der Verwesung stets aufs neue zu entreißender Mumie befaßt, galt für privilegiert, aber, zumindest in den Jahren des Terrors, auch für gefährdet. (Einer von ihnen, der Biochemiker Ilya Zbarski, hat darüber ein aberwitziges Buch, »Mein Leben im Schatten des Mausoleums«, geschrieben.)

Warum die alten Ägypter, Meister im religiösen Handwerk der Verewigung von Fleisch, ihre Pharaonen in Salzlauge tauchten und mumifizierten, das weiß man: Sie dachten, ihre Gottherrscher könnten so das Jenseits in unversehrter Fleischlichkeit erreichen, und darum gab man den präparierten Leichen, ehe sie in die Grabkammern der Pyramiden eingemauert wurden, auch irdische Reichtümer, Speisen, Schmuck, Sklaven, auf den Weg in die Ewigkeit mit. Auch daß die Pygmäen die fachkundig bearbeiteten Schrumpfköpfe ihrer Feinde am Gürtel trugen, ist verständlich: Der besiegte Feind wurde gedemütigt, seine Kraft, die gebrochen war, ging auf jenen über, der ihn getötet hatte, und in der Zahl der an seinem Gürtel baumelnden Köpfe erwies der Kämpfer seine Stärke und Reputation, seinen Rang und Status. Warum aber, um Himmels willen, ließen sich die Verfechter des wissenschaftlichen Atheismus auf eine Weise behandeln, die der Materie und ihrem Wunsch zu vergehen, um in neuer Gestalt wieder zu erstehen, geradezu animistischen Hohn spricht? Warum strebte Lenin, der selbstherrlich gesagt hatte, der Tod sei nichts als »ein Schacht, in den Unrat geworfen wird«, danach, in diesem, gestopft mit Unrat, körperlich unversehrt erhalten zu bleiben?

Indem die Atheisten, begierig, der Menschheit den Stempel des Fortschritts aufzubrennen, den monotheistischen Religionen als einem lachhaften Aberglauben absagten, eigneten sie sich zugleich, um ein paar Jahrtausende verspätet, uralte magische und animistische Traditionen an. Als gelte es, auf die Kraft des Götzen zu setzen, wurden die Gottwalds und Dimitroffs einbalsamiert und ausgestellt, auf daß aus ihren Leichen noch die Kraft des Lebens wachse. Daß die Lichtgestalten des Kommunismus der Nachwelt erhalten bleiben sollten, hatte natürlich mit der knechtischen Verehrung zu tun, die noch den Kadaver anbetet. Und doch wirkt, wie immer, wo der Tote ausgestellt wird, nicht nur die Verehrung, sondern auch der Haß. Denn Lenin, der hier aufgebahrt lag, stockfleckig, schimmelnd, wurde von Millionen angeschaut und konnte doch selber keinen einzigen mehr anschauen. Indem der Tote als Objekt der Verehrung dargeboten wird, wird er zugleich in seiner Wehrlosigkeit vorgeführt – alle Lebenden sind von weit her nur seinetwegen gekommen, und doch ist er der einzige von allen, der tot ist. Der Blick, den nun ein jeder auf ihn werfen kann, ist die Rache, die an ihm geübt wird. Der Herrscher darf nicht begraben werden, unter der Erde, unseren Blicken entzogen, in Nichts zerfallen – er muß sichtbar bleiben, gerade um die Welt von seinem Tod, der anders kaum zu glauben ist, zu überzeugen.

Der kommunistische Totenkult mobilisierte Millionen. Wenn er heute in den Ländern des ehemaligen Ostblocks, namentlich in Rußland, privatisiert wird, wer ist dann aufgerufen, die zeitgenössischen Mumien zu bestaunen? Aus Mitarbeitern des Moskauer Laboratoriums, das vollauf damit ausgelastet war, die Leiche Lenins instand zu halten, hat sich 1994 ein privates Unternehmen gebildet, das seine Geheimnisse um die Kunst der Mumifizierung in die Dienste einer neuen Klasse stellt. Die neuen Reichen sind es, die es nach dem Trost der Balsamierung verlangt, wenn sie den Tod ausgerechnet jetzt nahen fühlen, da es mit dem Geschäftemachen so richtig losgegangen ist. Für 250 000 Dollar werden sie fachmännisch zur fleckigen Frische des toten Lenin verbracht, und da die Zeiten demokratisch sind und die Balsamierung jedem erlaubt sein muß, für den irgend jemand zu zahlen bereit ist, harren bereits etliche Dutzend Millionäre, die das Zeitliche verlassen haben, in aufgeputzter Totenstarre der Ewigkeit. Sie ruhen in privaten Mausoleen, im repräsentativen Prunkraum großer Firmen, in der Beletage von Bordellen – den Anverwandten, Freunden, Feinden zur trauernden Erinnerung und zur hohnspuckenden Augelassenheit.

Der Rote Platz in Moskau war ursprünglich ein belebter Moskauer Markt, ehe er zum Aufmarschplatz der großen proletarischen Brigaden wurde, die der im Kreml vergreisenden Staatsmacht und den im Mausoleum mählich witternden Staatsgründern die Ehre zu erweisen hatten. In der Ästhetik des großen Platzes, der in der Regel menschenverlassen war und nur zu besonderen Anlässen von den geordneten Demonstrationszügen der Arbeiterklasse besetzt wurde, manifestierte sich der hybride Anspruch der Macht, sich von der beherrschten Masse feiern zu lassen und sich in ihrer Herrschaft über die gezähmte, aufmarschierende Masse symbolisch zu bestätigen. Aber da ist noch etwas anderes, das sich in der Weite des Platzes, in den in die Höhe entrückten Balustraden zu erkennen gibt, die Angst nämlich, die die Macht vor der eigenen Bevölkerung in Wahrheit hatte. Denn dieser Platz war von urbanem Leben gesäubert, die längste sowjetische Zeit waren auf ihm keine Spaziergänger, Flaneure, Bewohner oder Besucher der Stadt geduldet. Einzig für die organisierte, in geometrische Ordnung gebrachte Delegation, für die beherrschte, gezähmte Masse wurde der Platz geöffnet.

Mit der rigiden Inszenierung von Masse, die in strenger Form antreten mußte, ging paradoxerweise in der Sowjetunion, in allen Ländern des real existierenden Sozialismus der massenweise Verfall der Formen Hand in Hand. Die russisch-deutsche Publizistin Sonja Margolina hat glänzend beschrieben, wie weit der Verfall an Form das sozialistische Alltagsleben verheerte und warum es zu ihm gekommen ist. Mit der russischen Revolution, die sich als das welthistorisch Neue verstand, waren die bürgerlichen, bäuerlichen, feudalen Traditionen mit einem Mal nichts mehr wert, sie waren für den, der im Ruf stand, sie zu hüten, gefährlich geworden. Millionen begannen auf administrative Anweisung nicht nur ihr alltägliches Leben auf eine neue, vermeintlich proletarische Norm zu bringen, sondern sich auch von all den Dingen, Gegenständen, Haltungen, Sitten zu trennen, die sie vordem geprägt hatten. Wer etwas werden wollte, mußte den bürgerlichen Vorfahr verleugnen, und selten ist in der Geschichte solcher Reichtum binnen so kurzer Zeit vernichtet, zerstört, auf den Müll geworfen, eingeschmolzen, preisgegeben worden wie in den Aufbaujahren der Sowjetunion. Ob es sich um einen dekadenten Leuchter handelte, den einst irgendeiner aus der Familie erstanden hatte, um Schmuck, Mobiliar, Kleidung, Bücher, Gläser, Besteck, Kunsthandwerk, das alles wurde verborgen, versteckt, weggeworfen, konnte es doch von antisozialistischer Gesinnung zeugen. Ersetzt wurde es mit den billigen Gerätschaften einer noch kaum ausgebildeten Industrie, die schlechte Qualität auswarf und nicht einmal nachkam, diese in der notwendigen Quantität herzustellen.

Die Vergangenheit galt den russischen Revolutionären nichts, war in Aberglauben, Unwissenheit und Unrecht ein düsteres Kapitel menschlicher Vorgeschichte, das sie für immer zuzuklappen dachten. Daß alte Kirchen zu Getreidespeichern verkamen, ganze Stadtviertel abgerissen wurden, um auf dem Reißbrett gezogenen Boulevards des proletarischen Siegeswillens Platz zu machen; daß Tausende Dörfer entvölkert und die Bauern in neue Industriestädte gezwungen wurden, wo sie in den Waben menschenverachtender Bauwerke hausen mußten, denen amtlich ein gemeinschaftsfördernder Charakter bestätigt wurde ... all dieses Zerstörerische war auch von dem Furor verursacht, daß die Vergangenheit nichts, die Zukunft alles sei.

Auf dem Altar der Zukunft wurden die materiellen Güter von Generationen dargebracht, aber auch immaterielle Werte wie Haltungen, Umgangsformen, Ideale, Sitten, Gewohnheiten,

Sprachstile, die als bürgerlich oder reaktionär gebannt wurden. Deren Verlust hat ungemein zur Verrohung des Alltagslebens beigetragen, an der gerade auch die arbeitenden Massen litten, in deren Namen sie verfügt wurden. Für Sonja Margolina war der alle Sphären erfassende Verlust an Form ein bestimmendes Kennzeichen der realsozialistischen Gesellschaft. Die Länder des Ostblocks sind mittlerweile in eine postsozialistische Ära des Plastiks eingetreten, die diesen Verlust an Form nicht aufhebt, ihn gewissermaßen nur das Material wechseln läßt.

Was in den kommunistischen Ländern unter den Bedingungen von Armut und administrativer Diktatur angerichtet wurde, hat seltsamerweise in den reichsten Ländern der Erde eine Entsprechung. Auch die bäuerliche Kultur Österreichs wurde in den Aufbaujahren, nein, nicht des Sozialismus, sondern des Wohlstands, gründlich zerstört, und wie in den Ländern des realen Sozialismus hing das auch bei uns mit einer Modernisierung zusammen, die von oben erzwungen wurde. Binnen zwei Jahrzehnten wurde die bäuerliche Wohn- und Siedlungskultur ruiniert, indem Anwesen, Gerätschaften, Alltagsdinge, von Generationen bewahrt, rigoros abgerissen, geschleift, zerstört, weggeworfen wurden, um einer pseudoalpinen Protzarchitektur Platz zu machen, deren Inneres mit Plastik, Kunststoff sowie industriell nachgeahmtem Inventar der eben erst aus dem Haus geschafften alten Einrichtung vollgeräumt wurde. Diese mittels eines abgefeimten Systems von Kredit und planmäßiger Überschuldung durchgezogene Modernisierung hat bewirkt, daß die ländliche Bevölkerung ihrer Traditionen von Widerspenstigkeit und Würde verlustig ging und über diesem Verlust kulturell verrohte. Wo die österreichische Bauernschaft seit den fünfziger Jahren auf die Normen von Raiffeisen und Wüstenrot verpflichtet wurde, dort kam es zu einem rasanten Verlust an Formgefühl und Formbewußtsein, und tatsächlich gibt es nichts Armseligeres, Häßlicheres als die vermeintlich hübschen Häuser und Wohnungen, in die eine um ihr

Gedächtnis gebrachte Landbevölkerung umgesiedelt wurde. Dort sitzt sie inmitten verlogener Architektur und verlogenen Accessoires des Wohlstands, überschuldet von einer Modernisierung, in die sie gehetzt wurde, ihrer Geschichte beraubt, ihrer Kultur enteignet, und in ihrer umfassenden Desorientierung wie geschaffen für politische, soziale, kulturelle Verführung.

Die Verbrechen, die im Namen dieser Modernisierung in Österreich verübt wurden, haben nicht nur bewirkt, daß die allermeisten österreichischen Dörfer und Kleinstädte heute objektiv häßlich sind, worunter auch die leiden, die das subjektiv gar nicht bemerkt haben, sondern auch, daß die sogenannte Landbevölkerung, die bäuerlichen und bürgerlichen Schichten auf dem Dorfe, gnadenlos um ihr Gedächtnis gebracht und zum Opfer kultureller Fremdbestimmung gemacht wurden. Tatsächlich ist ein roherer und in seiner Roheit stumpferer Menschenschlag als der, der sich auf dem österreichischen Land findet, schwer denkbar: Alles, was die Vorfahren über Jahrhunderte an eigenständiger ländlicher Kultur ausgeprägt haben, ist ihm genommen und durch eine billige, in den Städten für Ländler erfundene Fertigteilkultur ersetzt worden, für die sie teuer zu bezahlen hat. Diese Menschen sind ihrer Kultur so rüde enteignet worden, daß sie sich heute selbst mit ihrer Verhöhnung identifizieren und sich die Heimat, die ihnen geraubt wurde, in den lächerlichen Inszenierungen des Älplertums suggerieren. Erst wo die Volkskultur nahezu vollständig zerstört ist, kann der Musikantenstadl als Karikatur von Volkskultur reüssieren, erst wo keine Heimat mehr ist, erblüht der Heimatkitsch zur Industrie.

Der Verlust an Form fällt eigenartigerweise dort weniger auf, wo er ein Massenphänomen ist. Die Zurichtung der Massen auf die Moden, mit denen sich die Kulturindustrie neue Absatzmärkte inmitten der schon reichlich übersättigten Märkte schafft, hat den Städten nicht weniger ihren Stempel eingebrannt wie dem Land. Aber sie tritt dort geballt und mit allen Attributen der Freizügigkeit auf, sodaß wir sie bereits für die »Natur«, wenigstens für das Wesen von Städten, für die eingelösten Verheißungen des Urbanismus selber halten. Allenfalls die Touristen, wenn sie in Scharen über bestimmte Rayons einer Stadt herfallen, verstören gelegentlich die Einheimischen noch, indem sie sich ihnen roh und nackt präsentieren. Die Einheimischen werden natürlich im Urlaub zu den nämlichen Touristen, die sich anderer Regionen ebenso ungeschlacht bemächtigen.

(Ich hege gegenüber dem Touristen keine elitäre Verachtung, er ist ein prägender Sozialcharakter unserer Welt, und ich bin, als Liebhaber der Welt, selber oft und ausgiebig Tourist. Daß man sich dank einer gewissen Bildung in den Besitz von Vorinformation über die Städte setzt, die man besucht, und sich daher über den dort angelegten touristischen Trampelpfad hinauszubewegen wagt, erhebt einen nicht über die Masse derer, die nur die Trampelpfade kennen und nur diese abmarschieren. Auch wir, die wir uns abseits der Massen zu halten trachten, bilden ja längst eine Masse, die Masse derer, die sich abseits der Massen zu halten sucht. Es braucht sich keiner, der in touristisch weniger erschlossene Regionen aufgebrochen ist, etwas auf seinen entdeckerischen Mut zugute zu halten und gar zu glauben, er wäre womöglich Abenteurer und nicht Tourist. Denn da ist, außer der touristischen Erkundung fremder Länder, heute nur mehr eine einzige Möglichkeit, diese kennenzulernen: als Flüchtling, der legal oder illegal in ein anderes Land gekommen ist. Wer aber Rückreiseticket und Kreditkarte bei sich hat, bleibt Tourist auch dann, wenn er sich abseits des Bekannten hält; bestenfalls zählt er zur touristischen Avantgarde und erprobt heute jene wenig begangenen Wege, die morgen zu den Hauptstraßen des Fremdenverkehrs gehören werden.)

Da man in der eigenen Stadt, auch wenn das Mieder ihrer Sitten kräftig gelockert ist, in der Regel in leidlich bekleidetem

Zustand unterwegs ist, fallen einem die Touristen auf, wenn sie sich, den Sklaven früherer Zeiten ähnlich, halbnackt durch die Gassen quetschen und entkräftet auf den Stufen von Brunnen, Denkmälern, Kirchen niedersinken. Als wichtiger Wirtschaftsfaktor hat der Tourist sich die Freizügigkeiten genommen, mit denen ihn die Bekleidungsindustrie versorgt, und er hebt damit jedes Regelwerk, dem andere Dienstleistungszweige vielleicht noch verpflichtet sind, geradezu nach Belieben auf. Eines der teuersten Hotels in Salzburg, der »Österreichische Hof« mit den ihm angeschlossenen gastronomischen Betrieben, durfte in meiner Jugend ohne Krawatte vielleicht noch von Buben, aber von keinem männlichen Wesen über sechzehn betreten werden. Jede Saison erzählte man sich Anekdoten über diverse Berühmtheiten, für die ein Empfang im Roten Salon oder sonstwo im Österreichischen Hof ausgerichtet wurde und die vom Portier oder den Kellnern nicht erkannt und am Betreten des Hotels gehindert wurden, weil ihre Kleidung der Würde dieses Hauses nicht angemessen war.

Als mich letztes Jahr ein Wiener Bekannter bat, ihn in der Halle des Hotels abzuholen, erwartete ich ihn in der Lounge inmitten von etwa zwölf Greisen in Turnhosen, deren Gefäße an den Waden sich zu groben Knäueln von Krampfadern stauten und jederzeit aufzuplatzen drohten. Bedient wurden sie, die nahezu unfähig waren, ihre entweder fettleibigen oder kurios auf storchenartige Beine gesetzten Körper aus den Plüschfauteuills, in die sie zusammengesunken waren, wieder herauszuhieven, von zwei Kellnern, die vom Scheitel bis zur Sohle in feiner Wichs standen, bei vielleicht dreißig Grad Sommerhitze zugeknöpft mit Fliege, in dunkelroten Anzug und weißes Hemd mit Manschetten gezwängt. Das Bild schien eine Szenerie aus der Kolonialzeit umzudrehen: Hier waren es die Herren, die halbnackt saßen, und die Barbaren, die in eleganter Kleidung bedienten, den Lendenschurz hatten um den Körper die zahlenden Gäste gebunden, die von Bedienten in kolonialer Phantasieuniform umsorgt wurden.

Binnen einer Generation hat sich im »Österreichischen Hof«, der seit neuestem Hotel Sacher heißt und selbigem Wiener Unternehmen angegliedert ist, das Maß, an dem der zahlende Gast den Wert dieses weltberühmten Betriebs für sich ermißt, vollständig verkehrt. Früher waren Leute, die sich sehr viel leisten konnten und für drei Übernachtungen zahlen mochten, was ein durchschnittlicher Erwerbsttätiger in einem Monat verdiente, hierher gekommen, weil sie durch die Attribute des Reichtums, zu denen vorzugsweise die Kleidung gehörte, sicher waren, unter ihresgleichen zu sein und von diesen an den nämlichen Attributen erkannt zu werden. Die Leute, die sich heute den Österreichischen Hof leisten, tun es hingegen auch deswegen, weil sie wissen, für ihr Geld im übrigen ganz verfahren zu können, wie es ihnen beliebt. Wenn es ihm paßt, kommt der zahlende Gast im verschwitzten Sportdreß zum Frühstück, vielleicht direkt vom Jogging an der vor dem Hotel vorbeifließenden Salzach. Von ihrem Äußeren her sind die Gäste des noblen Hotels nicht mehr von den Gästen einer vorstädtischen Pension zu unterscheiden, der Bauarbeiter aus der maroden ostdeutschen Provinz nicht von dem Millionär aus Kalifornien, der sein Geld in der sauberen High-Tech-Branche macht.

Die Demokratisierung des Äußeren, die sich eine allgemeine und gleiche Formlosigkeit geschaffen hat, bedeutet natürlich nicht, daß es mit der Demokratie und der Gleichmacherei radikal geworden wäre und zwischen dem Fließbandarbeiter und dem Millionär kein Standesunterschied mehr bestünde: Keine Sorge, es ist schon noch das Geld, das regiert, gerade auch in Salzburg und im Hotel Sacher.

Venedig. Der Ramo Secundo Curnis ist eine lichtlose Gasse in Venedig, kaum zwei Mann breit und von grauem Taubenschiß fast vollständig bedeckt. Der einzige Eingang, der sich hier in einer schwarzfleckigen, mit Resten von Vogelfedern beklebten Mauer auftut, führt in ein Haus, in dem sich unten das Lager einer Werkstatt, im ersten, über eine steile Treppe erreichbaren Stock das Appartement einer zumeist abwesenden italienischen Familie und im zweiten die Wohnung der Südtiroler Schriftstellerin Anita Pichler befindet. Als die Autorin, Mitte vierzig an Krebs erkrankt, ihr Ende nahen fühlte, hat sie diese Wohnung der Literarischen Verwertungsgesellschaft (einer Organisation, die die Rechte der Autoren gegenüber Radio, Fernsehen, den Bibliotheken, dem Staat vertritt) und damit den österreichischen Schriftstellern vermacht. An einem heißen Tag trat ich, von der Vaporetto-Station San Silvestro kommend und aus dem Gedränge Tausender Touristen in die Stille enger Gassen gelangt, in diese Wohnung.

Es war nachmittags um vier, und in den von grünen Holzjalousien fast völlig abgedunkelten Räumen war kaum etwas außer das Gurren der Tauben zu hören, die unter dem Dach auf dem Gesims saßen. Die Fenster der Wohnung gingen auf einen kleinen Platz, den nur von vereinzelten Touristen entdeckten Campiello del Sole hinaus, und als ich die Jalousien aufstieß und Licht hereindrang, fiel mein Blick auf die Fotografie einer Frau mit widerspenstig dichtem Haar, einem schön geschnittenen Gesicht mit dunkel leuchtenden Augen und einem Leberfleck links über der Oberlippe, der ihr etwas anziehend Herbes gab. Im Buchregal fand ich ein vierseitiges Manuskript, den Nachlaß der Anita Pichler betreffend, in dem über ihre veröffentlichten und unveröffentlichten Werke Auskunft gegeben und sie selbst mit der poetischen Selbstaussage zitiert wurde: »Ich schreibe, ob daraus ein Buch wird, weiß ich nicht.«

Es ging ihr offenbar weniger um das fertige Produkt als um den Akt, den Vorgang des Schreibens selbst, und so soll sie auf allerlei Zettel, Schmierpapier, in Hefte und Notizblöcke fortwährend Dinge notiert haben, von denen sie selbst nicht recht wußte, ob sie noch zu ihren persönlichen Aufzeichnungen oder schon zu ihren literarischen Entwürfen gehörten. Ich saß auf einem Stuhl, las in dem Manuskript, das über das Werk einer

Frau informierte, die bis vor ein paar Jahren in dieser Wohnung gewohnt hatte, vielleicht gerade auf diesem Stuhl gesessen war, mit demselben Blick aus dem Fenster vor Augen, den auch ich jetzt hatte, ich las, die Füße auf meinen Koffer ausgestreckt, ihren in einem Interview geäußerten Satz: »Ich schreibe, ob daraus ein Buch wird, weiß ich nicht.« Lesend fragte ich mich, was das für eine Frau gewesen sein mag, in deren Wohnung ich dankbar Quartier bezog, und mich dieses fragend kam ich auf den großen Unterschied, der zwischen ihrer Art zu schreiben und der meinen bestand. Wohin mich das Schreiben führt, weiß auch ich nicht, darum schreibt man ja, um es zu erfahren. Aber ob daraus ein Buch, ein Aufsatz für eine Zeitschrift oder eine Notiz für die Schublade und zur späteren Verwendung wird, das weiß ich genau, und je nachdem, was ich mir schreibend vornehme, setze ich mich anders an den Schreibtisch und begebe ich mich anders in meinen Text. (Dieses Zielgerichtete, Bewußte, ist das ein professioneller Vorzug oder ein alltäglicher Verrat?)

Verblüffend, daß die zahllosen Touristen die kleine Stadt doch nie vollständig in Beschlag zu nehmen vermögen! Von den Trampelpfaden abgebogen, fand ich mich schon nach wenigen Schritten auf Plätzen wieder, die wie seit ewigen Zeiten ganz für sich zu ruhen schienen. Selbst zu Pfingsten, als mich die Meinen aus Salzburg besuchten, erreichten wir binnen weniger Minuten immer wieder ruhige Gassen, menschenverlassene Plätze, an denen Venedig so überreich ist, daß sich die Heimischen, wenn ihnen der Trubel zu viel wird, in ihre eigene Stadt zurückziehen können. Überdies scheinen sie sich würdig mit der Tatsache arrangiert zu haben, daß sie wie kein anderes Stadtvolk schon seit Jahrhunderten mit den Nachteilen des Fremdenverkehrs auskommen müssen; und sie müssen es wirklich, denn die Idee rabiater Stadtschützer, Venedig für Besucher zu sperren, ist ein Unding: Venedig gehört nicht den Venezianern allein, es gehört der Welt.

Auch nach San Michele, der Friedhofsinsel, hatten sich zu einer heißen Mittagsstunde außer mir offenbar nur vier andere Friedhofsgänger aufgemacht. Drüben, in San Marco, schoben die Leute sich mühsam vorwärts, schon an der Vaporetto-Station in Canareggio jedoch, unweit des alten Ghettos, wo ich das Boot bestiegen hatte, herrschte angenehm entspanntes städtisches Leben. Über dem »evangelischen Teil« des Friedhofs, der seine hundert Gräber großzügig in einen verwilderten Park verstreut, wölbte sich völlige Stille; Gezirp aus den Büschen, sonst nichts. Das Grab von Joseph Brodsky ist eines der wenigen, das gepflegt wird, die Blumen waren erst halb verwelkt, und zahlreiche Steinchen lagen nach jüdischem Brauch auf dem Grabstein. Einen halben Schritt neben dem Grab des Dichters ein kleines, steinern eingefaßtes, grünüberwuchertes Quadrat: »Hier ruht in Gott unser geliebtes Kind Kurt Müller. Geb. 7. April 1912, gest. 24. Sept. 1912.« 56 Jahre blieben Brodsky, fünfeinhalb Monate Kurt Müller, der Welt Kenntnis von ihrer Existenz zu geben. Brodsky hatte testamentarisch verfügt, hier begraben zu werden; schon seit seiner Jugend in Leningrad, als er in den Besitz von ein paar kolorierten Postkarten Venedigs gekommen war, liebte er diese Stadt, die ihm noch so lange unerreichbar ferne bleiben, in der er sich dann aber regelmäßig aufhalten sollte. Wie aber kam ein Kind mit dem Namen Kurt Müller 1912 nach Venedig, um zu sterben? Hätte er zwei Kriege und vieles andere seines Jahrhunderts überlebt, wäre Kurt Müller jetzt ein Greis von 89 Jahren; es sind nicht viele, aber es gibt Leute, die 89 Jahre und älter werden. Weiß noch irgend jemand auf der Welt etwas von ihm, von diesem Kurt Müller, wenigstens, daß es ihn gegeben hat? (Als Kind erschauerte ich, als mir meine Mutter erzählte, daß ihre Mutter vor ihr schon fünf andere Kinder geboren hatte, die zwischen 1910 und 1918 alle ihre ersten Monate nicht überlebten, Johann, Maria, Ida, Klara und Josef hießen und auf den Friedhof von Futog bei Neusatz gebettet wurden; Futog bei Novi Sad, wo seither die Welt mindestens zweimal, wahrscheinlich dreimal untergegangen ist.) In der Helligkeit des Mittags hielten die Salamander auf halber Höhe inne und sausten dann die Steinmauern des Friedhofs hinauf und hinunter; ich stand vor dem Grab eines Nobelpreisträgers und vor dem Grab eines Kindes und bewunderte das Geschick der Salamander.

Bei einem Spaziergang am Pfingstmontag, mitten im dichtgedrängten Viertel um Rialto, erlebten wir dieses. Im Gewühl kämpfte sich ein zaundürrer, zerlumpter Mann vorwärts, mit klagender Stimme laut bettelnd, einen Arm in den Himmel gestreckt, in der anderen Hand ein kleines Körbchen für Geld. Er wirkte wie Jesus, in namenloser Verzweiflung zum Himmel blickend, aus dem keine Erlösung kommt. Ein muskulöser junger Tourist, europäisch in Ruderleibchen und die üblichen Shorts gekleidet, die Schuhe des Verbrecherkartells, das in Asien Kinder für Hungerlohn in riesigen Kellerfabriken schuften läßt, um die Füße geschnürt, überholt ihn und huscht mit entsetztem Gesicht, als könnte er persönlich in das Schicksal des Elenden verstrickt werden, an diesem vorbei. Ein paar Meter weiter, auf dem erhöhten Scheitelpunkt eines Brückleins, bleibt er stehen, dreht sich um, zückt seine umgehängte Kleinkamera und fotografiert den Bettler aus der sicheren Entfernung von fünf Metern. Die beiden haben sich im Auge, der Fotograf ist fluchtbereit, als würde er ein gefährliches Raubtier fotografieren, das losspringen könnte, und keinen Hungernden, der jeden Moment umzusinken droht. Am Ende der Brücke eine Gruppe von drei Freunden des Fotografen, diesem zum Verwechseln ähnlich. Sie drehen sich um, besorgt, wo der Gefährte geblieben ist, entdecken ihn endlich, erkennen, den Bettler und seinen Fotografen vor sich, die Situation und brechen in prustendes Gelächter aus. Hinter dem Bettler ich, mit dem starken Wunsch, ihnen unverzüglich den Schädel einzuschlagen.

Niemand ist davor gefeit, zum Zuschauer zu werden. Kein Zuschauer war der Mann mit dem Fotoapparat, der sich zuerst durch ein paar schnelle Schritte aus der Gefahr rettete und dann, sobald er sich in Sicherheit wußte, den Anlaß seines Entsetzens auf ein Foto bannte. Seine Situation war anfangs für ihn so beängstigend, daß er sich nicht in den Gleichmut des Zuschauers einfinden konnte, sondern davonlaufen mußte, und sie wurde daraufhin, kaum daß er der Gefahr entronnen war, für ihn so interessant, daß er nicht Zuschauer bleiben, sondern Fotograf werden wollte. Der Fotograf ist mehr als ein Zuschauer, er muß entweder aus dem Strom der Ereignisse etwas herausgreifen, das es ihm wert ist, fotografiert zu werden, oder sich diese Ereignisse selber erschaffen, indem er sie für seine Aufnahme arrangiert. (Viele Massaker der Bürgerkriege werden nicht im Blutrausch verübt, sondern erst wenn gewährleistet ist, daß Fotografen zugegen sind, die ihnen weltweite Öffentlichkeit geben.) So war dieser Mann, der den Bettler panisch floh, um ihn dann für zu Hause aufs Bild zu bekommen, durch zweierlei Handlungen kein Zuschauer: Er floh, und er fotografierte.

Zuschauer waren hingegen seine drei Freunde. Sie konnten, da der Bettler sie nicht erreichte, ja weil sie ihm, wenn er sie doch erreichte, nicht als einzelne, sondern als Gruppe entgegentreten würden, die Komik genießen, die für sie darin bestand, daß ihr Freund etwas so Unwichtiges wie einen Halbverhungerten fotografierte und darüber fast etwas so Wichtiges wie den Anschluß an sie versäumte.

Zuschauer war aber auch ich, der ich ebenfalls von einer Stimmung ergriffen wurde, wie sie für Zuschauer typisch ist. Waren die drei anderen nämlich durch das, was sie sahen, in Laune gekommen, schoß in mir über dem, was ich sah, der Haß empor. Ihn wirksam werden zu lassen, statt mich mit ihm zu vergiften, hätte ich meine Position als Zuschauer aufgeben müssen. Der Blitz, den ich für einen gerechten gehalten hätte, wenn er schädelspaltend in meine Widersacher, die anderen Zuseher, gefahren wäre, kommt nur höchst selten aus einem sonnigen Himmel herniedergesaust, ich hätte dieser Blitz schon selber sein müssen. Zur brachialen Strafe auf dem Fuße nicht fähig, zückte ich lieber meine Brieftasche und sprang zu dem Bettler, der vermutlich nicht wußte, warum er eine so hohe Summe von jemandem zugesteckt erhielt, der hinter ihm gestanden war und den er folglich gar nicht durch Blick, Gebärde oder Spruch zu seiner Gabe hätte veranlassen können. Es ging mir in meinem Grimm auch nicht um ihn, den Elenden, sondern um die Nichtswürdigen, die ich für ihre Niedertracht mit meiner Großzügigkeit strafen wollte. Als ich den Blick aus dem Körbchen des Bettlers wieder hob, war ich sicher, er würde vier Leute bis ins Mark der Beschämung treffen, aber sie waren, als ich aufsah, längst weg. Und als ich, vom Zuschauer zum Verfolger werdend, in ihrer Richtung ging, bereit, ihnen für eine einzige demütigende Geste bis ans Ende der Stadt zu folgen, konnte ich sie im Gewühl nicht mehr entdecken.

Über die Pfingsttage sollen zu den knappen 100 000 Einheimischen noch über 300 000 Touristen gekommen sein. Mindestens jeder zweite von ihnen hatte einen Fotoapparat dabei. Sie fotografieren im Gehen, Trotten, Stolpern, Sitzen, im stoßenden Gedränge, in den Gassen, auf den Brücken, auf dem schaukelnden Vaporetto, aber es ist wie in den Erzählungen von dem alten Jäger, der zu schwach ist, das Wild noch zu verfolgen, und der auf einem Rollstuhl sitzt und in müde flackernder Erregung das Gewehr hebt, wenn ihm auf der Lichtung ein Rehbock vorübergetrieben wird. Im Vaporetto stand ich neben einem Spanier, der, behängt mit verschiedenen Kameras und Objektiven, an der Reling lehnte und, wann immer ihm seine Frau auf den Arm tippte, erschöpft die Kamera hob und ohne weiteres Überlegen das Gebäude fotografierte, das wir am Canale Grande gerade passierten.

Wenn von 300 000 Pfingstbesuchern 150 000 Venedig fotografieren und ein jeder von ihnen mindestens einen Film zu 24 Aufnahmen verschießt, was gewiß als unterste Grenze angesetzt werden darf, dann sind in diesen drei Tagen 3 600 000 Aufnahmen von Venedig gemacht worden. Dabei haben diese Millionen Fotos die Sehnsucht, einander zu gleichen. Würde ein jeder, der Venedig verläßt, seine Filme hergeben müssen und statt seinen eigenen die von beliebigen anderen Besuchern erhalten, die Zufriedenheit würde zu Hause die gleiche sein. Es erwies sich mir in Venedig nämlich, daß unfehlbar immer das fotografiert wird, was die Fotografierenden bereits von Postkarten, Filmen, Werbeaufnamen, Prospekten her kennen. Sie drücken den Auslöser, sobald sie ein Gebäude sehen, das sie von Hunderten Abbildungen wiedererkennen. Passiert das Schiff die Rialto-Brücke, wird diese von allen Touristen, die ihren Fotoapparat nicht im Hotel vergessen haben, und sie vergessen eher sich selbst als ihn, sofort mit der weltberühmten Rialto-Brücke identifiziert und folglich fotografiert, während von der Brücke herab gleichzeitig Hunderte Touristen den Canale Grande fotografieren, durch den gerade einige Vaporettos ihre Spur einzig zum Zweck ziehen, daß sie von oben als den Canale Grande befahrende Vaporettos erkennbar sind.

Der Fotograf Kurt Kaindl hat mir einmal auf meine ungeduldige Frage, warum er denn gerade jetzt gerade diese bestimmte Ansicht fotografiere, lapidar geantwortet: Damit ich weiß, wie es als Foto ausschaut. Das hat mir, so simpel es klingt, sofort eingeleuchtet, wie auch die bei Lesungen gerne gestellte Frage, warum einer schreibe, am besten mit schlichten Existenzsätzen zu beantworten ist: Weil ich es kann! oder: Damit ich weiß, wie es sich liest! Die meisten, die als Touristen fotografieren, können aber kaum von des Fotografen Wunsch getrieben sein, zu sehen, wie sich eine Ansicht in der Wirklichkeit als Abbild auf Fotopapier machen wird. Denn das, was sie vor Augen haben und fotografieren, ist ja nicht die Wirklichkeit, sondern bereits eine von unzähligen Abbildungen geformte Ansicht der Wirklichkeit, die ihnen nichts Neues zu weisen hat, sondern allenfalls bestätigt, was sie schon wissen. Venedig ist nicht nur eine Stadt, die aus einem der menschlichen Besiedelung unangemessenen Element geformt ist, Venedig ist also nicht nur eine Stadt aus Wasser, sondern auch eine, die mit Millionen Farb- und Schwarzweißbildern trockengelegt zu werden droht. Mindestens so sehr wie durch ihre überwirkliche Architektur ist sie durch unzählige Abbildungen zu einer Kulisse geworden, die dem Betrachter das Gefühl von Schönheit nicht ohne den starken Eindruck von Surrealität gewährt.

In der Tatsache, daß das von Tonnen von Fotografien erdrückte Venedig unablässig weiter fotografiert wird, waltet ein merkwürdiger Impuls. Fotos sonder Zahl, großartige, stimmige, verwaschene, langweilige Fotos haben sich zwischen den Betrachter und die Stadt geschoben und dieser etwas Gekünsteltes, Erfundenes, Konstruiertes gegeben. Obwohl dies gerade die Folge der fotografischen Überwältigung Venedigs ist, suchen viele die Bestätigung, daß es Venedig, fast wider Erwarten, dennoch gibt, aber neuerlich mittels der Fotografie zu erlangen. Sie fotografieren, weil sie es sonst weder glauben könnten, daß es hier tatsächlich eine Stadt namens Venedig gibt, noch daß sie, abgereist und heimgekehrt, jemals dort gewesen waren. Das Foto schafft Venedig ab, aber damit man an die eigene Existenz und die Existenz Venedigs glauben kann, muß man es doch wiederum fotografieren.

Dieser quadratische Campo war früher die Richtstätte Venedigs. Nein, nicht nur Richtstätte, auch Marktplatz, Theaterkulisse, geselliger Ort städtischen Lebens. Lange fanden in Europa Hinrichtungen nicht an einem entlegenen, der Öffentlichkeit entzogenen Ort statt, sondern dort, wo sich möglichst viele Zuschauer einfinden konnten. Der Delinquent, der mit seinem Verbrechen die Ordnung verletzt hatte, stellte sie unter Mitwirkung des Henkers wieder her, indem er vor der zahlreich erschienenen Bewohnerschaft enthauptet, gevierteilt, gehängt, verbrannt wurde. Indem er sein Leben auf so grausame Weise verlor, kehrte er in die Gemeinschaft, die ihn ausgestoßen hatte, wieder zurück. In der frühen Neuzeit war es üblich, daß der Verurteilte vom Schafott herab noch eine letzte Rede hielt, die die Zuseher zur Umkehr, Sittsamkeit, Buße ermahnte. Manchenorts sollen die Zuseher von solchen Appellen zu bitteren Tränen gerührt worden sein, wie sich auch mancher fromm gewordene Übeltäter geradezu dankbar über seine Verurteilung zeigte und sterbend nicht nur in den ewigen Frieden einging, sondern auch seinen Frieden mit den Mächten schloß, die ihn dem Tod bestimmt hatten.

Daß sie Zuschauer in großer Zahl versammelte, war für eine Hinrichtung lange unverzichtbar, ging es doch nicht darum, anonyme Rache an einem Verbrecher zu nehmen, sondern die Untertanen zu Zuschauern zu machen, die sich das Schicksal des Hingerichteten zur Lehre nehmen und sich zugleich mit der Obrigkeit, die ihnen dieses Spektakel gewährte, verbinden sollten. Wer einer Hinrichtung beiwohnt, nimmt einen Teil der Schuld auf sich, er wird zum Komplizen derer, die da einen Menschen vom Leben zum Tode verbringen.

Der Campo lag in vormittäglichem Frieden, und die Zeitungen berichteten, daß die Hinrichtung von Timothy McVeigh kein zweites Mal aufgeschoben werde. Der Attentäter von Oklahoma ist kein Todeskandidat, der Sympathien auf sich zöge, er hat Schreckliches getan, daß er es getan hat, ist unbezweifelbar, und er wünscht, daß die Strafe an ihm vollzogen werde. Gegner der Todesstrafe haben es schwer mit ihm, doch ein paar Unentwegte stehen tapfer vor dem Gefängnis und lassen sich beschimpfen, weil sie auf das Verbrechen, das jede Todesstrafe darstellt, auch in seinem Falle, selbst im Falle dieses Massenmörders, der keine Reue zeigt, aufmerksam machen. Wer nur gegen die Todesstrafe ist, weil sie auch sogenannte Unschuldige, also Leute treffen kann, die das Verbrechen, für das sie verurteilt werden, gar nicht begangen haben, ist nicht wirklich gegen die Todesstrafe. Er weiß nur um die Fehlbarkeit der Justiz; was ihn erschreckt, ist nicht der staatlich legitimierte Mord, sondern daß dieser womöglich auch an den Falschen vollzogen werde und darum sogar er, der völlig Unschuldige, sein Opfer werden könnte. Wer gegen die Todesstrafe ist, muß es gerade bei einem Täter sein, dessen Schuld so gravierend und unanfechtbar erwiesen ist wie jene des Timothy McVeigh, weil es eben das Faktum der Todesstrafe selbst ist, das er als staatliches Verbrechen erkennt.

Der kalte Killer McVeigh sorgt sich in seinen letzten Tagen offenbar hauptsächlich darum, daß er die Miene des kalten Killers bis zuletzt zu bewahren vermag, also nicht im Angesicht des Henkers mit der Giftspritze womöglich doch Angst verspüren und diese gar den Zeugen seiner Exekution verraten könne. Es ist ihm zuzutrauen, daß er gefaßt und ohne die Anzeichen von Angst in die Hinrichtungskammer tritt. Der dekorierte Soldat, der ungerührt Menschen umgebracht hat und dafür Orden empfing, ehe er ebenso ungerührt wieder Menschen umbrachte, aber dafür die Todesstrafe erhielt, bekennt sich ungerührt zu seinen Taten und möchte ungerührt seinem eigenen Tod entgegentreten; diese Ungerührtheit auf seinem letzten Gang ist sein Triumph. Dieser Mörder kennt wahrscheinlich nur eine Angst, die nämlich, Angst zu haben und Angst zu zeigen. Zittern andere schon vor der Spritze, die ihnen der Arzt verabreicht, damit sie den Urlaub auf den Malediven antreten können, so wird McVeigh auch vor den drei Spritzen nicht zittern, die ihn auf die endgültige Reise in den Tod schicken. Ist McVeigh, der den Tod nicht fürchtet, also ein mutiger Mann?

Bei Thomas von Aquin firmiert die Tapferkeit als eine Art von kämpferischer Gerechtigkeit. Das heißt, für das Unrecht kann man gar nicht tapfer sein, denn der Mut ist eine Tugend, die ein Objekt braucht, das ihrer würdig ist. Wer am Bungee-Seil in die Tiefe springt, ist nicht mutig, weil sein Anlaß, sich mutig zu erweisen, die Tugend des Mutes weder rechtfertigt noch ermöglicht. Vielleicht ist er waghalsig, verwegen, schneidig, aber nicht mutig oder tapfer (um an ein altertümliches Wort zu erinnern, das durch seine mißbräuchliche Verwendung untauglich geworden ist, die Sache noch zu benennen). Da die Entleerung von Sinn vielen das Leben nur als Exzeß erträglich sein läßt, haben jene Formen von Unterhaltung Konjunktur, in denen vermeintlich Mut vonnöten ist: Sie klettern im Überhang auf Felswände, springen hundert Meter die Brücke hinunter, sausen mit einem Floß Canyons entlang, segeln als Paragleiter über das Land, rasen auf dem Fahrrad Berghänge und auf Schiern Lawinenkegel abwärts und riskieren dabei ihr Leben. Und das alles, weil sie zu feige sind, es ohne fortwährende Ablenkung zu ertragen …

McVeigh wird den Zuschauern seiner Hinrichtung gewiß das Schauspiel des mutigen Mannes bieten, der nicht mit der Wimper zuckt, bloß weil er umgebracht wird.

Bald nach seiner Verurteilung begehrte McVeigh nicht nur, daß das Urteil vollstreckt, sondern auch, daß die Exekution im Fernsehen oder über das Internet übertragen werde. Der Antrag wurde geprüft und von den Behörden abgelehnt. War es im Mittelalter die Obrigkeit, die für die Hinrichtung eine Öffentlichkeit herzustellen suchte, wird diese im Zeitalter der elektronischen Medien von manchem zum Tode Verurteilten angestrebt. Früher war es das Vorrecht des aristokratischen Delinquenten, das Schaffott mit einem Tuch um den Kopf zu besteigen; ihm, dem durch seine Abkunft Geadelten, wurde mitunter das Privileg gewährt, sein Gesicht, in dem sich Entsetzen und Qual abzeichnen mochten, vor den Zusehern zu verbergen. McVeigh, so erbarmungslos er die moderne Staatlichkeit verwirft, zeigt sich folgsam, wenn es um die Tyrannei der Medien geht. Deren Dogma, daß nicht existiert, wer nicht medial wahrgenommen wird, hat er sich gefügt, wie er auch begriffen hat, daß es nahezu gleichgültig ist, wodurch sich einer seine mediale Aufmerksamkeit sichert. (Das Guinness-Buch der Rekorde ist voll von Meisterleistungen, deren Zweck ausschließlich darin besteht, in diesem Buch verzeichnet zu werden.) McVeigh wollte, wovor sich in früheren Zeiten Verurteile am meisten fürchteten, er wollte beim Sterben gesehen werden.

Daß die Behörden die Übertragung schließlich verboten, ist ein Aufschub, der nicht auf Dauer verhindern wird, daß strafjustizielle Amtshandlungen in medialer Öffentlichkeit vollzogen werden. Tatsächlich stellt die Justiz in den USA eine kleine Öffentlichkeit, die sich zum Betrachten des Todeskampfes versammelt, bereits jetzt her. Angehörige der Opfer, die der zum Tode verurteilte Mörder auf seinem Gewissen hat, haben das Recht, als Zuschauer der Hinrichtung endlich wieder zu ihrer inneren Ruhe zu finden. Es ist gewissermaßen ihr Menschenrecht, daß sie, die vom Tod eines Angehörigen aus der Ruhe gebracht wurden, diese im Betrachten des Todeskampfes eines anderen wieder erlangen. Diese Öffentlichkeit ist jedoch prinzipiell limitiert, sowohl in ihrer Zusammensetzung als auch durch die räumlichen Gegebenheiten des Gefängnisses. Die Direktübertragung, die McVeigh forderte, würde nicht nur ein ungleich größeres Publikum erreichen, sondern diesem auch ganz neue Möglichkeiten gesellschaftlicher Partizipation eröffnen.

In finsteren feudalen Zeiten war das Volk zwar aufgerufen, sich zahlreich zu einer Hinrichtung einzufinden; auch endete die Strafjustiz zumeist in einem Volksfest, mit der massenweisen Berauschung und der Schwängerung ungezählter Weibspersonen. Den Verlauf der Hinrichtung konnten die Zuseher in der Regel aber nicht beeinflussen. (Allerdings kam mancher Henker gar nicht zum Hängen oder Köpfen, weil der Verurteilte schon auf seinem Weg zur Richtstätte mit Steinen erschlagen wurde. Und manches Mal begehrten die Zuschauer auch insofern auf, als sie einen Henker erschlugen, der seine Arbeit unsachgemäß verrichtete und dem bereits schwer Verletzten den Kopf erst mit dem fünften Streich abzuhauen wußte. Aber abgesehen von solchen Exzessen eines tätigen Gerechtigkeitsbewußtseins, das den Verurteilten schon vor der regulären Hinrichtung zu Tode bringen möchte, und eines jähen Mitgefühls mit dem Verurteilten, das dem Henker gleich nach seiner schlecht getanen Arbeit dasselbe Schicksal wie seinem letzten Opfer beschert, war es in feudaler Zeit nicht üblich, daß das zuschauende Volk auf den Verlauf der Hinrichtung Einfluß nehme.) Die Zuschauer waren zum Schauen bestellt, nicht aus dem gewissermaßen demokratischen Aspekt, das Ihre zum Gelingen beizusteuern.

Das könnte sich in der Ära des Internet ändern. Zum Begriff der Masse gehörte bisher die körperliche Präsenz, ja diese machte die Masse eigentlich erst aus. Die Masse, die sich mittels des Fernsehens bildet oder im Internet zusammenfindet, ist hingegen verstreut, wiewohl mittels elektronischer Präsenz auf neue Weise doch zugegen. Die technischen Entwicklungen erlauben so etwas wie eine immerwährende Volksabstimmung, in der die Internet-Gemeinschaft über alle Fragen entscheidet, mit der sie gerade beschäftigt wird, von der Aufstellung der Fußballnationalmannschaft oder des Siegers eines Schlagerwettbewerbs bis zum Verbot von Demonstrationen oder der Begnadigung eines prominenten Steuerhinterziehers, der Präsident werden will. In der Ära des elektronischen Dauerplebiszits könnte derlei in der Justiz Anwendung finden, und von Timothy McVeigh weiß man, daß er solchen Visionen, die politische Entscheidungsstruktur zu verändern und bürgernah zu gestalten, leidenschaftlich anhing.

Bald ist sie technisch möglich, schon jetzt sollte sie diskutiert werden: die Hinrichtung, die nicht nur medial übertragen, sondern digital vollzogen wird; vollzogen von der weit verstreuten, innig zusammengeschlossenen Gemeinschaft, die sich zuvor per elektronischer Volksabstimmung für das Todesurteil ausgesprochen hat und dieses nun in demokratischer Partizipation auch selbst vollstreckt. Timothy McVeigh hätte die letale Kommunikation mit dem amerikanischen Volk, an das er sich wandte und dessen Rechte er mittels eines Massakers an ebendiesem Volk zu verteidigen wähnte, durchaus gesucht. Die letale Kommunikation, das ist die Giftspritze, die vom Computer an die dafür vorgesehene Stelle geführt und von den Millionen zu Hause per Knopfdruck in den Oberarm des Verurteilten gestochen wird.

Die letzte Form, in der die Todesstrafe kollektiv vollzogen wurde, war im militärischen Bereich das sogenannte Spießrutenlaufen, bei dem siebzig, achtzig Soldaten antreten, die Gasse bilden und auf den durch diese Gejagten einschlagen und einstechen mußten. In der Ära der demokratischen Massenkommunikation könnten Millionen beteiligt werden, das zu vollstrecken, worauf sie vorbereitet wurden und wonach es sie dürstet. Das Lynchen, das in der Geschichte immer ein roher Akt war und den unangenehmen Aspekt von sengendem Geruch verbrannten Fleisches, von Röcheln am Seil hatte, würde so humanitär veredelt und zugleich demokratisch legitimiert werden. Der Vorgang wird von aufdringlicher Fleischlichkeit befreit und gewissermaßen schlachthofsauber vollzogen, und es ist kein wütender Haufen, der sich das Recht auf den Tod eines Verdächtigen nimmt, sondern die gezähmte Gesellschaft, die sich in Form einer wehrhaften Volksabstimmung von dem Üblen in ihrer Mitte befreit.

Abschiedsbild am Campo Margherita, über den unser täglicher Spaziergang führte, ein langgezogener, volkstümlicher Platz, mir einer der liebsten in Venedig. Zwei Amerikaner, um die fünfzig, klein, mollig, Zwillinge, beide mit Brille, einer gleich weit gewachsenen Glatze, derselben kindlichen Freude im weichen Gesicht, unterscheidbar nur, weil der eine ein blaues, der andere ein grünes Rucksäckchen trägt. So trippeln sie über den Platz, dicht aneinander gedrängt, und im selben Moment schauen sie nach links eine Hausfassade hinauf, dann nach rechts über den Platz zum Kaffeehaus hinüber, dann wieder nach links in das Schaufenster eines Lebensmittelgeschäfts. Einmal bleiben sie stehen, treten, jeder für sich, einen Schritt vom anderen weg und strahlen sich, über denselben unausgesprochenen Gedanken oder über dieselbe stille Beobachtung erfreut, ein paar Augenblicke lang an. Dann eilen sie weiter, hurtig, im trippelnden Gleichschritt ihres Lebens, und hoffentlich vergessen sie nicht (denn wenn sie es vergessen, vergessen sie es beide), Mam heute noch die versprochene Ansichtskarte aus Venice/Italy zu schicken.

Juli

Jetzt geht es schon Monate dahin und immer noch wird darüber gestritten, ob wir Stängel schreiben sollen, weil dieser sprachlich nicht weit von der Stange gefallen ist, oder besser beim Stengel bleiben, der orthographisch unlogisch, aber vertraut anmutet. Der erbitterte Streit um die Rechtschreibreform wird mit aberwitzigen Ressentiments geführt, sodaß ich dem allgemeinen Für und Wider mein deutliches Weder-Noch entgegenhalten muß. Da stand kürzlich in der Wiener *Presse* wieder einmal ein Artikel, der vehement die Rückkehr zur alten Rechtschreibung verfocht. Seine Bürokratensprache war so ungelenk, daß er nach der alten Rechtschreibung ein Greuel und nach der neuen ein Gräuel war. Ein Deutsch zum Abgewöhnen kann man nämlich auf die alte wie auf die neue Weise zustandebringen, wenn man es nur will oder nicht anders vermag. Wie mir überhaupt auffällt, daß viele, die die teure deutsche Sprache jetzt zu schützen wähnen, zu dieser schon seit jeher kein erotisches Verhältnis, sondern eine unsaubere Beziehung unterhalten.

Wem sich die deutsche Sprache so angewidert entzieht wie dem Verfasser des Artikels, der braucht sich um ihre angemessene schriftliche Form nicht zu bekümmern. In diesem Traktat reckten sich die Substantivkonstruktionen empor, bis vor all den -ungen und -keiten jeder bessere Gedanke Reißaus genommen hatte. Wenn ich ihn richtig verstanden habe, befürchtete der Autor, daß mit der neuen Rechtschreibung von Amts wegen die Anarchie verordnet und mittels Sprachpolitik der tägliche Umsturz eingeführt worden sei. Hätte er recht, dann wäre die deutsche Orthographiereform eine sehr österreichische Angelegenheit gewesen: Denn wo, wenn nicht hierzulande (hier zu Lande?), müßte eine Revolution, wenn sie Aussicht auf Erfolg haben soll, amtlich angeordnet werden?

Tatsächlich aber ist die halbherzige Rechtschreibreform ein sehr deutsches, ein bundesdeutsches Unterfangen gewesen. Zur bundesdeutschen Tönung der Reform, die etliche württembergisch-westfälische und rheinland-pfälzische Abweichungen vom österreichischen Standard-Hochdeutsch für verbindlich setzt, paßt der Auftritt der Frankfurter Bildungsministerin, die schroff verkündete, bei der fälligen Reform der Reform werde man mit den Österreichern und Schweizern nicht neuerlich verhandeln, da dort die Leute Hochdeutsch ohnehin nur als erste Fremdsprache erlernten und in bodenständigen »Regionalsprachen« aufwüchsen. Das war gut europäisch in seiner hessischen Variante gedacht und sagt über die Reform vielleicht mehr als manche sprachwissenschaftliche Expertise. Aber muß man sich deswegen schon denen anschließen, die gegen die Reform zu Felde ziehen, als gelte es just auf diesem das Abendland zu verteidigen?

Wie verschiedentlich zu lesen ist, lehnen mittlerweile 70 Prozent der Österreicher die neue Rechtschreibung ab und wünschen, die alte wiederzuhaben. Das wundert mich nicht, habe ich doch immer vermutet, daß die Österreicher einen gemeinhin unterschätzten Hang zum Idealistischen haben. Man kann ihre Vorliebe für das abgeschaffte orthographische Regelwerk erst würdigen, wenn man bedenkt, daß kaum einer von ihnen dieses beherrschte und leidlich fehlerfrei zu schreiben oder Fehler in vorgelegten Texten zu erkennen vermochte. Die Österreicher sehnen sich also nach einem strengen Regiment, das ihnen schon seinerzeit die ärgsten Kalamitäten bereitet hat, sie wünschen eine Ordnung, von der sie wissen, daß sie selbst ihr nicht genügen.

Wie so oft bei den Österreichern liegen hier ein gemütvoller Konservativismus und die geheime Lust an der anarchischen Überschreitung nahe beeinander. Warum liebt man Verbote? Weil zuerst welche da sein müssen, ehe man gegen sie verstoßen kann. Das neue Regelwerk, das milder ist als das alte, stellt diesbezüglich ein unnötiges Erschwernis dar. Frau Minister,

Herr Präsident, geben Sie uns die alten Regeln wieder: Wir begehren heftig, sie nicht zu beherrschen. Wir Österreicher wählen die Fehler, die wir wollen!

Regionalsprachen. Wird die Sprache einer Region amtlich zur »Regionalsprache« heruntergestuft, bedeutet das für die Region und die Menschen, die dort leben und sich in ihrer Sprache behaupten möchten, meist nichts Gutes. Die türkische Regierung, der der österreichische Kanzler gerade die Aufwartung macht, hat ein neues Mediengesetz erlassen. Darin wird der Gebrauch »universeller Sprachen« in Medien und Öffentlichkeit ausdrücklich genehmigt. Das Gesetz hat aber nicht etwa den Zweck, das Englische als universelle Sprache endlich in ihr Recht zu setzen, denn schon bisher mußten die deutschen Touristen in den großräumig abgeriegelten Erholungszentren nicht auf ihre englischen Schlager verzichten. Nein, die ausdrückliche Genehmigung universeller Sprachen ist als erneuertes Verbot regionaler Sprachen gemeint, die der türkische Nationalismus seit hundert Jahren verfolgt. Die Energie, mit der er insbesondere gegen die kurdische Sprache wütet, mit dem Ziel, diese auszulöschen, mutet auf den ersten Blick bizarr, unbegreiflich, als grausame Marotte uniformierter Einfaltspinsel an. Doch haben die etatistischen Gewalttäter begriffen, daß der Mensch seiner selbst zuerst in der Sprache inne wird, wie er sich auch erst in der Sprache als Teil einer Gemeinschaft erfährt. Die Sprache ist das Gedächtnis dieser Gemeinschaft, und der Boden, in dem das individuelle und das kollektive Selbstbewußtsein ihrer Mitglieder wurzeln. Die Zähigkeit, mit der unterdrückte Völker wie die Kurden wider alle Verfolgung an ihrer eigenen Sprache festhalten, beweist, daß ihnen der Zusammenhang von Muttersprache, Gedächtnis, Demokratie bewußt ist.

Die österreichische Regierung zeigt sich erbötig, den Ausländern in Österreich hilfreich zur Seite zu stehen und ihnen einen »Integrationsvertrag« zu schenken. Wer im Lande arbeitet, zum Nutzen der Österreicher, der soll auch deren Sprache erlernen dürfen und über die Geschichte des Landes unterrichtet werden. Ein verpflichtender Sprachunterricht soll jedem von ihnen weiterhelfen, auf daß er sich im österreichischen Leben bewähre. Wer es nicht will und lieber sprachlos seine Untertanenarbeit verrichtet, den werden Sanktionen weisen, was ihm selber nützlich ist: Ob die mangelnde Sprachfähigkeit, ist sie einmal durch eine verpatzte Prüfung nachgewiesen, mit Geldbußen, pädagogisch reduzierten Sozialleistungen oder der Ausweisung geahndet werden soll, darüber streiten die patenten Koalitionäre noch.

Ausnahmsweise bin ich mit unserer Regierung fast einverstanden. Auch ich finde, daß es nie genug Sprachunterricht geben kann, denn es ist vernünftig, wenn jemand die Sprache des Landes, in dem er arbeitet, lebt, seine Kinder aufzieht und dessen Bürger er womöglich eines Tages wird, zu verstehen und zu verwenden lernt. Er wird in der Regel schon aus eigenem Interesse, wenn nicht aus Liebe zu seinem neuen Wirkungskreis, so weit zu kommen trachten, daß er auch sprachlich in der Umgebung, die die seine geworden ist, bestehen kann. Und wer es in Österreich zu etwas bringen will, der muß sich ohnehin in der deutschen Sprache sicher zu bewegen wissen; denn Österreich ist ein deutschsprachiges Land (freilich eines, in dem die staatsvertraglich festgeschriebenen Rechte der Slowenen und anderer nationaler Minderheiten auch sprachpolitisch ständig verletzt werden). Am Sprachunterricht für Ausländer habe ich also gar nichts auszusetzen. Was aber die Sprachprüfung betrifft, den von der Regierung verlangten Nachweis, daß einer die gewünschten Sprachkenntnisse auch tatsächlich erworben hat, so halte ich es für eine grobe Benachteiligung der Inländer, daß nicht auch sie ihre Kenntnisse der deutschen Sprache unter Beweis stellen dürfen. Es ist ein Unrecht, denen, die erst im Laufe ihres Lebens nach Österreich gekommen sind, Dinge zu gewähren, die keiner beanspruchen kann, der Österreicher schon von Geburt an ist.

Der Sprachprüfung bei Ausländern stimme ich daher nur zu, wenn sich ihr auch die Inländer zu unterziehen haben. Was mit jenen Österreichern geschieht, die die Prüfung nicht bestehen, weil sie nicht willens oder fähig sind, ihre Muttersprache im gewünschten Sinne zu gebrauchen? Von einfacher Abmahnung und Wiederholungsprüfung bis zu Haftstrafe und Ausweisung aus der Heimat, in der schließlich ein jeder zum Fremden werden kann, werden sich findige Sprachpolizisten gewiß einiges einfallen lassen. Und wer weiß, vielleicht wird eine stattliche Anzahl von Abgeordneten Bildungsurlaub nehmen müssen, kaum daß der Nationalrat zum ersten Mal sprachpolizeilich inspiziert wurde?

An der Schändung der deutschen Sprache, ihrer tagtäglichen Mißhandlung, arbeiten in Österreich nicht etwa Ausländer, die aus Unvermögen oder böser Absicht wider die Grammatik verstoßen, sondern jene Inländer, die sich vorsätzlich an der Sprache versündigen, indem sie mittels ihrer nichts als Macht gewinnen und Macht bewahren möchten; Inländer, denen die Sprache ein Mittel der Volksverhetzung ist, die sie aus Gründen der Integration unserer ausländischer Mitbürger praktizieren. Stützen der Gesellschaft, sprechen sie öffentlich, ohne moralische Bedenken und sprachliches Gewissen, ein Deutsch, das zum Abgewöhnen taugt und auf das sie nun auch die Ausländer in Schulungen zu verpflichten trachten. Wo diese Sprache herrscht, liegt in der Weigerung, sie zu erlernen, in der Sprachlosigkeit, in der ein Zuwanderer verharrt, und im Unverstehen, in dem er sich birgt, womöglich eine humanistische Weigerung, die es zu achten gilt. Solange führende Politiker öffentlich reden, wie sie reden, muß es Ausländern unbenommen bleiben, sich diese Sprache nicht zuzumuten.

Geht es so, wie sich das die FPÖ vorstellt (und es geht in dieser Koalition fast immer so, wie sie sich das vorstellt), dann wird der »Integrationsvertrag« von jedem einzelnen Zuwanderer nicht nur verlangen, daß er auf jene Sprache herunterkommt, die momentan regierungsamtlich für die deutsche gilt, sondern auch, daß er sich in österreichischer Landeskunde vertraut mache. Was von Österreich, von unserer Geschichte, Tradition, Kultur zu wissen und zu halten sei, das führt freilich in ungesichertes Gelände. Was soll man mit einem, meinetwegen arabischen Prüfling machen, der, von der Kommission strenge nach der österreichischen Ära des Nationalsozialismus befragt, hurtig von der »ordentlichen Beschäftigungspolitik« des nazistischen Regimes zu schwärmen begänne und auch noch glaubte, damit die Frage ganz im Sinne der Landeskunde beantwortet zu haben? Ihn gleich wieder zurückschicken in die Heimat der Unbelehrbaren oder auf die Schulbank nötigen, auf daß er noch einmal lerne, was zivilisierte Gesinnung verlange und historisches Wissen sei? Und was tun mit einem grundehrlichen Mann, der meint, es wäre »Unsere Ehre heißt Treue« ein unschuldiger Spruch, der jedem Männergesangsverein frommt: Weiß, wer so wenig weiß, von der Geschichte unseres Landes nicht definitiv zu wenig, als daß er sich künftig unter uns aufhalten oder gar als niederösterreichischer Landesrat wirken dürfe? Ach, ich sehe den Kärntner Landeshauptmann, sehe seinen treuen niederösterreichischen Vasallen (der sich so ungebildet vielleicht gar nicht stellen muß, sondern ganz aus eigenem die Sprüche der SS neu erfindet) schon gehörig schwitzen: Nachhilfe in Landeskunde zu erhalten ist aber keine Schande für jene unter den Inländern, die das Wissen um die Geschichte, die Schönheit und Besonderheit unseres Landes auch den Ausländern nicht vorenthalten mögen. Der »Integrationsvertrag«, richtig angewendet, könnte in Österreich einiges bewirken.

Lange bevor die Einheiten der Bodentruppe kamen, sondierte die Flugaufklärung das Terrain. Lange bevor die Hubschrauber über der Stadt zu kreisen begannen, waren die Spähtrupps ausgeschwärmt, um die Lage an den Ausfallsstraßen, in den engen Gassen und auf den weiten Plätzen der Stadt zu erkunden. Lange bevor die Späher durch die Stadt streiften, hatten die

Presseoffiziere ihre Arbeit aufgenommen. Sie taten das Ihre, der Stadt, die überwältigt werden mußte, die Sehnsucht einzugeben, überwältigt zu werden. Die Späher, die ihnen unbemerkt gefolgt waren, suchten auszuforschen, welche Schlupfwinkel besonders zu fürchten waren. Nachdem sie im unübersichtlichen Gelände erfahren hatten, was sie wissen wollten, war es an der Luftraumüberwachung, die neuralgischen Punkte von oben in ihrer Gesamtheit unter Observation zu nehmen. Dann erst kamen die Bodentruppen, und erst als sie kamen, wußte ein jeder, daß der Weltwirtschaftsgipfel unmittelbar bevorstand.

Ob es periodisch einen Weltwirtschaftsgipfel geben muß, kann ich nicht sagen. Ein befreundeter Ökonom, der mehr davon versteht als ich, hat mir versichert, solche Veranstaltungen seien unverzichtbar für den Wohlstand auf Erden. Nur wenn sie alle zusammenkommen, können die Kapitäne der Wirtschaft den Steuermännern der Staaten weisen, wohin sie die einzelnen Staatsschiffe zu lenken haben. Wenn die Konzernherren nicht regelmäßig die Präsidenten, Kanzler, Minister träfen, wie sollten diese dann tun, was jene von ihnen erwarten? Ohne Weltwirtschaftsgipfel, sagt mein Freund, bestünde eine große Unsicherheit darüber, wer die Welt regiert, und solche Unsicherheit übertrage sich häufig verheerend auf die Märkte. Wenn es aber eine Notwendigkeit ist, Weltwirtschaftsgipfel abzuhalten, ist es auch nötig, Orte zu finden, an denen sie abgehalten werden. Hier ist ein militärisch leicht abzuschirmendes Fort in der Wüste Nevada ins Gespräch gebracht worden; und Fidel Castro hat vorgeschlagen, den Gipfel in eine Raumstation zu verlegen, die unablässig um die Erde kreist und, wie mir scheint, den Vorteil hätte, daß die Delegierten die Welt, deren Schicksal sie gerade verhandeln, einmal zur Gänze zu sehen bekämen. Solche Tagungsorte täten aber wieder den Märkten nicht gut, denn die haben es gerne, daß die Weltwirtschaftsgipfel nicht nur den Eindruck von Sicherheit, sondern auch den von Freiheit erwecken. Da traf es sich gut, daß

Salzburg, die verödete Barockstadt an der Salzach, an mangelndem Tourismus litt und sich von so einem Weltwirtschaftsgipfel weltweite unentgeltliche Propaganda für einen Fremdenverkehr versprach, dessen Segnungen sie bisher noch kaum teilhaftig geworden war.

Den ersten Angehörigen der Bodentruppe begegneten wir am späten Samstag abend, als wir von einem heißen Tag an einem See im Salzkammergut in unsere Wohnung zurückkehrten. Vom Kongreßhaus, in dem die Konferenz am nächsten Tag beginnen sollte, ist die Straße, in der wir wohnen, rund drei Kilometer entfernt und durch einen Berg und einen Fluß getrennt. Als wir, in der Vorstadt von einer größeren Straße kommend, in unsere kleinere abzweigen wollten, fanden wir uns unvermittelt vor einer filmartig beleuchteten Absperrung, hinter der ein schwarzer Pulk Bewaffneter, die an die uns bisher bekannten Polizisten nur von ferne erinnerten, vielleicht aber tatsächlich verkleidete Polizisten waren, auf uns wartete. Ein gutgelaunter Uniformierter grüßte leutselig durch das Autofenster und fragte mit offensichtlich verstellter Stimme: »Wohin des Wegs?« Wir antworteten wahrheitsgemäß, daß wir nach Hause wollten, und als er auf die Frage, wo unser Zuhause sei, wahrheitsgemäß erfahren hatte, daß dieses sich in der Reichenhaller Straße befinde, war es an ihm zu fragen, wo selbige liege. Es war nicht schwer zu erklären, denn sie führte keine fünfzehn Meter von der Absperrung entfernt nach links. Diese Begegnung verstärkte unseren Verdacht, daß es sich um den Überfall einer fremden Macht auf Salzburg handelte, aber es war, wie wir uns kurz darauf überzeugen konnten, davon weder im Fernsehen noch im Radio die Rede.

Wiewohl es in den folgenden Tagen nicht immer so gemütlich zuging, ja geradezu ungemütlich wurde, denn es kann einfach nicht gelingen, die Bewohner einer Stadt aus dieser auszusperren und dabei nichts als Gemütlichkeit zu verbreiten, betonten die Presseoffiziere unentwegt, daß zwischen der Bevölkerung und der Polizei das beste Einvernehmen herrsche.

Die größte Zeitung der Stadt, die *Salzburger Nachrichten*, lobte, daß die Polizisten ihrem schweren Dienst mit ausgesuchter Freundlichkeit nachgingen und folglich viel Sympathie bei der Bevölkerung fänden. Ich muß anerkennen, daß die fortwährenden Kontrollen, mit denen ich auf dem Weg zur Post oder zum Apotheker bedacht wurde, stets mit der Frage, wohin ich wolle und wer ich sei, eingeleitet wurden und nicht etwa unfreundlich, indem man mir grußlos eine über den Schädel gezogen hätte. (Auch erzählten die Mädchen, die auf dem Weg von der Schule alle fünfzig Meter einem jungen, vom Land in die Stadt beorderten Gendarmen die Schultaschen öffnen mußten, daß sich dieser stets galant über ihre kurzen Röcke, die Haartracht oder Hygieneaccessoires im Schulgepäck äußerte. Mein Sohn wiederum, dem ein Buch über die Globalisierung aus der Tasche gerissen wurde, wußte zu rühmen, daß diese amtliche Beraubung mit den Worten »Schleich di« geradezu kameradschaftlich zu Ende kam. Und der Architekt Forsthuber, der sein Büro neben dem meinen hat, hielt es schon fast für ein Angebot zur Fraternisierung, daß ihm abends am Salzachkai von einem Polizisten beschieden wurde, wenn er sich noch einmal hier in der Sperrzone mit seinem Fahrrad blicken lasse, werde man ihn vom Sattel schießen.) In diesen Tagen, da Salzburg seinen Bewohnern enteignet wurde, hatte jeder was zu lernen. Jene, die sie erlitten, konnten zum Beispiel lernen, was amtliche Freundlichkeit heißt und was es heißt, wenn in einer belagerten Stadt die freie Presse aus freien Stücken die Öffentlichkeitsarbeit der Obrigkeit besorgt und dieser, gleich wie gröblich sie Gesetze verletzt, freundlichen Umgang attestiert.

Über vier Tage war Salzburg eine Probebühne, und was geprobt wurde, das war die Bereitschaft der Bevölkerung, sich ihrer Stadt und ihrer bürgerlichen Rechte in dieser Stadt zu begeben. Was kann man, wenn Gefahr droht, den Bürgern zumuten, wie lange kann man es, und mit welchen Reaktionen muß man rechnen? Derlei Fragen werden in der Ära, die auf uns zukommt, immer wichtiger, zumal die Anlässe, die Gesellschaft zu ihrem eigenen Schutz unter Kuratel zu stellen, immer zahlreicher werden. Auf der Probebühne Salzburg war zu sehen, daß verschiedene Menschen auf die Omnipräsenz einer bald freundlichen, bald rabiaten Ordnungstruppe verschieden reagieren. Da gibt es den Typus des prinzipiell Einverstandenen, der sich mit jeder Obrigkeit, zumal wenn sie eine uniformierte ist, sogleich ins Einvernehmen setzen möchte. Man begegnet ihnen alle Tage, auch wenn kein Ausnahmezustand herrscht, diesen Leuten, die den Obus nicht betreten können, ohne dem Chauffeur, in dem sie einen kleinen General dieses Gefährts vermuten, in bemühter Kameraderie zu salutieren und ein paar Worte hündischer Ergebenheit zuzuwerfen; die sich erst recht jedem Polizisten, der auf Streife geht und nichts als seine Ruhe will, mit freundlichem Gruß anbiedern, als fürchteten sie, daß jederzeit ein Unheil über sie hereinbrechen könnte, das sie durch Gesten der Unterwerfung abwenden möchten. Der Zuspruch, den die polizeiliche Präsenz fand, wurde in den bewegten Tagen umso stärker, je aufdringlicher die polizeiliche Präsenz wurde. Noch drei Tage länger, und es hätten sich Bürgergarden gebildet, die den Polizisten zur Hand gegangen wären und, wäre es ihnen angeordnet oder auch nur genehmigt worden, von sich aus weitere Viertel der Stadt abgeriegelt hätten.

Es gibt aber auch den anderen Typus, der auf die sichtbare Präsenz von Obrigkeit und Uniform mit allergischer Reizbarkeit reagiert. Am ersten Tag ärgert er sich nur, weil er an einer Straßensperre halten muß. Am zweiten spürt er schon beim Anblick eines zuvorkommenden Uniformierten den Ärger in sich hochschießen, und insgeheim hofft er auf viele solche Begegnungen, die ihn in seiner Aversion bestärken. Am dritten Tag ist er so gereizt, daß er es, gleich was geschieht, von vornherein mit jedem hält, der mit einem Polizisten zusammenkracht. Seine Stadt wird ihm fremd, und je mehr für ihre Sicherheit getan wird, desto gefährlicher kommt sie ihm vor.

Die Strategen der Exekutive kennen das Phänomen und kalkulieren womöglich damit: Jeder Großeinsatz von Ordnungskräften teilt die Bevölkerung in zwei Gruppen, in jene, die sich, je länger der Einsatz dauert und je ungemütlicher er wird, desto stärker mit der Obrigkeit identifizieren – und in die, die sich in der gleichen Zeit zunehmend verstört von ihr belästigt, bedroht fühlen. Dazwischen, die alte Mitte der Gesellschaft repräsentierend, gibt es bald nur mehr die Abgestumpften, die von den Auseinandersetzungen, aus denen sie sich herauszuhalten suchen, so müde und gleichmütig geworden sind, daß sie ohne Begeisterung, ohne Empörung hinnehmen, was immer auch geschieht. Diese Abgestumpften wollen keine Stadt, die aufrüstet, aber auch keinen, der sich darüber entrüstet, sie wünschen Frieden, und wenn dieser nicht zu haben ist, wenigstens in Frieden gelassen zu werden.

Die Erfahrung der besetzten Stadt verändert jeden, sei es zum Besseren oder Schlechteren. Wenn Salzburg noch ein, zwei solcher Weltwirtschaftsgipfel erlebt, ist ein Gutteil der Bevölkerung zu jederlei Einschränkung demokratischer Grundrechte bereit. Es genügt ihnen dann, daß Leute ein bestimmtes Aussehen haben, eine besondere Kleidung tragen, in einem verdächtigen Alter sind, um deren temporäre Verfolgung hinzunehmen, ja zu verlangen. Und von Tag zu Tag werden es mehr Leute, die Kriterien, wie sie der Polizei zur ersten Orientierung dienen, zu den ihren machen, bis am Ende die halbe Stadt mit den Augen der Polizei sieht.

Gewiß, wenn der Weltwirtschaftsgipfel nach Salzburg geladen wurde, mußte die Stadt auch dafür sorgen, daß keiner seiner Teilnehmer hier Schaden nehme. Eine hat darüber aber ganz gewiß Schaden genommen, die Stadt selbst, die in ihrer Geschichte als fürsterzbischöfliches Eigentum kaum Traditionen von freiem Bürgersinn entwickelt hat und bis heute spürbar daran leidet, daß hier immer die Obrigkeit bestimmte, was für die Untertanen gut und richtig war. Der Polizeieinsatz (oder vielmehr: das verheerende Bündnis, das zwischen der medial korrumpierten Öffentlichkeit und der Obrigkeit darüber geschlossen wurde) hat die Stadt, die verspätet doch noch auf den Weg zu urbanem Selbstbewußtsein zu geraten schien, weit zurückgeworfen. Seitdem ich Salzburg in diesen Tagen erlebt habe, kann ich mir vorstellen, was ich mir vorher nicht vorzustellen wagte: daß unter dem Zeichen einer realen oder halluzinierten Bedrohung eine Stadt ihre eigene Verfassung aufhebt, sich ihrer Bürgerrechte von sich aus entschlägt und viele ihrer Bewohner nichts daran finden, daß einzelnen Bevölkerungsgruppen diese Rechte gegebenenfalls auch gewaltsam genommen werden.

Zweierlei Jugend. Die Zierde der städtischen Jugend hat eine Erfahrung gemacht, die sie nicht vergessen wird. Wer ist die Zierde unserer Jugend, auf die wir stolz sein können? Das sind jene Jugendlichen, die noch von anderen Dingen als nur vom eigenen Auto träumen und sich für mehr als nur ihr privates Fortkommen interessieren, jene Jugendlichen also, die sich der Dressur zur hartherzigen Tüchtigkeit widersetzt haben und daher dem Weltwirtschaftsgipfel und dem, wofür er weltweit unter dem gänzlich irreführenden Begriff der Globalisierung steht, skeptisch begegneten. Selbst diese kritischen Jugendlichen aber mochten sich bisher in einer Illusion über die Welt, in der sie leben, befunden haben. Weil ihre Generation für jede Marotte eine eigene Mode vorfand und ihr fast jede Abweichung in ihrem alltäglichen Lebensstil erlaubt war, selbst in der Schule, auch in der Familie und erst recht dort, wo sie in Gaststätten, Discos, Clubs unter sich war, mochten viele geglaubt haben, es gebe jene Ungetüme gar nicht mehr: die Obrigkeit, die bei Bedarf auch Schluß-mit-lustig macht, der Staat, der, wenn er will, auch härtere Saiten aufzieht. Jetzt wissen sie, daß es das alles gibt, und was viele von ihnen in diesen Tagen erlebt haben, als sie auf hochgradig nervöse und überreizte, ortsunkundige und von der Presse aufgeputschte Polizisten trafen, hat sich ihnen eingeprägt; eingeprägt wie die Erfahrung, daß es ein perfektes Zusammenspiel gibt zwischen den Schlägern, die sich in ihre Reihen einschleichen, und den aus der Bundeshauptstadt angereisten Spezialeinheiten der Polizei, die an der Eskalation interessiert sind und mit denen die Schläger, sei es bewußt, sei es aus Dummheit, gemeinsame Sache machen.

Eine Woche nach der Zierde unserer Jugend waren überall in Europa nicht die bösen, sondern die braven Jugendlichen unterwegs. Und sofort haben die Behörden ihr Schluß-mit-lustig wieder aufgehoben und die Globalisierung der guten Laune genehmigt. Auch in Salzburg gab es daher eine ungemein lächerliche Adaption der großen Love Parades, und in Berlin oder Wien waren ohnehin Hunderttausende auf den Straßen, um unentgeltlich Werbung zu machen, tanzende, stampfende, fanatische Reklamekörper, die sich auf Trucks durch die Straßen ziehen lassen, um ihr großes Einverständnis kundzutun. Da sie sich dabei offenbar prächtig unterhalten, braucht man auch gar nicht zu beklagen, daß sie ausgebeutet werden. Gesponsert von Tabakkonzernen, Boulevardzeitungen, Firmen für Markenwaren aller Art, ist ihr Umzug eine orgiastische Zustimmung zur verschnittenen Freiheit, zu den Freuden, die die Kulturindustrie gewährt; Flagellanten, die sich nicht aus religiösem Fanatismus, der Angst vor dem Weltende oder der Askese in Trance fallen lassen, hoffen sie die Verschmelzung von Lebenslust und Kommerz, rebellischer Überschreitung und biederer Zustimmung zu erreichen. Die fröhlichen Pilger des Konsumismus stellen weder unangenehme Fragen noch verbreiten sie schlechte Laune, sie wollen nur, einmal im Jahr, den Schrecken des Frohsinns im Konvoi durch die Straßen führen dürfen. Da der Müll, den sie hinterlassen, im Sinne wünschenswert harmloser Spaßentfaltung entstanden ist, wird er anschließend von den kommunalen Brigaden der Müllabfuhr beseitigt.

Der ehemalige amerikanische Präsident Clinton ist zu einem Vortrag auf dem britischen Wirtschaftskongreß von Harrogate geladen worden. Der Buchhalter der Veranstalter hat die englischen Behörden ersucht zu klären, nach welchem Steuersatz der berühmte Gastredner einzustufen ist. Seit Wochen beraten die Fachleute im Finanzministerium darüber, ob für Clintons Honorar ein Steuersatz von 22 Prozent zu veranschlagen sei oder dieses steuerfrei ausgezahlt werden müsse. 22 Prozent ist in England der Steuersatz für Unterhaltungskünstler (Go-go-Tänzerinnen, Tenöre, Moderatoren, Heimatdichter), steuerfrei ist die Tätigkeit von Politikern (Vizebürgermeister, Labour, Konservative, Elder Statesmen).

Oft gestorben, länger gelebt? Elisabeth Fallenberg war in den siebziger Jahren das erfolgreichste österreichische Fotomodell. Ihr Bildnis zierte über ein Jahrzehnt lang Magazine des In- und Auslands. Die besten Fotos von ihr machte ihr Mann, ein gewisser Pedro Kramreiter, der die doppeldeutige Berufsbezeichnung Starfotograf trägt, die vermutlich besagt, daß einer, der nur sogenannte Stars fotografiert, selbst einer ist, weswegen jeder, den er fotografiert, ebenfalls ein Star ist. In der Zeitung lese ich, in welches Elend das Fotomodell über die Jahre geraten ist. Pedro Kamreiter schätzt, daß alleine er 60 000 Fotos von ihr geschossen hat.

In Den Haag sitzt keine schöne Frau, sondern ein Verbrecher im Blitzlicht zahlloser Fotoapparate. Slobodan Milošević sitzt mit der Krawatte in den Farben Serbiens vor dem Tribunal für Kriegsverbrecher, setzt zu langen Erklärungen an, mit denen er dem Gericht die Legitimität abspricht, und muß es hinnehmen, daß der Vorsitzende ihm einfach das Mikrophon abschaltet. In einem Fernsehbericht aus Serbien sagen ein paar Leute, denen es sichtlich schlechtgeht, daß sie Milošević lieber zu Hause den Hals umgedreht hätten, und ein paar andere, denen es auch sichtlich schlechtgeht, daß seine Auslieferung eine Schande sei. Der Mann, der in den achtziger Jahren im jugoslawischen Parlament den Zerfall des Landes mit maßlosen Tiraden herbeigeredet hatte; der in Hunderttausenden, die ihm lauschten, ein Gefühl von gefährlicher Ambivalenz weckte, das Gefühl, zugleich der betrogenen und der auserwählten Nation innerhalb des Vielvölkerstaates anzugehören; der Mann, der mit seinen Reden erst jene Masse schuf, die es vorher so einig im Gefühl der Benachteiligung und Überlegenheit gar nicht gegeben hatte; dieser Verbrecher, der ruchlos in den Krieg und zynisch durch den Krieg gehetzt hat – jetzt wird ihm das Wort, das er sich zu seiner Verteidigung und zu Zwecken der Propaganda nehmen möchte, nach ein paar Sätzen per Knopfdruck entzogen. Milošević sitzt der Reihe seiner Richter gegenüber, sucht entschlossene Miene zu machen und bekommt es immer erst nach einiger Zeit mit, wenn ihm der Vorsitzende das Mikrophon abgestellt und er, für niemanden außerhalb seiner Glaszelle hörbar, ins Leere weitergesprochen hat. Ich merke, wie schwer es mir fällt, meine Unabhängigkeit gegen diese Bilder zu behaupten. Den ums Wort gebrachten, ausgestellten, mit den Gegebenheiten aufs lächerlichste nicht zu Rande kommenden Verbrecher beobachtend, fällt es mir schwer, keine Sympathie für ihn zu empfinden.

Aus China wird berichtet, daß im Sportstadion einer Stadt in der nördlichen Provinz vierzehn Gefangene – acht Räuber, die einen Zug überfallen hatten, zwei korrupte Beamte, ein bestechlicher Parteikader und drei Mörder – in einer rasch durchgezogenen Verhandlung zum Tode verurteilt und sogleich nach Urteilsverkündung vor 80 000 applaudierenden Zuschauern erschossen worden seien. Ein Sprecher des Justizministeriums hat zeitgleich mit dieser Vollzugsmeldung den Plan des großen Volkskongresses öffentlich gemacht, die Hinrichtungen, von denen es in diesem Jahr bereits über 3000 gab, in naher Zukunft nach amerikanischem Vorbild durchzuführen. Auch in China sollen die zum Tode Verurteilten nicht mehr erschossen, sondern der Gerechtigkeit mittels Giftspritzen zugeführt werden.

So sehr es zu begrüßen ist, daß die Gerechtigkeit, die für sich genommen oft ziemlich barbarisch aussieht, auf diese Weise humanisiert wird, wirft doch die behördliche Umstellung von Kugel auf Spritze einige Fragen auf: Wie wird es das fachkundige Publikum aufnehmen, wenn der Verurteilte, der nach chinesischem Brauch mit gesenktem Kopf vor dem Gericht steht, die starke Hand eines hinter ihm postierten Soldaten auf der Schulter, nach der Verurteilung statt vor ein bereits angetretenes Erschießungskommando zu einem Arzt in weißem Kittel tritt? Der ihm fürsorglich auf seine letzte Liege hilft, behutsam den Ärmel der Sträflingsjacke hinaufrollt, den Puls mißt und ihm den Arm abbindet, damit die Blutgefäße, in die er wenig später das Gift spritzen wird, sich deutlich abzeichnen, und der schließlich von der Schwester, die ihm hilfreich zur Seite steht, die Spritze mit dem tödlichen Impfstoff gereicht bekommt? Applaudieren die Zuschauer dem Arzt, wenn er seinen todgeweihten Patienten begrüßt oder wenn er ihn auf die Liege verbringt, erhält die Schwester gesonderten Beifall, sobald sie die Spritze mit hochgestrecktem Arm präsentiert, oder wird das Publikum in tödlicher Stille auf den letalen Stich warten, der doch kaum zu sehen ist, jedenfalls nicht so gut, wie ein Schuß zu hören wäre, um dann, wenn der Tod eintritt, in brausenden Beifall auszubrechen? Aber der Tod auf einer Liege, verabreicht aus einer Spritze, ist von den fernen Zuschauerbänken aus so gut nicht zu erkennen. Vielleicht wird der Verurteilte den Arzt also stehend erwarten müssen, ähnlich dem Stier, der bereits aufgegeben hat und des letzten Stiches harrt, den ihm der umjubelte Torero gibt; dann wäre klar, wann der Beifall gespendet werden muß, in dem Augenblick nämlich, da die Spritze wirkt und der Geimpfte zu Boden stürzt.

Oder wird es, wenn die Exekution von roher Gewalt auf medizinische Heilkunst umgestellt ist, die öffentlichen Hinrichtungen gar nicht mehr geben? Das wäre ein harter Schlag für das chinesische Erziehungssystem, in dem die öffentliche Demütigung von abweichenden Charakteren und Verbrechern, ihre Abstrafung vor Zuschauern, die sich das Gesehene als Lehre nehmen sollen, einen wichtigen Platz hat. Auch ist zu überlegen, ob es mit dem Ideal der Demokratie zu vereinbaren ist, Leute öffentlich zum Tode zu verurteilen, aber heimlich hinzurichten. Ein Staat, der so verfährt, gesteht ja geradezu ein, daß er das, was er verfügt, selbst für etwas Böses hält, das er besser im Verborgenen erledigt. Wie der Fall des Timothy McVeigh gezeigt hat, ist es eine drängende Aufgabe unserer Zeit, ganz andere, neue Formen des Abschlachtens im Interesse der Öffentlichkeit zu finden, und es wäre vielleicht hilfreich, eine chinesisch-amerikanische Kommission zu bilden, die die Sache vorurteilsfrei und unbehindert von den Vorgaben der Tradition, Religion und überkommenen Sitte untersucht.

Mit unseren spanischen Besuchern gehen wir auf den Mönchsberg, wir suchen die Stelle, an der wir mit ihnen vor 19 Jahren für ein Foto posiert hatten. Ich erzähle ihnen, daß der Berg demnächst vielleicht ausgeschachtet wird, um in seinem Inneren ein Guggenheim-Museum aufzunehmen, und Manolo und Pilar beginnen zu lachen. Sie berichten von den Segnungen, die das Guggenheim-Museum dem baskischen Bilbao beschert hat, einer Stadt, die wirtschaftlich darniederlag und, wie die Anhänger von McGuggenheim in aller Welt behaupten, von diesem Museum so großen Nutzen hat, daß ihre Bewohner rein gar nichts davon bemerken. Tatsächlich sei Bilbao eine Zeitlang von architekturbegeisterten Touristen aufgesucht worden, die den in Fotoreportagen weltweit gefeierten Museumsbau Frank O. Gehrys mit eigenen Augen sehen wollten. Im Museum selbst gab es hingegen nie Besonderes zu sehen, das einen Abstecher nach Bilbao notwendig gemacht oder gar die Bevölkerung der Region als Nutzer dieses Museums ins Spiel gebracht hätte. Der Tourismus, der der Architektur galt, ist längst versiegt, und die Ausstellungen, die der Region mit ihren Hunderttausenden Arbeitslosen beschert werden, gelten heute bevorzugt den Fetischen des Konsums, luxuriösen Motorrädern etwa oder Modeschöpfern wie Armani und Versace. Guggenheim sieht seinen weltweiten Auftrag ja auch darin, die

Kulturindustrie museumswürdig zu machen und überall in der Welt den ästhetischen Standard der führenden Modefirmen zu etablieren.

Natürlich geriert sich diese Vertreibung der Kritik aus der Kunst und der Kunst aus der Kultur als Weltöffnung, Grenzüberschreitung, gar als Revolutionierung des Museums und unserer Anschauung von dem, was ein Museum sei. Durch solche Öffnung wird aber keineswegs die Kunst popularisiert, sondern vielmehr der Kommerz als Kunst präsentiert. Das Museum wird auf diese Weise nicht modernisiert, sondern beginnt die Ideologie des Warenhauses zu sakralisieren. Die Leute sollen nicht nur unentwegt kaufen, sondern auch glauben, daß sie für das Gute, Schöne und Wahre einstehen, wenn sie sich nach einer Harley-Davidson und Armani-Anzügen sehnen. Der Ort des Kaufens ist das Warenhaus, der Ort, in dem die banale Gier, schöne Dinge zu besitzen, ästhetisch geadelt wird, ist das neue Museum.

Die Zurichtung der Menschen auf die Waren, mit denen sie menschliche Würde erwerben, macht auch die menschliche Würde zu etwas, das anders denn als Konsumartikel nicht mehr zu haben ist. So ist der Konsumismus in ein Stadium übergegangen, in dem er selbstherrlich die Nachfolge der Kunst einerseits und der Religion andrerseits antritt; dem Erben von Kunst und Religion zu huldigen, ist folglich nicht weniger als eine kulturelle Tat und eine religiöse Handlung zugleich. Guggenheim ist die Trademark dieser Universalisierung des Kommerzes, eine Museumskette, welche Kunstwerke vergangener Epochen hortet, um sie auf den Charakter von heutigen Waren herunterzubringen und diese endlich zu sakralen Gegenständen zu machen. Weil die Welt, in der ich lebe, eine verkehrte ist, wundert es mich nicht, daß es in Salzburg ausgerechnet die Grünen und die Sozialdemokraten sind, die das Guggenheim-Museum im Bauch des Stadtbergs besonders leidenschaftlich betreiben.

Der Weg über den Mönchsberg, gewissermaßen auf dem baumbewachsenen Dach des riesigen Containers, der in den ausgeweideten Berg gestellt werden soll, führte uns am Schauplatz jenes Verbrechens vorbei, dem der Herr Professor zum Opfer gefallen war. Das Kreuz, das zum Andenken des ermordeten Stadtstreichers auf dem Berg stand, alle paar Tage abgerissen und wieder errichtet wurde, ist seit Monaten verschwunden; der Frühling hat die kleine Gedenkstätte überwachsen, sodaß sie kaum mehr zu erkennen ist. Über Jahre hat es mir gutgetan, hier vorbeizukommen und zu sehen, daß das Kreuz, kaum daß es jemand zerbrochen hatte, anderntags durch ein neues ersetzt worden war; vom Schreibtisch auf den Weg über meinen Berg aufgebrochen, hat es mich geradezu in meiner Arbeit angespornt zu wissen, daß hier einige ältere Leute bereit waren, ausdauernd der Wut zu trotzen, mit der jemand die Erinnerung an diesen einen, besonderen Bewohner des Berges zerstören wollte. Die Geduld, mit der sie aufrichteten, was die Raserei zerstörte, schien die stärkere Kraft zu sein. Fast war mir, als würde hier, an diesem abschüssigen Weg am Rande, für mein Österreich, wie ich es mir dachte, und für die Zivilisation, wie ich sie wollte, gekämpft. Und sooft ich vorbeikam, konnte ich sehen, daß der Kampf zwar nicht entschieden war, aber kein Anlaß zur Resignation bestand. Jetzt aber, da der wütende Eifer zu siegen scheint und die Erinnerung getilgt wird, die Spuren verwischt werden – muß ich da nicht erkennen, daß ich geirrt und mir die Geschichte wie die Gegenwart meines Landes falsch erklärt habe?

Während oben, auf dem Berg, die Erinnerung an einen Ermordeten beseitigt wird, pflegt unten die Stadt neuerdings eine seltsame Erinnerung. An einem Haus in der Kaigasse ist auf einer Tafel zu lesen: »In Salzburg brachte ich einige der glücklichsten Stunden meines Lebens zu. Theodor Herzl 1885.« Herzl war im Sommer 1885 sechs Wochen lang als Praktikant am Salzburger Bezirksgericht tätig, und dieses Ereignis ist es wert, daß man sich in Salzburg darauf besinne. Die Weise, wie das geschieht, zeigt, daß sich die Stadt nicht ihrer Vergangenheit stellen, sondern aus dieser einen Werbeslogan für die Gegenwart schlagen möchte. Herzl wird benutzt, den unzähligen Reverenzen an Salzburgs Schönheit eine weitere hinzuzufügen, eine unerwartete, denn wer wußte schon, daß er hier gelebt und sich so bewundernd über die Stadt geäußert hat. Herzl also liebte Salzburg – fallen da die Überfälle, denen die Juden der Stadt 1938 ausgesetzt waren, wirklich noch ins Gewicht? Juden und Antisemiten, sie alle liebten Salzburg, und in dieser Liebe sollen sie wieder vereint sein, wenn nicht zur Ehre der Wahrheit, so wenigstens im Dienste des Fremdenverkehrs. Der Satz, mit dem Salzburg sich offiziell Theodor Herzls bemächtigt, hat eine interessante Fortsetzung, und ehe nicht auch diese amtlich verlautbart wird, gut sichtbar auf einer großen Tafel zu lesen, gilt mir, daß Herzl nicht gewürdigt, sondern verhöhnt und das Schicksal, das die wohlanständigen Bestien der Stadt ihren jüdischen Nachbarn bereiteten, verleugnet werde. Die Fortsetzung lautet: »Ich wäre auch gerne in dieser schönen Stadt geblieben; aber als Jude wäre ich nie zur Stellung eines Richters befördert worden.«

Diese kalligraphisch schöne Schrift, mit schwarzer Feder die geschwungenen Buchstaben ineinander fügend, so daß jedes Wort, wie klein es auch geschrieben steht, auf den ersten Blick lesbar ist: Die Briefe und Karten, die Franz Wurm mir aus Zürich schickt, sind stets aufmunternd; unabhängig von ihren Freundlichkeiten im einzelnen zeugen sie grundsätzlich von der unbesiegten Freundlichkeit, mit der ihr Verfasser dem Leben zugetan geblieben ist. Ob man ihn als »österreichischen Dichter« bezeichnen könne, habe ich ihn einmal gefragt, und er hat mit skeptischer Zustimmung verneint, oder vielleicht sollte ich sagen: mit grundsätzlichem Einwand bejaht. Oft ist er als letzter Prager Dichter deutscher Sprache bezeichnet worden, aber von solch finalen Charakterisierungen hält er nicht viel. Nach dem letzten Österreicher, Kakanier, Europäer, dem letzten Moralisten, Humanisten, Foxtrotttänzer taucht immer noch ein Mohikaner auf, der auch nicht der allerletzte ist. Franz Wurm wurde 1926 in Prag geboren, wo die »Türme wie die Völker« aneinanderstießen: »Und auch die Sprachen stießen aneinander und gingen ineinander über, und wer ihrer zwei oder drei mitbekommen hatte, dem reichten sie grad bis um die Ecke und nicht mehr zurück. Die Stadt hieß Schwelle.«

Mit dreizehn mußte er um sein Leben fliehen. In einem Gedicht mit dem Titel »Flucht« schreibt er:

»Du trägst die Türe noch im Blick
schlage sie zu schlage sie ein
geh weiter

Du bist jetzt nur so wenig Grund
als deine Schuh und als dein Mund
geh weiter

Als Wegs dem Schuh entgegendrückt
tritt leichter auf geh schneller und
geh weiter.«

Die rettende Flucht nach England gelang, weil sein Vater die Behörden zu bestechen vermochte, damals, als die Nationalsozialisten die Tschechoslowakei eroberten und Jagd machten auf die getreuen Hüter der deutschen Kultur in Prag, auf die Juden. Indem sie den Völkermord am mittel- und osteuropäischen Judentum exekutierten, haben die Nationalsozialisten in von ihnen nie erahnter Folgerichtigkeit das Ende der deutschen Geschichte in diesem Raum herbeigeführt. »An einem Aprilmorgen saß ich auf meinen Koffern in einem Bahnhof, parlierte französisch mit Kondukteur und Vorsteher und sah, daß man es nicht verstand. So lernte ich die Art des Insulaners, war zehn Jahre Robinson mit eingeborenem Comfort, streckte mich nach der Decke und die Decke nach mir.« So faßte Wurm seine Ankunft in London ins ironische Bild; den Eltern, die ihn fortgeschickt hatten, gelang es nicht mehr, Prag, als es zur Falle geworden war, zu entrinnen; nach dem Krieg erfuhr er, daß sie in Auschwitz ermordet worden waren.

Der Heimatlose beginnt im Exil zu schreiben, zuerst auf französisch, das er als Bildungssprache kennt, dann auf englisch, das er sich rasch aneignet, und zuletzt auf deutsch, in der Muttersprache, in der Sprache der ermordeten Mutter. »Sei wach und träume« ist dabei sein poetisches Programm. 1949 kehrt er im Gefolge einer Puppenspielertruppe in den deutschen Sprachraum zurück, er geht nach Zürich, wo 1954 sein erster Gedichtband, »Anmeldung«, veröffentlicht wird, und hält zuweilen mit seiner Unzufriedenheit über Entwicklungen in der »Geldstadt« nicht zurück. Die meisten seiner Gedichtbände erscheinen in bibliophilen Verlagen in kleiner Auflage, behutsam gestaltet, als würden sie sich nicht an eine anonyme Leserschaft, sondern an einzelne Leser ganz persönlich wenden. Ein österreichischer Dichter? Hieße das, ihn, um den sich Österreich nie geschert, dem es jeden seiner zahlreichen Literaturpreise vorenthalten hat, gewaltsam heimzuholen, in ein Land, in dem er nie gelebt hat? Natürlich ist in seiner Lyrik ein unverkennbar österreichischer Klang zu vernehmen, in dem vielleicht ein Widerspruch aufgehoben ist: Wurm ist nämlich Sprachskeptiker und Sprach-erotiker zugleich, und für beides hat er seine Prager Vorfahren, seine österreichischen Zeitgenossen.

Das eine, die Skepsis der Sprache gegenüber, macht ihn hellhörig für die Wendungen und Floskeln, in denen die Macht sich in die Rede einschleicht, der Wille zu herrschen sich unverdächtig anmeldet; dem anderen, dem Eros der Sprache, verdankt er die Freude am Sprachspiel, am Drehen und Wenden der Worte, bis sie eine neue Bedeutung annehmen, einen anderen Sinn hergeben, dieses sinnliche Vermögen (und Vergnügen), die Sprache als Klang und Anklang, Ähnlichkeit und Gegensatz zu erleben. In seinem Briefwechsel mit Paul Celan hat Wurm gewissermaßen in Wechselrede mit dem Freund über die Sprache gegrübelt. Wurm hat Celan, dessen Werk im Rufe steht, hermetisch zu sein, und in der Gefahr, als einzige große

Metaphorisierung gedeutet zu werden, ganz irdisch, konkret, wirklich genommen – als Dichtung, die über den Ort und die Zeit und über den Menschen an diesem Ort und zu dieser Zeit der Vernichtung spricht.

Diese poetische Genauigkeit ist auch ein Kennzeichen seiner eigenen Dichtung, die ungleich der von Celan nur gelegentlich zur Verknappung neigt, sonst aber mit dem großen Atem verfaßt und gesprochen (ja gesprochen, laut vorgesprochen und vorgetragen) wird. Zumal wenn es Wurm gefällt, sich im Gedicht über die Beschwernisse des Alterns, die Hinfälligkeit hinwegzusetzen, findet er, über die Verzweiflung hinaus und durch sie hindurch, zu einer herrlichen Ausgelassenheit. Memoiren zu schreiben ist ihm zu langweilig; aber ein Lebensbuch ließe sich wohl zusammenfügen aus den Briefen, die er seit mehr als einem halben Jahrhundert in die halbe Welt verschickt. Einen von ihnen, der mit dieser geschwungenen Schrift aus elegant dahintänzelnden Buchstaben randvoll bedeckt ist, habe ich heute erhalten, und ich denke mir, daß es schön ist, solche Briefe zu erhalten.

In Zürich, wo Franz Wurm und Paul Parin wohnen, die einander nicht kennen, werden die scharfsinnigsten und rührendsten Todesanzeigen des Sprachraums verfaßt. Einen frühverstorbenen Mann verabschiedet die trauernde Familie in der *Neuen Zürcher* mit den Worten: »Vielleicht fehlte Gott ein Ratgeber.«

Ob Berlusconi das Zeug zu einem europäischen Pinochet hat? Dann hätte er diesem jedenfalls voraus, daß er seine geheimen Polizisten und Instrukteure nicht erst in die Redaktionen schicken müßte, sondern seine Presseoffiziere schon vorher dort plaziert hat. Aber natürlich ist das Italien des Jahres 2001 nicht das Chile des Jahres 1973. Den Unterschied kann man auch daran ermessen, daß Berlusconi in diesen Tagen nicht von mir, sondern von angesehenen italienischen Publizisten mit dem chilenischen General verglichen wird; ohne daß sie fürchten müssen, von Todesschwadronen entführt zu werden. Und auch die Europäische Union, so gleichmütig sie sich darum gedrückt hat, die italienische Regierung an jenen Maßstäben zu messen, die sie an die österreichische angelegt hat, wird ihn nicht unbeschränkt gewähren lassen. Da er Krisen sucht, um die bürgerlichen Freiheiten, die ihm gefährlich werden könnten, einzuschränken, wird er periodisch immer wieder selbst zum europäischen Krisenfall werden.

Er ist aber geschmeidig genug, sich in neuen Situationen rasch zurechtzufinden. Den G-8-Gipfel in Genua wollte er zunächst offenbar dafür nutzen, die Kritiker der Globalisierung, die vermeintlichen und die tatsächlichen, die gewalttätigen und die friedfertigen, zu kriminalisieren. Das wäre ihm fast gelungen, denn immerhin kippten die Demonstrationen in Straßenschlachten, bei denen halbe Stadtviertel verwüstet wurden; es gelang ihm aber nur fast, weil jene italienischen Medien, die ihm noch nicht gehören, Dutzende Beweise fanden, daß die Straßenschlachten vielerorts von den Ordnungstruppen selber angezettelt worden waren. Daß der sogenannte Schwarze Block mit Provokateuren durchsetzt war, die sich ihre Direktiven teils unmittelbar von den gepanzerten Kommandowagen der Polizei holten, ist auf Bildern festgehalten, die auch im Fernsehen ausgestrahlt wurden. Darauf hat Berlusconi drei führende Polizeioffiziere, wiewohl sie ganz in seinem Sinne tätig gewesen waren, für die überflüssige Brutalität des Einsatzes gescholten und vom Dienst suspendiert. Jetzt verkündet er gar, daß die Politik sich bemühen müsse, das richtige Anliegen, die Globalisierung, den Menschen auch so zu erklären, daß sie sich davor nicht fürchteten.

Die »Globalisierung« – ja, wenn sie eine wäre! Kaum ein Begriff, mit dem größere Verwirrung gestiftet wird als mit diesem. Verkehrte Welt, nehmen doch jene die Globalisierung in Anspruch, die keineswegs die Einheit, sondern die Teilung der Welt forcieren. Gerade die Vormacht der vermeintlichen

Globalisierung, die USA, hält es nur bei Bedarf mit ihr, indes sie, wenn es anders ertragreicher ist, wirtschaftlichen Nationalismus praktiziert. Die Freizügigkeit des Welthandels, von der die Anhänger der Globalisierung schwärmen, gegebenenfalls wird sie just von diesen rigide unterbunden.

Und erst umgekehrt! Wer für die Universalität sozialer Werte einsteht und meint, daß es Ansprüche gibt, die einem jeden erfüllt werden müssen, gleich, wo er wohnt, der firmiert heute seltsamerweise als Kritiker, Gegner, ja als Feind der Globalisierung. Schlimmer noch, sie, die doch für nichts anderes als globale Entwicklung votieren, haben ihre Charakterisierung akzeptiert und bezeichnen sich mittlerweile selber schon so. Unangefochten gelten daher als Globalisierer, die Zerfall und Trennung bewirken, indes jene, die sich damit nicht abfinden wollen, sich selbst als Anti-Globalisierer verstehen.

Es gibt nur diese eine Welt, deren Kinder wir alle sind, figli di una terra, wie es Fulvio Tomizza gesagt hat. Dieser einfachen, kaum je anerkannten Tatsache gerecht zu werden, heißt wirtschaftliche, soziale und kulturelle Entwicklung niemandem vorenthalten, wo immer er lebt. Die »Globalisierer« aber, die Entwicklung für eine Frage von Handelsoffensiven und Ausplünderung regionaler Ressourcen halten, wollen da etwas erobern, dort etwas verkaufen und reißen dabei alte Grenzen nur nieder, um neue aufzurichten. Ihrem Diktat kann man nicht trotzen, indem man die alten Grenzen wiederhaben will und die alte Teilung der Welt verklärt, sondern nur, indem man endlich ernst macht – mit der Globalisierung.

Der erste Tote, der nach den Gipfeltreffen von Davos, Seattle, Göteborg zu erwarten war, jetzt ist er zu beklagen, ein 21jähriger italienischer Bursche. Wie er auf der Straße liegt, erschossen und von einem Polizeiauto überfahren, den Feuerlöscher, den er gegen dieses Auto und seine Insassen hatte schleudern wollen, neben sich auf dem Boden, ist sein Bild um die Welt gegangen. Er bleibt freilich tot, wenn das Bild längst wieder vergessen sein wird, das ganze Leben lang, das er hätte führen können, bleibt er tot. Vielleicht aber wird sein Bild nicht vergessen, sondern zur Ikone einer neuen Bewegung werden, wie jenes berühmte Bild des getöteten Studenten Benno Ohnesorg, der bei einer Demonstration gegen den Besuch des Schah von Persien in Deutschland starb und mit dessen Tod aus verstreuten Protesten und lokalen Demonstrationen die Studentenbewegung von 1968 wurde. Daß es mit Carlo Giuliani ähnlich kommen wird, dafür spricht manches. Die Mediengesellschaft scheint ihn, scheint seinen gewaltsamen Tod gebraucht zu haben, daß sie über die Anliegen, die er und Hunderttausende anderer Demonstranten hatten, überhaupt berichten konnte. Vorher waren im Fernsehen nur randalierende Jugendliche und brennende Autos zu sehen gewesen. Jetzt aber, im Kommentar aus dem Studio und im Bericht von der Straße, kommen leibhaftige Menschen zu Wort, keine vermummten Ungeheuer, und was sie zu sagen haben, klingt zuweilen sehr vernünftig. Solange friedliche Menschen gehört zu werden suchten, wurden sie totgeschwiegen, verdächtigt, verächtlich gemacht. Es bedurfte der Eskalation, daß sie gehört werden, und es ist die Logik dieser Eskalation, daß sie beim nächsten Durchgang, in der nächsten Runde, noch viel weiter eskalieren muß, um denselben Effekt zu erreichen.

Natürlich sagen jetzt viele in Österreich, daß der Weltwirtschaftsgipfel in Salzburg doch gemütlich und kommod im Vergleich zu dem von Genua über die Bühne gegangen und die Strategie der Polizei, jeden Aufruhr im Keim zu ersticken, segensreich aufgegangen ist. Sie haben recht, die Unbill von Straßensperren, Umwegen, Kontrollen ist lächerlich im Vergleich zu der von verwüsteten Geschäften, Verletzten, Toten, und selbst die stundenlange Einkesselung der jugendlichen Demonstranten in Salzburg war harmlos, verglichen mit den städtischen Jagdszenen, die sich in Genua abgespielt haben. Aber es werden Ereignisse kommen, von denen wird man sagen, daß Genua gegen sie ein Volksfest war, auf dem sich zwei folkloristische Parteien ihre rituellen Gefechte geliefert haben, die nicht weiter schlimm waren und nur wegen eines Mißverständnisses ein Todesopfer gefordert hätten. Die Logik der Eskalation hat zu den Ereignissen von Genua geführt und wird bei dem Stand, den sie in Genua erreichte, nicht halt machen. Es sei denn ... es sei denn, die »Bewegung«, wie sie sich in Italien mittlerweile nennt, würde diese Logik als eine erkennen, die ihr nicht gemäß ist, nicht gemäß werden darf, oder die Regierenden würden, was sie kaum jemals werden, nämlich klüger, oder die Medien, die im Sog der Eskalation sind, den sie selbst erzeugen, mitreißende Mitgerissene, die Medien könnten, was sie nicht können und nicht wollen, innehalten, langsamer und leiser werden, auf das bessere Gehör, den genaueren Blick setzen ...

Die Eskalation von heute ist der Alltag von morgen, und die Eskalation von morgen der Alltag von übermorgen. Wer nicht will, daß übermorgen die Barbarei herrsche, darf sich mit dem nicht abfinden, was heute nach dem Maß von heute eskaliert. Der Ausnahmezustand, der dazu tendiert, Normalfall zu werden, muß der Skandal des Ausnahmezustands bleiben und darf sich als Skandal des Ausnahmezustands nicht wiederholen.

Tuvalu ist ein Inselstaat im südlichen Pazifik. Seine neun Atolle sind die Heimat von rund 10 000 Tuvalesen, deren bescheidener Wohlstand darauf beruht, daß sie ihr Staatenkürzel .tv an eine international operierende Internet-Firma verpachtet haben. Die weit auseinanderliegenden Inseln waren vor mehr als 2000 Jahren von polynesischen Seevölkern besiedelt worden, die bis in die Neuzeit herauf das Ihre taten, daß man sie dort vergesse. Erst die spanischen Conquistadores machten unterwegs auch bei ihnen halt, um sie für das Christentum zu massakrieren, später kamen die Briten, die über Tuvalu ein Protektorat errichteten. Im Zweiten Weltkrieg diente Tuvalu der US-Army als Stützpunkt, danach wurden die Inseln wieder vergessen, und als sich Tuvalu 1978 für unabhängig erklärte, hat es in der großen Welt kaum jemand bemerkt.

Seit einiger Zeit ist Tuvalu das Ziel eines merkwürdigen Tourismus der Endzeit. Rund 1300 Besucher pro Jahr nehmen die Anreise auf sich, die beschwerlich ist. Air Pacific fliegt die Hauptinsel Tuvalus, Funafuti, nur einmal wöchentlich an, und zwar von den immer noch 1000 Kilometer entfernten Fidschi-Inseln, die ihrerseits von den größeren Flughäfen auf Australien oder Neuseeland über 4000 Kilometer entfernt sind. Die Touristen nehmen die Beschwerlichkeiten auf sich, um den Atollen beim Versinken zuzuschauen. Die höchsten Bergesgipfel von Tuvalu ragen nur knappe vier Meter aus dem Pazifik, und wegen des weltweiten Klimawandels, den sie nicht verursacht haben, werden die Tuvalesen bald keine Landfläche mehr haben, auf der sie wohnen können. Infolge der Erderwärmung und der Polschmelze steigt der Meeresspiegel, sodaß die Inseln in zwei Jahrzehnten unbewohnbar und in fünf Jahrzehnten weitgehend im Pazifik verschwunden sein werden.

Das von zwölf Abgeordneten gebildete nationale Parlament beschäftigt sich daher mit nichts vordringlicher als mit dem Versinken des Landes, das die Tuvalesen nicht aufhalten können, und der Frage, was mit jenen Bewohnern geschehen soll, die nicht mit ihrer Heimat versinken wollen. Der australischen Regierung wurde ein offizielles Angebot gestellt, dem tuvalesischen Staat in einer bestimmten, kaum bewohnten Region Australiens so viel Grund zu verkaufen, daß es für 10 000 Tuvalesen zum Überleben ausreiche. Australien, wo pro Kopf mehr Treibhausgase produziert werden als in jedem anderen Land der Erde, hat das Angebot schroff zurückgewiesen und erklärt, es sei außerstande, das nationale Problem eines fremden Staates zu lösen. Die Tuvalesen meinen zwar, sie würden nicht aus nationalen Gründen versinken, sondern eine Art Versenkung aus globalen Ursachen erleiden, an denen gerade auch Australien große Mitschuld trägt, aber was sie meinen, interessiert jenseits ihrer neun Atolle kaum jemanden. Die australische

Regierung hat allerdings eingeräumt, bei einer internationalen Lösung der nationalen Frage Tuvalus nicht abseits stehen zu wollen. Wenn sich noch weitere 39 Staaten finden, die jeweils 250 Tuvalesen als Umweltflüchtlinge aufzunehmen bereit sind, gedenkt auch Australien, wenn jener Tag gekommen sein wird, einem Vierzigstel der tuvalesischen Bevölkerung die Zuwanderung nicht zu verweigern. Inzwischen hat ein internationales Team auf Tuvalu mit linguistischen Feldstudien begonnen, an deren Ende eine vollständige Grammatik des Tuvaluischen stehen soll; diese Sprache wird, wenn ihre Grammatik in einer bewundernswerten wissenschaftlichen Ausgabe gerettet ist, dank der exakt kontigentierten Aufteilung ihrer Sprecher in vierzig Staaten gesprochen werden, aber nicht mehr lange.

Nicht daß ich sie brauche. Oder daß mir langweilig wäre ohne sie. Es ist auch nicht so, daß sie meinen Alltag unbedingt verschönern. Aber ich habe mich an sie gewöhnt und möchte sie nicht mehr missen. Wenn sie zu lange stillhalten, sorge ich mich, ob es sie wohl noch gebe. Und es ihnen gutgeht. Manchmal ärgere ich mich ein wenig über sie. Ärgern ja, kränken nein. Sie selbst halten sich für unabhängige Wesen, aber ich weiß, daß sie mir gehören. Nicht wie meine Locken, ohne die mich keiner gesehen hat, außer die, die mich schon als Säugling sahen, der auf rosige Säuglingsart kahl war. Nein, sie gehören weniger wie meine Locken sondern mehr wie mein Übergewicht zu mir. Das Übergewicht zieht man sich im Laufe der Jahre unachtsam zu, und wenn man es dann wieder loswerden will, müßte man sich zwingen. Ich will niemanden zwingen, nicht einmal mich selber. So behalte ich sie eben, wie die überflüssigen Kilos, und man braucht sich ihrer nur zu schämen, wenn sie allzu blöde sind. Sind sie es, dann ist es ein wenig peinlich, sie zu haben. Sie werfen ein schlechtes Licht auf einen, denn viele Leute glauben ja, jeder habe die Feinde, die er verdient. Und meine sind leider ziemlich mittel, nur soso lala. Das wäre aber das einzige, was ich gegen sie vorzubrigen habe.

Der Engländer Colin Thubron hat zwei Jahre lang Sibirien bereist und dann sein Buch »Schlafende Erde – erwachendes Land« geschrieben. Es ist der Vorzug dieses Reiseschriftstellers, daß er sich anders als bekanntere wie Bruce Chatwin nicht nur für aparte Legenden, sondern auch für die rauhe Wirklichkeit der Länder interessiert, die er sich erreist. Von dem Obelisk, den einst Zar Alexander unweit der Stadt Jekaterinburg errichten ließ und der die imaginäre Grenze zwischen Europa und Asien markiert, erstreckt sich Sibirien ostwärts über 7000 Kilometer und sieben Zeitzonen hinweg. Dort, in Chabarowsk, im äußersten Osten des Landes, an der chinesischen Grenze, findet der Reisende nach Monaten, in denen er durch verfallende einstige Straflager gekommen ist, eine Stadt, die wundersam lebendig wirkt. Chinesen und Japaner kommen alle Tage über die Grenze und treiben ihre illegalen und legalen Geschäfte. Bei einem Turm an der Landspitze, schreibt Thubron, liegt ein Café, von dem aus man einen schönen Blick über die Flußlandschaft des Amur hat. An dem Café findet sich die Aufschrift, daß hier im September 1918 sechzehn österreichische Kriegsgefangene, Mitglieder einer Musikkapelle, hingerichtet wurden. Sie hatten sich geweigert, die zaristische Hymne zu spielen.

Im September 1918, da war der Krieg zwischen Österreich und Rußland bereits vorbei. Die Monarchie der Habsburger war zerfallen, im Reich der Zaren hatte es Revolution gegeben. Aber in dem riesigen Land hatten die Bolschewiken noch nicht überall gesiegt. Die Weißgardisten, die das Zarentum wiederherstellen und die Revolutionsarmee vernichten wollten, hatten sich in die Weiten Sibiriens zurückgezogen und die Gefangenen eines Krieges, der im Unterschied zum Bürgerkrieg, der noch ein paar Jahre dauern würde, schon zu Ende war, bis an den äußersten Rand ihrer Länder mitgenommen. Warum wurden sie jetzt, die Soldaten eines abgedankten Kaisers, von den Soldaten eines ermordeten Zaren, die die alte Zeit wiederhaben wollten, getötet? Warum lassen sich österreichische Militärmusiker in Chabarowsk an der chinesischen Grenze lieber erschießen, als die Hymne des Zaren zu spielen? Waren sie ihrem Kaiser so treu ergeben, daß man nicht von ihnen verlangen konnte, dem verfeindeten Zaren die musikalische Reverenz zu erweisen? Oder waren sie in der Gefangenschaft vom revolutionären Bazillus infiziert worden, österreichische Musiker und internationalistische Revolutionäre, die sich weigerten, dem reaktionären Zarentum zu huldigen? Vielleicht waren sie auch nur müde, zermürbt vom Krieg, der Gefangenschaft, von Sibirien, und fanden, daß es genug sei.

Thubron beschreibt, was er auf seiner langen Reise gesehen hat, große Städte mit nie gehörten Namen, in denen noch immer die stalinistische Obrigkeit zu herrschen scheint, Regionen des Zerfalls, in denen einstige Kombinate der Schwerindustrie giftig vor sich hinrotten, verschlafene Dörfer, durch deren Birkenalleen Figuren aus den Novellen Tschechows wie in ewiger Verlorenheit ziehen. Aber nur die Erzählung von den österreichischen Musikern hat in mir die Sehnsucht geweckt, ans Ende Sibiriens zu reisen. In Chabarowsk, was werde ich dort sehen? Die Tafel am Kaffeehaus, auf dem ihr Ende, nicht ihre Geschichte geschrieben steht.

Ende und Anfang. Vor einem Jahr, an einem trüben Nachmittag, habe ich mit diesen Aufzeichnungen begonnen, in einer klaren Sommernacht breche ich sie ab. In einem anderen Juli, vor siebzehn Jahren, hat Sándor Marái in sein Tagebuch eingetragen: »Geziemender wäre es zu verstummen. Aber Schweigen ist langweilig.« So ist es.

Karl-Markus Gauß
im Paul Zsolnay Verlag

Die sterbenden Europäer
2001. 240 Seiten

Karl-Markus Gauß tut das Seine nicht als naiver Gutmensch, er ist ein sachlicher Reporter, ein Chronist, der sich den Problemen durchaus skeptisch und mit leiser Ironie nähert. Wo er polemisch wird, und das mag er fulminant zu sein, bewahrt er immer die Contenance, Schaum vor dem Mund wird man an ihm nicht erblicken.

Paul Flora in seiner Laudatio anläßlich der Überreichung des »Ehrenpreises des österreichischen Buchhandels«

Karl-Markus Gauß lehrt uns das Staunen über den Reichtum Europas.

Karl Schlögel, *Frankfurter Allgemeine Zeitung*

Kein Zweifel kann daran bestehen, daß es sich hier um einen wichtigen, differenzierten, nachdenklich stimmenden Beitrag zum kulturellen Selbstverständnis eines sich neu formierenden Europa handelt.

Renate Wiggershaus, *Neue Zürcher Zeitung*

Karl-Markus Gauß hat die unbekannten Räume des Dazwischen mit ereignisreichem europäischen Leben gefüllt und eine gleichermaßen poetische wie profunde Hommage an »Europas Ränder« geschrieben.

Marica Bodrozic, *Frankfurter Rundschau*

Ins unentdeckte Österreich
Nachrufe und Attacken
1998. 184 Seiten

Gauß, der einiges über österreichische »Sprach-Erotik« zu sagen hat, demonstriert sie auch: Die Freude am Wort und am Wortspiel, der Genuß am schöpferischen Umgang mit Syntax und Grammatik sind ein Teil seines eigenen, eigenwilligen Stils. In einer Reihe von einfühlsamen Essays über Werk und Leben verschollener oder doch unterschätzter Denker, Dichter, Historiker, Publizisten, ergibt sich ein Geschichtsbild Österreichs, das man nicht unterschätzen sollte, nur weil es exemplarisch und polemisch statt systematisch entfaltet wird. Hier ist ein Buch, das Klischees abräumt, zur Diskussion reizt und das eigentlich alle angeht, die deutsch sprechen.

Ruth Klüger, *Süddeutsche Zeitung*

Dieser Mann verkörpert etwas ungemein Seltenes: einen kritischen, im Wortsinn selbstbewußten Patrioten. Den Hang zu pauschaler Österreich-Verachtung und schwarzem Kitsch findet Karl-Markus Gauß kaum weniger unerträglich als rotweißrote Verklärung in touristischen Werbeslogans und Feiertagsrhetorik. Doch Gauß sucht nicht den berühmten Mittelweg, um es allen recht zu machen. Er begreift das geistige Bild seiner Heimat als Ergebnis eines dialektischen Prozesses, will weder preisen noch verdammen, er will aufspüren. Das bedeutet: mit anderen Augen sehen zu lernen und Verschüttetes zu bergen.
Karl-Markus Gauß beeindruckt durch Kenntnisreichtum und als erfrischend pointierter Stilist, elegant auch und gerade in der Attacke.

Ulrich Weinzierl, *Frankfurter Allgemeine Zeitung*

Gauß' Essays und Entdeckungen lösen ein, was sie versprechen: Sie zeigen dem österreichischen Publikum den Weg zu seinen besseren Möglichkeiten, indem es sich seine bessere Wirklichkeit bewußt macht.

Armin Thurnher, *Falter*

Das Europäische Alphabet
1997. 206 Seiten

Was sich hinter der Idee Europa wirklich verbirgt und worum es denjenigen, die sie oftmals so marktschreierisch feilbieten, eigentlich tatsächlich geht, das erschließt sich einem erst dann, wenn man diese Idee beim Wort nimmt, und sie durchbuchstabiert. Karl-Markus Gauß hat ein sehr feines Gespür für Gemeinplätze und Vereinfachungen des Denkens sowie deren Mißbrauch für politische Zwecke. Er zeichnet sich durch die Fähigkeit aus, die Produkte dieses Mißbrauchs in statu nascendi zu erfassen und nicht wieder aus den Augen zu lassen.

Bernd Wilczek, *Frankfurter Rundschau*

Dieses mit Witz und einer wohldosierten Prise Ironie vorgetragene Plädoyer gegen die »allgemeine und gleiche Gedächtnislosigkeit« wünschte man sich auf viele ministeriale Nachttische – und sei es nur als Stilfibel für politische Reden.

Thomas Diecks, *Neue Zürcher Zeitung*

Wie wenige begreift dieser Autor den Dienst an der Sache als Dienst am Leser. Sein *Europäisches Alphabet* ist dafür das beste Beispiel: Es verbindet Systematisches mit Spielerischem, Polemisches mit Belehrendem, Abstraktes mit Anekdotischem. Kraft der Imagination besitzt mancher Eintrag Qualitäten einer Reportage. Fundstücke lassen aufhorchen, Pointen zünden, Witze – auch solche finden sich – gewähren tieferen Einblick. Gauß liest sich mit Vergnügen und Gewinn …
Ökonomen brüten, Politiker tagen – Karl-Markus Gauß aber wacht. Er tut seinem klingenden Namen alle Ehre, wenn er die Sache Europas hier und heute und wohl auch in Zukunft als eine Mathematik des Herzens betreibt.

Andreas Breitenstein in seiner Laudatio anläßlich der Überreichung des europäischen Essaypreises »Charles Veillon«